시편 연구에서 두 차례의 큰 변화가 20세기에 있었다. 먼저는 20세기 전반에 선구적인 역할을 한 궁켈(Hermann Gunkel)과 모빙켈(Sigmund O. P. Mowinckel)이 양식비평 방법론을 사용해 시편을 분석했다. 그들은 시편의 장르(Gattung)와 삶의 정황(Sitz im Leben)에 초점을 맞추었는데, 그 연구 결과는 시편의 원래 역사적 의미를 파악하는 데 상당한 도움을 주었다. 그다음으로는 1980년대 이래 시편을 한 권의 완성된 책으로 보고 접근하는 여러 가지 방법론이 대두했다. 이런 방법론은 관점에 따라 "정경적 접근", "구성적 접근", "문맥적 접근" 등으로 불리는데, 현재 구미와 우리나라에서 이루어지는 시편 연구의 대세를 이룬다고 해도 과언이 아니다.

이런 배경에서 쓰인 이 책은 최근 시편 학계에서 유행하는 최신 연구 방법론을 독자들에게 심도 있게 소개한다. 저자는 시편의 주된 편집 동기가 제왕시들을 통해 드러난다고 보았던 윌슨(Gerald H. Wilson)의 제안에 착안하여, 시편의 전체 흐름 속에서 강조점이 "인간-왕"에서 "하나님-왕"으로 움직인다는 사실을 설득력 있게 보여준다. 물론 시편 제5권이 "메시아-왕"에 대한 소망을 강조한다고 보는 또 다른 관점이 존재한다. 하지만 윌슨을 비롯한 상당수 학자가 공유하는 시편의 편집 동기를 충실히 반영한 이 책의 내용을 먼저 이해하는 것이 필요하다. 『새로운 시편 연구』라는 이름에 이끌려 시편에 관한 접근법의 최신 흐름을 파악하려는 독자에게 이 책을 기꺼이 추천한다.

김진규 백석대학교 구약학 교수

오늘날의 시편 연구에서는 시편이 150개의 시가 무작위로 배열된 것이 아니라 배열한 사람의 의도를 드러내기 위한 묶음집으로 구성되었다는 주장이 점차 인정을 받는 추세다. 이런 흐름에 발맞추어 『새로운 시편 연구』가 출간된 것을 기쁘게 생각한다. 이 책은 그동안 평면적으로 이해해왔던 시편 말씀을 입체적으로 보고 들을 눈과 귀를 독자들에게 선사해줄 것이다. 이 책이 주장하는 바와 같이 시편의 중심 메시지로서 "여호와이신 왕을 붙들고 그분께 모든 소망을 두라"는 말씀은 고난의 터널 속에서 헤매는 성도들에게 큰 위로가 될 것이다.

김창대 안양대학교 구약학 교수

우리나라의 시편 연구는 주로 외국 학자들의 저술에 의존해온 것이 사실이다. 그러나 더는 그럴 필요가 없게 되었다. 이 책은 한국 학자에 의한 시편 연구의 학문적 결정체다. 저자는 그동안 개별 시에 관한 파편적 이해에 그쳤던 흐름에서 벗어나 시편 전체를 통일된 하나의 책으로, 일관된 이야기가 있는 신학 서적으로 읽어야 한다는 당위성을 설득력 있게 제안한다. 시편 전체를 "실패한 인간-왕"에서 "신실하신 하나님-왕"을 향하여 나아가는 이야기체 신학으로 이해한 것은 이 책이 일궈낸 가장 중요한 공헌이다. 게다가 복잡하고 전문적인 내용을 이처럼 이해하기 쉽게 풀어쓰는 학자는 매우 드물다. 시편 과목 교과서로서 이 책은 북극성과 같다고 할 만하다. 청출어람이 따로 없다!

류호준 백석대학교 신학대학원 구약학 교수

교수와 목회의 바쁜 일정 가운데 추천사를 써달라는 부탁을 받고는 정중히 거절해야겠다는 생각으로 원고를 들여다보았는데, 이 책은 내 마음을 사로잡았다. 시편에 관한 연구서가 많지 않은 상황에서 이처럼 최신의 연구 방법을 적용한, 시편의 전 권에 관하여 숲과 나무를 다 볼 수 있게 하는 역작을 만나기란 쉽지 않기 때문이다.

이 책은 개별 시편이 신앙인의 감정과 정서를 표현하는 수단임이 분명함에도 전체 시편서(詩篇書)가 하나의 이야기를 이루며 신학적 메시지를 전하는 신학책으로 구성되었다는 전제에서 출발한다. 시편에 관한 기존의 연구는 개별 시편의 배경이나 양식 혹은 본문의 역사 등에 치중하는 단편적인 접근법을 사용했다. 반면 이 책이 도입한 연구 방법은 시편 전체를 통일성 있는 하나의 책으로 보고 한 권의 성경이라는 맥락에서 각 시편을 연구하는 정경적 접근법이다. 여기서 저자는 시편이 150개의 시가 단편적이고 우연적인 방식으로 모여서 형성된 것이 아니라, 신학적인 의도 아래 하나의 신학적 메시지를 전달하도록 각 시편이 나름의 위치에 배치됨으로써 구성되었다고 이해한다.

5개의 "작은" 책(시편 제1-5권)으로 구성된 시편이 서론(시 1-2편)과 결론(시 146-150편)이 있는 하나의 "큰" 책이라고 간주하는 저자는, 구성적 연구 방법에 따라 시편 각 권이 어떤 메시지를 전하는지, 또한 그런 각 권의 메시지가 시편 전체의 이야기 안에서 어떤 역할을 차지하는지 추적한다. 또한 각 권의 주요 단락들이 각 권 및 각 시편과 어떻게 관련을 맺는지 해설하고 중요한 개별 시편들은 자세하게 분석한다. 이로써 독자들은 개별 시편에 관한 이해를 넘어 더 깊고 포괄적인 시편 이해에 도달할 수 있다.

최근 학자들의 시편 연구 결과들을 종합하여 체계적으로 정리한 이 책은 학자들과 신학도들, 혹은 시편을 좀 더 깊이 이해하려는 사람들에게 초석의 역할을 충분히 할 정도로 학문적 가치가 매우 높다. 그런데도 이해하기 쉽게 쓰여서 현장의 목회자나 교사들, 청년들이 활용하기에도 유용할 것이다. 가히 시편에 관한 이해와 지식에 있어서 깊이와 너비를 동시에 달성했다고 할 만하다. 학문적 연구를 위해서뿐만 아니라 교회의 목회를 위해서도 귀중한 지식의 보물단지가 될 이 책의 일독과 소장을 진심으로 권한다. 개인적으로는 시편을 너무나 사랑하여 1,000번을 넘게 읽으셨다는 모교회의 원로 목사님께도 이 책을 꼭 사드리고 싶다.

오성호 총신대학교 신학대학원 구약학 교수

그리스도인들의 신앙 여정에서 기쁠 때나 슬플 때 가장 많이 듣고 보게 되는 성경 구절은 아마도 시편 본문일 것이다. 반대로 본문의 복잡한 구성 과정과 히브리어 시문의 고유한 특성으로 인해 가장 편파적으로 해석되는 성경 역시 시편이 아닌가 싶다. 하지만 이제 성도들은 『새로운 시편 연구』로 인해 시편을 통해 들려주시는 하나님의 말씀을 더 깊고 올바르게 이해하며 체험할 수 있을 것이다. 왜냐하면 이 책은 "정경"이라는 컨텍스트(context) 안에서 시편을 총체적인 "이야기-신학"으로 읽고 묵상할 수 있도록 쉽게 설명하며 면밀하게 도와주기 때문이다.

이한영 아세아연합신학대학교 신학대학원 구약학 교수

이 책은 시편 전체를 구성하는 150개의 시편을 정경비평적 시각에서 철저하게 분석하고 탁월하게 종합한 역작으로서, 시편을 한 권의 책으로 보려는 최근의 시편 연구 경향을 완벽하게 소화하고 그 결과를 우리말로 설득력 있게 자세하게 풀어놓았다. 나는 이 책을 읽는 내내 흥분감이 가시지 않았다. 소장 학자의 작품이라고는 전혀 믿기지 않고, 노련한 시편의 대가를 마주한 느낌이 들었기 때문이다. 이런 방대한 시편 연구서가 우리말로 주어지다니! 이 책은 한국 구약학계의 축복이자 자랑이라 할 만하다. 최근에 대두한 시편에 관한 정경비평적 연구에 어두운 구약학자들은 엄청난 충격을 받을지도 모르겠다. 저자는 기존의 시편 연구에 강력한 도전장을 내민 듯하다. 앞으로 신학계의 시편 연구가들과 강단의 설교자들은 이 책을 기본 참고서로 삼아야 시편의 속살을 제대로 들여다볼 수 있을 것이다.

차준희 한세대학교 구약학 교수

새로운 시편 연구

새로운 시편 연구
실패한 인간-왕에서 신실하신 하나님-왕을 향하여

방정열 지음

차례

약어	13
들어가는 말	17

1장
시편 연구 방법 23
   1. 텍스트 배후에 관한 연구   27
   2. 텍스트 내의 연구   35
   3. 텍스트 전의 연구   50
   4. 결론   60

2장
정경비평 학자들과 견해 61
   1. 조셉 P. 브레넌   64
   2. 브레버드 S. 차일즈   66
   3. 제랄드 H. 윌슨   70
   4. 월터 브루그만   74
   5. 낸시 L. 디클레세-왈포드   77
   6. 클린턴 맥칸   80
   7. 데이비드 M. 하워드   82
   8. 제롬 F. D. 크리취   84

3장
시편의 전체 구성: 오중 구조 — 89
1. 오중 구조(다섯 권)의 형성 과정 — 92
2. 다섯 권으로 구성된 시편의 특징 — 101
3. 시편 전체 구성을 통해 전달되는 메시지 — 123

4장
시편의 서론(시 1, 2편): 율법을 주야로 묵상하는 시온의 인간-왕 — 131
1. 표제어 부재 — 135
2. 어휘의 공유 — 140
3. 주제의 유사성: 의인과 악인의 대조 — 145
4. 시편 1, 2편의 핵심 메시지 — 148
5. 결론 — 158

5장
시편 제1권(시 1-41편)의 이야기: 인간-왕과 율법 I — 159
1. 다윗 이야기 — 162
2. 시편 제1권의 구성적 특징 — 163
3. 제1권의 서론과 결론: 시편 1, 2편과 41편 — 166
4. 시편 제1권의 전체 구조 — 170
5. 시편 제1권의 첫 번째 단락: 시편 3-14편 — 175
6. 시편 제1권의 두 번째 단락: 시편 15-24편 — 195
7. 시편 제1권의 세 번째 단락: 시편 25-34편 — 210
8. 시편 제1권의 네 번째 단락: 시편 35-41편 — 221
9. 결론 — 229

6장
시편 제2권(시 42-72편)의 이야기: 인간-왕과 율법 II   231

    1. 시편 제2권의 구성적 특징   234
    2. 고라는 누구인가?   238
    3. 시편 제2권의 내용 개관   240
    4. 시편 제2권의 시작: 시편 42-43, 44, 45편   260
    5. 시편 제2권의 마지막: 시편 72편(제왕시)   271
    6. 시편 제2권의 가운데: 시편 50편   274
    7. 결론   278

7장
시편 제3권(시 73-89편)의 이야기: 하나님은 과연 공의로우신가?   281

    1. 시편 제3권의 구성적 특징   284
    2. 시편 제3권의 전체적인 내용   286
    3. 시편 제3권의 구체적인 내용   288
    4. 시편 제3권의 시작: 시편 73, 74편   322
    5. 시편 제3권의 마지막: 시편 88, 89편   331
    6. 시편 제3권의 가운데: 시편 78, 79편   339
    7. 시편 제1-3권의 결론   344

8장
시편 제4권(시 90-106편)의 이야기: 영원한 피난처요 왕이신 하나님   347

    1. 시편 제4권의 구성적 특징   351
    2. 시편 제4권의 전체 구조   356
    3. 시편 제4권의 시작: 시편 90편   358
    4. 시편 제4권의 마지막: 시편 105, 106편   370
    5. 시편 제4권의 가운데: "여호와 말라크" 시편(시 93-99편)   377

    6. 다윗의 재등장: 시편 101, 103편   387

    7. 결론   390

9장
시편 제5권(시 107-150편)의 이야기: 위대하신 하나님-왕   393

    1. 시편 제5권의 구성적 특징   395

    3. 시편 제5권의 전체 구조   403

    4. 시편 제5권의 시작: 시편 107편   409

    5. 시편 제5권의 마지막: 시편 145편   415

    6. 시편 제5권의 가운데: 시편 111-118, 119, 120-134편   421

    7. 결론   439

10장
시편의 결론(시 146-150편): 여호와를 찬양하라!   441

    1. 시편 146-150편의 특징과 구조   445

    2. 시편 146-150편의 찬양 주체와 내용   448

    3. 결론   456

나가는 말   459

참고 문헌   463

BDB	Brown, F., S. R. Driver, and C. A. Briggs. *A Hebrew and English Lexicon of the Old Testament.* Oxford, 1907
BETL	Bibliotheca ephemeridum theologicarum lovaniensium
BibInt	*Biblical Interpretation*
BJS	Brown Judaic Studies
BSac	*Bibliotheca sacra*
BTB	*Biblical Theology Bulletin*
BZAW	Beihefte zur Zeitschrift für die alttestamentliche Wissenschaft
CBQ	*Catholic Biblical Quarterly*
DCH	*Dictionary of Classical Hebrew.* Edited by D. J. A. Clines. Sheffield, 1993 –
FOTL	Forms of the Old Testament Literature
HALOT	Koehler, L., W. Baumgartner, and J. J. Stamm, *The Hebrew and Aramaic Lexicon of the Old Testament.* Translated and edited under the supervision of M. E. J. Richardson. 4 vols. Leiden, 1994 – 1999
HBT	*Horizons in Biblical Theology*
HUCA	*Hebrew Union College Annual*
IBC	Interpretation: A Bible Commentary for Teaching and Preaching
Int	*Interpretation*

JBL	*Journal of Biblical Literature*
JBQ	*Jewish Bible Quarterly*
JSOT	*Journal for the Study of the Old Testament*
JSOTSup	Journal for the Study of the Old Testament: Supplement Series
JSS	*Journal of Semitic Studies*
NICOT	New International Commentary on the Old Testament
NIDOTTE	*New International Dictionary of Old Testament Theology and Exegesis*. Edited by W. A. VanGemeren. 5 vols. Grand Rapids, 1997
OBO	Orbis biblicus et orientalis
OTE	*Old Testament Essays*
PRSt	Perspectives in Religious Studies
RTR	*Reformed Theological Review*
SBL	Society of Biblical Literature
SBLDS	Society of Biblical Literature Dissertation Series
SBT	Studies in Biblical Theology
SEÅ	*Svensk exegetisk årsbok*
SJOT	*Scandinavian Journal of the Old Testament*
SVTQ	*St. Vladimir's Theological Quarterly*
TDOT	*Theological Dictionary of the Old Testament*. Edited by G. J. Botterweck and H. Ringgren. Translated by J. T. Willis, G. W. Bromiley, and D. E. Green. 8 vols. Grand Rapids, 1974 –
ThTo	*Theology Today*
TLOT	*Theological Lexicon of the Old Testament*. Edited by E. Jenni, with assistance from C. Westermann. Translated by M. E. Biddle. 3 vols.

	Peabody, Mass., 1997
TOTC	Tyndale Old Testament Commentaries
TWOT	*Theological Wordbook of the Old Testament.* Edited by R. L. Harris, G. L. Archer Jr. 2 vols. Chicago, 1980
TynBul	*Tyndale Bulletin*
VT	*Vetus Testamentum*
VTSup	Supplements to Vetus Testamentum
WBC	Word Biblical Commentary
WTJ	*Westminster Theological Journal*
ZAW	*Zeitschrift für die alttestamentliche Wissenschaft*

들어가는 말

시편 전체는 시행(詩行)으로 작성된 아름다운 시(詩)의 모음이다. 시편에는 평행법, 은유법, 직유법, 과장법, 함축, 생략 등 히브리 시에서 사용되는 수많은 장치가 동원된다. 또한 시편은 노래이자 기도다. 구약과 신약 시대뿐만 아니라 오늘에 이르기까지 시편은 노래와 기도의 내용으로 사용되고 있다. 시편에는 인간의 다양한 감정과 정서가 녹아 있고, 인간의 심연 깊숙한 곳을 들여다보게 하는 성찰이 담겨 있다. 탄식 가운데서 절절한 울부짖음이 울려 퍼지고, 구원의 기쁨으로 인한 환희의 찬양이 드려지며, 교훈이 담긴 지혜의 물줄기가 흘러나오기도 한다. 그런 점에서 칼뱅(Jean Calvin, 1509-1564)이 시편을 가리켜 "영혼의 해부학"이라고 한 말은 매우 적절하다.

그러나 시편을 기도나 찬양으로만 규정하는 것은 충분하지 않다. 왜냐하면 시편에는 하나님과 그의 속성을 드러내는 신학의 보화들이 촘촘히 박혀 있기 때문이다. 시편은 하나님이 당신의 백성을 위해 행하신 일들을 묘사하고, 그 과정에서 드러나는 하나님의 속성을 드높인다. 시편 안에는 죄의 속성, 악의 편만, 예루살렘(시온)의 중요성, 참된 예배의 귀중함, 다윗 언약, 메시아적 예언 등 중요한 신학적 내용이 담겨 있다. 그러므로 시편이 지닌 신학적 가치를 고려할 때 시편을 단지 노래와 기도라고 규정하는 것은 충분하지 않다.

이 책은 시편이 "이야기"(story)이자 "신학책"(theological book)이라는 점에 초점을 맞추었다. 시편은 150개의 시가 씨줄과 날줄이 되어 치밀하게 조직되고 배열된 하나의 거대한 이야기이며, 그 거대한 이야기를 통해서 **"인간-왕"**(다윗 가의 왕적 인물)을 의지하지 말고 신실하신 **"하나님-왕"을 신뢰하라**는 신학적 메시지를 전달하는 하나의 책이기도 하다. 그 안에 포함된 150개의 개별적인 시편은 하나하나가 그 나름대로 진주와 같은 존재들이며 단편적으로 읽고 묵상하기에도 충분한 가치를 가지고 있다. 하지만 그 작은 메시지들이 한데 모여 하나의 거대한 이야기를 구성하고, 그 이야기를 통해 더 큰 그림이 그려진다. 그런 점에서 시편은 "시들로 구성된 이야기"이며 그 이야기를 수레 삼아 심오한 신학적 메시지를 전달하는 특별한 책이라 할 만하다.

시편은 마치 150개의 조각으로 구성된 퍼즐과도 같다. 단 1개의 조각만 잃어버려도 전체 그림을 완성할 수 없기에 조각 하나하나가 모두 매우 중요하다. 각 조각에는 미세한 점, 작은 연분홍 꽃잎, 금빛 물고기 지느러미, 큰 바위, 하얀 구름 한 점 등이 그려져 있다. 그러나 150개의 조각을 제 위치에 맞추어놓으면 파란 하늘에 하얀 뭉게구름이 펼쳐지고, 그 아래에는 갖가지 꽃들로 가득한 정원과 작고 큰 물고기들이 노니는 연못이 자리한 아름다운 그림을 볼 수 있게 된다. 시편도 그와 같다. 시편 한 편 한 편은 그 자체로도 독특한 의미와 가치를 지닌 귀중한 말씀으로서 묵상의 대상이 되지만 150개의 시편을 서로 연결하면서 맞춰보면 시편 전체가 본래 보여주려는 최종적이고 완성된 그림이 우리 앞으로 다가온다.

개별 시편 묵상에 오랫동안 익숙해진 한국의 성도들에게 이 책의 주장은 다소 낯설게 느껴질 수 있다. 하지만 이 책의 안내를 처음부터 끝까지 차분하게 따라간다면 지금까지 가져보지 못했던 시편에 대한 새로운 시각을 얻게 될 것이라고 확신한다. 나는 그런 소망을 품고 이 책을 다음과 같이 구성했다.

먼저는 시편의 연구 방법을 논했다. 제1장에서는 과거부터 현재까지 제기된 시편 연구 방법에는 어떤 것들이 있는지, 그것이 당대의 구약 연구 방법들과 어떤 긴밀한 관계에 있는지 정리했다. 이어지는 제2장에서는 이 책의 주된 방법론이기도 한 정경비평(canonical criticism)과 정경비평 학자들을 자세히 소개했다. 독자들은 시편을 정경비평적 관점에서 다룬 여러 학자의 연구 방법과 결과물들을 통해 시편을 하나의 완결된 작품으로 대하는 관점을 배울 수 있을 것이다.

시편의 본문을 본격적으로 다루는 제3장부터는 시편의 각 권에 관한 기본적인 정보-구성적·장르적 특징 등-를 살펴보고 각 시편이 어떻게 서로 유기적으로 연결되어 있으며 그 구성을 통해 어떤 메시지가 만들어지는지를 면밀하게 추적할 것이다. 연구의 편의를 위해, 모든 시편을 주해하듯 다룰 수는 없지만 시편 각 권을 이해하는 데 중요한 역할을 하는 시작과 중심, 끝부분에 배치된 시편들을 좀 더 자세하게 살펴보려 한다.

내가 이 책을 쓴 이유 중 하나는 한국 교회 안에 시편을 다루는 학술서가 부족하기 때문이다. 모세 오경, 역사서, 예언서에 관한 학술서는 번역서를 포함해 훌륭한 책이 많이 나와 있다. 하지만 그에 비해 시편에 관한 학술서는 턱없이 부족한 것이 현실이다. 시편에 관한 책은 개론서이거나 묵상집, 혹은 설교집이 대부분이다. 조금만 관심을 가져보면 시편을 깊이 연구하고자 하는 이들에게 적절한 길라잡이 역할을 할 수 있는 책이 필요하다고 누구나 느낄 것이다.

개인적으로는 시편에 관한 이해의 지평이 넓어졌으면 하는 바람이 동기로 작용했다. 다른 성경들도 마찬가지겠지만 특히 시편은 짧은 신학대학원 교육과정에서 미처 다 다루지 못하는 내용이 너무 많다. 대다수 신학대학원에서 학생들이 시편을 접할 기회는 "시가서" 혹은 "지혜서"라는 과목―다루는 범위가 대개 욥기, 시편, 잠언, 전도서, 아가를 아우른다―을 들으면서 시편을 위해 할당되는 약 7-9시간 정도가 전부인 것이 현실이다. 종종 "시편"이 선택 과목으로 배정되기도 하지만 어쨌거나 학생 대다수는 그 짧은 시편 공부만을 마친 채 목회 현장으로 나가게 된다. 나 자신의 경우만 보더라도 시편과 관련된 책자들을 스스로 더 들춰보지 않았다면 시편에 관한 지식은 그때 배운 수준에 멈추었을 것이라고 해도 과언이 아닐 듯하다. 성도들은 물론이거니와 이 책을 막 손에 집어 든 목회자들도 크게 다르지 않으리라 생각한다. 이제 시편에 관한 우리의 이해가 어느 정도 수준에 있는지를 솔직히 되돌아봐야 할 때가 되었다고 생각한다. 특히 목회자 후보생들과 현장의 목회자들이 쉽게 접할 수 있게 해야겠다는 고민 속에서 만들어진 이 책이 그런 고민을 어느 정도 덜어줄 수 있기를 소망한다.

이 책이 나오기까지 많은 분에게 학문적 빚을 졌다. 그중 차일즈(Brevard S. Childs), 샌더스(James A. Sanders), 윌슨(Gerald H. Wilson), 맥칸(J. Clinton McCann), 메이스(James L. Mays), 머피(Roland E. Murphy), 브루그만(Walter Brueggemann), 하워드(David M. Howard), 밀러(Patrick D. Miller)의 이름은 특별히 언급할 만하다. 정경비평 혹은 구성적 비평을 통해 시편을 연구하는 한국 학자들의 도움도 컸다. 특히 김창대 박사의 『한 권으로 꿰뚫는 시편: 성도의 탄식과 하나님의 응답』(IVP, 2015)은 매우 유의미한 연구서다. 내가 이 책에서 펼친 논지와는 결이 조금 다르지만 시편 전체를 정경비평적 시각에서 심도 있게 다룬 책이라고 높이 평가할 수 있다.

마지막으로 내가 박사학위 논문을 작성할 때 견실한 정경비평의 길로 안내하며 끊임없이 자극을 주셨던 벤게메렌(Willem VanGemeren) 교수님께 감사의 마음을 전한다. 또한 국내의 열악한 출판 여건에도 불구하고 시편 연구서를 기꺼이 소개하기로 결정해준 새물결플러스의 김요한 대표님과 투박한 원고를 멋진 단행본으로 재탄생시켜준 직원들의 노고에 깊은 감사의 마음을 전한다.

> 귀인들을 의지하지 말며
> > 도울 힘이 없는 인생도 의지하지 말지니
> 그의 호흡이 끊어지면 흙으로 돌아가서
> > 그날에 그의 생각이 소멸하리로다.
> 야곱의 하나님을 자기의 도움으로 삼으며
> > 여호와, 자기 하나님에게
> > 자기의 소망을 두는 자는 복이 있도다(시 146:3-5).

안산의 한 작은 연구실에서
방정열

1장

시편 연구 방법

성경학자들은 1970, 80년대를 매우 중요한 시기로 간주한다. 성경 해석의 패러다임에 큰 변화가 생겼기 때문이다. 이 시기부터 성경(Scripture)을 정경(Canon)이나 하나의 문학작품(literature)으로 인식하면서 일종의 유기적인 작품으로 읽고, 본문의 역사를 재구성하는 데 집중하는 대신 텍스트 자체에 집중하자는 움직임이 일어났다.[1] 즉 성경 66권을 연구할 때 각 권을 별개로 다룰 것이 아니라 문학적 일체(文學的 一體) 혹은 정경적 일체(正經的 一體)로 이해해야 한다는 주장이 제기되어 힘을 얻은 것이다.

예를 들어 창세기를 대할 때 연구자는 창세기를 통해 이스라엘의 역사를 재구성하는 데 집중할 것이 아니라 창세기 텍스트 자체의 의미에 집중할 수 있다. 또한 창세기를 떼어내어 개별적으로 연구할 수도 있지만 거기서 끝내지 않고 구약성경이라는 큰 틀 안에서, 더 나아가 구약과 신약이라는 큰 틀 안에서 창세기가 갖는 의미와 기능을 연구할 수 있다.

성경에 관한 이러한 해석학적 패러다임의 변화는 시편 연구에도 큰 영향을 미쳤다. 예를 들어 1970년대 이전에는 시편을 연구할 때 양식비평과 역사비평을 활용해 개별 시편에 집중할 뿐이었다. 하지만 1970,

---

1 신비평(New Criticism)과 정경비평(canonical criticism)은 둘 다 텍스트 자체에 집중한다는 점에서는 비슷하지만, 텍스트를 하나의 문학작품으로 간주하며 연구하는 신비평과는 달리 정경비평은 구약을 하나님의 말씀인 성경(Scripture)으로 받아들인다. Leo G. Perdue, *The Collapse of History: Reconstructing Old Testament Theology*(Minneapolis: Fortress, 1994), 153.

80년대를 거치면서 시편 전체를 하나의 긴 이야기(텍스트)로 보는 흐름이 생겨났다. 즉 예전에는 시편 1편, 시편 18편, 혹은 시편 90편 등 개별 시편의 구성과 내용을 따로 연구했다면, 1970년대 이후에는 그 개별적인 시편들이 150개의 시로 구성된 한 권의 책 안에서 어떤 신학적인 의미와 기능을 가지는지, 또한 그것이 시편 전체가 전달하는 신학적 메시지에 어떻게 기여하는지 등의 질문에 답하기 위한 연구가 진행된 것이다.[2]

성경 해석에 관한 이런 패러다임의 전환을 다음 세 가지 영역으로 구분하여 설명할 수 있다.

① 텍스트 배후(Behind the Text)에 관한 연구
② 텍스트 내(Within the Text)의 연구
② 텍스트 전(In front of the Text)의 연구

구약성경 연구에 사용했던 비평 방법들이 시편 연구에 그대로 사용되었다는 점을 고려하여 이 세 가지 범위를 시각화하면 다음과 같이 표현할 수 있다. 시편 연구에 사용되는 방법들을 각 영역을 기준으로 정리해보자.[3]

---

[2] 연구 방향이 크게 바뀌었다고 해서 그때까지 발전한 양식비평이나 역사비평 등의 학문적 결과를 완전히 도외시해야 한다는 의미는 아니다.
[3] 이 부분을 "통시적"(diachronic) 연구, "공시적"(synchronic) 연구라는 말로도 설명할 수 있다. "통시적"이란 말 그대로 시간의 흐름에 따른 변화에 초점을 맞추는 방향성을 말하고, "공시적"이란 같은 시대 안에서의 변화에 초점을 맞추는 것을 가리킨다. 따라서 성경비평과 관련해 "통시적 연구"에는 자료비평, 양식비평, 전승비평, 편집비평 등이 포함되고, "공시적 연구"에는 정경비평, 수사비평, 구조주의비평 등이 포함되는 것이 보통이다.

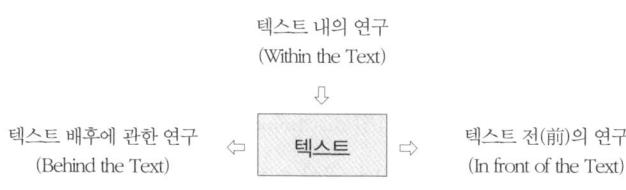

구약성경 연구의 세 가지 접근법

1. 텍스트 배후에 관한 연구

텍스트 배후(Behind the Text)에 관한 연구는 말 그대로 "텍스트의 과거"를 다룬다. 지금까지 학자들이 구약성경의 배후를 파헤치기 위해 사용했던 비평 방법들을 간략하게 알아보고 그 방법들이 시편 연구에 어떻게 활용되었는지 살펴보자.

1) 텍스트 배후에 관한 연구와 구약

텍스트의 배후를 연구한다는 것은 그 대상이 텍스트 자체가 아니라 "텍스트의 이력(履歷)"에 있다는 말이다. 어떤 사람을 소개하는 경우를 예로 들자면, 그 사람의 현재 모습 자체에 집중하는 것이 아니라 현재의 모습에 이르기까지 그가 어떤 역경을 겪었는지, 그를 존재하게 했던 중요한 사건들과 사연들은 어떤 것들이었는지, 그 사람에 관한 서로 다른 기록들이 있는데 그중 어떤 것이 진실에 가까운지 등 그 사람의 개인 이력을 정리해 말하는 것과 비슷하다.

이와 관련된 연구 방법 가운데 대표적인 것에는 역사비평(historical

criticism), 자료비평(source criticism), 본문비평(textual criticism), 전승비평 (tradition criticism), 편집비평(redaction criticism) 등이 있다. 이런 비평 방법들은 소위 통시적 접근법/분석법(diachronic approach/analysis)이라고 불린다. 누군가의 손안에 주어진 어떤 책이 있다면 그 책이 존재하기까지 어떤 과정이 있었는지를 종적으로 연구하기 때문이다. 그중에서 역사비평, 자료비평, 본문비평에 관해 간략하게 살펴보자.

(1) 역사비평

역사비평은 텍스트에 등장하는 내용(정보)을 근거로 역사를 어떻게 재구성할 수 있을까 하는 질문(텍스트의 배경 역사)과, 텍스트가 어떤 역사를 가지고 있는가 하는 질문(텍스트의 이력[전승비평]), 그리고 성경에 기록된 사건이 실제로 발생했었는가 하는 질문(역사성[historicity]의 문제) 등에 응답하고자 한다.[4] 이런 질문들을 제기하는 이유는 역사비평 학자들이 고수하는 기본 전제 때문이다. 즉 역사비평가들은 모든 텍스트에 그것을 발생시킨 역사적 정황(시대적 정보)이 어떤 흔적처럼 때론 명시적으로, 때론 암시적으로 담겨 있다고 본다. 따라서 그들은 하나의 텍스트를 올바로 이해하기 위해서는 그 텍스트를 그것의 역사적 문맥(상황)에 위치시킨 다음 저

---

[4] 개념적으로 "history in the text"와 "history of the text" 사이에는 큰 차이가 존재한다. 전자는 텍스트 자체가 인물, 사건, 상황 등 역사적인 내용에 관해 무엇을 말하는가를 가리킨다면, 후자는 그 텍스트가 언제, 어디서, 누구에 의해 기록되었으며 어떤 경로를 통해 전달되었는가를 나타낸다. 따라서 전자와 후자는 완전히 다른 의미다. 이에 관해 John H. Hayes, Carl R. Holladay, *Biblical Exegesis: A Beginner's Handbook*(Louisville: Westminster John Knox, 2007), 45을 보라. 번역본은 임요한 옮김, 『성경주해 핸드북』(서울: 기독교문서선교회, 2014)을 참조하라. 이 주제와 관련해서 복음주의 학자들의 다양한 견해를 살펴보고자 한다면 다음 자료를 보라. James K. Hoffmeier, Dennis R. Magary eds., *Do Historical Matters to Faith?: A Critical Appraisal of Modern and Postmodern Approaches to Scripture*(Wheaton: Crossway, 2012).

자의 의도를 확인해야 한다고 주장했다.[5] 그 결과 역사비평에서 "텍스트"는 과거를 들여다보는 일종의 해석학적 창문 역할을 한다. 그 창문을 통해서 과거의 내용, 즉 다양한 역사적 사건 및 사고에 관한 이야기와 거기에 연관된 인물들에 관한 정보, 그리고 그 텍스트를 작성한 저자의 특정한 삶의 정황 등에 관한 정보를 도출하는 것이다.

예를 들어 조지 라이트(George E. Wright)의 경우를 생각해보자.[6] 그는 주로 텍스트를 통해 역사를 재구성하는 데 관심을 두었고, 그 역사는 시공간 안에서 실제로 있었던 구체적이고 복원할 수 있는 사건들에 기초해야 한다고 주장했다. 따라서 그는 성경을 연구할 때 성경과 고고학 간의 밀접한 관계를 강조할 수밖에 없었다. 그는 고고학을 성경 세계의 비밀을 여는 데 있어 없어서는 안 될 핵심 열쇠라고 생각했다.[7] 그의 연구 대상은 결국 성경 텍스트 배후에 있는 역사였다.

(2) 자료비평

자료비평은 어떤 텍스트가 형성되는 과정에서 활용된 자료들을 분석하고 분류하는 연구 방법이다. 이를 추구하는 학자들은 성경의 한 본문이 형성되는 과정에서 어떤 자료들이 활용되었는지에 관심을 둔다. 그래서 겉으로 보기에는 본문 자체에 관심을 두는 듯하다. 하지만 그들은 독자들을 결국 텍스트 배후의 세계로 이끌게 된다.

---

[5] 참조. Pauline A. Viviano, "Source Criticism," *To Each Its Own Meaning: An Introduction to Biblical Criticisms and Their Application*(eds. Steven L. Mckenzie, Stephen R. Haynes; Louisville: Westminster John Knox Press, 1999), 35.
[6] Wright는 올브라이트 학파(Albright school)다. 올브라이트 학파를 대표하는 인물들로는 G. E. Mendenhall, F. M. Cross, D. N. Freedman, J. Bright 등이 있다.
[7] 참조. Perdue, *The Collapse of History*, 23-30.

처음에 "자료비평"은 "문학비평"(literary criticism)과 동의어로 사용되었다. 하지만 시간이 흐르면서 두 용어는 미세한 차이를 두고서 갈라지게 되었다. 물론 두 비평은 기본적으로 텍스트에 담겨 있는 문학적 특징들—텍스트 내의 일관성, 구성적 특징, 반복되거나 중복되는 표현, 문체론적 특징, 사용된 어휘의 특징, 모순되거나 충돌되는 내용 등—을 분석하는 방법을 사용한다. 그러나 "문학비평"은 광의의 의미에서 텍스트 자체에 머무는 연구를 가리키고, "자료비평"은 협의의 의미에서 텍스트의 문학적 특징들을 분석하여 그 배후에 놓인 자료들을 찾아내는 연구 방법을 가리킨다.[8]

자료비평의 결과로 널리 알려진 것으로는 소위 네 가지 자료— J(Yahwist), E(Elohist), D(Deuteronomist), P(Priestly traditions)—가 있다. 이는 모세 오경에 등장하는 하나님의 이름과 관련해서 여러 문학적 특징들을 분석해보았더니 그 텍스트 배후에 존재했던, 서로 다른 기원을 가진 자료들을 확인할 수 있었다는 연구의 결과다. 이런 주장을 펼친 대표적인 학자로는 그라프(Karl H. Graf), 쿠에넨(Abraham Kuenen), 벨하우젠(Julius Wellhausen)이 있다. 이 세 학자는 모두 J·E·D·P 자료들이 모세 오경의 뿌리라고 주장했다. 모세 오경의 편집자들(redactors)이 네 가지 자료를 자르고 붙이는 방식으로 모세 오경을 만들어냈다고 본 것이다.[9] 그런데 자료비평가들은 어떤 자료가 다른 자료보다 우선한다고 주장하면서 결국 현재 손안에 있는 텍스트 자체를 연구하기보다는 텍스트 배후에 존재했

---

8 John Barton, *Reading the Old Testament: Method in Biblical Study* (Louisville: Westminster John Knox Press, 1996), 20.

9 Niels P. Lemche, *The Old Testament between Theology and History: A Critical Survey* (Louisville: Westminster John Knox Press, 2008), 45.

을 것으로 추정되는 자료들을 분석하는 데 주안점을 두는 성향을 보였다.

(3) 본문비평

본문비평은 현재 우리의 손안에 있는 성경 텍스트가 원본이 아니라 사본임을 염두에 두고 여러 가지 사본을 비교·분석함으로써 최초의 원본을 복원하고자 하는 연구 방법이다. 구약성경의 진짜 원본은 소실되었지만 오랜 역사를 자랑하는 성경 사본들과 역본들은 오늘까지 남아 있다(사해사본[DSS], 마소라 텍스트[MT], 70인역[LXX], 타르굼[Targum], 불가타[Vulgata] 등). 그런데 이런 사본과 역본 사이에는 서로 다른 점들이 존재한다. 본문비평은 그런 차이점을 비교·분석하고 역추적하여 원본을 찾아보고자 하는 연구 방법이다. 이 분야에 대표적으로 이바지한 학자로는 토브(Emanuel Tov)와 울리히(Eugene C. Ulrich)가 있다.[10]

결론적으로 이런 비평 방법들이 관심을 두는 지점은 텍스트 자체가 아니라 텍스트 배후임을 확인할 수 있다. 즉 텍스트 안에 있는 인물, 사건, 언어, 문화, 신학 등이 아니라 텍스트 배후에 존재했을 것으로 추정되는 역사, 자료, 인물, 원본 등이 연구 대상인 것이다. 여기서 주의할 점은 이런 비평 방법들이 각각 나름의 한계가 있다고 해도 그 모든 연구 결과가 근본적으로 틀렸다거나 무의미하다고 주장할 수는 없다는 것이다.

---

[10] Emanuel Tov, *Textual Criticism of the Hebrew Bible*(Minneapolis: Fortress Press, 2001); Eugene C. Ulrich, *The Dead Sea Scrolls and the Origins of the Bible*(Grand Rapids, Mich.: Eerdmans, 1999). 본문비평을 더 자세히 살펴보려면 다음 자료들을 참고하라. 엘리스 R. 브로츠만, 『구약 본문 비평의 이론과 실제』, 이창배 옮김(서울: 기독교문서선교회, 2013); 에른스트 뷔르트봐인, 『성서 본문비평 입문』, 방석종 옮김(서울: 대한성서공회, 2007).

2) 텍스트의 배후에 관한 연구와 시편

앞서 다룬 비평 방법 중 시편의 텍스트 배후 연구와 관련해서 가장 밀접하게 연관되는 것은 양식비평이다.[11] 양식비평이란 작은 단위의 문학적 단위에 초점을 맞추고서, 비슷하거나 반복되는 어휘 및 문학적 패턴(literary pattern)을 함께 묶어 하나의 장르로 설정하고, 더 나아가 그 특정한 장르를 낳았던 "삶의 정황"(Sitz im Leben)을 추적해 들어가 밝히는 연구 방법이다.[12] 양식비평을 대표하는 인물에는 궁켈(Hermann Gunkel), 모빙켈(Sigmund O. P. Mowinckel), 베스터만(Claus Westermann) 등이 있다.

(1) 헤르만 궁켈

소위 "양식비평의 아버지"라고 불리는 궁켈은 "시편에서 양식 연구는 타협할 수 없는 것이며(non-negotiable), 해석자의 기호에 따라 시행하거나 무시할 수 있는 것이 아니라 양식에 관한 연구 없이는 나머지를 해석할 수 없을 정도로 근본적인 작업"이라고 주장하면서 시편 연구에서 양식비평이 갖는 중요성을 강조했다.[13]

그렇다면 어떤 요소들이 양식을 결정하는가? 이에 관해 궁켈은 "① 삶의 정황, ② 사상과 분위기, ③ 형식과 관련된 언어, ④ 모티프(motif)" 등이 일종의 양식을 만들어낸다고 주장했다.[14] 그는 이런 요소들을 근거

---

11 양식비평은 "장르 분석"(Genre Analysis)으로 불리기도 한다.
12 David M. Howard, "Recent Trends in Psalms Study," *The Face of Old Testament Studies: A Survey of Contemporary Approaches*(ed. D. W. Baker, B. T. Arnold; Grand Rapids: Baker, 1999), 330-31.
13 김정우, 『히브리 시학』(서울: 기혼, 2013), 128; Hermann Gunkel, *Introduction to Psalms: The Genres of the Religious Lyric of Israel*(Macon, GA: Mercer University Press, 1998), 5. Gunkel의 책은 독일어로 출판된 지 65년 만에 영어로 번역되었다.
14 김정우, 『히브리 시학』, 129; Gene M. Tucker, *From Criticism of the Old Testament*(Philadelphia:

로 해서 시편을 "찬양시", "공동체 탄식시", "개인 탄식시", "감사시", "제왕시" 등의 다양한 양식으로 분류하여 이해하고자 했다.

그러나 문제는 텍스트에서 비슷한 어휘, 주제, 문학적 패턴을 근거로 양식을 구분한다고 하더라도 연구가의 관심사가 분류된 양식에 머무는 것이 아니라 그 양식을 발생시킨 **삶의 정황**(Sitz im Leben)으로 향한다는 데 있었다. 결국 연구의 지점이 텍스트 자체에 머물지 못하고 텍스트 배후로 회귀해버린 것이다.[15]

(2) 지그문트 O. P. 모빙켈

모빙켈은 궁켈의 제자로서 스승의 양식비평을 그대로 따랐지만, 시편의 삶의 정황을 이해할 때 조금 다른 시각에서 접근했다. 즉 궁켈이 장르마다 다른 삶의 정황이 있다고 주장했다면 모빙켈은 대다수 시편이 이스라엘의 가을 대축제와 신년 축제 때 만들어졌고(그때가 시편의 삶의 정황이었고), 왕이 보좌에 등극할 때 그 시편들을 사용한 것이라고 주장했다.[16] 노르웨이 사람인 그의 책은 처음에 노르웨이어로 작성되었지만(1951년), 1962년에 영어로 번역되어 두 권으로 출간되었다(*The Psalms in Israel's Worship*, 1962).

Fortress, 1982), 6-9.
15 물론 "장르" 분석은 해석의 출발점이 된다. 즉 연구가는 해석하고자 하는 텍스트의 장르(literary genre)가 무엇인가를 먼저 확인해야 한다. 장르 분석에 실패하면 그 텍스트에 대한 해석도 실패하고 만다. 쉬운 예로 시를 내러티브로 해석하거나 내러티브를 시로 해석하는 것은 장르를 제대로 분석하지 못한 결과로서 제대로 된 결과를 기대할 수 없는 접근 방법이다. 롤프 A. 제이콥슨, 칼 N. 제이콥슨, 『시편으로의 초대』, 류호준, 방정열 옮김(서울: 대서, 2014), 59-61을 참조하라.
16 Sigmund O. P. Mowinckel, *The Psalms in Israel's Worship*, vol. 2(trans. D. R. Ap-Thomas; Oxford: Blackwell, 1962), 106-92.

(3) 클라우스 베스터만

양식비평을 대표하는 또 다른 학자는 베스터만이다.[17] 그는 시편 전체의 양식을 크게 두 가지, "탄식시"와 "찬양시"로 나눌 수 있다고 주장했다. 그에 따르면 탄식시는 탄식의 주체가 개인이냐 공동체냐에 따라 "개인 탄식시"와 "공동체 탄식시"로 나뉘고, 찬양시는 찬양의 방식에 따라 "선포적 찬양시"(declarative praise)와 "서술적 찬양시"(descriptive praise)로 나뉜다. 선포적 찬양시는 백성을 위해 하나님이 행하신 구체적인 행위를 찬양하는 시이고, 서술적 찬양시는 하나님의 속성에 관한 구체적인 설명을 포함하는 찬양시다.[18] 그리고 그는 시편의 용도를 "제의"가 아닌 "예배"로 이해해야 한다고 주장했다.[19] 어쨌든 그는 양식비평을 추구한 이전의 시편 학자들에 비해 시편의 양식을 간소화시켰다고 볼 수 있다.

양식비평을 활용한 학자들은 앞에 언급한 세 명의 학자 외에도 이튼(John H. Eaton),[20] 크라우스(Hans-Joachim Kraus),[21] 바이저(Artur Weiser),[22] 클레멘츠(Ronald E. Clements),[23] 게르슈텐베르거(Erhard S. Gerstenberger),[24] 앤더

---

17 Claus Westermann, *Praise and Lament in the Psalms*(trans. K. R. Crim, R. N. Soulen; Atlanta: John Knox, 1981).
18 Ibid., 31-35.
19 Ibid., 21.
20 John H. Eaton, "The Psalms in Israelite Worship," *Tradition and Interpretation: Essays by Members of the Society for Old Testament Study*(ed. G. W. Anderson; Oxford: Clarendon, 1979), 238-73.
21 Hans-Joachim Kraus, *Psalms 1-59: A Continental Commentary*(trans. H. C. Oswald; Minneapolis: Fortress, 1993); *Psalms 60-150: A Continental Commentary*(trans. H. C. Oswald; Minneapolis: Fortress, 1993); *Theology of the Psalms*(trans. K. Crim; Minneapolis: Fortress, 1992).
22 Artur Weiser, *The Psalms*(trans. H. Hartwell; Philadelphia: Westminster Press, 1962).
23 Ronald E. Clements, "Interpreting the Psalms," *One Hundred Years of Old Testament Interpretation* (Philadelphia: Westminster, 1976), 285-317.
24 Erhard S. Gerstenberger, *Psalms, Part 1 with an Introduction to Cultic Poetry*(The Forms of the Old Testament Literature 14; Grand Rapids, MI: Eerdmans, 1988); *Psalms, Part 2; Lamentations*(The Forms of the Old Testament Literature 15; Grand Rapids: Eerdmans, 2001); "The Psalms: Genres, Life Situations, and Theologies—Towards a Hermeneutics of Social Stratification," *Diachronic and*

슨(Albert A. Anderson)²⁵ 등 여럿이다. 양식비평은 긍정할 만한 측면이 있으며 지금도 활용도가 높은 비평 방법이다. 하지만 비슷한 패턴을 찾아 결정한 어느 장르를 근거로 과거의 "삶의 정황"을 **추측**하거나 **추정**해야 한다는 한계 역시 존재한다.

2. 텍스트 내의 연구

1) 텍스트 내의 연구와 구약

앞서 간략하게 살펴본 것처럼 1970, 80년대 이전에는 주로 텍스트의 배후를 연구했던 비평 방법론들이 대세였다. 그러나 그런 방법론들이 지닌 장점에도 불구하고 여러 가지 단점이 불거지면서 학자들 사이에서 그것을 극복해야 한다는 자성의 목소리가 커졌다. 지금 우리 손에 들려 있는 성경 텍스트가 현재에 이르기까지 어떤 과정을 거쳤든지 상관없이 현재 상태 그대로를 연구의 대상으로 삼아야 한다는 학문적 분위기가 조성된 것이다.

1969년에 뮬렌버그(James Muilenburg)는 소논문 "Form Criticism and Beyond"에서 양식비평의 한계를 지적하고 새로운 돌파구를 찾으려 시도했다.²⁶ 차일즈 역시 1970년에 출판된 *Biblical Theology in Crisis*와

Synchronic: Reading the Psalms in Real Time: Proceedings of the Baylor Symposium on the Book of Psalms(ed. J. S. Burnett et al.; vol. 488 of Library of Hebrew Bible/Old Testament Studies; New York: T & T Clark, 2007).

25 Albert A. Anderson, *The Book of Psalms*(Grand Rapids: Eerdmans, 1972).
26 James Muilenburg, "Form Criticism and Beyond," *JBL* 88(1969), 1-18.

1979년에 출판된 *An Introduction to the Old Testament as Scripture*를 통해 새로운 비평의 지평을 열어놓았다.[27] 바톤(John Barton)은 이처럼 텍스트 자체에 집중해서 연구하는 방법을 "텍스트-내재적 연구"(text-immanent approach)라고 지칭했다.[28] 이와 관련해 두 가지 비평 방법론을 간략하게 살펴보자. 하나는 "수사비평"(rhetorical criticism)이고, 다른 하나는 "정경비평"(canonical criticism)이다.

(1) 수사비평

수사비평은 문학적인 구조 단위/범위(전체와 부분)를 먼저 설정하고 그것을 기교적으로 구성하는 수사적 기법들을 연구하는 방법이다.[29] 따라서 수사비평에서는 일단 텍스트의 문학적 단위가 어디부터 어디까지이며, 세부적으로 들어가서 작은 단위는 어떻게 더 나눌 수 있는지를 살피는 것이 중요하다. 그리고 그 후에는 각 단위에 사용된 다양한 수사 기법들, 예를 들어 수미상관법(*inclusio*), 평행법(parallelism), 교차대구법(chiasmus), 어휘/구 반복법(repetition), 후렴구(refrain), 수사의문문(rhetorical question) 등이 어떻게 활용되어 텍스트의 메시지를 설득력 있게 전달하는가에 초점을 맞추어야 한다. 그렇다면 수사비평은 텍스트의 배후가 아니라 텍스트 자체에 집중하는 방법이라고 할 수 있다.

이 방식을 따르는 대표적인 학자로는 뮬렌버그, 트리블(Phyllis Tribl;

---

27 Brevard S. Childs, *Biblical Theology in Crisis*(Philadelphia: Westminster Press, 1970); *An Introduction to the Old Testament as Scripture*(Philadelphia: Fortress, 1979).
28 Barton, *Reading the Old Testament*, 2. Barton은 이 책에서 "텍스트-내재적 방법론"에 기초한 방법론으로 "구조주의적 연구 방법"과 "정경비평적 연구 방법"을 소개한다.
29 수사비평의 방법론과 그 발전상에 관해서는 김진규, "구약수사비평의 새로운 연구방향 모색", 「구약논단」 21(2015), 167-208을 보라.

요나서 연구),³⁰ 룬트봄(Jack R. Lundbom; 예레미야의 수사법 연구),³¹ 와일더(Amos N. Wilder), 기타이(Yehoshua Gitay), 베츠(Hans D. Betz), 케네디(George A. Kennedy) 등이 있다.

(2) 정경비평

정경비평은 수사비평과 비슷한 해석학적 토대를 공유한다. 이 비평 방법론은 기본적으로 성경의 텍스트가 공동체 속에서 발생했고 전승되었으며, 편집되었고 보존되었다는 것과 공동체 내에서 하나님의 말씀으로서 권위 있는 책으로 받아들여졌다는 것을 전제한다. 그리고 이 텍스트가 신앙 공동체 안에서 어떻게 기능했는가를 연구한다.³² 정경비평 학자들의 주된 관심은 공동체에 최종적인 형태(final form)로 받아들여진 정경(canon)에 있다. 이에 관해 키간(Terence J. Keegan)은 "가장 중요한 것은 교회에 의해 정경으로 수납된 텍스트다. 정경으로 수납된 이 텍스트가 모든 성경 주해의 출발점이다"라고 주장한다.³³ 따라서 정경비평 학자들은 어떤 텍스트를 연구할 때 텍스트 자체에 집중하면서도 동시에 전체와의 유기적 관계를 고려한다.

---

30 필리스 트리블, 『수사비평: 역사·방법론·요나서』, 유연희 옮김(서울: 한국기독교연구소, 2007).
31 Jack R. Lundbom, *Jeremiah: A Study in Ancient Hebrew Rhetoric*(Winona Lake: Eisenbrauns, 1997). Lundbom은 이 책에서 예레미야에 사용된 수사법 가운데 수미상관법과 교차대구법을 집중적으로 연구한다.
32 Mary C. Callway, "Canonical Criticism," *To Each Its Own Meaning: An Introduction to Biblical Criticism and Their Application*(ed. S. L. McKenzie, S. R. Haynes; Louisville: John Knox, 1999), 143.
33 Terence J. Keegan, *Interpreting the Bible: A Popular Introduction to Biblical Hermeneutics*(New York: Paulist, 1985), 30.

정경비평을 대표하는 학자로는 차일즈,[34] 샌더스,[35] 자이츠(Christopher R. Seitz), 클레멘츠, 렌토르프(Rolf Rendtorff), 월키(Bruce K. Waltke), 덤브렐(William J. Dumbrell), 세일해머(John H. Sailhamer), 하우스(Paul R. House) 등이 있다. 이 중 차일즈와 샌더스에 관해 좀 더 알아보자.

㉠ 브레버드 S. 차일즈: 차일즈는 문학비평을 따르면서도 구약성경을 문학(literature)이 아니라 성경(Scripture)으로 본다는 점에 주목해야 한다. 성경을 대하는 그의 자세는 성경이 본질적으로 **신학적**(theological)이며, 신앙 공동체에 **권위적이고 규범적**(authoritative, normative)인 책이라는 사실을 강조한다는 점에서 분명해진다.[36] 앞서 언급했듯이 이 부분이 신비평(New Criticism)과 정경비평이 구별되는 지점이다. 따라서 그는 기본적으로 성경이 단순히 역사 정보를 지닌 고대 자료라고 보는 역사비평 방식을 강하게 비판했다. 그는 성경이 역사적 정보를 지닌 고대 자료일 수는 있지만 그 이상을 위한 텍스트, 즉 신앙 공동체를 위한 신학적 텍스트인 정경(Canon)이라고 못 박았다.[37] 그의 해석학적 입장은 1976년에 작성한 논문 "Reflections on the Modern Study of the Psalms"와[38] 학술서인 *An Introduction to the Old Testament as Scripture*에 잘 제시되어 있다. 그

---

34 Childs, *An Introduction to the Old Testament as Scripture*; *Biblical Theology in Crisis*. 시편의 정경 형태에 관한 입장은 *Biblical Theology in Crisis*, 511-25에서 확인하라.
35 James A. Sanders, *Canon and Community: A Guide to Canonical Criticism*(Guides to Biblical Scholarship Old Testament Series; Philadelphia: Fortress, 1984); "Canonical Context and Canonical Criticism," *From Sacred Story to Sacred Text: Canon as Paradigm*(Philadelphia: Fortress, 1987).
36 정경을 대하는 입장과 관련해서 Childs는 다음 세 단어를 중요하게 생각한다. "신학적"(theological), "권위적"(authoritative), "규범적"(normative).
37 Perdue, *The Collapse of History*, 156.
38 Brevard S. Childs, "Reflections on the Modern Study of the Psalms," *Magnalia Dei: The Mighty Acts of God*(eds. F. M. Cross et al.; Garden City: Doubleday, 1976), 377-88.

의 기본적인 주장 두 가지는 다음과 같다.

① "정경"이 해석을 위한 적절하고도 중요한 문맥이다. 이는 어떤 텍스트를 해석하기 위해서는 인접 문맥을 넘어서 정경 전체를 고려해야 한다는 것을 의미한다.
② 구약성경은 **규범적**(normative)이고 **권위가 있는**(authoratative) 텍스트의 모음집이며, 본질적으로 **신학적**(theological)이다. 이는 정경이 믿음의 공동체와 그 미래 세대를 위해 신학적인 의도 아래 조형되었음을 의미한다.[39]

그는 이런 이해 속에서 시편 전체의 문맥을 고려해 시편 1편을 연구한 결과 1편이 시편의 서론으로 기능한다고 주장했다.

ⓒ 제임스 A. 샌더스: 샌더스도 차일즈처럼 구약 텍스트의 최종 형태(final form)를 연구하는 데 관심을 두었다. 그러나 차일즈와 달리 샌더스는 텍스트 배후에 있는 전승들을 연구하는 것이 전혀 무의미하다고 보지는 않았다. 그는 성경 텍스트가 구체적인 역사적 상황에 뿌리를 두고 있으며 그 역사적 상황은 정경의 최종 형태를 이해하는 데 중요한 역할을 한다고 여겼다. 이런 토대 위에서 그는 정경을 생성시켰던 신앙 공동체(communities of faith)에 집중했다. 따라서 샌더스는 각 시편의 구전 상황을 발견하고자 했던 궁켈이나 제의적 상황을 연구했던 모빙켈과는 다른 지점에 초점을 맞추었다고 할 수 있다.[40] 그의 기본적인 주장을 정리하자면,

---

39 Perdue, *The Collapse of History*, 157.
40 Sanders, *Canon and Community; From Sacred Story to Sacred Text*.

성경 텍스트는 과거에 살았던 어느 한 명의 천재(저자 혹은 편집자)에 의해서가 아니라 수용된 전승 및 성경에서 끊임없이 영적인 가치를 발견했던 고대의 공동체에 의해서 만들어졌다는 것이다.[41]

2) 텍스트 내의 연구와 시편

성경에 대한 정경비평은 시편 연구에 그대로 접목되었다. 이 분야의 대표적인 학자는 바로 차일즈의 제자인 윌슨(Gerald H. Wilson)이다. 그는 1985년에 출간된 *The Editing of the Hebrew Psalter*에서 소위 정경비평이 시편 연구에 어떻게 적극적으로 활용될 수 있는지를 잘 보여주었다.[42] 정경비평 학자들은 성경의 최종 형태(final form)에 관심을 두었기에 각각의 시편들이 어떤 제의적 배경에서 사용되었느냐보다는 개별적인 시편들이 어떻게 서로 연결되고, 시편 전체가 어떤 메시지를 전달하는가에 집중했다. 예를 들어 윌슨은 시편 각 권의 마지막 시편들, 즉 41, 72, 89, 106, 145편 등 소위 제왕시를 시편 2편과 함께 연구해서 시편 제1, 2, 3권은 다윗 언약의 파기를 다루고, 제4-5권은 하나님의 통치를 강조한다고 주장했다.[43]

시편과 관련한 정경비평 학자로는 와이브레이(R. Norman Whybray), 맥칸(J. Clinton McCann), 호스펠트(Frank-Lothar Hossfeld), 젱어(Erich Zenger), 하워드, 코에넨(Klaus Koenen), 크리치(Jerome F. D. Creach), 굴더(Michael D.

---

41 Sanders, *Canon and Community*, 29.
42 Gerald H. Wilson, *The Editing of the Hebrew Psalter*(Society of Biblical Literature Dissertation Series 76; Chico, CA: Scholars, 1985).
43 Ibid. 특별히 199-228을 참조하라.

Goulder) 등이 있다. 그중 젱어는 시편에 정경비평을 적용할 때 주의해야 할 점을 다음과 같이 네 가지 원칙으로 제시했다.[44]

① 연구하고자 하는 시편과 인접 시편들이 서로 어떻게 연결되는지에 주목하라.
② 연구하고자 하는 시편이 시편 전체(정경)의 편집 단위(redactional unit) 내에서 차지하는 위치를 주목하라.
③ 시편의 표제어(타이틀)를 해석상의 지평선으로 이해하라.
④ 모음집 내에서 시편들이 서로 어떻게 연결되는지, 그 안에서 반복되는 것은 무엇인지 고찰하라.

3) 두 가지 방향

시편에 관한 새로운 접근법이 활성화되면서 시편은 크게 두 가지 방향으로 연구되기 시작했다. 곧 "언어학적 차원"과 "문학적 차원"에서의 연구다.

(1) 언어학적 차원의 연구

언어학적 차원의 연구는 시편을 들여다볼 때 언어학적 특징—특히 구문론과 의미론—의 활용에 초점을 맞춘다. 이는 문장 구성의 구문론적 요소들을 일일이 조사하고, 더 나아가 그것들이 어떤 의미를 도출하는지 분

---

[44] Gordon J. Wenham, *Psalm as Torah: Reading Biblical Song Ethically*(Grand Rapids: Baker Academic, 2012), 38; Erich Zenger, "Was wird anders bei kanonischer Psalmenauslegung?," *Ein Gott Eine Offenbarung: Beiträge zur biblischen Exegese, Theologie und Spiritualität*(ed. Friedrich V. Reiterer; Würzburg: Echter, 1991), 397-413.

석하는 것이다. 이 연구 방법을 대표하는 학자로는 콜린스(Terence Collins), 겔러(Stephen A. Geller), 오커너(Michael P. O'Connor), 벌린(Adele Berlin), 파디(Dennis G. Pardee) 등이 있다. 그중 콜린스, 오커너, 벌린에 관해 좀 더 자세히 알아보자.

㉠ 테렌스 콜린스: 콜린스는 1978년에 *Line-Forms in Hebrew Poetry: A Grammatical Approach to the Stylistic Study of the Hebrew Prophets*라는 책을 펴냈다.[45] 그는 시 분석에서 의미론과 음운론이 갖는 유용성(有用性)을 완전히 부정하지는 않았지만 그것만으로는 충분하지 않다고 보았다. 그는 히브리 시를 더 객관적인 차원, 즉 문법적 차원에서[46] 분석해야 한다고 주장했다. 이는 의미론, 음운론, 구문론을 모두 사용해야 한다는 벌린의 견해와 유사하다. 하지만 문법을 중심으로 하는 구문론 차원을 주요 연구 대상으로 삼았다는 점에서 구별된다고 할 수 있다.[47]

콜린스는 히브리 시의 다양한 형태를 입증하기 위해 일종의 "분류 체계"(a system of classification)를 도입했다. 거기에는 "네 가지 기본 문장", "네 가지 일반적인 라인 타입(line type)" 등이 포함되었다. 예를 들면 하나의 기본 문장은 적어도 주어(NP^1) 혹은 목적어(NP^2), 동사/술어(V) 혹은 수식어(M)가 만나서 구성되며 다음과 같은 모양을 띤다는 것이다.[48]

---

[45] Terence Collins, *Line-Forms in Hebrew Poetry: A Grammatical Approach to the Stylistic Study of the Hebrew Prophets*(Rome: Biblical Institute, 1978)
[46] 문법적 차원의 접근법은 형태론(morphology)과 구문론(syntax)의 두 가지로 나뉜다. 형태론은 발화의 구성 성분들, 즉 명사, 동사, 대명사, 형용사, 부사 등을 살피는 분야이고, 구문론은 발화의 구성 성분들이 문장 내에서 어떤 역할―주어, 술어, 보어, 목적어 등의 독립이나 선행사 등의 관계어로서의 역할―을 하는가를 연구하는 분야다.
[47] Collins, *Line-Forms in Hebrew Poetry*, 280.
[48] 주어(NP^1)에는 명사, 대명사, 명사구("형용사+명사" 포함), 명사절 등이 포함된다. 목적어(NP^2)에는 NP^1과 동일한 요소들이 포함된다. 동사/술어(V)에는 정동사, 분사, 부정사가 포함된다. 수식어(M)에는 부사, 전치사구, 처소격(locatives) 등이 포함된다.

A. 주어(NP¹) + 동사(V)

B. 주어(NP¹) + 동사(V) + 수식어(M)

C. 주어(NP¹) + 동사(V) + 목적어(NP²)

D. 주어(NP¹) + 동사(V) + 목적어(NP²) + 수식어(M)

그리고 "네 가지 일반적인 라인 타입"은 다음과 같다.[49]

① 첫 번째 타입은 오직 하나의 기본 문장으로 구성된다.
② 두 번째 타입은 동일한 종류의 기본 문장 2개로 구성된다. 여기서 첫 번째 라인(half-line)에 있는 요소가 두 번째 라인에서 반복된다.
③ 세 번째 타입도 동일한 종류의 기본 문장 2개로 구성된다. 단 첫 번째 라인(half-line)에 있는 요소 일부만이 두 번째 라인에서 반복된다.
④ 네 번째 타입은 다른 종류의 기본 문장 2개로 구성된다.

콜린스는 이 네 가지 타입 중 오로지 두 번째 타입에서 가장 깔끔한 평행법이 발견된다고 주장한다.[50] 그의 방법론은 히브리 시에서 두드러지는 라인(행)의 구문론적 특성을 강조했다는 점에서 찬사를 받을 수 있으나, 히브리 시행(詩行)의 다양한 측면을 균형 있게 고려하지 않았다는 점에서는 비판을 피하기 어려울 것이다.

ⓒ 마이클 P. 오커너: 콜린스의 책이 출판된 지 2년 뒤인 1980년

---

49 Collins, *Line-Forms in Hebrew Poetry*, 22.
50 Ibid.

에 오커너는 *Hebrew Verse Structure*라는 두꺼운 책을 세상에 내놓았다.[51] Anchor Bible Series와 Eerdmans Critical Commentaries의 편집 주간이던 프리드만(David N. Freedman)의 제자로서, 오커너는 성경에서 발췌한 1,225개의 히브리 성경 구절을 구문론 차원에서 분석한 후 히브리 구절에서 구문론적인 기제로 작동하는 패턴들을 추출하고자 했다.

오커너가 자신의 책을 출간한 시기는 차일즈의 제자인 윌슨이 예일 대학교에 박사학위 논문을 제출한 시기와 같았다(1980년).[52] 오커너는 히브리 시구를 구성하는 요소들을 문법의 형태론적 차원(동사, 명사, 동사구, 명사구, 전치사, 동사절, 명사절 등)에서 분석하고 패턴을 분류했다. 그리고 히브리어에서 가장 두드러지는 양식에서는 한 구절이 2개 혹은 3개의 단위(즉 동사 혹은 명사)로 구성된다고 주장했다.[53]

오커너의 접근법은 두 가지 차원에서 박수를 받아야 한다. 첫째, 앞서 콜린스의 주장이 제기되기까지 히브리 시와 관련해서 구문론적인 차원은 거의 다루어지지 않았다. 그런데 콜린스의 등장으로 히브리 시의 구문적 차원이 집중적으로 연구됨으로써 시편 학자들에게 구문론의 중요성이 각인되었고 오커너는 그 실례를 보여주었다는 점이다. 일반 독자들은 시(詩)를 연구할 때 구문론이 무슨 소용이 있겠는가 하고 의문을 가질 수 있다. 하지만 벌린도 간파한 것처럼 히브리 시행의 구성 장치인 평행법이 구문론 차원에서 다루어질 수 있다는 점을 고려한다면, 시행에 관한 오커너의 구문론적 접근은 매우 유의미한 것이라고 할 수 있다. 둘째,

---

51 Michael P. O'Connor, *Hebrew Verse Structure* (Winona Lake: Eisenbrauns, 1980).
52 Wilson의 논문은 1985년에 SBL(Society of Biblical Literature)의 76번째 논문 시리즈로 출판되었다(*The Editing of the Hebrew Psalter*).
53 Ibid., 78.

히브리 시도 일종의 구문론적인 기제에 의해 작동한다는 사실을 인식할 수 있도록 도움을 주었다는 점이다.

그런데도 오커너는 히브리 시의 가장 큰 특징이라고 할 수 있는 평행법과 메타포에 관해, 그리고 히브리 시의 특징적인 다른 기법들에 관해 전혀 관심을 두지 않고 오로지 구문론에만 천착했다는 한계가 있다. 시에는 구문론을 넘어서는 차원이 분명히 존재하는데도 연구 대상을 너무 단순화시킨 것이다.

ⓒ 아델 벌린: 벌린은 앞서 살펴봤던 콜린스나 오커너와는 달리 히브리 시를 연구할 때 언어학의 모든 차원, 즉 문법적 차원(형태론적인 차원과 구문론적인 차원), 의미론적 차원, 음운론적 차원이 다 고찰되어야 한다고 주장했다. 그녀는 1985년 세상에 내놓은 *The Dynamics of Biblical Parallelism*에서 히브리 시에 사용되는 평행법의 복잡성을 언어학의 다층적인 차원을 활용해 입증해 보였다.[54] 히브리 시의 한 구절을 놓고 분석할 때 구문론적인 차원만이 아니라 의미론적인 차원과 음운론적인 차원까지 함께 분석한 것이다. 물론 모든 구절의 분석에 세 가지 차원의 접근이 균등하게 필요한 것은 아니다. 하지만 그녀의 책은 히브리 시의 구성 장치인 평행법이 단지 의미론적인 차원에서만 다뤄질 것이 아니라 문법적인 차원과 음운론적인 차원에서 연구되어야 한다는 사실을 제대로 보여준 작품이라고 할 수 있다.

(2) 문학적 차원의 연구

히브리 시를 언어학적인 차원에서 연구하는 것과는 달리 문학적인 차원

---

[54] Adele Berlin, *The Dynamics of Biblical Parallelism* (Bloomington: Indiana University, 1985).

에서 접근했던 학자들도 있었다. 대표적으로는 쿠걸(James L. Kugel), 알터 (Robert B. Alter), 피쉬(Harold Fisch), 쇼켈(Louis Alonso Schökel) 등이 이에 해당한다. 이들은 주로 하나의 시편을 통일성이 있는 하나의 문학작품으로 간주하면서 특별히 각 시에서 표출되는 다양한 기교들을 집중적으로 연구했다.[55] 이들의 움직임은 소위 문학비평(literary criticism)이라는 이름으로 알려졌다. 앞서 언급했듯이 여기서 사용되는 "문학비평"은 자료비평과 구분되는 것으로서 광의적인 의미가 있다. 왜냐하면 이 연구 방법은 텍스트 배후가 아니라 텍스트 자체를 연구하는 것에 초점을 맞추기 때문이다.

사실 뮬렌버그가 알터보다 12년 앞서 문학비평을 주창했다.[56] 하지만 학계의 관심을 이끌어낸 것은 알터의 책 *Art of Biblical Narrative*였다. 문학비평 학자들은 내러티브의 역사성(historicity of narrative)에 관해서는 별로 관심을 쏟지 않았다. 그 주제에 관심이 없는 것은 아니지만 늘 옆으로 제쳐놓기가 일쑤였다. 또한 그들은 텍스트의 본래 모습이 어떠했을까 하는 본문비평적 질문에 관해서는 답변할 필요성을 느끼지 못했다. 알터를 포함한 문학비평 학자들은 그 모든 방법론을 부정하지는 않았지만 해당 텍스트의 문학적 인물, 양식, 전체 구성, 문체, 스타일에 집중하며 최종 텍스트의 통일성과 일관성을 강조하는 데 힘을 쏟았다.[57]

㉠ 제임스 L. 쿠걸: 쿠걸은 1981년 *The Idea of Biblical Poetry: Parallelism and Its History*를 출판했다.[58] 그 책에서 쿠걸은 히브리 시의

---

[55] Howard, "Recent Trends in Psalms Study," 350.
[56] James Muilenburg, "Form Criticism and Beyond," *JBL* 88(1969).
[57] Tremper Longman III, "Literary Approaches to Old Testament," *The Face of Old Testament Studies*, 98.
[58] James L. Kugel, *The Idea of Biblical Poetry: Parallelism and Its History*(New Haven: Yale University Press, 1981).

두 행 사이에서 발생하는 "의미론적 확장" 현상에 주목했다. 다시 말해 A 라는 첫 번째 행과 B라는 두 번째 행이 있을 때 B행은 A행의 의미를 구체화하거나 확대하거나 명료화하거나 정의한다는 것이다.[59] 이런 그의 분석은 의미론 차원에서 A행과 B행이 단순히 동의적이라고 보았던 기존의 평행법 개념을 뛰어넘었다고 볼 수 있다.[60] 이를 그림으로 나타내면 다음과 같다.

A행:	진술
B행:	구체화, 확대, 명료화, 정의

쿠걸은 히브리 문헌에서 시(poetry)와 산문(prose)의 구별은 지나치다고 주장했다. 그에 따르면 히브리 시에도 산문에서 발견되는 표현들이 있고, 히브리 산문에도 히브리 시의 특징을 나타내는 표현 방식이 있기 때문이다.

ⓒ 로버트 B. 알터: 알터의 문학비평 방식은 일종의 신비평(New Criticism)이라고 할 수 있다. 그의 연구에서 주된 관심사는 고대 히브리인들의 "문학적 관습들의 기능"에 있다. 그는 우리가 성경을 연구할 때 히브리 내러티브나 시의 의미를 이해하기 위해서는 히브리인들의 문학적 관습들을 알아야 한다고 주장했다. 알터는 그런 견해를 바탕으로 텍스트의 역사적 배후가 아니라 인물, 전체 구조, 내용 등에 주목했다.[61]

사실 알터의 입장은 1970년대 당시에 절정에 이르렀던 구조주의의 영향이 컸다고 할 수 있다. 구조주의(structuralism)와 그에 따른 기호학

---

59 Kugel, *The Idea of Biblical Poetry*, 8.
60 Robert Lowth가 일찍이 확립한 세 가지 평행법에 새롭게 도전한 셈이었다.
61 Longman III, "Literary Approaches to Old Testament," 100.

(semiotics)은 소쉬르(Ferdinand de Saussure)와 퍼스(Charles S. Peirce)가 주도한 사상이었다. 그들은 텍스트를 기호(기호 및 단어)들의 집합체로 보았다. 그리고 텍스트는 일종의 문학적 관습들에 의해 구성되고 작동된다고 주장했다. 다시 말해 언어적 관습, 즉 단어, 구문, 문법 등이 텍스트에 그대로 농축되어 지문처럼 드러난다는 것이다.

예를 들어 생각해보자. 조선 시대의 글을 현대인들이 이해할 수 있을까? 반대로 지금 이 책을 고려 시대 사람이 읽고 이해할 수 있을까? 이해할 수 없을 것이다. 그 이유는 서로가 상대의 글자와 어법과 문체 등 텍스트가 담고 있는 문학적 관습을 모르기 때문이다. 조선 시대의 글을 이해하기 위해서는 한자를 배우고, 문체와 어법을 포함해 당시 통용되었던 문학적 관습을 따로 익혀야 한다. 이런 문제의식을 지닌 구조주의는 연구 대상인 어떤 글을 바로 이해하기 위해서는 거기에 적용된 주요한 문학적 관습들, 혹은 문학적 장치들, 장르 등을 알아야 한다는 태도를 취한다.[62] 물론 그들에게는 저자의 의도를 전혀 고려하지 않는다는 약점이 있기는 하다.

알터는 쿠걸의 책이 나온 지 4년 뒤에 *The Art of Biblical Poetry*라는 책을 내놓았다.[63] 이 책은 다음과 같이 9장으로 구성되어 있다. 1장 "평행법의 역동성", 2장 "행에서 이야기로", 3장 "강화의 구조", 4장 "욥기서의 진리와 시", 5장 "시편에 있는 믿음의 양식들", 6장 "예언과 시", 7장 "위트의 시", 8장 "메타포라는 정원", 9장 "전승의 생명"이 그것이다. 1장에서 알터는 히브리 시의 평행법을 설명하면서 A행과 B행으로 구성된 히

---

[62] Ibid., 104.
[63] Robert B. Alter, *The Art of Biblical Poetry* (New York: Basic Books, 1985).

브리 시에서 두 번째 행은 늘 강조하고, 고양하며, 구체화하는 특징이 있다고 주장했다.[64] 이로 볼 때 알터의 평행법 이해는 쿠걸과 크게 다르지 않다고 볼 수 있다.

3) 정리

이번 단락에서는 텍스트 자체를 해석의 대상으로 삼는 것이 어떤 의미인지를 살펴보았다. 텍스트의 기원, 역사, 전승 과정 등이 아니라 최종적인 텍스트 자체에 집중하면 그것을 채우고 있는 언어학적이고 문학적인 요소가 연구 대상이 될 수 있다. 시편의 경우에는 각 시편 자체의 의미뿐 아니라 시편 전체를 하나의 단위로 보고 접근하여 그 의미를 연구하는 정경비평이나 문학비평 등이 이에 해당한다.

텍스트의 의미를 찾는 과정은 저자의 의도가 무엇인가를 파악하는 과정이라고 말할 수 있는데, 이때 주의할 점은 텍스트 자체에 집중하다가 저자의 위치와 의도를 시야에서 놓치고 마는 경우가 생길 수 있다는 사실이다. 신비평(New Criticism)과 정경비평 혹은 수사비평을 통해 텍스트를 분석할 때는 텍스트의 저자가 수면 아래로 가라앉을 수 있다는 점에 주의해야 한다. 따라서 성경을 연구하는 독자들은 성경 자체를 분석하고 연구할 때 성경의 저자(하나님 저자와 인간 저자)를 놓치지 않도록 신경을 써야 한다.

---

64 Alter, *The Art of Biblical Poetry*, 18-19.

3. 텍스트 전의 연구

"텍스트 전"(In Front of the Text)의 연구는 텍스트의 의미 창출에 있어서 독자의 위치와 반응이 중요한 역할을 한다고 보는 관점에서 출발한다. 이는 텍스트의 의미를 결정하는 관점의 위치가 텍스트 "배후"나 "내부"에서 텍스트 "전"(前)으로 이동했다는 것을 의미한다. 여기서 중요한 해석 작업은 텍스트가 무엇을 의미하는가에 초점을 맞추고 주해하는 것이 아니라, 해석자가 추구하는 것을 텍스트를 통해 묘사하고 설명하는 것이다.[65]

이런 기본 입장을 살펴보면 다음과 같은 구분이 가능해진다. 우선 의미를 찾는 해석 과정에서 "텍스트 배후"에 집중하는 방법은 역사나 전승을 중요한 요소로 간주한다. 다음으로 "텍스트 내"에 집중하는 방법은 텍스트 자체를 구성하는 요소들을 소중하게 생각한다. 마지막으로 "텍스트 전"에 집중하는 방법은 텍스트 앞에서 해석 작업을 수행하는 독자(해석자)를 중요한 요소로 판단한다.

1) 텍스트 전의 연구와 구약

텍스트 전의 연구를 주장하는 시각에 따르면 어떤 텍스트에 관한 순수한 읽기나 객관적인 해석이란 애초에 존재하지 않는다. 텍스트를 읽는 독자는 인식하든 그렇지 않든 자신의 사회적 위치(사상적·문화적·신앙적·공동체

---

[65] 이런 시각에 관한 자세한 설명을 듣기 위해서는 다음 자료를 참조하라. Terry Eagleton, *Literary Theory: An Introduction*(Minneapolis: Univ. of Minnesota press, 183); *The Johns Hopkins Guide to Literary Theory and Criticism*(eds. Michael Groden, Martin Kreiswirth; Baltimore: Johns Hopkins Univ. Press, 1994).

적 맥락 등)에 영향을 받기 때문이다. "해석"이라는 행위의 이런 측면 때문에 하이데거(Martin Heidegger)는 해석이 언제나 세 가지 요소, 즉 "우리가 이미 가지고 있는 것"(fore-having), "우리가 이미 본 것"(fore-sight), "우리가 이미 이해한 것"(fore-conception)에 영향을 받게 된다고 주장했다.[66] 해석자의 선지식 없는 해석은 불가능하다는 것이다.

특별히 1960-80년대에 서구 문학비평 이론에 지대한 영향을 끼친 데리다(Jacques Derrida)의 해체주의(deconstructionism)는 "텍스트 전의 연구"가 갖는 기본 입장과 매우 깊은 관계가 있다. 데리다는 구조주의(structuralism)가 말하는 객관적인 의미 추구를 부정할 뿐 아니라 텍스트 자체로부터의 의미 도출 자체를 거부했다. "해체주의"라는 명칭이 의미하는 것처럼 이 해석학적 입장은 "무엇"을 뜯어 흩어지게 하는 것에 초점을 맞춘다. 여기서 "무엇"이런 인문학 중 철학에 최고의 권위를 부여했던 전통적인 차별과 반대를 가리킨다. 그에 따르면 철학자들이라고 해도 자신들의 제한된 시각 때문에 세상과 사물을 객관적으로 이해할 수는 없다.[67]

데리다는 기본적으로 기호(sign)와 그것이 의미하는 것 사이의 관계가 불안정하다고 보았다.[68] 따라서 기존에 해오던 객관적이고 과학적인 접근 방법―언어학의 경우에는 구문론과 의미론이 이에 해당한다―의 자주성에 이의를 제기할 수밖에 없었다. 데리다의 지적을 통해 전통적인 해석 방식을 통해 얻은 의미는 상대화되고 말았다. 이런 이유로 밴후저

---

66 Martin Heidegger, *Being and Time*(trans. John Macquarrie, Edward Robinson; New York: Harper & Row, 1962), 191-92.
67 Kevin J. Vanhoozer, *Is There a Meaning in This Text? The Bible, The Bible, and the Morality of Literary Knowledge*(Grand Rapids: Zondervan, 1998), 20.
68 Stephen D. Moore, *Poststructuralism and the New Testament: Derrida and Foucault at the Foot of the Cross*(Minneapolis: Fortress, 1994), 13.

(Kevin J. Vanhoozer)는 데리다를 기호의 신뢰성, 결정성, 중립성을 믿지 못하는 "불신자"라고 판단했다.[69] 이런 측면에서 볼 때 데리다는 "권위"에 적대적인 태도를 보이는 포스트모더니즘의 기본 정신과 해석학적 틀을 공유한다고 말할 수 있다.

(1) 독자반응비평

"텍스트 전 연구"의 범위에 포함되는 비평 가운데 대표적인 것은 "독자반응비평"이다. 독자반응비평(reader-response criticism)이란 무엇인가? 티슬턴(Anthony C. Thiselton)은 이 해석학적 입장을 다음과 같이 간명하게 소개한다.

> 독자반응 이론은 텍스트의 해석에서 독자의 능동적 역할을 강조한다. 가장 단순하게 요약하자면 이 이론은 텍스트의 의미를 "완성"하는 것이 독자 또는 독자들의 공동체라는 원리에 기반한다.[70]

텍스트 안에 있는 객관적인 정보와 인물과 상황에 관한 설명이, 그것을 능동적으로 읽는 독자의 상황과 선경험에 의해 굴절되면서 의미론적 화학작용을 일으킨다. 그 결과 독자 안에 발생하는 해석 과정에서 의미가 변조되기 때문에 텍스트의 객관적인 내용보다는 독자의 위치와 역할이 더 큰 비중을 차지한다. 티슬턴은 독자반응비평에 대한 이해를 돕기 위해 다음과 같이 덧붙인다. "독자반응 이론은 독자가 구경꾼이 아닌, 능동적으로 의미에 기여하는 존재임을 강조한다. 독자는 수동적 관찰자 이상의

---

69 Vanhoozer, *Is There a Meaning in This Text?*, 39.
70 앤서니 C. 티슬턴, 『성경해석학 개론: 철학적·신학적 해석학의 역사와 의의』, 김동규 옮김(서울: 새물결플러스, 2009), 464.

존재다."[71] 이 첨언은 독자반응비평에 대한 정확한 진단이라고 할 수 있다.

독자반응비평을 대표하는 학자로는 이저(Wolfgang Iser)와 피쉬(Stanley E. Fish)를 들 수 있다. 피쉬에 관해 간략하게 살펴보면, 유대계 미국인 2세로 태어난 그는 필라델피아에서 성장했고 예일 대학교에서 박사학위를 취득했다. 그는 Is There a Text in This Class?(1980)를 출간하면서 독자반응비평을 주도하는 역할을 맡게 되었다. 그는 사실 처음에는 신비평 학자들의 기본 입장, 즉 텍스트의 **완전성, 독자성, 자족성**을 수용했다. 하지만 결국에는 텍스트의 해석이 주관적인 인식에 의존할 수밖에 없다는 입장으로 선회했다.[72] 그는 "텍스트에 본질적이며 확정적인 의미는 없다"라는 급진적인 주장까지 제기했는데, 이는 텍스트에 대한 단 하나의 정확한 해석은 존재할 수 없다는 말과 같다고 할 수 있다.

이런 독자반응비평의 주장에는 다른 비평 방법과 마찬가지로 양날의 검과 같은 측면이 있다. 하이데거가 말한 것처럼 독자는 텍스트에 담긴 의미를 찾을 때 자신의 선지식 혹은 선이해를 활용한다. 그리고 독자의 선이해는 텍스트의 의미를 밝히는 데 이바지하는 면이 있다. 일반적인 차원에서 말하자면 텍스트와 독자 사이에 건전한 해석학적 순환 작용이 의미를 찾는 과정에서 발생하는 것이다. 그러나 독자의 선지식과 선험적 정보 등이 텍스트에 의도하지 않은 의미를 부여하는 자리까지 나아가기도 한다. 그런 경우에는 독자가 텍스트의 의미를 찾기보다 자신의 사상과 믿음 혹은 주장을 뒷받침하기 위해 텍스트를 이용하는 위험에 노출될 수 있

---

71 Ibid., 464.
72 Edgar V. McKnight, "Reader-Response Criticism," *To Each Its Own Meaning: An Introduction to Biblical Criticism and Their Application*(ed. S. L. McKenzie, S. R. Haynes; Louisville: John Knox, 1999), 231.

다. 독자반응비평의 명암(明暗)에 관해 오스번(Grant R. Osborne)은 다음과 같이 설명한다.

> 모든 사람은 성경을 읽는 일에 "전이해"(preunderstanding)를 동원하는데, "전이해"란 해석자의 배경, 그리고 해석자에게 인식의 틀을 제공하는, 공동체에서 물려받은 신념과 개념들을 말한다. 우리는 성경을 읽으면서 진리를 발견하기보다는 더욱 자주 성경을 우리 신념 체계와 조화시키려고 하며 우리가 이미 알고 있는 신학적 체계에 비추어 성경의 의미를 보려고 한다. 이것이 전부 나쁜 것은 아니다. 우리의 전이해는 적이 아니라 동지다. 전이해는 우리가 읽는 내용을 이해할 수 있도록 일련의 이해를 제공한다. 이런 의미에서 우리는 모두 "독자반응" 해석자다. 여기서 문제가 되는 것은 전이해가 너무도 쉽게 편견이 되어버린다는 것이다.[73]

(2) 페미니즘 관점

"페미니즘 관점"(feminism perspective)은 독자반응비평과 해석학적 토대를 공유한다. 즉 텍스트의 의미 결정이 텍스트 자체가 아니라 텍스트 앞에 있는 독자에게 달려 있다고 보는 것이다. 그렇다면 페미니즘만의 독특한 측면은 무엇인가? 이 질문은 페미니즘을 어떻게 정의할 것인가와 밀접한 관계가 있다. 페웰(Donna N. Fewell)이 잘 지적한 것처럼 페미니즘을 간명하게 정의하기란 쉽지 않다.[74] 그녀는 "페미니즘은 여성의 정치적·사회

---

[73] 그랜트 R. 오스번, 『해석학적 나선형으로 풀어가는 성경해석학 총론』, 임요한 옮김(서울: 부흥과개혁사, 2017), 25. McKnight는 독자반응비평의 명암이 독자의 세계관과 그 세계관에서 작동하는 성경의 역할 및 기능에 달려 있다고 말한다(McKnight, "Reader-Response Criticism," 239-40).

[74] Donna N. Fewell, "Reading the Bible Ideologically: Feminism Criticism," *To Each Its Own Meaning*, 268.

적·경제적 인권에 초점을 맞춘다"라고 정의하지만,[75] 이 정의를 좀 더 좁혀서 페미니즘의 성격을 다음과 같이 설명한다.

> 페미니즘은 남성 학자들과 예술가들이 제시했던 범주들과 정의들, 특별히 그들이 여성들에 관해서 내렸던 정의에 저항한다.[76]

여기서 볼 수 있듯이 페미니스트들은 텍스트의 의미를 오랫동안 사회에서 소외되고 남성에게 예속되었던 여성과 연결한다.[77] 독자반응비평에서는 독자가 의미 결정권자라면, 페미니즘에서는 독자보다 더 구체적인 "여성"이 의미 결정권자가 된다. 따라서 페미니즘의 해석 작업에서는 텍스트 혹은 성경에 있는 가부장적 요소들을 들추어내면서 관련된 텍스트를 제거할 것인지 아니면 재해석하여 유지할 것인지를 결정하게 된다.[78] 가부장적 문화에서 기록된 텍스트에 대해 가부장적으로 해석하며 쌓아 올렸던 모든 신학 전통과 체제를 거부하는 것이다.

테이트(W. Randolph Tate)는 페미니즘 해석이 취하는 세 가지 기본 입장을 다음과 같이 소개한다. 첫째, 여성 자신의 독특한 경험이 성경을 이해하는 통로가 된다.[79] 이런 인식 안에서 "평등"과 "상호성"은 페미니즘에 불을 지피는 중요한 추진력으로 작용한다. 둘째, 모든 여성은 완전한 인

75　Ibid. 페미니즘에 관한 또 다른 정의를 위해서 다음 자료들을 확인하라. Rebecca West, *The Young Rebecca*(ed J. Marcus; London: Macmillan, 1982), 219; Sandra M. Gilbert, "What Do Feminist Critics Want? A Postcard from the Vocano," *The New Feminist Criticism: Essays on Women, Literature, and Theory*(ed. Elaine Shhowalter; New York: Pantheon, 1985), 36.
76　Fewell, "Reading the Bible Ideologically," 269.
77　Longman III, "Literary Approaches to Old Testament Study," 107.
78　Ibid.
79　W. Randolph Tate, *Biblical Interpretation: An Integrated Approach*(Peabody: Hendrickson Publisher, 2008), 237.

간이다.⁸⁰ 이 진술은 매우 아프게 느껴지지만, 여성의 존재 가치를 떨어뜨리는 성경과 해석은 이를 통해 거부된다. 셋째, 여성에 관한 전통적인 해석과 여성 자신의 경험이 모순되기 때문에 여성 자신의 주관적 경험이 진리를 판단하는 기준이 된다.⁸¹ 여기서 확인할 수 있듯이 페미니즘 비평가들에게 "객관성"이나 "절대적 진리"는 관심의 대상 자체가 아니다.

어쨌든 이런 기본적인 입장 위에서 페미니즘 학자들은 텍스트를 해석한다. 그렇다면 그들이 성경을 해석할 때 주안점을 두는 것은 무엇일까? 물론 앞서 언급한 대로 가부장적 요소들을 해체하는 과정은 중요하다. 그럼에도 *Interpretation* 주석 시리즈에서 룻기를 주해한 사켄펠드 (Katharine Doob Sakenfeld)는 페미니스트 학자들이 성경을 해석하는 세 가지 방향을 다음과 같이 소개한다.⁸²

① 전통적으로 여성을 폄훼하는 유명한 본문들을 상쇄시키기 위해 여성이 등장하는 본문을 해석한다.
② 가부장적 시각을 불식하는 신학적 관점을 찾아내기 위해서 성경을 분석한다.
③ 가부장적 문화에서 살고 있는 현대 여성들과 고대 여성들의 이야기들이 만나는 지점에서 배움을 얻기 위해 성경을 연구한다.

사켄펠드가 제시한 페미니즘 학자들의 성경 해석 방향은 정확해 보

---

80 Ibid., 238.
81 Ibid.
82 Ibid. Katharine Doob Sakenfeld, "Feminist Uses of Biblical Materials," *Feminist Interpretation of the Bible*(ed. Letty M. Russell; Philadelphia: Westminster, 1985), 56-64의 요약 내용을 재인용함.

인다. 페미니즘 성경학자들이 내놓는 연구 결과물들을 보면 이 세 가지 범주를 벗어나지 않는 경우가 대부분이기 때문이다.

2) 텍스트 전의 연구와 시편

"텍스트 전의 연구"에 해당하는 비평 방법 중에서 시편 연구와 관련한 페미니즘에 초점을 맞추어보자. 언뜻 보기에 시편과 페미니즘 사이에는 어떤 연관도 없는 듯하다. 최근까지 페미니즘 학자들이 시편 연구에 큰 관심을 두지 않았던 것도 사실이다. 남성과 여성이 선명하게 구분되고, 여성이 중요한 인물로 묘사되는 내러티브에 관한 연구는 꽤 진행되었지만, 그에 비해 시편은 오랫동안 페미니스트들의 관심 밖에 놓여 있었다.

시편은 왜 페미니즘 학자들에게 관심을 받지 못했던 것일까? 그 이유는 아마도 다른 성경에 비해 시편 안에 여성이 상대적으로 적게 등장하기 때문일 것이다.[83] 사사기에 등장하는 드보라, 사무엘서의 한나, 룻기의 나오미와 룻, 에스더서의 에스더 등 여성이 등장하는 내러티브에서는 여성들의 영웅적 역할과 활약이 선명하게 묘사된다. 하지만 시편에서는 여성이나 여성의 목소리를 찾아보기 어렵다.

디클레세-왈포드(Nancy L. DeClaissé-Walford)는 시편에서 여성의 목소리나 이미지를 찾기 어려운 이유 세 가지를 제시한다. 첫째, 해당 시편의 저자에 관한 정보를 담고 있다고 간주되는 표제어를 보면 남자만 등장한다(다윗, 아삽, 고라, 헤만, 에단, 솔로몬, 모세 등). 둘째, 시편이 암송되던 장소가 제사장이나 왕만이 쉽게 접근할 수 있는 성소였기 때문이다. 셋째, 시

---

[83] Athalya Brenner, "Introduction," *A Feminist Companion to Wisdom and the Psalms* (eds. Athalya Brenner-idan, Carle R. Fontaine; Sheffield: Sheffield Academic Press, 1998), 23-30.

편에 두드러지게 등장하는 핵심 이미지는 여성과 거리가 먼 하나님의 왕권—이는 남성성과 연결된다—이기 때문이다.[84] 이런 이유들로 인해 확실히 시편에서는 여성의 목소리를 찾기가 쉽지 않다.

하지만 은유적인 표현까지 고려한다면 시편에서도 여성의 이미지를 어느 정도 찾아볼 수 있다. 예를 들어 하나님의 "자비하심"을 의미하는 단어(רחם)는 "자궁"을 의미하는 "레헴"(רחם)에서 파생되었다. 따라서 "하나님의 자비하심"이란 곧 태아를 향해 느끼는 어머니의 사랑을 의미한다(시 78:38; 86:15; 103:8; 111:4; 112:4; 145:8).[85] 또한 암탉이 날개로 새끼를 품어 보호하는 이미지라든지(시 17:8; 61:4; 63:7 등),[86] 시편 87편에서 시온이 "열방의 어머니"로 묘사된다는 점을 고려한다면 시편에 여성의 이미지가 전혀 없다고는 말할 수 없다. 물론 성경 내러티브에 등장하는 여성의 비중과 시편에 등장하는 여성의 비중에는 분명한 차이가 있다. 그리고 시편에 여성성이 거의 드러나지 않는다는 말은 역으로 페미니스트에게 시편은 남성성이 매우 강한 노래라는 말로 읽힐 수 있다.

앞서 살펴보았듯이 페미니즘 관점은 "텍스트 전의 연구" 영역에 포함되는 해석학적 입장이다. 하지만 페미니스트 시편 학자들은 또다시 세 그룹으로 나뉠 수 있고, 그 구분 기준은 앞서 밝혔던 기준과 같다. 첫 번째 그룹은 시편에 있는 여성들의 삶을 복구하기 위해 고대 사회에서 노래하거나 시를 낭독했던 여성들의 사례를 연구한다. 이때 시편은 고대 사회 여성들의 삶을 들여다보기 위한 하나의 해석학적 창에 불과하다. *The*

---

[84] Nancy L. DeClaissé-Walford, "Femine Imagery and Theology in the Psalter: Psalms 90-91, and 92," *The Psalter as Witness: Theology, Poetry, and Genre*(eds. W. Dennis Tucker Jr., W. H. Bellinger Jr.; Waco: Baylor University Press, 2017), 15-16.
[85] Ibid., 17을 참조하라.
[86] Ibid.

*Women's Bible Commentary*의 저자 파머(Kathleen Farmer)와 데이비슨(Lisa Davison)이 이 그룹을 대표하는 학자라고 할 수 있다.[87] 두 번째 그룹은 현대 여성의 삶을 위해 시편을 활용한다. 예를 들어 베일(Ulrike Bail)은 시편을 통해 과거 여성의 삶을 재구성하는 것이 아니라 현대의 여성을 위한 자료로서 시편을 연구한다.[88] 세 번째 그룹은 여성성에 큰 관심을 가지고 시편에 접근하면서도 텍스트 자체를 연구한다. 이를 대표하는 학자로는 테너(Beth L. Tanner)를 꼽을 수 있다. 그녀는 *The Psalms Through the Lens of Intertextuality*와 *The Psalms for Today*를 저술했고,[89] 2014년 NICOT에서 출간한 시편 주석 *The Book of Psalms*의 공동 저자이기도 하다.[90] 또한 그녀는 저주시 가운데 하나로 분류되는 시편 109편을 창세기의 라헬과 레아의 이야기를 통해 들여다보면서 원수(저주의 대상)를 화자 밖에서 찾지 않고 내부(내면)에서 찾으려고 시도하기도 했다.[91] 현재 그녀는 *Psalms Book 1: A New Commentary from a Feminist Perspective*의 저술 작업에 매진하고 있다.

---

[87] Kathleen Farmer, *The Women's Bible Commentary*(eds. Sharon H. Ringe, Carol Newsom; Louisville: Westminster, 1992); Lisa W. Davison, "My Soul is Like the Weaned Child that is Like with Me: The Psalms and the Feminine Voice," *HBT* 23(2001), 155-67. 이 두 학자의 입장과 달리 시편 연구를 통해 여성의 위치와 지위를 복구하는 것은 어렵다고 보는 학자도 있다. 이에 관해 Marc Zvi Brettler, "Women and Psalms: Toward an Understanding of the Role of Women's Prayer in the Israelite Cult," *Gender and Law in the Hebrew Bible and the Ancient Near East*(eds. Tikva Frymer-Kensky, Victor H. Matthews; Sheffield: Sheffield Academic Press, 2009), 25-56을 참고하라.

[88] Ulrike Bail, "O God, Hear my Prayer: Psalm 55 and Violence against Women," *A Feminist Companion to Wisdom and the Psalms*, 242-63.

[89] Beth LaNeel Tanner, *The Book of Psalms through the Lens of Intertextuality*(New York: Peter Long, 2001); *The Psalms for Today*(Louisville: John Knox Press, 2008).

[90] Nancy L. DeClaissé-Walford et al., *The Book of Psalms*, NICOT (Grand Rapids, MI: William B. Eerdmans, 2014).

[91] Beth LaNeel Tanner, "Hearing the Cries Unspoken: An Intertextuaal-Feminist Reading of Psalm

4. 결론

지금까지 살펴본 바와 같이 시편의 해석 방법은 시대별로 구약성경을 어떻게 인식하고 해석했는지와 궤적을 같이하며 발전해왔다. 그중에는 텍스트 배후에 초점을 맞추거나 텍스트 내에 집중한 비평 방법, 텍스트 앞에 자리를 잡고자 했던 비평 방법들이 있다. 세 영역에 포함되는 각 비평 방법은 텍스트의 의미를 탐구할 때 텍스트 배후의 역사, 텍스트 자체, 텍스트 앞에 있는 독자에게 중요한 위치를 부여한다.

여기서 한마디 덧붙이자면, 성경에서 의미를 찾기 위해 활용되는 다양한 비평 방법에는 장점과 단점이 모두 있기 마련이다. 다시 말해 성경에 관한 해석을 단일한 방법에만 의존한 채 진행해서는 안 된다는 것이다. 성경을 제대로 해석하기 위해서는 앞서 언급한 모든 방법이 다층적인 차원에서 고려되고 활용되어야 한다. 즉 양식비평, 본문비평, 역사비평, 수사비평, 정경비평 등의 결실과 한계를 바탕으로 각 연구 방법의 장점들이 골고루 동원되어야 한다. 하지만 모든 연구 방법을 균등한 수준으로 존중할 수는 없고 그렇게 할 필요도 없다. 따라서 시편 전체의 중심 메시지를 확인하려는 목적을 가진 이 책은 정경비평의 방법을 중점적으로 활용할 것이다.

지금까지 구약과 시편을 어떻게 연구해왔는가를 개론 차원에서 살펴보았다. 다음 장에서는 이 책이 중점적으로 채택한 정경비평을 주요 연구 방법론으로 사용했던 학자들의 이야기를 자세히 나누어보자.

---

109. "*A Feminist Companion to Wisdom and the Psalms*, 283-301.

2장

정경비평 학자들과 견해

앞 장에서는 구약성경에 적용되었던 연구 방법들이 그대로 시편에 적용되었다는 사실을 알아보고 그 가운데서 몇 가지 방법을 살펴보았다. 이번 장에서는 내가 이 책에서 적극적으로 활용할 정경비평을 좀 더 자세하게 소개하고자 한다.

앞 장에서 설명한 바와 같이 1970, 80년대를 기점으로 독일과 북미 출신의 정경비평 학자들은 시편에도 정경비평을 적극적으로 적용하기 시작했다. 물론 그들이 같은 방법론을 사용했다고 해서 똑같은 결론을 도출한 것은 아니었다. 여러 주장에서 학자마다 근소한 차이가 있었고 큰 격차가 드러나는 경우도 적지 않았다.

학자마다 정경비평을 적용하는 연구 범위도 서로 달랐다. 어떤 학자들은 몇 개의 인접한 시편들 혹은 모음집을 연구 대상으로 삼았다. 반면 다른 학자들은 시편 전체를 연구 대상으로 삼았다. 첫 번째 부류의 학자들은 시편 전체를 다루기보다는 서로 인접한 시편들 혹은 모음집이 어떻게 긴밀하게 연결되는가를 언어학적·주제적·신학적 차원에서 다루었다. 두 번째 부류의 학자들은 시편 전체의 구성을 염두에 두고 시편 본문을 통해 전달되는 핵심 메시지를 분석하고자 했다.

이번 장에서는 정경비평 시각에서 시편을 연구했던 대표적 학자들 몇 사람을 간략하게 살펴보면서 시편에 관한 정경비평 연구가 어떻게 진행되어왔는가를 알아볼 것이다.

1. 조셉 P. 브레넌[1]

브레넌(Joseph P. Brennan)은 1980년에 기고한 소논문 "Psalms 1-8: Some Hidden Harmonies"에서 시편에 관한 자신의 기본 입장을 다음과 같이 밝혔다.

> 이 논문에서 내가 주장하는 바는 우리가 시편을 면밀하게 읽기만 한다면 다음과 같은 사실을 분명히 알 수 있다는 것이다. 즉 시편은 우연히 그리고 어떤 계획도 없이 발전한 것이 아니라 이전에 개별적으로 존재했던 글들 혹은 작은 모음집의 글들이 서로에게 설명하거나 반응하는 방식으로 세심하게 조직되었다. 따라서 시편(Psalter)을 제대로 이해하기 위해서는 150개의 시편을 각각 그것이 본래 발생했던 역사적 문맥에서 연구하는 것으로는 충분하지 않다. 시편들은 모두 서로에 대한 그들의 관계 아래에서 이해되어야 한다. 왜냐하면 시편들은 모두 각각의 시편이 개별적으로 전달하는 것 이상의 의미를 전달하기 때문이다.[2]

여기서 시편이 "우연히 그리고 어떤 계획도 없이" 발전한 것이 아니라 의도적이고 계획적으로 최종 완성되었다는 견해는 시편을 정경적 입장에서 연구하는 학자들과 내가 기본적으로 동의하는 바다.[3] 이런 기본적

---

[1] Brennan의 신학적 입장에 관해서는 다음 글들을 참조하라. Joseph P. Brennan, "Psalms 1-8: Some Hidden Harmonies," *BTB* 10(1980): 2-29; "Some Hidden Harmonies in the Fifth Book of Psalms," *Essays in Honor of Joseph P. Brennan*(ed. Robert F. McNamara; Rochester, NY: Saint Bernard's Seminary, 1977), 126-58.
[2] Brennan, "Psalms 1-8," 25.
[3] 이런 입장을 취한다고 해서 개별적인 시편의 의미와 가치를 폄훼해서는 결코 안 될 것이다.

인 이해의 틀 속에서 그는 또다시 이렇게 주장한다.

> 히브리 시편을 연이어서 읽게 되면 다음과 같은 결론에 도달하게 된다. 즉 이 모음집[시편]을 지배하는 원칙들 가운데 하나는, 한 시편에 담긴 다양한 핵심어들과 표현들이 다른 시편에 이미 드러난 주제를 선택하여 발전시키는 방식으로 시편들이 병렬되어 있다는 것이다.[4]

이 말은 정경적인 차원에서—나중에 젱어의 말을 통해 재차 언급되겠지만—시편을 연구하고자 할 때 어디에 초점을 두어야 하는가를 잘 보여준다. 곧 시편 하나에 있는 핵심어 혹은 주제가 인접한 시편에서 어떻게 전개되는가를 살펴야 한다는 말이다. 이 점은 브레넌의 다른 소논문 "Some Hidden Harmonies in the Fifth Book of Psalms"에서도 강조된다. 그는 시편 제5권에 속한 시편들(시 107-150편)을 정경적인 시각에서 연구하면서 주제와 개념 혹은 단어들이 인접한 시편들에서 어떻게 서로 발전하며 응답하는지를 살핀다. 이런 방법을 통해 그는 시편 제5권을 다스리는 원칙이 "제의적인(ritual) 것"이 아니라 "문학적인(literary) 것"이라고 주장했다.[5] 브레넌은 지면의 제한으로 인해 정경비평적 입장을 충분히, 그리고 해당 시편에 온전하게 적용하지는 못한 듯하다. 하지만 그가 정경비평의 새로운 물결을 일으킨 학자였음은 분명하다.

---

4 Brennan, "Psalms 1-8," 25. 이런 입장에서 그는 시편 1, 2편이 시편 전체의 서론 역할을 한다고 주장했다. 특히 26쪽을 보라.
5 Brennan, "Some Hidden Harmonies in the Fifth Book of Psalms," 28.

2. 브레버드 S. 차일즈[6]

차일즈도 정경비평의 물꼬를 텄던 중요한 학자 가운데 한 명이다.[7] 앞서도 언급했지만 차일즈의 견해는 1976년에 작성한 논문 "Reflections on the Modern Study of the Psalms"와 그의 책 *An Introduction to the Old Testament as Scripture*에서 잘 드러난다. 그는 시편의 최종 편집 상태, 즉 시편의 최종 형태를 보면 시편의 마지막 편집자들이 신앙 공동체 내에서 정경 시편을 어떻게 이해했는지 알 수 있다고 말한다.[8] 시편 해석에 대한 그의 기본 전제는 두 가지다. 첫째, 역사비평의 한계를 인정하는 것이다. 그는 시편이 역사비평의 관점에서 연구됨으로써 시편의 신학적 메시지가 다음 세대로 전달되지 못하고 있다고 보았다. 둘째, 텍스트가 어떻게 공동체에 의해서 거룩한 성경으로 받아들여지고 최종 형태를 갖추게 되었는가를 고찰하는 것이다.

그는 무엇보다 먼저 시편이 구전(oral)과 문학(literary)의 형식으로 오랜 세월에 걸쳐 현재의 모습을 갖추게 되었고, 최종 형태를 갖추기까지 복잡한 편집 과정을 거쳤을 것이라고 말한다. 그에 따르면 처음에는 개별

---

6 Childs의 핵심 논문과 저서는 다음과 같다. Brevard S. Childs, "Psalm Titles and Midrashic Exegesis," *Journal of Semitic Studies* 16(1971); "Reflections on the Modern Study of the Psalms," *Magnalia Dei: The Mighty Acts of God*(ed. F. M. Cross et al.; Garden City: Doubleday, 1976), 377-88; *An Introduction to the Old Testament as Scripture*; "Canonical Shape of the Prophetic Literature," *Interpretation* 32(1978); *Old Testament Theology in a Canonical Context*(Philadelphia: Fortress Press, 1986); *Biblical Theology of the Old and New: Theological Reflection on the Christian Bible*(Minneapolis: Fortress Press, 1993).
7 정경적 입장이 본격적으로 대두하기 이전에도 시편의 문맥적 이해에 관한 개념이 아예 없었던 것은 아니었다. Alexander(1850), Delitzsch(1881), Forbes(1888), Barnes(1931), Westermann(1961-62), Becker(1966) 등의 학자들이 시편 전체를 고려해야 한다는 견해를 개진했고 특히 제왕시의 전략적 배치가 강조되었다.
8 Childs, *An Introduction to the Old Testament as Scripture*, 512-13.

적인 시편들이 있었고 그 후에 작은 단위든 큰 단위든 초기 모음집(예. 아삽의 모음집, 고라 자손의 모음집)이 생겨났을 것이다.[9] 따라서 차일즈는 다섯 권으로 구성된 시편이 최종적으로 완성되기까지의 과정을 다음과 같이 제시한다.[10]

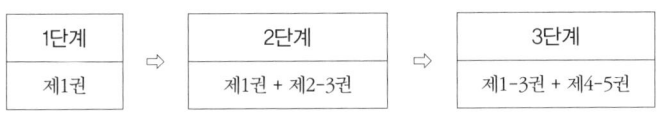

차일즈가 생각하는 시편의 구성 과정

차일즈는 시편 1편을 시편 전체의 서론으로 간주한다. 잘 알려진 대로 시편 1편은 율법을 주야로 묵상하는 자의 복됨을 노래한다. 다시 말해 시편 전체가 율법과 율법의 묵상을 중요하게 생각하는 내용으로 시작하는 것이다. 그는 시편 1편을 신명기 30장과 여호수아 1장과 연결해 고찰하면서 경건한 자라면 마땅히 모세의 율법을 묵상해야 한다는 점을 지적한다.[11] 서론으로서의 시편 1편에 관한 그의 이런 설명은 무엇보다 정경적 해석의 특징을 잘 보여준다. 그는 다음과 같이 말한다.

> 본래 토라 시편[시편 1편]의 현재 편집 상태는 시편 전체에 대한 서론으로서의 **새로운 기능**을 시편 1편에 부여한다. 베스터만이 시편 1편과 119편을 초기 시편 모음집을 위한 틀로 이해했을 때, 그것은 옳은 지적

---

9 Ibid., 511.
10 Ibid., 511-12. 나는 Childs와는 다르게 생각한다. 나는 시편 제1-3권과 제4, 5권이 개별적으로 발전했고, 더 나아가 제1, 2권과 제3권 역시 개별적으로 발전했다고 생각한다. 방정열, "시편 제1-3권의 정경 형성 단계에 대한 고찰", 「한국기독교신학논총」 103(2017), 68-71을 보라.
11 Childs, *An Introduction to the Old Testament as Scripture*, 513.

이었을지 모른다. 그러나 분명 시편의 최종 단계에서 시편 1편은 읽고 연구하고 묵상해야 할 시편들의 서론으로서 매우 중요한 기능을 하게 되었다.[12]

이는 달리 말해 시편 1편이 원래 태어난 삶의 정황(Sitz im Leben)이 있었다고 할지라도 시편의 최종 완성 단계에서 "서론"(introduction)으로서 새로운 기능을 하게 되었다는 것이다.[13] 그렇다면 각 시편의 본래적 제의 기능은 정경이라는 큰 문맥의 수면 아래로 가라앉게 된다고 말할 수도 있다. 이런 견해에 따르면 다른 개별적인 시편들도 분명 독특한 삶의 정황을 가지고 있었겠지만, 그 독특성과 이력(履歷)은 정경비평적 해석 아래에서 덜 중요한 것으로 간주될 수밖에 없다. 또한 이는 곧 각 시편의 "원저자"라는 지위가 저자 한 사람에서 공동체로 이동되었음을 의미하기도 한다.

차일즈는 시편의 표제어에 관해서도 정경적 시각으로 설명한다.[14] 19세기 내내 학자들 사이에서는 시편의 표제어가 이차적으로 부가된 내용으로서 시편들의 역사적 상황을 재구성하기 위한 정보로는 사용할 수 없다는 생각이 지배적이었다. 그러나 차일즈는 표제어를 통해 시편을 정경으로 완성시킨 공동체가 시편을 어떻게 이해했는가를 알 수 있다고 주장했다. 다시 말해 시편의 표제어는 각 시편과 더불어 독립적으로 발전한 것이 아니라는 주장이다. 크러치필드(John Crutchfield)는 차일즈의 입장을

---

12 Ibid.
13 정경비평 학자들은 이처럼 각기 다른 삶의 정황에서 작성된 시편이 최종 편집 과정에서 새롭게 갖게 된 문학적 기능을 가리켜 "정경적 기능"(canonical function)이라고 정의한다.
14 Ibid., 520-22; "Psalm Titles and Midrashic Exegesis," *JSS* 16(1971), 137-50.

다음과 같이 정리한다.

> 시편 표제어들은 본래 제의적인 시편들을 역사적 인물들뿐만 아니라 그 역사적 인물의 삶 속에 있던 구체적인 사건들과 연결함으로써 역사화하는 기능을 한다.[15]

삶의 정황이 제각각이던 시편들 위에 다윗 등의 역사적 인물의 정보를 덧붙임으로써 그 시편들이 그 인물의 역사에 흡수된다는 점에서, 그러나 동시에 표제어에 다윗이 등장한다고 할지라도 그 모든 시편이 왕과 관련된 시편이 아니라는 점에서 이런 논의는 매우 복잡한 성격을 띨 수밖에 없다.[16]

차일즈는 제왕시에 관해서도 성경적인 시각에서 설명하려 했다. 그에 따르면 제왕시들의 전략적인 배치는 그 시편들을 새롭게 읽도록 요청한다. 제왕시들의 본래적 삶의 정황은 왕의 등극을 포함하여 왕과 관련된 다양한 역사적 상황일 것이다. 하지만 그 시편들이 시편 전체에 걸쳐 전략적인 위치에 의도성을 띤 채 배치됨으로써 본래 삶의 정황과는 다른 새로운 의미-"종말론적인 시각"을 만들어냄-를 갖게 된다.[17] 차일즈는 특별히 시편 2, 72, 89, 110, 132편 등의 전략적 배치가 포로기와 포로기 이후의 독자들에게 종말론적 의미를 제공했다고 주장한다. 즉 그 시편들이 메시아의 도래를 묘사한다는 것이다.

---

15 John C. Crutchfield, "The Redactional Agenda of the Book of Psalms," *Hebrew Union College Annual* 74(2003), 9.
16 Childs, *An Introduction to the Old Testament as Scripture*, 520-21; 방정열. "시편 표제어 유무(有無)에 대한 정경적 해석의 가능성", 「한국기독교신학논총」 106(2017), 11-37을 보라.
17 Childs, *An Introduction to the Old Testament as Scripture*, 515-17.

3. 제랄드 H. 윌슨[18]

차일즈가 정경비평의 이론적 토대를 놓았다면 그의 제자 윌슨은 스승의 이론적 토대 위에서 정경비평을 구체화하고 발전시킨 학자라 할 수 있다. 이런 평가의 근거는 1981년 예일 대학교에 박사학위 논문으로 제출된 *The Editing of the Hebrew Psalter*(1985)에서 분명하게 확인된다.[19] 그는 자신의 논문 서문에서 감사를 표하며 네 명의 학자를 언급한다. 히브리어를 사랑하도록 가르친 라소(William S. Lasor), 시편을 사랑하도록 가르친 허바드(David A. Hubbard), 정경을 존중하도록 가르친 차일즈, 그리고 마지막으로 논문을 완성할 수 있도록 지도해준 교수 로버트 윌슨(Robert R. Wilson)이 그들이다. 아이러니하게도 로버트 윌슨의 학문적 방법론은 사회학적 접근(sociological approach)이었는데, 제랄드 윌슨은 그의 밑에서 차일즈의 정경비평으로 논문을 작성하고 완성했다.

윌슨은 차일즈처럼 150개로 구성된 시편(canonical Psalter)이 우연히 완성된 것이 아니라 최종 편집자(들) 혹은 공동체의 의도와 목적에 따라 완성된 것이라고 보았다.[20] 따라서 그는 시편의 의도와 목적을 확인하려면 시편을 이루는 각 권의 구성 및 개별 시편 150개의 전략적인 배

---

18 Wilson의 중요한 저술은 다음과 같다. Gerald H. Wilson, "King, Messiah, and the Reign of God: Revisiting the Royal Psalms and the Shape of the Psalter," VTSup XCIX; "Evidence of Editorial Division in the Hebrew Psalter," *VT* 34(1984); "The Use of 'Untitled' Psalms in the Hebrew Psalter," *ZAW* 97(1985); *The Editing of the Hebrew Psalter*, SBLDS 76(Chico, CA: Scholars, 1985); "The Use of Royal Psalms at the 'Seams' of the Hebrew Psalter," *JSOT*(1986); "The Shape of the Book of Psalms," *Interpretation* 46(1992); *Psalms*(NIVAC 1; Zondervan: Grand Rapids, 2002); "The Structure of the Psalter," *Interpreting the Psalms*(eds. D. Firth, P. S. Johnson; Downers Grove, IL: IVP Acedemic, 2005).
19 Wilson이 1981년에 박사학위 논문으로 제출된 *The Editing of the Hebrew Psalter*는 4년 뒤인 1985년에 Society of Biblical Literature(SBL)의 논문 시리즈 76권으로 출판되었다.
20 Wilson, *The Editing of the Hebrew Psalter*, 4.

치를 치밀하게 분석해야 한다고 주장했다. 이를 입증하기 위해 그는 고대 근동 자료와 고대 성경 사본을 연구했다. 그가 살펴본 고대 근동 자료는 기원전 2334-2279년에 작성된 수메르인들의 성전 찬송가(Sumerian Temple Hymns)와 기원전 2112-539년에 작성된 찬송가 모두(冒頭)의 목록(Catalogues of Hymnic Incipits)이었다. 그리고 그가 분석한 성경 사본은 1946, 7년에 발굴된 쿰란 시편 사본들이었다. 윌슨은 이 연구 결과를 바탕으로 고대 근동의 편집 기술—구체적으로 말하자면, 여러 개의 노래 혹은 모음집들을 하나로 묶는 기술—을 시편 정경 연구에 적용했다.[21]

그가 시편(MT Psalter)에서 발견한 편집 증거는 두 가지로 나뉜다. 하나는 명시적인 표식들이고, 다른 하나는 암묵적인 표식들이다. 명시적인 표식에는 표제어(superscription)와 시편 72:20에 있는 간기(刊記; postscript)의 사용이 포함된다. 암묵적인 표식에는 시편의 각 권이 끝나는 부분에 배치된 송영(doxology, 시 41:13; 72:19; 89:52; 106:48; 참조. 시 150:6)과 시편 전체를 끝내는 자리에 있는 "할렐루야 시편" 모음집이 포함된다(시 146-150편).[22] 이런 증거들에 주목한 윌슨에 따르면 시편 1편은 시편 전체의 서론으로 기능하고, 시편 146-150편은 결론으로 기능한다.

윌슨은 차일즈처럼 무엇보다 먼저 "제왕시의 위치와 기능"을 규명하려고 했다. 그래서 제왕시의 전략적 배치, 특히 시편 2, 72, 89편의 위치에 집중했다. 윌슨은 시편 전체의 도입 부분에 제왕시가 오고(시 2편), 제2권과 제3권의 끝부분(시 72, 89편)에도 제왕시가 배치되었다는 사실을

---

21 Wilson, *The Editing of the Hebrew Psalter*, 13-138. 이 책의 2장에서는 수메르 성전 찬송가를, 3장에서는 메소포타미아의 찬송가 모두(冒頭) 목록을, 4-5장에서는 쿰란 동굴에서 발굴된 시편 두루마리를 분석한다. 더 자세한 내용은 방정열, "시편 표제어 유무(有無)에 대한 정경적 해석의 가능성", 11-37을 참조하라.

22 Wilson, *The Editing of the Hebrew Psalter*, 9-10, 182-97.

발견했다. 그리고 이를 근거로 시편 제1-3권은 하나님이 세우신 다윗 언약의 실패를 전개하고, 제4, 5권은 "하나님-왕"에 초점을 맞춘다고 주장했다(시 93, 96-99편[여호와 말라크 시편들]; 시 101, 103, 104편[다윗 모음집]).[23] 그는 시편 각 권의 특징과 메시지를 다음과 같이 정리했다.

- 제1권(시 2-41편): 다윗의 시편들로 구성되어 있다. 시편 2편은 왕이 하나님의 아들임을 선언한다. 시편 41편은 비록 제왕시는 아니지만 시편 2편의 관심사를 반복한다. 왕은 하나님의 보호에 의지할 수 있음이 드러난다.[24]
- 제2권(시 42-72편): 시편 72편의 표제어에는 솔로몬의 이름이 들어 있지만, 하나님과 다윗의 언약이 솔로몬과 다른 모든 후손에게 이어진다는 내용을 전달한다.[25]
- 제3권(시 73-89편): 시편 제3권은 제1, 2권과 다른 분위기를 연출한다. 시편 89편은 다윗 언약의 모든 요소를 반복하면서 시작하지만(시 89:1-38), 그 언약이 결국 폐기되었다는 결론으로 마무리된다(시 89:39-52).[26]
- 제4권(시 90-106편): 시편 제4권은 시편에서 "편집상의 심장"이라고 부를 만하다. 왜냐하면 시편 제1-3권이 다루었던 인간-왕(다윗)의 실패에 대해 제4권은 하나님만이 왕이심을 분명히 선포하기

---

23 Wilson, *The Editing of the Hebrew Psalter*, 207-14; "The Use of Royal Psalms at the 'Seams' of the Hebrew Psalter," 85-94.
24 Wilson, *The Editing of the Hebrew Psalter*, 209.
25 Ibid., 211.
26 Ibid., 213.

때문이다(여호와 말라크 시편들[시 93편, 95-99편]).²⁷
- 제5권(시 107-150편): 구원은 하나님에 대한 믿음을 통해서(시 107편), 하나님의 율법에 대한 순종을 통해서(시 119편), 그리고 하나님이 유일한 왕이라는 사실에 대한 인식을 통해서(시 145-146편) 이루어진다는 내용을 전개한다.²⁸

윌슨의 연구 결과를 살펴보면 제왕시의 기능과 시편 전체를 관통하는 이야기의 전개에 관한 이해가 이전 학자들보다 훨씬 더 선명해지고 치밀해진 것을 확인할 수 있다. 물론 윌슨의 주장에 아무런 문제가 없는 것은 아니다. 첫째, 윌슨은 시편 제4, 5권에 있는 제왕시들(시 101, 110, 132, 144편)의 배치에 관해 충분히 설명하지 못했다.²⁹ 둘째, 시편 1편만을 서론으로 보는 윌슨의 관점은 재고되어야 한다. 그는 "제왕시"의 전략적 배치에 집착한 나머지 언어학적·문학적·의미론적 차원에서 밀접하게 연결되는 시편 1편과 2편을 분리했는데, 이에 동의하기는 쉽지 않다.

윌슨의 주장을 다음과 같이 정리할 수 있다. 첫째, 다섯 권으로 구성된 시편은 우연의 산물이 아니라 의도적인 배치의 결과다. 둘째, 시편의 최종 편집자(들)는 각 시편을 저자 혹은 장르(표제어를 기준으로 한 장르)에 따라 함께 묶어놓았다. 셋째, 표제어는 시편들을 모아놓은 편집 활동의 증

---

27 Ibid., 214-19.
28 Ibid., 220-28.
29 Jinkyu Kim, "Psalm 110 in its Literary and Generic Contexts: An Eschatological Interpretation"(Ph. D. diss. Westminster Theological Seminary, 2003); 김진규, "전략적 배열의 관점에서 본 시편 110편 1절의 메시지", 「한국기독교신학논총」 103(2017), 37-61. 특별히 40쪽 이후의 내용을 보라. 그는 Wilson이 시편 제4, 5권에 등장하는 제왕시들의 전략적 배치를 제대로 분석하지 못했다고 판단한다. 그의 또 다른 논문 "시편의 문맥적 이해의 복음주의적 성경해석에의 기여", 「성경과 신학」 62(2012), 194-98을 참조하라.

거다. 넷째, 시편의 각 권이 끝날 때는 "할렐루야 시편"이 활용된다. 다섯째, 정경으로서의 시편은 이제 노래로 불리기 위한 것이 아니라 읽고 묵상해야 할 "신학책"(theological book), 곧 신학적인 내용을 전달하는 책이다.

4. 월터 브루그만

시편과 관련된 브루그만의 저술은 다양하다. 다만 여기서는 가장 중요한 것으로 간주되는 세 가지 내용만 간략하게 살펴보겠다.[30]

첫째, 1991년 신학 저널인 *JSOT*(*Journal for the Study of the Old Testament*)에 실린 "Bounded by Obedience and Praise: The Psalms as Canon"이다. 여기서 브루그만은 시편 전체가 하나의 문학적 단위라는 전제와 차일즈의 정경비평의 방법론적 토대 위에서 시편 1편과 150편이 어떻게 상호관계를 맺는지 고찰했다. 그는 시편 전체가 토라에의 순종을 강조하는 시편으로 시작해서 하나님을 찬양하는 것으로 끝난다는 점에 착안해 "순종"과 "찬양"이 시편을 하나로 묶어주는 주제라고 보았다. 그는 다음과 같이 말한다.

> 시편 도입 부분에 있는 이 시편[시편 1편]은 모든 시편이 토라에의 순종이라는 프리즘을 통해 읽혀야 한다고 주장한다. 이 시편은 이스라엘이 기억하는 내러티브 전체를 요약하고, 하나님의 구원하시고 명령하시는

---

[30] Walter Brueggemann, "Bounded by Obedience and Praise: The Psalms as Canon," *JSOT* 50(1991); *The Message of the Psalms: A Theological Commentary*(Minneapolis: Augsburg, 1984); Walter Brueggemann, William H. Bellinger, *Psalms*(New York: Cambridge University, 2013).

임재를 증거한다.³¹

브루그만은 더 나아가 "순종은 실로 찬양의 전제이자 조건이고, 순종하는 자들만이 하나님을 찬양할 수 있다"고 단언한다.³² 또한 그에 따르면 시편 1편과 150편의 기둥 사이에서 하나님의 헤세드(*hesed*)는 의심을 받거나 찬양을 받는다. 그리고 그 한가운데 있는 시편 73편은 시편의 전체 구조에서 중심축 역할을 하며, 특별히 신학적으로 의심을 받는 하나님의 헤세드(시 25편)가 신뢰받는 헤세드(시 130편)로 움직이는 데 결정적인 역할을 한다.

둘째, 브루그만은 1984년 *The Message of the Psalms: A Theological Commentary*를 내놓았다.³³ 그는 이 책에서 그 유명한 "방향 설정(orientation)→방향 이탈(disorientation)→방향 재설정(reorientation)"이라는 구도를 제안하며 시편 전체를 설명하고자 했다. 여기서 "방향 설정" 단계는 안정과 질서의 상태를 말한다. 반면 "방향 이탈" 단계는 방향 설정 단계에서 벗어난 상태로서 고통과 눈물이 일상이 된 상황을 가리킨다. 마지막으로 "방향 재설정" 단계는 탄식 상황에서 은혜와 희망을 경험하는 단계를 나타낸다.³⁴

사실 이 구도는 1980년 *JSOT*에 실린 29쪽 분량의 소논문에서부터 출발했다. 양식비평, 정경비평, 리쾨르(Paul Ricoeur)의 심리학적 시각이 동원된 그 소논문이 확대되고 발전되어 4년 뒤에 200쪽 분량의 치

---

31 Brueggemann, "Bounded by Obedience and Praise: The Psalms as Canon," 64-65.
32 Ibid., 70.
33 Brueggemann, *The Message of the Psalms*.
34 Ibid., 19-21.

밀한 주석서로 재탄생한 것이다. 책 이름이 보여주는 것과 같이 그 책은 전통적인 주석서와는 달리 "신학적"(theological)이고 "주제적"(thematical)이었다. 브루그만이 제시한 내용을 정리하면 방향 설정 시편들(psalms of orientation)에는 "창조시"(시 8, 33, 104, 145편), "토라시"(시 1, 15, 24, 119편), "지혜시"(시 14, 37편), "보응시"(시 112편) 등이 포함된다. 또한 방향 이탈 시편들(psalms of disorientation)은 시편에서 가장 까다로운 부분으로서 대부분의 "탄식시"(시편 13, 35, 86편과 74, 79, 137편, 그리고 99, 109편 등)를 포함한다. 마지막으로 방향 재설정 시편들(psalms of reorientation)은 회복된 상태에 대한 감사와 찬양의 내용을 다룬다.

셋째, 브루그만은 2013년에 벨린저(William H. Bellinger)와 함께 양식비평, 사회학적 접근, 정경비평을 다각적으로 활용하는 시편 주석서를 출간했다.[35] 이 책은 본문비평과 각 절에 관한 해설을 제공하지는 않지만, 통찰력 있는 신학에 입각해 시편과 신약의 관계를 적절히 고려한 매우 견실한 주석서라고 할 수 있다.

---

35 Brueggemann, Bellinger, *Psalms*.

5. 낸시 L. 디클레세-왈포드[36]

디클레세-왈포드는 1997년 *Reading from the Beginning: The Shaping of the Hebrew Psalter*를 출간했다.[37] 이 책의 서론에서 그녀는 두 가지를 명시한다. 첫째, 정경비평과 관련한 두 용어—shape과 shaping—를 구분한다. "shape" 즉 "시편의 형태"(shape of the Psalter)는 히브리 시편의 최종 단계에 초점을 맞추고 연구하는 정경비평과 연관된다. "shaping"은 시편이 최종 단계에 이르기까지의 과정에 초점을 맞추고 연구하는 정경비평과 연관된다. 여기서 전자는 차일즈의 방식이고, 후자는 샌더스의 방식이라 할 수 있다.[38] 둘째, 그녀는 시편이 최종적으로 완성된 시기가 "포로기 이후"라고 밝힌다.[39] 그녀는 시편이 포로기 이후에 어떻게, 그리고 왜 최종적으로 완성되었는가를 설명한다. 그녀에 따르면 이스라엘이 포로기 이후에 고대 근동의 다른 모든 나라가 사라졌음에도 불구하고 공동체로서 살아남을 수 있었던 이유는 포로기 이후 공동체가 그들의 전통적·제의적 자료들을 성경(Hebrew Scriptures)이라는 문서—이는 정체성에 관한 본

---

36 DeClaissé-Walford의 주요 저술은 다음과 같다. DeClaissé-Walford, Jacobson, Tanner, *The Book of Psalms*; Nancy L. DeClaissé-Walford, "The Canonical Shape of the Psalms," *An introduction to wisdom literature and the Psalms*(ed. M. E. Tate et al.; Macon: Mercer University, 2000); "An Intertextual Reading of Psalms 22, 23, and 24," *Book of Psalms: Composition and Reception*(ed. P. W. Flint, P. D. Miller; Leiden: Brill, 2005); *Introduction to the Psalms: A Song from Ancient Israel*(Saint Louis: Chalice, 2004); "The Meta-Narrative of the Psalter," *The Oxford Handbook of the Psalms*(ed. W. P. Brown; Oxford: University, 2014); *Reading from the Beginning: The Shaping of the Hebrew Psalter*(Macon, GA: Mercer University, 1997); "The Theology of the Imprecatory Psalms," *Soundings in the Theology of Psalms: Perspectives and Methods in Contemporary Scholarship*(ed. R. A. Jacobson; Minneapolis: Fortress, 2011); Nancy L. DeClaissé-Walford ed. *The Shape and Shaping of the Book of Psalms*(Atlanta: SBL, 2014).
37 DeClaissé-Walford, *Reading from the Beginning*.
38 Ibid., 5.
39 Ibid., 6.

질적인 문서다―로 만들었기 때문이다.⁴⁰ 물론 시편도 마찬가지다. 다시 말해 시편을 포함한 성경이 "생존을 위한 해석학적 이유"를 담고 있으며, 시편의 최종 형태는 그것을 발생시켰던 공동체와 긴밀한 유기적 상호 관계성을 지닌다는 것이다.⁴¹

시편의 전체 이야기와 관련해 그녀는―내 견해도 같다―시편 전체를 통해 고대 이스라엘의 역사를 볼 수 있다고 주장한다. 시편 제1, 2권은 다윗과 솔로몬의 시대를, 제3권은 분열 왕국과 바벨론 포로 시대를, 제4, 5권은 포로기 이후에 여호와 하나님을 왕으로 기뻐하고 즐거워하는 내용을 각각 담고 있다는 것이다.⁴² 이런 견해에 따르면 포로기 이후 이스라엘 공동체는 자신들이 겪었던 정체성의 혼란 때문에 시편을 만들었고, 반대로 제1-5권까지 전개되는 시편 이야기는 그 공동체의 정체성을 확인해주는 역할을 했다고 할 수 있다. 이에 관해 샌더스는 다음과 같이 주장한다.

> 공동체는 존재의 이유를 지속적으로 제공하기 위해서 텍스트를 만들었고, 텍스트는 포로기 이후 존재의 불확실성들 속에서 살아남았던 공동체를 형성해주었다.⁴³

이런 결론에 다다르는 과정에서 그녀가 선택한 연구 방법은 시편 각 권의 첫째 시편을 살피는 것이었다(시 3, 42, 73, 90, 106편). 시편 3편은 서

---

40 Ibid., 5.
41 Donn F. Morgan, *Between Text and Community: The "Writing" in Canonical Interpretation* (Minneapolis: Fortress Press, 1990)을 참조하라.
42 DeClaissé-Walford, *Reading from the Beginning*, 5.
43 Ibid., 106.

론(시 1, 2편)을 제외한 시편 제1권의 첫째 시편이다. 그녀에 따르면 전형적인 탄식시인 시편 3편은 독자들을 탄식의 소리—제1권 대부분을 뒤덮는 소리다—에 집중하게 한다. 또한 제2권의 첫째 시편인 42편은 고라 자손에서 나온 것으로서 독자들이 여호와를 고대하도록 촉구한다. 제3권의 첫째 시편인 73편은 포로기에 있는 이스라엘의 상황을 탄식하며, 신앙의 옛 전통들(다윗, 왕조, 땅)은 이제 존재하지 않는 것으로 묘사한다. 제4권의 첫째 시편인 90편에는 "하나님의 사람 모세의 기도"라는 표제어가 있으며, 이 시편과 아울러 제4권 전체는 독자들의 시선을 다윗에게서 모세 시대로 옮기게 한다. 제5권의 첫째 시편인 107편은 고대 이스라엘의 회복을 축하하고 왕 되신 여호와가 베푸시는 혜택들을 찬양한다.[44]

 이런 시편 해석은 상당한 설득력이 있다. 낱낱의 시편들이 무작위로 모인 것이 아니라 시편 전체를 통해 전달하고자 하는 메시지가 있다는 사실을 분명히 보여주기 때문이다. 특히 디클레세-왈포드의 글에서는 윌슨과 달리 시편과 시편의 형성 과정 배후에 있는 공동체의 관계가 더욱 유심히 관찰된다는 점이 두드러진다.

---

[44] Ibid., 6-7.

6. 클린턴 맥칸[45]

윌슨이 시편 각 권의 마지막에 자리한 제왕시에 주목했다면, 맥칸(J. Clinton McCann Jr.)은 각 권이 시작하는 부분(시 1, 2편[제1권], 42-44편[제2권], 73-74편[제3권])에 초점을 맞췄다. 그는 그에 해당하는 시편들의 위치와 내용을 살펴보면서 일종의 패턴과 메시지를 찾아냈다. 그에 따르면 시편은 포로기 이후의 공동체가 방향을 잃어버린 현실을 직면하도록 도와줄 뿐만 아니라 소망에 관한 전통적인 근거(다윗 언약/시온 신학)를 넘어 새로운 방향을 설정하게 도와준다.[46]

㉠ 시편 제1권: 그는 시편 1, 2편이 시편 3-41편과 시편 전체에 대한 해석학적 서론 역할을 한다―이는 내 견해와 같다―고 주장한다. 시편 1:4-6은 하나님을 악인에 대한 심판자로, 시편 2편은 하나님을 열방의 통치자로 노래함으로써 포로기 후기의 힘든 상황 속에서 소망의 가능성을 보게 해준다. 이때 시편의 시작부터 하나님께 시선이 집중되는 것을 볼 수 있다.[47]

㉡ 시편 제2권: 제2권은 레위 지파의 시편 모음집(시 42-49편: 고라 자

---

[45] McCann의 주요 저술은 다음과 같다. J. Clinton McCann, *A Theological Introduction to the Book of Psalms: The Psalms as Torah*(Nashville: Abingdon, 1993); "The Single Most Important Text in the Entire Bible: Toward a Theology of the Psalms," *Sounding in the Theology of Psalms: Perspectives and Methods in Contemporary Scholarship*(ed. R. Jacobson; Minneapolis: Fortress, 2011); "The Shape of Book I of the Psalter and the Shape of Human Happiness," *The Book of Psalms: Composition and Reception*(ed. P. W. Flint et al.; Leiden: Brill, 2005); *The Shape and Shaping of the Psalter*(Sheffield: JSOT, 1993); "Psalm 73: A Microcosm of Old Testament Theology," *The Listening Heart: Essays in Wisdom and the Psalms in Honor of Roland E. Murphy*, JSOTSup 58(eds. K. G. Hoglund, R. E. Murphy; Sheffield, England: JSOT, 1987); "Books I-III and the Editorial Purpose of the Hebrew Psalter," *The Shape and Shaping of the Psalter*(ed. J. C. McCann; Sheffield: JSOT, 1993).

[46] McCann, "Books I-III and the Editorial Purpose of the Hebrew Psalter," 95.

[47] Ibid., 103-4.

손의 시편들)으로 시작한다. 특별히 시편 42, 43편에서는 역경 가운데서 소망을 유지하는 시인의 모습이 드러난다. 여기서 주목해야 할 부분은 원수들이 시인(의 공동체)을 향해 던지는, "하나님의 부재"에 관한 질문이다(시 42:3, 10). 그들은 시인의 상황을 조롱하며 하나님의 존재에 관해 묻는다. 이런 질문은 시편 제3권의 첫 시편인 시편 73편에서도 약간 변형된 방식으로 등장한다("말하기를 '하나님이 어찌 알랴? 지존자에게 지식이 있으랴?' 하는도다"[시 73:11]). 시편 42, 43편 다음에 공동체 탄식시(시 44편)가 이어지는 것처럼, 시편 제3권에서도 개인 탄식시인 시편 73편 다음에 공동체 탄식시(시 74편)가 이어진다. 따라서 맥칸은 시편 42, 43편과 73편에서 묘사되는 개인의 고통이 포로기 및 포로기 이후의 공동체가 겪는 고통이라는 빛 아래서 이해되어야 한다고 주장한다.[48] 그에 따르면 시편 42, 43편과 44편은 다음과 같이 문학적 연결 고리를 공유하기에 함께 읽어야 한다.[49]

1	표제어: 고라 자손
2	시인과 백성들이 원수를 직면함: 시 42:9 / 44:16[איב: 원수]
3	원수가 시인과 백성을 조롱함: 시 42:10 / 44:13, 16[חרף: 책망하다, 조롱하다]
4	원수로부터 시인과 백성이 압제를 당함: 시 42:9; 43:2 / 44:24[לחץ: 억압하다]
5	시인과 백성이 버림받음: 시 43:2 / 44:9[זנח: 거절하다]
6	하나님으로부터 시인과 백성이 잊힘: 시 42:9 / 44:24[שכח: 잊다]
7	시인과 백성이 하나님의 얼굴을 보지 못함: 시 42:2 / 44:24
8	시인의 영혼과 백성의 영혼이 고난을 당함: 시 42:5, 11 / 44:25
9	고난이 유사한 표현들로 묘사됨: 시 42-43편[חזה] / 44:25[שוח: 녹아내리다]

---

48 Ibid., 102.
49 Ibid., 111.

ⓒ 시편 제3권: 시편 제3권을 여는 시편 73편은 제2권의 첫 시편처럼 개인적인 고통 속에 있으나(시 73:2-16), 여전히 소망을 품고 있는 시인의 고백을 전해준다(시 73:17-28). 앞서 밝힌 대로 시편 73편과 74편은 다음과 같은 공통 요소로 연결되어 있다.

1	표제어: 아삽의 시
2	성전[מִקְדָּשׁ]: 시 73:17; 74:7
3	강포함[חָמָס]: 시 73:6; 74:20
4	오른손[יָמִין]: 시 73:23; 74:11
5	파멸[מַשּׁוּאָה]: 시 73:18; 74:2

시편 제2권이 레위 지파의 시편 모음집(시 42-49편: 고라 자손의 시)으로 시작하는 것처럼, 제3권도 레위 지파 아삽의 모음집으로 시작한다(시 73-83편). 그리고 시편 89편은 전통적인 다윗 신학 혹은 시온 신학을 넘어설 것을 암시적으로 요청한다. 특히 시편 89:38-45은 다윗 언약의 파기를 넌지시 말한다.[50]

7. 데이비드 M. 하워드[51]

하워드는 1997년에 *The Structure of Psalms 93-100*를 세상에 내놓았다.

---

50 Ibid., 95-96; 방정열, "시편과 신명기의 상호텍스트성 연구: 시편 1, 2편과 89편을 중심으로", 「한국개혁신학」 53(2017), 122-50을 보라.

51 Howard의 주요 저술은 다음과 같다. David M. Howard, *The Structure of Psalms 93-100*, BJS/UCSD 5(Winona Lake: Eisenbrauns, 1997); "A Contextual Reading of Psalms 90-94," *The Shape and Shaping of the Psalter*, JSOTSup 159(ed. J. C. McCann; Sheffield: JSOT Press, 1993);

이 책은 기본적으로 다른 정경비평 학자들의 관점과 같이 시편이 하나의 정경적 일체로서 150개의 시편이 내적으로 긴밀하게 연결된 한 권의 책이라는 해석학적 기반 위에 서 있다(구조적·문맥적 접근). 이 책의 제1, 2장에서 하워드는 시편에 관한 현대 비평적 접근들과 자신이 사용할 방법을 고찰한다. 그다음 제3장에서는 시편 93-100편을 다루면서 각 시편의 텍스트, 번역, 장르, 시적 구조, 주해 등을 전개한다. 그리고 책의 핵심인 제4장에서는 각 시편이 인접한 시편들과 어떻게 연결되는지를 치밀하게 분석한다. 하워드는 하나의 시편이 인접한 시편들과 맺고 있는 관계를 입증하기 위해 핵심어나 주제어뿐 아니라 주제·구조·장르 차원의 유사성을 집중적으로 분석한다.[52] 이때 그는 세 가지 종류의 연결 고리(인접한 시편에서 반복되는 것)를 말하는데, "부수적인 반복"을 다른 두 가지 연결 고리와 구분한다. 첫째로 가장 중요한 것은 "핵심어 연결 고리"(key-word links)이고, 둘째는 "주제어 연결 고리"(thematic word links)이다. 그리고 셋째가 "부수적인 반복"(incidental repetitions)이다.[53]

하워드가 이런 미시적이고 세밀한 연구를 통해 밝히고자 한 것은 무엇일까? 그는 책의 제5장에서 시편 93-100편 중 하나님을 왕으로 찬양하는 시편 96-99편이 시편 전체의 핵심이라고 주장한다. 다시 말해서 시편의 최종 편집자는 시편 제4권, 그중에서도 특별히 시편 93-100편을 배열하면서 신학적인 목적을 가지고 전략적으로 접근했다는 것이다.

"Editorial Activity in the Psalter: A State-of-Field Survey," *The Shape and Shaping of the Psalter*(ed. J. C. McCann; Sheffield: JSOT Press, 1993); "Psalm 94 among the Kingship-of-Yhwh Psalms," *CBQ* 61(1999); "The Psalms and Current Study," *Interpreting the Psalms: Issues and Approaches*(eds. D. Firth, P. S. Johnston; Downers Grove, Ill.: IVP Academic Apollos, 2005).

52 Howard, *The Structure of Psalms 93-100*, 98-165.
53 Ibid., 98-102.

다만 아쉽게도 하워드는 시편 제4권을 여는 시편 90편과 후반부의 101-106편의 관계에 관해서는 주목하지 않았다. 이 부분에 관한 분석을 제공했다면 그의 주장은 더욱 견고해졌을 것이다. 하지만 그는 이 시편들을 주요한 시편들로 간주하지 않았다.

8. 제롬 F. D. 크리취

크리취(Jerome F. D. Creach)는 메이스(James L. Mays)의 지도를 받아 쓴 논문 *Yahweh as Refuge and the Editing of the Hebrew Psalter*에서 시편 2:12d — "여호와께 피하는 모든 사람은 다 복이 있도다"—에 등장하는 동사 "하사"(חסה), 즉 "피할 곳을 찾다"로 표현되는 개념이 시편 전체를 꿰뚫는 핵심이라고 주장했다.[54] 그의 연구 결과는 윌슨, 사이볼트(Klaus D. Seybold), 쉐퍼드(Gerald T. Sheppard), 메이스 등 정경비평 학자들의 연구 결과에 빚을 지고 있다.[55]

크리취는 시편에 등장하는 "하사"와 그 명사형 "마흐세"(מחסה; 피난처)의 개념을 드러내기 위해 언어학적인 방식—특히 어휘장(wordfield) 혹은 의미장(semantic field)을 분석하는 방식—을 활용했고, 피난처와 관련된 은유적 표현들까지 연구했다. 어휘장 혹은 의미장 분석이란 연구의 주 대상이 되는 단어와 관련된 모든 단어, 즉 유의어와 반의어를 비롯한 연관

---

54 Jerome F. D. Creach, *Yahweh as Refuge and the Editing of the Hebrew Psalter*, JSOTSup 217(Sheffield: Sheffield Academic, 1996).

55 Klaus D. Seybold, *Introducing the Psalms*(New York: T & T Clark, 1990); Gerald T. Sheppard, *Wisdom as a Hermeneutical Construct: A Study in the Sapientializing of the Old Testament*(Berlin: de Gruyter, 1980); James L. Mays, *Psalms*, IBC(Lousville: John Knox Press, 1994).

된 단어(연어[連語], associated words)를 모두 분석해서 해당 단어의 의미와 개념을 더 선명하게 밝히는 작업이다.[56] 그가 분석한 연어들은 두 부분—① 폭풍우를 피할 수 있는 은폐물, ② 도피의 장소—으로 나뉘는데, 구체적으로는 "숨을 곳"(מִסְתּוֹר [미스토르] ← סֵתֶר [세테르]), "그늘/그림자"(צֵל [첼]), "요새"(מְצוּדָה [메추다]), "산성"(מִשְׂגָּב [미스가브]), "요새"(מָעוֹז [마오즈])의 파생어들과 "바위"(צוּר [추르]), "방패"(מָגֵן [마겐]) 등의 단어들 및 동사 "믿다"(בָּטַח [바타흐])의 용례를 분석했다.

크리취는 히브리어 "하사"의 연어 가운데서 동사 "바타흐"(믿다, 신뢰하다)가 "하사"와 거의 같은 의미로 사용된다고 주장했다.[57] 이런 연구 결과를 토대로 크리취는 다음과 같이 말한다.

> 단어 "하사"의 핵심은 여호와가 유일하면서도 신뢰할 수 있는 보호의 원천이요, 여호와에 대한 신뢰의 태도야말로 경건에서 가장 기본적인 요소라는 데 있다.[58]

크리취의 책에서 가장 중요한 부분은 피난처로서의 여호와와 시편의 현재 형태와의 관계를 다루는 제4장이다. 그는 이 장에서 시편 전체 편집 과정 배후에 있는 "피난처" 개념을 파고든다. 먼저 그는 시편 3-41편(=David 1)과 51-72편(=David 2)이 여호와에게서 피난처를 찾는 의인들에 관한 묘사를 중심으로 구성된다고 보고, 피난처 개념이 시

---

56 Creach, *Yahweh as Refuge and the Editing of the Hebrew Psalter*, 21-49.
57 Ibid., 40.
58 Ibid., 37.

편의 현재 형태를 이해하는 데 매우 중요하다고 주장했다.[59] 여기서 시편 2:12d은 두 모음집(David 1, 2)의 서론 기능을 수행하는 것으로 이해된다.[60] 그리고 시편 42-89편은 전체적으로 여호와만을 의지할 것을 명령한다고 보았다. 크리취는 윌슨의 주장을 이어받아 시편 제4권(시 90-106편)이야말로 최종 편집자들이 의도한 핵심 부분이라는 점에 동의하면서 시편 90-106편도—물론 피난처 개념을 기준으로 깔끔하게 배열되지는 않았지만—피난처 개념을 중심으로 조직된다고 주장했다. 그는 자신의 분석 결과를 시각화하여 다음 도표를 제시한다.[61]

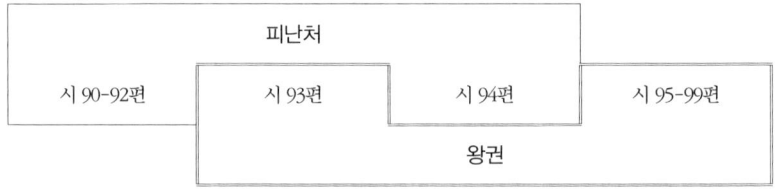

피난처 개념으로 본 시편 제4권의 구성

이 도표에서 시편 90-92편과 94편이 피난처 개념으로 서로 묶일 수 있다고 보는 점이 두드러진다. 시편 제4권에 관한 이런 이해는 시편의 핵심 부분이 여호와가 유일한 보호처(시 90-99편; 121:1-2; 145-146편)이자 신뢰할 만한 유일한 통치자(시 118:8-9; 142:6; 144:2-4; 146:3)라는 점을 강조한다는 관점과 맞물린다. 이처럼 크리취는 시편 전체가 "피난처" 개념을 중심으로 형성되었다는 흔적을 추적했다. 이런 언어학적·은유적 분석을 통해 시편이 인간의 통치자들을 포함해 그 어떤 것도 신뢰하지

---

59 Ibid., 74-85.
60 Ibid., 92.
61 Ibid., 93-100.

말라고 말하며, 오직 여호와만이 우리의 보호처요 피난처가 되심을 강조한다는 사실이 드러난다. 크리취는 이런 관점을 "피난처 경건"이라는 말로 요약했다.[62]

크리취의 연구는 자신의 방법론(언어학적·은유적 분석)을 유효적절하게 적용했다는 점과 시편 전체에 걸쳐 분포된 "피난처" 개념을 잘 드러내 주었다는 점에서 유의미하다고 할 수 있다. 그러나 "피난처" 개념이 시편 전체의 핵심 메시지인가에 관해서는 의견이 분분하다. 무엇보다 시편 2:12d이 피난처 개념을 전달하기 위해 첨가되었다는 주장은 설득력이 떨어지며, 그에 동의하지 않는 학자들이 적지 않다(예. 궁켈, 크라우스, 게르슈텐베르거 등).

나가면서

지금까지 대표적인 정경비평 학자들의 주장을 개략적으로 살펴보았다. 그들의 공통된 견해는 150개로 구성된 시편이 우연히 한 권의 책이 된 것이 아니라 공동체(포로기 이후의 이스라엘)의 치밀한 신학적 사유를 거쳐 최종적으로 완성되었다는 것이다. 이런 입장은 시편을 개별적으로 읽고 묵상하는 단계를 뛰어넘어 시편 전체의 신학적 메시지를 살펴볼 길을 열어준다고 할 수 있다. 물론 모든 시편은 각각 본래 생겨난 "삶의 정황"(Sitz im Leben)이 있다. 하지만 정경비평 학자들은 그것보다는 시편의 최종 형태 자체에 집중한다.

---

[62] Ibid., 48.

이제부터 우리는 이런 정경비평 학자들의 주장 위에서 시편 전체가 어떻게 구성되는가를 알아볼 것이다. 시편의 전체 구성에 관한 내용을 살펴보면 살펴볼수록 시편 전체가 아무렇게나 배열된 것이 아니라는 사실을 더더욱 확신하게 될 것이다.

3장

시편의 전체 구성

오중 구조

앞서 우리는 시편을 새롭게 들여다본 학자들(정경비평 학자들)과 그들의 해석학적 입장을 살펴보았다. 그들은 150개로 구성된 시편(Book of Psalms 혹은 Psalter)이 오랜 세월에 걸쳐 우연히 하나로 묶인 모음집이 아니라 신학적인 의도 아래 치밀하게 구성된 "한 권의 책"이라는 견해를 전개했다. 물론 시편의 핵심 메시지에 관해서 정경비평 학자 모두가 똑같은 입장을 보인 것은 아니지만, 시편이 "한 권의 책"이라는 시각에는 목소리를 같이 했다. 이런 합의점이 도출된 배경에는 각자 조금씩 다르더라도 학자들이 공통으로 합의하는 내용이 있으며, 그것은 시편 전체의 구성에 관한 이해와 밀접한 관계가 있다. 따라서 이번 장에서는 시편 전체가 어떻게 구성되어 있는가에 초점을 맞출 것이다. 이는 말하자면 풍경을 살피기 위해 숲속의 나무가 아니라 숲 전체를 먼저 조망하는 작업과 같다고 할 수 있다. 독자들은 이번 장을 꼼꼼하게 읽어나가면서 시편 전체가 평소 생각했던 것보다 훨씬 더 주도면밀하게 조직되어 있다는 사실에 놀라게 될 것이다.

시편 전체는 기본적으로 다섯 권으로 구성된다. 제1권에는 시편 1-41편, 제2권에는 시편 42-72편, 제3권에는 시편 73-89편, 제4권에는 시편 90-106편, 제5권에는 시편 107-150편이 포함된다. 이에 관해 이번 장에서는 시편이 다섯 권으로 형성된 과정을 먼저 살펴볼 것이다. 그리고 시편의 구성이 어떤 특징을 가지는지를 송영의 존재, 서론과 결론의 존재를 통해 살펴보려 한다. 덧붙여 시편의 몸을 구성하는 단위로서 "엘로힘 시편 모음집", "다윗 시편 모음집", "고라 자손의 시편 모음집" 등 소위 "모음집"(collection)의 종류와 특징을 간략하게 다룰 것이다. 이 과정을 통해 우리는 시편의 전체 구성을 통해 전달되는 메시지를 확인하면서 150개의 시편이 우연히 하나로 묶인 것이 아님을 확인할 수 있다.

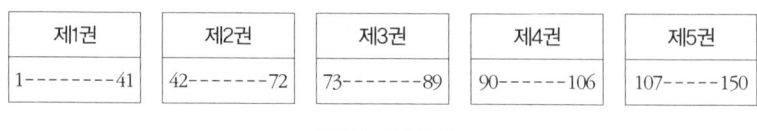

시편의 오중 구조

1. 오중 구조(다섯 권)의 형성 과정

시편이 언제부터 다섯 부분(5 divisions), 즉 오중 구조로 구성되었을까? 아쉽게도 관련된 자료가 부족해서 시편의 오중 구조가 정확히 언제 시작되었는지는 알 수 없다. 다만 두 가지 가능성을 생각해볼 수 있다. 첫째, 오랜 세월에 걸쳐 완성되었을 것이라는 가능성이다. 둘째, 생각보다 이른 시기에 구성이 마무리되었을 것이라는 가능성이다.

1) 오랜 세월에 걸쳐 완성된 오중 구조

먼저 시편이 다섯 권의 구조로 최종 완성되기까지 꽤 오랜 시간, 여러 단계에 걸쳐 성장 과정을 밟았을 것이라는 가능성에 관해 알아보자. 상식적인 차원에서 추론해볼 때, 하나의 개별적인 시편은 어떤 특정한 상황에서 개인 저자에 의해 먼저 작성되었을 것이다. 하지만 시간이 지나면서 그 시편이 전해질 때는 "내용"이나 특별한 "용도"에 따라 작은 모음집으로 묶이게 되었을 것―물론 어떤 시편들은 처음부터 일단의 그룹에 의해 제의적인 용도로 작성되었을 수도 있다―이다. 그리고 차후에 더 큰 모음집으로 수집되었고, 일정한 시기에 각 권의 형태를 취했다가 어느 시점에 이르러 현재 우리의 손에 전해진 다섯 권 형태의 최종 구성에 이르렀을 것이다.[1]

낱개의 시편 ⇒	모음집 ⇒	권 ⇒	오중 구조의 책
○			○○○○○○
			○○○○○○
○	○○○	○○○○○○	○○○○○○
			○○○○○○
○			○○○○○○

오중 구조의 형성 과정

이처럼 시편이 다섯 권으로 최종 완성되기까지 꽤 오랜 시간이 흘렀을 것이라는 가능성은 시편의 다양한 내용을 통해 뒷받침된다. 예를 들어 시편에는 모세가 작성한 것으로 알려진 시(시 90편), 다윗이 목동으로 활동했던 시절이나 왕으로 기름 부음을 받았던 시기 혹은 재위 기간에 작성했을 법한 시(예. 시 2, 32편)가 포함된다. 또한 시편에는 예루살렘 성전이 무너지는 장면을 보면서, 혹은 그 장면을 되새기면서 작성했을 법한 시도 있고(예. 시 74, 79편), 심지어 포로기와 포로기 이후에 작성되었을 것

---

1 Childs, *An Introduction to the Old Testament as Scripture*, 513을 참조하라.

으로 보이는 시들도 있다(예. 시 137편). 즉 시편에는 기원이 다른 다양한 작품들이 묶여 있다. 이런 점을 고려하면 다섯 권 구조의 시편이 완성되기까지 상당한 시간이 필요했을 것임은 분명하다. 이는 현재 우리 손에 쥐어진 정경 시편(canonical Psalter)이 어느 날 갑자기 누군가에 의해 한 번에 작성된 것이 아니라 오랜 세월에 걸쳐 여러 저자에 의해 여러 단계를 통과했다는 것을 의미한다.

2) 이른 시기에 완성된 오중 구조

다음으로 오중 구조로 된 현재 시편의 모습이 꽤 이른 시기에 완성되었을 것이라는 가능성에 관해 알아보자.[2] 이 가능성은 시편이 "꽤 이른 시기에 정경화되었다"는 것을 단정하는 것은 아니다.[3] 세 부분―율법서(Law), 예언서(Prophets), 성문서(Writings)[4]―으로 구성된 히브리 성경에서 시편이 포함된 성문서는 기원후 90년에 열린 얌니아 회의(Council of Jamnia)에서 정경으로 확정되었다고 알려졌다. 그러나 성문서의 정경화

---

[2] Wilson, *The Editing of the Hebrew Psalter*, 63-92. 특별히 91-92을 보라. 이런 점진적인 형성 과정에 관해서 가장 먼저 주장한 사람은 Sanders로 알려져 있다. James A. Sanders, *Dead Sea Scroll*(Ithaca, N.Y.: Cornell University Press, 1967), 13-14.

[3] 시편의 정경화(canonization) 과정과 그에 관한 논의를 확인하기 위해서는 다음 자료를 참고하라. Lee Martin McDonald, *The Biblical Canon: Its Origin, Transmission, and Authority*(Peabody: Hendrickson Publishers, 2007), 80-100; Christopher R. Seitz, *The Goodly Fellowship of the Prophets: The Achievement of Association in Canon Formation*(Grand Rapids: Baker Academic, 2009), 105-125. Seitz는 "성문서"(Writings)의 정경화 과정에서 발견되는 특성을 논한다.

[4] 히브리 성경(Jewish Hebrew Bible)은 "율법서"(Law), "예언서"(Prophets), "성문서"(Writings) 세 부분으로 구성된다. "율법서"는 모세 오경을 가리키고, "예언서"는 전기 예언서와 후기 예언서로 나뉘는데, 전기 예언서에는 여호수아서, 사사기, 사무엘서, 열왕기, 이사야서, 예레미야서, 에스겔서가 포함되고, 후기 예언서에는 12개의 소예언서가 포함된다. 반면 "성문서"는 세 부분으로 나뉘는데, 첫째 부분은 "시가서"로서 우리에게 익숙한 시편, 잠언, 욥기가 여기에 포함된다. 두 번째 부분은 "오축"(Five Megillot)이라고 불리는 다섯 권의 책으로서 아가, 룻기, 예레미야애가, 전도서, 에스더를 말한다. 마지막 세 번째 부분은 다니엘서, 에스라-느헤미야서, 역대기로 구성된다.

과정에 관한 명확한 자료가 없기에 라이만(Sid Z. Leiman) 등은 히브리 성경의 범위가 얌니아 회의 이전에 이미 결정되었다고 주장하는 등 다양한 견해가 제기되어왔다.[5]

여하튼 우리가 지금 살펴보려는 것은 시편이 정경으로 최종 수납된 시점이 아니라 시편의 오중 구조가 최종적으로 이루어진 시점이다. 나는 그 시기를 대략 기원전 4세기 말과 3세기 초 사이로 추정한다. 이 추정을 뒷받침하기 위해서 쿰란 사본, 70인역(LXX), 미드라쉬 테힐림(*Midrash Tehillim*), 그리고 바벨론 포로기 이후에 작성된 시편 등의 네 가지 자료를 살펴볼 것이다.

(1) 쿰란 사본(혹은 사해사본)

1947년, 사해 근처 쿰란 동굴에서 성경 및 여러 가지 고대 자료의 사본들이 발견되었다. 시편과 관련해서는 쿰란 제4동굴에서 발견된 23개의 사본(4QPs^{a-x})과 제11동굴에서 발견된 6개의 사본(11QPs^{a-e}와 11QPsAp^a)이 중요한 자료로 간주된다. 특히 제4동굴에서 발견된 4QPs^{a}는 마소라 시편(MT Psalter)의 제1-3권의 시편 배열과 관련해서, 제11동굴에서 발견된 11QPs^{a}는 제4, 5권의 시편 배열과 관련해서 소중한 정보를 제공한다. 이 두 사본을 살펴보면 현재 우리가 가진 시편과는 다소 차이가 있지만, 적어도 오중 구조가 이미 갖추어졌다는 사실을 확인할 수 있다.[6] 이 사본들

---

5 Childs, *An Introduction to the Old Testament as Scripture*, 65-66.
6 Sanders, *The Dead Sea Psalms Scroll*, 14. 쿰란 시편 두루마리와 마소라 시편 사이에는 차이가 있다. 쿰란 시편에 포함되지 않는 마소라 시편에는 시편 90-92, 94-100, 106-108, 110-117편이 있고, 포함된 시편에는 시편 93, 101-105, 109, 118-150편이 있다. 쿰란 공동체에서 발견된 시편 사본들에 관한 개괄적 이해를 위해서 다음 자료를 보라. Dwight D. Swanson, "Qumran and the Psalms," *Interpreting the Psalms*(ed. David Firth, Philip S. Johnston; Downers Grove: IVP Academic, 2005), 247-61.

의 필사 연대는 대략 기원전 250년경부터 기원후 135년까지다. 따라서 시편은 기원전 250년 이전(기원전 3세기)에 이미 다섯 권의 형태로 존재했을 가능성이 크다.[7]

(2) 70인역(LXX)

70인역은 히브리 성경의 그리스어 역본이다. 기원전 4세기 알렉산드로스 대왕(Alexandros III, 기원전 356-323)의 영향으로 그리스어 사용이 보편화하면서 디아스포라 유대인들은 점차 히브리어 자체뿐만 아니라 히브리어로 작성된 조상들의 유산을 상실하기 시작했다. 따라서 그들에겐 "거룩한 책들"(sacred books)의 그리스어 번역이 점점 더 필요해졌다.

때마침 프톨레마이오스 2세(Ptolemaeos II Philadelphus, 기원전 308-246)는 이집트 알렉산드리아에 있던 도서관을 세계에서 가장 큰 도서관으로 성장시키고자 수많은 서적과 사본들을 모으기 시작했다. 그 사업의 일환으로 히브리어로 기록된 모세 오경을 그리스어로 번역하는 일이 진행되었다. 전설에 따르면 그는 예루살렘의 대제사장들에게 번역 작업을 위해 12지파에서 6명씩을 선발해 보내달라고 요청했고, 총 72명이 알렉산드리아에 도착해 72일 만에 모세 오경의 그리스어 번역 작업을 마무리했다고 한다.[8] 그때가 기원전 3세기였다(기원전 280-250년경).

현재 70인역에는 모세 오경뿐 아니라 예언서와 성문서 및 외경들도 포함되어 있다. 하지만 처음 번역 작업은 모세 오경만을 그 대상으로 했다. 그 이유는 무엇이었을까? 당시 예언서와 성문서가 정경으로 받아들

---

[7] 방정열, "시편 제1-3권의 정경 형성 단계에 대한 고찰",「한국기독교신학논총」103(2017), 65-71.
[8] McDonald, *The Biblical Canon*, 118.

여지지 않았기 때문인지, 아니면 별도의 특별한 이유가 있었는지는 정확히 알 수 없다. 이에 관해 맥도날드(Lee Martin McDonald)는 모세 오경이 그리스어로 번역될 당시 예언서와 성문서는 정경으로 받아들여지지 않았을 것으로 추정한다. 그 두 부분이 정경으로 확정되어 있었다면 오경과 함께 번역되어야 했기 때문이다.[9] 다만 그 당시의 사본은 어떤 것도 남아 있지 않기에 맨 처음 70인역의 전체 구성이 구체적으로 어떠했는지는 정확히 알 수 없다.[10]

그러나 토브도 동의하는 바와 같이, 벤 시라(Ben Sira)의 손자가 기원전 2세기 말에 성문서를 알고 있었다는 점을 고려한다면, 오중 구조로 구성된 70인역 시편의 번역 작업은 대략 기원전 2세기 초에는 이미 완료되었다고 보아야 한다.[11] 그리고 그 내용과 배열 순서가 히브리 시편의 전통을 따랐다고 가정한다면, 시편의 오중 구조는 적어도 기원전 2세기 이전에 완성되었다고 보아야 한다.[12]

(3) 미드라쉬 테힐림

"미드라쉬 테힐림"(*Midrash Tehillim*)은 고대 랍비들의 시편 주석이다. 기원전 1세기의 랍비 힐렐과 샴마이는 시편 1편에 관해 주석하면서 시편이 다섯 부분으로 구성된다는 사실을 암시하는 내용을 남겼다.

모세가 이스라엘에게 다섯 권의 율법서를 준 것처럼, 다윗은 이스라엘에

---

[9] Ibid., 35.
[10] Ibid.
[11] Tov, *Textual Criticism of the Hebrew Bible*, 137; H. B. Swete, *Introduction to the Old Testament in Greek* (Eugene: Wipf and Stock, 1989), 254.
[12] Roger T. Beckwith, "The Early History of the Psalter," *TynBul* 46(1995), 6.

게 "…한 사람은 복이 있도다"(시 1:1), "인도자를 따라 부르는 노래, 마스길"(시 42:1), "아삽의 기도"(시 73:1), "모세의 기도"(시 90:1), "여호와의 구속함을 받은 자들은 찬양할지어다" 등의 제목이 붙은 다섯 권의 시편을 주었다. 마지막으로 모세가 이스라엘에게 "이스라엘이여! 너는 행복한 사람이로다"(신 33:29)라고 말하며 축복했던 것처럼, 다윗도 "~한 사람은 복이 있도다"라는 말로 이스라엘을 축복했다.[13]

이는 당시 랍비들이 시편을 어떻게 생각했는지를 엿보게 해준다. 여기서 적어도 두 가지 사실이 드러난다. 첫째, 기원전 1세기 당시 시편의 전체 모습이 이미 다섯 권으로 구성되어 있었다는 것이다. 각 권을 시작하는 것으로 지목된 시편들, 즉 시편 1, 42, 73, 90, 107편 등은 현재 우리가 사용하는 시편과 동일하다. 다만 표제어 내용이 현재와는 조금 다르다. 이는 당시 표제어가 안정적으로 자리 잡지 못한 탓인지, 아니면 힐렐과 샴마이가 다른 종류의 시편 사본을 사용한 탓인지 정확히 알 수 없다. 둘째, 당시에는 시편 전체의 저자를 "다윗"으로 이해하고 있었다는 것이다. 이는 모세 오경의 저자를 모세로 보는 것과 같다. 탈무드 전통도 다음과 같이 평하며 다윗의 저작권을 받아들인다.[14]

다윗이 시편을 작성했다. 그 책은 우리를 10명의 장로들, 즉 아담, 멜기

---

[13] William G. Braude, *The Midrash on Psalms*, vol. 1(New Haven: Yale University Press, 1959), 5; Frank-Lothar Hossfeld, Erich Zenger, *Die Psalmen I: Psalm 1-50*(Würzburg: Echter Verlag, 1993), 5. 여기서 시편의 "오중 구조"의 기원과 기능에 관해 논의한다. DeClaissé-Walford, Jacobson, Tanner, *The Book of Psalms*, 26; 윌리엄 브라운, 『시편』, 하경택 옮김(서울: 대한기독교서회, 2015), 186을 보라.

[14] Seybold, *Introducing the Psalms*, 4.

세덱, 아브라함, 모세, 헤만, 여두둔, 아삽, 고라의 세 아들에게로 인도한다(Baba Bathra, 14b).

이로써 기원전 1세기에 시편이 다섯 권으로 구성되어 있었다는 사실은 분명해진다.

(4) 바벨론 포로기 및 포로기 이후 시편들의 존재

시편 전체를 주의 깊게 읽어보면 시편에 다윗 시대에 작성된 시편들만 있는 것이 아니라는 사실에 놀라게 된다. 적지 않은 수의 시편들이 바벨론 포로기 혹은 포로기 이후에 작성되었다. 시편 137편은 바벨론 포로기에 작성되었거나 예루살렘으로 귀환한 후에 포로기를 회상하며 작성된 것으로 보인다. 시편 126편 역시 바벨론 포로들이 예루실렘으로 돌아온 이후, 즉 포로기 이후에 기록되었다고 보아야 한다. 시편 107편은 포로 생활을 마치고 돌아온 이스라엘 백성이 여호와 하나님이 얼마나 신실하게 자신의 언약 백성을 구원하셨는가를 생각하면서 여호와의 인자하심에 감사 찬양을 드리는 내용이다. 이런 요소들은 시편의 최종 완성 시기가 바벨론 포로기 이후였다는 사실을 확증해준다.

성경에 기록된 바와 같이 바벨론에 포로로 잡혀갔던 남유다의 유민들은 기원전 538년 반포된 "고레스 칙령"에 따라 예루살렘으로 귀환했다. 그때 돌아온 사람의 숫자는 약 5만으로, 포로였던 모든 사람이 귀환한 것은 아니었다(스 2:64-65). 그들은 가난과 이웃 민족의 끊임없는 방해에도 불구하고 기원전 516년에 성전 재건축을 마무리했다(스 6:15). 그리고 기원전 445년경에는 예루살렘의 성벽 재건 공사를 마무리했다(느 6:15-19). 예루살렘 공동체는 그때까지 성경과 관련된 어떤 작업을 수행하기가 어려웠을 것이다. 그러나 성벽 재건 공사를 마친 후 에스라와 느헤미야는 예루살렘 공동체의 신앙적 정체성을 바로 세우기 위해 모세의 율법책을 낭독하기 시작했다(느 8장). 그 시점에 성문서의 정경화 과정이 촉발되었을 가능성이 크다.

월키(Bruce K. Waltke)와 휴스톤(James M. Houston)은 예루살렘 공동체가 겪었을 "신앙의 위기"에 관해 두 가지 사항을 지적한다. 첫째, 다윗 언약에 관한 것이다. 사무엘하 7장에 따르면 하나님은 다윗과 맺으신 언약, 소위 "다윗 언약"이 영원할 것이라고 약속하셨다(삼하 7:7-16). 하지만 예루살렘으로 돌아온 귀환자들에게는 여전히 왕이 없었다. 다윗의 적통(嫡統)이었던 여호야긴은 바벨론에 끌려가 그곳에서 생을 마감한 듯하고, 유다의 마지막 왕인 시드기야는 예루살렘이 멸망할 때 느부갓네살에 의해 죽임을 당했다(왕하 24:8-25:30; 대하 36:9-21). 예루살렘으로 돌아오긴 했지만, 그들에겐 바사(페르시아)의 군주가 자신들의 왕이었다. 이런 상황에서 다윗 언약의 영원성에 대한 의문이 해소되어야 했다.

둘째, 여호와 하나님은 언약 백성에게 "약속의 땅"(가나안)을 주셨는데(창 12:1-3; 신 4:37-38), 그 땅에 관한 소유권의 유지는 그들이 참된 예배를 드리는가에 달려 있었다. 그 땅은 그들이 하나님의 언약 백성이라는 것을 암시하는 일종의 증표였다. 그런데 귀환자들이 밟고 있던 땅은 그들의 땅이 아니라 바사 제국의 영토였다.[15] 약속으로 주어졌던 땅이 이방인의 땅이 되어버린 상황에 관한 설명이 필요했다. 이처럼 신앙의 위기와 관련된 대답이 그들에게 주어져야만 하는 상황에서 시편의 오중 구조의 완성이 촉발되었을 것이다.

---

15 Bruce K. Waltke, James M. Houston, *The Psalms as Christian Worship: A Historical Commentary*(Grand Rapids: William B. Eerdmans, 2010), 19-21.

지금까지 상정한 시기들을 종합해보자. 시편이 기원후 90년 얌니아 회의에서 정경으로 확정되었다고 하더라도, 지금과 같은 시편의 오중 구조는 아마도 기원전 4세기와 3세기 사이에 완성되었다고 볼 수 있을 것이다.[16]

2. 다섯 권으로 구성된 시편의 특징

오중 구조로 구성된 시편에서는 몇 가지 특징이 두드러진다. 그 특징들은 "송영"(doxology), "서론"과 "결론", "모음집"의 존재를 기준으로 살펴볼 수 있다. 앞으로도 여러 번 반복해서 강조하겠지만 시편에 의도된 서론과 결론이 있다는 사실은 시편 전체가 어떤 신학석인 목직을 갖고 조형되었음을 말해준다.

1) 송영의 존재

시편의 각 권을 끝내는 마지막 시편의 끝 절은 소위 "송영"이라고 불리는 구절들이다(시 41:13; 72:19; 89:52; 106:48; 150:6).[17] 과연 이 송영의 기능은 무엇일까? 왜 각 권의 마지막 시편의 끝 절이 모두 송영으로 되어 있는 것일까?

---

[16] Gunkel은 시편의 최종 형성 시기를 기원전 440-350년부터 200년경으로 추정한다.
[17] Seybold, *Introducing the Psalms*, 18. Seybold는 정경화 단계의 마지막 단계 어디쯤에서 송영이 자연스럽게 삽입되었을 것이라고 본다. 그는 각 권의 마지막에 기록되어 있는 송영들을 일종의 나이테(growth rings)라고 이해했다.

송영에 관한 학자들의 견해가 모두 같지는 않다. 어떤 학자는 송영이 본래 해당 시편의 일부였다고 주장하고, 다른 학자는 시편이 다섯 권으로 완성되어가는 과정 중에 최종적으로 첨부되었을 것이라고 본다. 만일 송영에 해당하는 표현이 나중에 덧붙인 것이 아니라 본래 그 시편의 일부였다는 것을 입증하면 송영이 각 권을 구분 짓는다는 주장은 성립할 수 없게 된다.

이에 관해 게제(Hartmut Gese)는 송영의 표현이 서로 조금씩 다른 것을 보면 적어도 동일한 편집자들에 의해 첨부되지는 않았을 것이라는 다소 온건한 견해를 보인다.[18] 하지만 샌더스(Paul Sanders)는 한 걸음 더 나아가 시편 106편에서 동심원 구조—이 시편은 "할렐루야"로 시작해서 "할렐루야"로 끝난다—를 분석해낸 포켈만(Jan P. Fokkelman)을 언급하면서 시편 106:48이 나중에 첨부된 송영이 아니라 본래 그 시편의 중요한 구절이었다고 주장했다.[19] 즉 시편 106:48은 단지 해당 시편을 마무리 지을 뿐이라는 입장이다. 따라서 그는 송영이 시편 전체를 다섯 권으로 나누는 기능을 한다는 주장에 대해서 회의적일 수밖에 없다.

그러나 앞서 인용했던 힐렐과 샴마이의 시편 1편에 관한 주석에서 드러나듯이, 기원전 1세기에는 이미 시편을 다섯 부분으로 구분해서 이해하고 있었다. 그와 관련해 스케한(Patrick W. Skehan)을 포함한 여러 학자는 송영이 매우 이른 시기(기원전 4세기)에 정착했다고 본다.[20] 월슨 역시

---

18 Hartmut Gese, "Die Entstehung der Büchereinteilung des Psalters," *Wort, Lied und Gottesspruch: Festschrift für Joseph Ziegler*(eds. Joseph Ziegler, Josef Schreiner; Echter Verlag: Katholisches Bibelwerk, 1972), 7-64.

19 Paul Sanders, "Five Books of Psalms," *The Composition of the Book of Psalms*(ed. Erich Zenger; Leuven: Uitgeverij Peeters, 2010), 686; Jan P. Fokkelman, *Major Poems of the Hebrew Bible at the Interface of Prosody and Structural Analysis*(Assen: Van Gorcum, 2000), 270-77.

20 Patrick W. Skehan, "Qumran and Old Testament Criticism," *Qumrân: Sa piété, sa théologie et son*

시편이 다섯 권으로 편집되었음을 보여주는 근거 중 하나로 "송영"의 존재를 언급한다.[21] 디클레세-왈포드도 정확한 시기를 특정하지는 않지만 송영이 어떤 목적을 위해 동시에 첨부되었을 것이라고 주장한다.[22]

나는 시편의 편집자들이 각 권의 편집이 끝날 때마다 편집을 마무리 짓기 위해 송영을 첨부했을 것으로 본다. 이후에 다시 한번 설명하겠지만 시편 89편의 마지막 절에 있는 송영이 대표적인 예시라고 할 수 있다. 탄식으로 끝나던 시편이 갑자기 "여호와를 영원히 찬송할지어다. 아멘!"으로 끝나기 때문이다. 이는 그 송영이 본래 시편 89편의 일부분이 아니었음을 입증해준다.

	제1권	제2권	제3권	제4권	제5권
서론		본 론			결론
1, 2	3------41	42--------72	73------89	90------106	107--145	146-150
	송영	송영	송영	송영	송영

송영의 위치

(1) 송영의 첨부 시기[23]

그렇다면 시편 각 권의 마지막 송영은 언제 첨부되었을까? 아마도 각 권의 편집이 마무리되던 시점에 첨부되었을 것이다. 이에 관해 간략하게 두 가지 이유를 생각해볼 수 있다. 첫째, 송영에 사용된 표현("아멘, 아

---

    milieu(Leuven: University Press, 978), 163-68.
21 Wilson, *The Editing of the Hebrew Psalter*, 140.
22 DeClaissé-Walford, Jacobson, Tanner, *The Book of Psalms*, 26.
23 방정열, "시편 제1-3권의 정경 형성 단계에 대한 고찰", 63-88을 참조하라.

멘" 혹은 "아멘!")이 시편의 단어가 아니었을 가능성이 크기 때문이다. "아멘"(106:48) 혹은 "아멘, 아멘"(41:13; 72:19; 89:52)은 송영을 제외한 시편의 어느 부분에도 등장하지 않는 독특한 표현이다. 다시 말해 이 표현은 다른 시편이 모두 모인 뒤, 나중에 마지막으로 송영이 첨가되었음을 보여준다. 둘째, 송영과 송영이 붙은 시편의 장르가 전혀 상관이 없기 때문이다. 앞서 언급했던 것처럼 탄식과 하나님에 대한 의심으로 기울던 시편 89편은 본문 내용과는 전혀 어울리지 않는 송영으로 마무리된다.[24] 즉 해당 시편의 장르가 탄식시임에도 불구하고 찬양하자는 초청이 갑작스럽게 등장하는 현상은 앞뒤의 내용이 시기적으로 불연속적임을 말해준다는 것이다.

스케한은 송영이 기원전 4세기 혹은 그 이전에 첨부되었을 것이라고 주장한다. 그 이유는 포로기 이후 작성된 역대상 16:34, 36이 시편 106편의 1절과 48절을 인용하기 때문이다.[25]

> 1할렐루야! 여호와께 감사하라.
> 그는 선하시며 그 인자하심이 영원함이로다.…
> 48여호와 이스라엘의 하나님을 영원부터 영원까지 찬양할지어다.
> 모든 백성들아! "아멘" 할지어다. 할렐루야!(시 106:1, 48)

---

24 "결론적으로 송영은 시편의 각 권이 최종적으로 마무리될 때 첨가된 구절로 판단할 수 있고, 이 사실은 72편의 간기(20절)가 제1권과 제2권의 송영이 최종적으로 마무리된 후에 첨가되었다는 것을 의미한다. 이런 점에서 간기는 제1, 2권과 제3권이 별도의 형성 과정을 거쳤다는 것을 뒷받침하는 흔적이 될 수 있고, 그 시점은 제1권과 제2권의 송영이 최종적으로 첨가된 이후가 될 것이다." 방정열, "시편 제1-3권의 정경 형성 단계에 대한 고찰", 78을 보라.

25 Skehan, "Qumran and Old Testament Criticism," 167-68.

34 여호와께 감사하라.

그는 선하시며 그 인자하심이 영원함이로다.…

36 여호와 이스라엘의 하나님을 영원부터 영원까지 송축(찬양)할지어다

(대상 16:34, 36).

그러나 역대상의 저작 시기가 기원전 4세기 이전이라고 확정하기 힘들고, 역대기가 시편을 인용한 것인지 아니면 그 반대인지가 명확하지 않기 때문에 시편의 송영이 첨부된 시기를 기원전 4세기로 단정하기는 쉽지 않다. 물론 적어도 시편의 각 권이 완성되던 시기 혹은 시편 전체가 최종적으로 완성되던 시기(기원전 4-3세기)에 첨부되었다는 사실에는 변함이 없다.

(2) 송영의 내용적 특징

송영은 양식 면에서 일관적이지 않다. 하지만 내용 면에서는 세 가지 측면에서 일관성을 확인할 수 있다. 첫째, 찬양의 대상인 "여호와"가 명시적으로 언급된다. 송영들은 "누구를 찬양해야 하는가?"라는 질문에 "언약의 하나님 여호와"를 찬양하라고 명령한다. 둘째, 찬양의 시기가 일관된다. 언제부터 언제까지 찬양할 것인가? 그 답은 "영원부터 영원까지"다. 시편 150:6을 제외한 다른 네 개의 송영에 "영원부터 영원까지"(시 41:13; 106:48) 혹은 "영원히"(시 72:18-19; 89:52)라는 표현이 반복된다. 셋째, 찬양의 주체가 명시된다. 누가 찬양해야 하는가? "이스라엘" 곧 하나님의 언약 백성이 찬양의 주체다. 특이한 것은 마지막 송영인 시편 150:6이 "호흡이 있는 자마다"라고 표현하면서 찬양의 주체를 구체적인 "이스라엘"에서 더 포괄적인 대상으로 확대한다는 점이다. 이에 관해서는 이 책의 마지막 부분―시편 146-150편을 다루는 부분―에서 자세히 다룰 것이다.

시 41:13	시 72:18-19	시 89:52	시 106:48	시 150:6
이스라엘의 하나님 여호와를 영원부터 영원까지 송축할지로다. 아멘, 아멘.	18홀로 기이한 일들을 행하시는 여호와 하나님 곧 이스라엘의 하나님을 찬송하며 19그 영화로운 이름을 영원히 찬송할지어다. 온 땅에 그의 영광이 충만할지어다. 아멘, 아멘. 20이새의 아들 다윗의 기도가 끝나니라.	여호와를 영원히 찬송할지어다. 아멘, 아멘.	여호와 이스라엘의 하나님을 영원부터 영원까지 찬양할지어다. 모든 백성들아! "아멘" 할지어다. 할렐루야!	호흡이 있는 자마다 여호와를 찬양할지어다. 할렐루야!

송영의 위치와 내용

2) 서론(시 1, 2편)과 결론(시 146-150편)의 존재

지금까지 다섯 권으로 구성된 시편의 각 권이 송영을 통해 구분된다는 점을 살펴보았다. 그런데 시편은 오중 구조로 되어 있을 뿐 아니라 시편 전체의 서론과 결론에 해당하는 부분도 가지고 있다. 바로 시편 1, 2편이 서론이고, 146-150편이 결론에 해당한다. 이에 관한 구체적인 내용은 이후에 더 자세히 다룰 것이므로 여기서는 간략하게 살펴보자.

(1) 서론(시 1, 2편)

시편 1, 2편이 시편 전체의 서론으로 기능한다는 주장에는 세 가지 근거가 있다. 첫째, 두 시편이 모두 표제어가 없다. 둘째, 두 시편이 수미상관(inclusio)—"아슈레이"가 열쇠다—에 의해 하나의 문학적 단위로 묶인다.

셋째, 언어학적이고 신학적인 측면에서 두 시편을 함께 읽어야 할 당위성이 충분하다.[26]

㉠ 표제어 부재: 시편 제1권에 포함된 대부분의 시편에는 표제어(superscription)가 있다. 예를 들어 시편 3편에는 "다윗이 그의 아들 압살롬을 피할 때에 지은 시"라는 표제어가 있고, 시편 제1권의 마지막 시편인 41편에는 "다윗의 시, 인도자를 따라 부르는 노래"라는 표제어가 있다. 물론 시편 제1권에 포함되는 총 41개의 시편 가운데 시편 10, 33편에는 표제어가 없다. 하지만 몇몇 사본을 고려하면 그 시편들에도 본래 다윗과 관련된 표제어가 있었다고 할 수 있다. 이처럼 다른 모든 시편과는 다르게 시편 1, 2편에만 표제어가 없는 현상은 시편의 최종 편집자(들)가 그 두 시편을 시편의 서론으로 간주했을 가능성을 보여준다.

㉡ 수미상관("아슈레이"의 사용): 시편 1, 2편은 장르(양식)나 내용 면에서 볼 때 서로 차이가 있으면서도 공통된 단어를 반복해서 사용한다는 특징이 있다. 이에 해당하는 히브리어는 "데레크"(시 1:1, 6; 2:12), "하가"(시 1:2; 2:1), "아바드"(시 1:6; 2:12), "아슈레이(시 1:1; 2:12) 등이다. 그 중 특히 시편 1편의 처음 부분과 2편의 마지막에 등장하는 "아슈레이"는 두 시편을 하나의 문학적 단위로 묶어준다. 즉 "아슈레이"의 활용을 통해 이루어진 수미상관 구조는 독자들에게 시편 1편과 2편을 하나의 단위로 읽어야 한다는 사실을 암시해준다.

㉢ 신학적인 차원: 시편 1편은 첫째 단어가 히브리어의 첫 자음인 "알레프"로 시작하고, 마지막 단어는 히브리어의 마지막 자음인 "타우"

---

26 Wilson은 제왕시들(시 2, [41], 72, 89편)에 초점을 두고서 시편 제1-3권을 이해하기에 시편 1편만을 시편 전체의 서론으로 이해한다. Wilson, *The Editing of the Hebrew Psalter*, 209-14을 보라.

로 시작하는 독특한 이합체(離合體) 형식을 취한다.[27] 그리고 내용 면에서는 율법 묵상의 중요성을 강조하며 율법을 주야로 묵상하는 자를 행복한 자(복 있는 사람)로 정의한다(시 1:2-3). 반면 시편 2편은 제왕시이자 소위 메시아 시편이라고 불리는 시편으로서 하나님에 의해 기름 부음을 받은 왕의 통치를 노래한다. 어떤 면에서 보면 시편 2편은 "누가 진정한 왕인가?"라는 질문을 던진다고 할 수 있다. 결국 시편 1편과 2편은 각각 "율법"과 "왕"이라는 주제를 제시한다. 그런데 각기 다른 주제를 전하는 듯이 보이는 이 두 시편은 하나의 통합된 메시지 아래서 해석될 수 있다. 즉 "율법을 주야로 묵상하는 자가 행복한/복된 왕"이라는 메시지다.

앞서 언급한 것처럼 시편 1편은 소위 "토라 시편"으로 불릴 정도로 "율법 묵상의 중요성"을 강조한다. 율법 묵상의 중요성을 강조하는 시가 시편 전체의 맨 앞에 놓인 것이다. 그렇다면 독자들은 시편 전체에서 율법을 강조하는 시편이 왜 맨 처음에 놓인 것인지 질문해보아야 한다. 물론 시편 19편(특히 7-14절)이나 119편도 율법의 기능과 완전성을 강조한다. 하지만 장르가 다양한 150개의 주옥같은 시편 가운데서, 특히 주로 예배 때 사용했던 시편 가운데서 율법을 강조하는 시편을 서두에 둔 이유는 무엇일까? 여기에는 매우 의도적이고 전략적인 배치가 이루어졌다고 보아야 한다.

이런 의구심은 시편 1편과 2편을 함께 살펴볼 때 비로소 해결의 실마리를 찾을 수 있다.[28] 다윗 언약의 제정을 배경으로 하는 것으로 보이는

---

27 Erich Zenger, "Exkurs: Die Komposition des Ägyptischen Hallel bzw. Pessach-Hallel Ps 113-118," *Psalmen 101-105*(ed. Frank-Lothar Hossfeld, Erich Zenger; Freiburg: Herder, 2008), 246. Zenger는 시편 1편이 특별한 이합체 양식이라고 소개한다.
28 권선징악 사상은 고대 세계에서 보편적이었던 사상 가운데 하나다. 고대인들은 어떤 행동과 그에 따르는 결과가 밀접하게 연결되어 있다고 믿었다. 권선징악 사상에 따르면 선한 행동에는 보상이,

시편 2편은 정경 시편을 읽던 일차 독자들(포로기 이후 예루살렘 공동체)에게 특별한 의미를 지녔을 것이다. 에스라서와 느헤미야서가 명시하는 것처럼 그들에게는 율법이 매우 강조되었기 때문이다. 그들은 자신들이 앗수르와 바벨론에 의해 포로로 끌려갔던 근본적인 이유가 하나님의 율법을 불순종했기 때문이라고 생각했다(스 9:7; 느 1:6-7; 9:32-38; 대상 9:1). 또한 예루살렘으로 귀환한 에스라는 모세 율법을 강조하면서 율법을 지키는 것만이 살길이라고 가르쳤다(스 7:6-10; 느 8:1-12). 따라서 율법을 어느 때보다 더 강조하는 분위기가 형성되었다. 결국 포로기 이후에 최종 구성된 시편에서 율법을 강조하는 시편이 서두에 배치된 것은 매우 자연스러운 현상이라고 할 수 있다.

그와 동시에 예루살렘 공동체에는 메시아 사상(소망)이 움트기 시작했다. 바벨론 포로기 혹은 바벨론 포로기 이후에 예루살렘으로 돌아온 언약 백성에게는 율법뿐만 아니라 다윗 언약과 관련된 신학적 질문을 해결할 필요가 있었다. 앞서도 밝혔듯이 그들은 비록 바벨론에서 예루살렘으로 돌아오긴 했으나 여전히 이방 국가의 통치 아래에서 왕이 없는 상태에 있었기 때문이다. 따라서 그들은 "주의 성실하심으로 다윗에게 맹세하신 그 전의 인자하심이 어디 있나이까?"(시 89:49)라고 탄식하며 다윗 언약을 의심할 수밖에 없었다. 그리고 그들은 "우리를 다스릴 진정한 왕은 누구인가?"라는 질문을 던져야 했다. 이런 질문에 대해 시편 2편은 거칠게나마 답변을 제공해준다. 즉 하나님이 직접 기름을 부어 세운 왕을 시온에 두고 통치하시겠다는 것이다(시 2:6).

이처럼 시편 1, 2편은 "누가 진정 행복한 자인가?", "누가 진정 복

악한 행동에는 심판이 주어진다. 또한 지혜에는 지혜가 따르고, 어리석음에는 어리석음이 뒤따른다. 잠언 10:8; 14:1; 15:5을 보라. 그 내용은 시편 1:5-6과 궤를 같이한다.

된 왕인가?"라는 질문을 던지면서 시편의 문을 연다. 그리고 이 질문들은 일종의 통합된 메시지—율법을 주야로 묵상하는 왕이 행복한/복된 왕이다—가 시편 전체에 걸쳐 전개될 것임을 암시한다. 이제부터 시편을 읽는 독자들은 "율법"과 "왕"이라는 주제가 시편 전체에 걸쳐서 계속 반복된다는 사실에 다소 놀라게 될 것이다.

(2) 결론(시 146-150편)

시편의 서론인 시편 1, 2편에 표제어가 없는 것처럼 결론에 해당하는 146-150편에도 표제어가 없다. 시편 138-145편에는 "다윗"이 들어가는 표제어가 등장하다가 시편 146편에 들어서서 갑자기 표제어가 사라져버린다. 표제어의 부재는 이 5개의 시편을 앞선 시편들과 구분 짓는 역할을 하면서 동시에 이 시편들에 결론 기능을 부여한다.[29] 이 다섯 시편은 모두 "할렐루야"로 시작해서 "할렐루야"로 마무리된다. 할렐루야 모음집은 시편 전체에 걸쳐 4개(시 104-106, 111-117, 135, 146-150편)가 있는데 그중 시편 146-150편이 가장 깔끔한 수미상관 구조를 보인다.

시편	할렐루야 유무		시편	할렐루야 유무		시편	할렐루야 유무		시편	할렐루야 유무	
	시작	끝		시작	끝		시작	끝		시작	끝
104	x	o	111	o	x	135	o	o	146	o	o
105	x	o	112	o	x				147	o	o
106	o	o	113	o	o				148	o	o
			114	x	x				149	o	o
			115	x	o				150	o	o
			116	x	o						
			117	o	o						

할렐루야 시편 모음집

---

29 Wilson, "Evidence of Editorial Division in the Hebrew Psalter," 350.

시편 146-150편 가운데 특별히 시편 150편은 제5권의 결론이면서 동시에 시편 전체의 결론이라고도 할 수 있다.

> 1 할렐루야!
> 그 성소에서 하나님을 찬양하며
> 그 권능의 궁창에서 그를 찬양할지어다.
> 2 그의 능하신 행동을 인하여 찬양하며
> 그의 지극히 광대하심을 좇아 찬양할지어다.
> 3 나팔 소리로 찬양하며
> 비파와 수금으로 찬양할지어다.
> 4 소고 치며 춤추어 찬양하며
> 현악과 통소로 찬양할지어다.
> 5 큰 소리 나는 제금으로 찬양하며
> 높은 소리 나는 제금으로 찬양할지어다.
> 6 호흡이 있는 자마다 여호와를 찬양할지어다.
> 할렐루야!(시 150:1-6)

만일 서론과 결론으로만 판단한다면 시편 전체는 "율법을 주야로 묵상하는 왕이 복이 있다"라는 통합된 메시지(시 1, 2편)로 시작해서 여호와 하나님을 찬양하라는 초청으로 마무리된다(시 146-150편). 즉 "인간-왕"에 초점을 맞춰서 시작했다가 "하나님-왕"으로 끝나는 것이다. 이런 관점은 이후에도 여러 차례 언급될 것이다.

3) 모음집

앞서 살펴본 것처럼 시편은 서론(시 1, 2편)과 결론(시 146-150편)에 해당하는 시편들이 시작과 끝에 각각 배치되어 있다. 그런데 또 한 가지 흥미로운 점은 몸통에 해당하는 시편들 가운데 "모음집"(collection)이라고 불리는 몇 개의 그룹이 존재한다는 사실이다. 이 모음집들은 서기관들 혹은 찬양과 관련된 성전 직원들이 개별로 존재했던 시편들을 나름의 기준에 따라 하나로 엮은 것일까? 아니면 시편의 저자가 특정한 목적을 염두에 두고서 처음부터 모음집으로 만든 것일까? 적어도 분명한 점은 정경 시편이 최종적으로 완성되기 전에 이미 그런 모음집들이 존재했다는 사실이다. 이에 관해 베스터만도 내용 측면에서 서로 일치하는 시편들이 일종의 묶음으로 이미 존재했을 것이라고 주장한다.[30]

제1권		제2권		제3권		제4권	제5권		
1-2	3-----41	42-----72		73-----89		90----106	107--------145		146-150
	다윗 시 모음집	고라 시 모음집	다윗 시 모음집	아삽 시 모음집	고라 시 모음집		성전으로 올라가는 노래	다윗 시 모음집	
		엘로힘 시 모음집 (42-83)				등극시 모음집			할렐루야 시 모음집

시편의 모음집 분포

(1) 모음집의 종류와 분포

현재 정경에 포함된 시편 모음집들을 분류하면—학자마다 약간의 이견

---

30 Westermann, *Praise and Lament in the Psalms*, 250-51.

은 있지만—대체로 "표제어"와 "주제/표현"에 따라 다음과 같이 정리할
수 있다.[31]

기준		명칭	시편	비고
1	표제어	다윗 시 모음집	3-41, 51-72, 108-110, 138-145	72개
2		고라 시 모음집	42-49, 84-85, 87-88[32] (시 86편은 다윗 시)	12개
3		아삽 시 모음집	73-83	11개[33]
4		성전으로 올라가는 노래 모음집	120-134	15개
5	주제, 표현	등극시 모음집	93, 95-99	6개
6		엘로힘 시 모음집	42-83	41개
7		할렐루야 시 모음집	104-106, 111-117, 135, 146-150[34]	16개

모음집의 종류와 분포

이 표에서 1-4번은 표제어를 기준으로, 5-7번은 주제나 어휘를 기
준으로 분류한 것이다. 특히 1-3번은 표제어에 등장하는 인물이 기준으
로 작용했다. 즉 이 모음집들에는 표제어에 "다윗의…" 혹은 "고라 자손
의…" 혹은 "아삽의…"라는 식으로 어떤 인물의 이름이 등장하는 시편들
이 포함된다. 또한 4번은 표제어에 "성전으로 올라가는 노래"라는 의미
의 "쉬르 하마알로트"(שִׁיר הַמַּעֲלוֹת)가 포함되는 시편들의 모음집이다. 5번은
여호와가 왕으로서 통치하는 내용을 담고 있어서 보통 "여호와 말라크
시편 모음집"으로 불리기도 한다. 여기서 "여호와 말라크"(יְהוָה מָלָךְ)는 "여

---

31 William H. Bellinger, *Psalms: Reading and Studying the Book of Praises*(Peabody, Mass.: Hendrickson, 1990), 10; DeClaissé-Walford, *Reading from the Beginning*.
32 Frank-Lothar Hossfeld, Erich Zenger, *Psalms 2: A Commentary on Psalms 51-100*(ed. Klaus Baltzer; trans. Linda M. Maloney; Hermeneia—a Critical and Historical Commentary on the Bible; Minneapolis: Fortress Press, 2005), 356ff를 보라.
33 표제어에 "아삽"의 이름이 들어 있는 시편 50편은 본래 아삽 모음집에 포함되었을 것으로 여겨지지만, 시편 49편과 51편 사이에 배열됨으로써 새로운 정경적 기능을 갖게 되었다고 보아야 한다.
34 Bellinger, *Psalms*, 10; DeClaissé-Walford, *Reading from the Beginning*.

호와가 다스리신다"는 의미다. 6번은 하나님의 이름이 "엘로힘"(אֱלֹהִים)으로 등장하는 시편의 모음집이다. 여기 해당하는 시편들에 "여호와"가 전혀 등장하지 않는 것은 아니지만, "엘로힘"이 지배적인 이름으로 등장한다는 점이 현저한 특징으로 나타난다. 7번 모음집에는 "할렐루야"(הַלְלוּ יָהּ)가 시작이나 끝부분, 혹은 양쪽 모두에 반복해서 등장한다.

(2) 아삽 시 모음집의 특징: 시편 73-83편(11개)[35]

㉠ 다윗 시대: 앞서 언급한 것처럼 "아삽 시 모음집"은 표제어에 "아삽"의 이름이 포함된 시편들을 일컫는다. 아삽은 레위 사람으로서 다윗이 통치하던 시대에 헤만 및 에단(여두둔)과 더불어 찬양 대장으로 섬겼던 사람이다. 역대상 15장에 따르면 다윗은 궁궐 건축을 마치고 하나님의 언약궤를 안치할 처소까지 마련한 후에 레위인들에게 지시하여 당시 오벧에돔의 집에 있던 언약궤를 예루살렘으로 옮기게 했다(참조. 삼하 6:1-15). 그때 언약궤 앞에서 비파와 수금과 제금 등으로 연주하면서 큰 소리로 찬양하도록 임명되었던 자들이 바로 헤만과 에단과 아삽이었다("다윗이 레위 사람의 어른들에게 명하여 '그 형제들을 노래하는 자들로 세우고 비파와 수금과 제금 등의 악기를 울려서 즐거운 소리를 크게 내라' 하매"[대상 15:16]). 더 나아가 다윗은 언약궤가 예루살렘으로 돌아온 직후에 여호와 앞에서 제사를 드리며 찬양하는 시간을 가졌는데, 그때 총책임자로 임명된 사람 역시 아삽이었다(대상 16:5). 그 이후로는 그의 후손들이 같은 직임을 계속해서 맡았던 것으로 보인다(대상 16:37).

㉡ 히스기야 시대: 히스기야 시대에 사용했던 시 중에도 아삽의 시들

---

35 시편 50편도 표제어에 아삽의 이름이 등장하지만 시편 제2권에 포함되면서 아삽 시 모음집과는 다소 떨어지게 되었다.

이 포함되어 있었다. 아삽은 찬양 대장으로서 임무를 수행하면서 여러 편의 시편을 남겼던 것으로 보인다. 역대하 29:30을 보면 성전 개혁을 단행하던 히스기야 왕은 레위 사람들에게 찬양하도록 지시하는데, 그때 사용된 시가 바로 다윗과 아삽의 시편이었다("히스기야 왕이 귀인들로 더불어 레위 사람을 명하여 다윗과 선견자 아삽의 시로 여호와를 찬송하게 하매 저희가 즐거움으로 찬송하고 몸을 굽혀 경배하니라"[대하 29:30]). 다윗의 치세가 기원전 1010-970년이고, 히스기야의 치세가 기원전 715-686년이라는 점을 고려한다면, 다윗에게 찬양 대장으로 임명받은 아삽은 많은 시편을 작성했으며 그의 후손들이 그 시편들을 약 300년이 넘도록 보존했다는 사실을 알 수 있다.

ⓒ **포로기 이후**: 이스라엘 백성은 바벨론에 포로로 끌려갔다가 기원전 538년에 고레스 칙령에 따라 고향인 예루살렘으로 돌아오게 되었다(대하 36:22-23; 스 1:1-4). 그때 귀환자들 가운데는 아삽의 후손들이 포함되어 있었다. 성경은 그 숫자가 128명이었다고 말하는데 그들을 가리켜 "노래하는 자들"이라고 칭한다. 여기서 우리는 그들이 비록 포로로 있는 동안 성전 예배 활동을 못 했다고 하더라도, 예배와 관련해서 노래 부르는 일에 종사했을 것이라는 사실을 알 수 있다("노래하는 자들은 아삽 자손이 일백이십팔 명이요"[스 2:41]). 이렇게 전해 내려온 시편 가운데 11개(시 73-83편)가 정경 시편에 실렸다고 보아야 한다.

아삽 시 모음집에는 몇 가지 특징이 있다. 첫째, 아삽의 시편은 제2권에 있는 시편 50편을 빼면 모두 시편 제3권에 자리한다. 왜 시편 50편은 다른 아삽의 시편들과 따로 떨어지게 되었을까? 아마도 시편 50편은 그 자리에서 새로운 정경적 기능을 수행하게 되었기 때문일 것이다. 이에 관해 맥폴(Leslie McFall)은 시편 50편이 51-65편에 이어지는 다윗의 시편들과 연결해서 설명될 수 있다고 보았다. 특별히 그는 시편 50편과 51편이 주제 면에서 서로 긴밀하게 연결된다고 주장한다. 즉 시편 50:18에 "간음"이라는 단어가 등장하는데, 시편 51편에는 "간음"이라는 단어가 등장하지는 않지만 다윗과 밧세바와의 간음 사건을 명시하는 표제어("다윗의 시, 인도자를 따라 부르는 노래, 다윗이 밧세바와 동침한 후 선지자 나단이 그에게 왔을 때")와 다윗의 회개를 다루는 내용이 전개된다는 점에서 두 시편이 서로 깊이 연관된다는 것이다.[36]

16 악인에게는 하나님이 이르시되,
   "네가 어찌하여 내 율례를 전하며 내 언약을 네 입에 두느냐?
17 네가 교훈을 미워하고
   내 말을 네 뒤로 던지며
18 도둑을 본 즉 그와 연합하고
   간음하는 자들과 동료가 되며
19 네 입을 악에게 내어주고
   네 혀로 거짓을 꾸미며
20 앉아서 네 형제를 공박하며
   네 어머니의 아들을 비방하는도다.
21 네가 이 일을 행하여도 내가 잠잠하였더니
   네가 나를 너와 같은 줄로 생각하였도다.
   그러나 내가 너를 책망하여
      네 죄를 네 눈앞에 낱낱이 드러내리라" 하시는도다(시 50:16-21).

---

36 Leslie McFall, "The Evidence for a Logical Arrangement of the Psalter," *WTJ* 62(2000).

시편 50편의 이 부분은 악인들의 특징과 그들에 대한 하나님의 경고를 다룬다. 그리고 시편 51편은 그 내용을 이어받아서 다윗 자신이 그런 경고를 무시하고 간음하는 자 가운데 한 사람이 되었다가 회개했다는 이야기를 전하는 것으로 해석할 수 있다.[37]

둘째, 아삽의 시편들에서는 시인이 화자가 되어 노래하기보다는 하나님이 주어가 되어 직접 말씀하는 화자(話者)로 등장하는 경우가 많다(시 50:7-15, 16-23; 75:2-5; 81:6-16). 예를 들어 시편 50:7-9, 11-15을 보면 그 특징을 확인해볼 수 있다.

> 7내 백성아, 들을지어다. 내가 말하리라.
>> 이스라엘아, 내가 네게 증언하리라. 나는 하나님 곧 네 하나님이로다.
> 8나는 네 제물 때문에 너를 책망하지는 아니하리니
>> 네 번제가 항상 내 앞에 있음이로다.
> 9내가 네 집에서 수소나
>> 네 우리에서 숫염소를 가져가지 아니하리니(시 50:7-9).

> 11산의 모든 새들도 내가 아는 것이며
>> 들의 짐승도 내 것임이로다.
> 12내가 가령 주려도 네게 이르지 아니할 것은
>> 세계와 거기에 충만한 것이 내 것임이로다.
> 13내가 수소의 고기를 먹으며
>> 염소의 피를 마시겠느냐?

---

[37] 시편 50편은 감사의 제사에 관해서(14, 23절), 그리고 시편 51편은 상한 심령의 제사에 관해서(17절) 노래한다는 점에서도 서로 연결된다는 사실에 주목하라.

14 감사로 하나님께 제사를 드리며

지존하신 이에게 네 서원을 갚으며

15 환난 날에 나를 부르라. 내가 너를 건지리니

네가 나를 영화롭게 하리로다(시 50:11-15).

여기서 일인칭 "나는/내가"(I)는 하나님 자신을 가리킨다. 즉 하나님 자신이 하신 말씀이 시편의 내용이 된다. 이런 특징은 다음과 같이 시편 75편에서도 드러난다.

1 하나님이여, 우리가 주께 감사하고 감사함은 주의 이름이 가까움이라.

사람들이 주의 기이한 일들을 전파하나이다.

2 주의 말씀이

"**내가** 정한 기약이 이르면 **내가** 바르게 심판하리니

3 땅의 기둥은 **내가** 세웠거니와

땅과 그 모든 주민이 소멸되리라" 하시도다(시 75:1-3).

시편 75:1의 주어는 일인칭 복수인 "우리"다. 그러나 이어지는 2-3절은 하나님을 일인칭 주어로 해서 말씀을 전한다. 원래 개역개정 성경에는 이 부분에 인용 부호가 없지만 최근에 나온 번역 성경들은 인용 부호를 삽입하여 이것이 하나님의 말씀이라는 사실을 명시한다.

셋째, 하나님이 재판관으로 묘사된다.[38] 특히 시편 75, 76, 82편에서 하

---

[38] Christine B. Jones, "The Message of the Asaphite Collection and Its Role in the Psalter," *The Shape and Shaping of the Book of Psalms*(ed. N. L. DeClaissé-Walford; Atlanta: SBL, 2014), 73-75를 참조하라.

나님은 의로운 재판관의 모습으로 등장하신다. 시편 76:7-9을 읽어보자.

> 7주께서는 경외 받을 이시니
>> 주께서 한 번 노하실 때에 누가 주의 목전에 서리이까?
> 8주께서 하늘에서 판결을 선포하시매
>> 땅이 두려워 잠잠하였나니
> 9곧 하나님이 땅의 모든 온유한 자를 구원하시려고
>> 심판하러 일어나신 때에로다(시 76:7-9).

넷째, 하나님이 구원자로 묘사된다. 하나님이 당신의 백성에게 진노하시는 이유 중 하나는 그들이 여호와의 구원을 믿지 않기 때문이다(시 78:21-22). 하지만 그럼에도 하나님은 구원자로 묘사된다.

> 우리 **구원의 하나님**이여,
>> 주의 이름의 영광스러운 행사를 위하여 우리를 도우시며
>> 주의 이름을 증거하기 위하여 우리를 건지시며
>> 우리 죄를 사하소서(시 79:9).

> 곧 하나님이 땅의 모든 온유한 자를 **구원하시려고**
>> **심판하러** 일어나신 때에로다(시 76:9).

(3) 엘로힘 시 모음집의 특징: 시편 42-83편(41개)

시편에는 "여호와"와 "엘로힘"이 모두 하나님의 이름으로 등장한다. 히브리어 "여호와"(יהוה)는 대다수 영어 성경에서 "the LORD"로, 우리말 성

경에서는 "여호와"로 번역된다. "엘로힘"은 영어 성경에서 "God"으로, 우리말 성경에서는 "하나님"으로 번역된다.

구 분	제1권(1-41)	제2권(42-72)	제3권(73-89)	제4권(90-106)	제5권(107-150)
엘로힘	49회	198회	63회	24회	31회
여호와	278회	32회	44회	105회	236회

시편 제1-5권에 등장하는 "여호와"와 "엘로힘"의 빈도수

이 표에서 알 수 있듯이 시편 1-41편에는 "여호와"가 압도적으로 많이 등장한다. 여호와가 278번, 엘로힘이 49번 등장하는데, 이 수치를 통해 이 시편들이 "여호와 지향적"이라고 정의할 수 있다. 반면 시편 42-83편에는 "엘로힘"이 "여호와"보다 압도적으로 많이 등장한다. "엘로힘"은 연계형까지 포함해서 245회 등장하지만 "여호와"는 45회 등장할 뿐이다.

엘로힘 시 모음집 (시 42-83편)	엘로힘	여호와
	245회	45회

시편 42-83편에 등장하는 "엘로힘"과 "여호와"의 빈도수

어떤 학자들은 이런 결과가 시편의 최종 편집자(들)의 의도적인 배치 때문이라고 추정한다. 그들은 시편 14편과 53편, 그리고 시편 40:13-17과 시편 70편을 비교한다. 예를 들어 시편 14편과 53편을 비교해놓은 다음 표를 통해 어떤 차이가 있는지 살펴보자.

시 14편	53편
1어리석은 자는 그의 마음에 이르기를 "하나님(אֱלֹהִים)이 없다" 하는도다. 그들은 부패하고 그 행실이 가증하니 선을 행하는 자가 없도다. 2여호와(יהוה)께서 하늘에서 인생을 굽어살피사 지각이 있어 하나님(אֱלֹהִים)을 찾는 자가 있는가 보려 하신즉.	1어리석은 자는 그의 마음에 이르기를 "하나님(אֱלֹהִים)이 없다" 하도다. 그들은 부패하며 가증한 악을 행함이여, 선을 행하는 자가 없도다. 2하나님(אֱלֹהִים)이 하늘에서 인생을 굽어살피사 지각이 있는 자와 하나님(אֱלֹהִים)을 찾는 자가 있는가 보려 하신즉.

시편 14:1-2과 53:1-2의 차이

사용된 단어와 전개된 내용 측면에서 이 두 구절은 거의 똑같다. 단지 시편 14:2과 시편 53:2에서 하나님의 이름을 "여호와"(יהוה) 아니면 "하나님"(אֱלֹהִים)으로 부른다는 차이가 있을 뿐이다(두 시편의 가장 두드러진 차이점은 시 14:5-6과 시 53:6 사이에서 발견된다). 이런 상황에서 가정해볼 만한 가능성은 모두 세 가지다. 첫째, 시편 14편에 본래 "엘로힘"으로 되어 있던 하나님의 이름을 최종 편집자가 "여호와"로 바꾸었을 가능성이다. 둘째, 시편 53편에 본래 "여호와"로 되어 있던 하나님의 이름을 "엘로힘"으로 바꾸었을 가능성이다. 셋째, 원래 다른 원본이 있었는데 최종 편집자가 그것을 약간씩 수정해 현재의 시편 14편과 53편의 자리에 위치시켰을 가능성이다.

모빙켈은 시편 53편의 편집자가 본래 "여호와"로 되어 있던 하나님의 이름을 "엘로힘"으로 교체했다고 주장한다. 역대기의 용례처럼 "여호와"라는 신명은 언약적이면서 거룩한 이름인 대신, 성전 예배에는 "여호와"가 아닌 "엘로힘"이 더 많이 사용되었기 때문이라는 것이다.[39] 그러나

---

39 Sigmund Mowinckel, *The Psalms in Israel's Worship* (trans. D. R. Ap-Thomas; Sheffield: JSOT, 1962), 194.

델리취는 모빙켈과는 반대로 "엘로힘"은 본래부터 있었다고 주장한다.[40] 정확한 자료가 없기에 추정이 난무할 만한 주제이긴 하지만, 이 주제는 제2권을 다룰 때 좀 더 자세히 살펴보도록 하자.

(4) 왕 되신 하나님 시편 모음집: 시편 47, 93-100편(특히, 시 93, 96-99편)

이 시편 모음집에서는 하나님이 왕으로 통치하시는 모습이 강조된다(그래서 "여호와 말라크 시편" 혹은 "여호와 등극시"라고 일컬어진다). 시편 제1-3권에서는 대체로 인간이 왕으로 등장―물론 제1-3권이 왕이신 하나님의 모습을 전혀 말하지 않는다는 의미는 아니다―하지만, 제4권에서는 통치자 하나님이 두드러지게 강조된다는 사실에 주목해야 한다. 특히 시편 89편은 다윗 언약의 파기를 묘사하기 때문에 제4권에서 하나님이 왕으로서 등장하신다는 사실은 우리가 의지해야 할 대상이 "인간-왕"이 아니라 오직 "하나님-왕"이라는 메시지를 암시한다. 이 시편들의 특징은 제목 그대로 "여호와 말라크"(יהוה מלך), 즉 하나님이 왕으로서 이 땅을 통치하신다는 사실에 집중해 찬양한다는 점이다. 대표적인 예로 시편 93편을 살펴보자. 이 시편은 "여호와 말라크"로 시작한다.

> 1여호와께서 다스리시니(יהוה מלך) 스스로 권위를 입으셨도다.
> 여호와께서 능력의 옷을 입으시며 띠를 띠셨으므로
> 세계도 견고히 서서 흔들리지 아니하는도다.
> 2주의 보좌는 예로부터 견고히 섰으며
> 주는 영원부터 계셨나이다.

---

40 Franz Delitzsch, "De Psalmorum indole partim jehovica partim elohimica," *Symbolae ad Psalmos Illustrandos Isagogicae*(Leipzig: Carolum Tauchnitium, 1846), 1-32.

3 여호와여, 큰 물이 소리를 높였고

　　큰 물이 그 소리를 높였으니

　　큰 물이 그 물결을 높이나이다.

4 높이 계신 여호와의 능력은

　　많은 물 소리와 바다의 큰 파도보다 크니이다.

5 여호와여, 주의 증거들이 매우 확실하고

　　거룩함이 주의 집에 합당하니

　　여호와는 영원무궁하시리이다(시 93:1-5).

3. 시편 전체 구성을 통해 전달되는 메시지

시편 전체 구성을 통해서 전달되는 메시지가 무엇인지는 여러 가지 관점에서 접근할 수 있다. 하지만 여기서는 시편의 히브리어 제목(title)과 서론 및 결론이 제시하는 내용에 초점을 맞춰 명확하게 확인할 수 있는 메시지에 관해 알아보고자 한다.

시편은 분명한 독자와 목적을 가지고 형성된 것으로 보인다. 시편의 독자는 바벨론에서 귀환해 예루살렘 공동체를 꾸려나가는 자들이었고, 그 형성 목적은 그들에게 여호와만을 찬양하고 신뢰하라고 촉구하는 것이었다. 그것은 시편의 히브리어 제목에서 분명하게 드러난다. 시편의 제목은 히브리어로 "기도들"을 의미하는 테필로트(תפלות)가 아니라 "찬양들"을 의미하는 테힐림(תהלים)이다. 테힐림은 테힐라(תהלה)의 복수형인데, 테힐라의 어원은 널리 알려진 "할랄"(הלל)으로서 "찬양하다"라는 뜻이 있

다. 다시 말해 시편의 히브리 제목은 "찬양들"을 의미한다.[41]

찬양이라면 무엇에 관한 찬양인지 그 내용에 관해 질문해볼 수 있다. 앞서 언급했던 것처럼 율법과 진정한 왕에 관해 노래하는 서론(시 1, 2편)과 찬양으로 가득 차 있는 결론(시 146-150편)을 염두에 두고 시편의 본론이 어떻게 시작하는지 살펴보면 희미하게나마 어떤 그림이 떠오른다. 시편의 본론을 여는 시편 3편은 다음과 같이 탄식으로 시작한다.

1 여호와여, 나의 대적이 어찌 그리 많은지요?
　일어나 나를 치는 자가 많소이다.
2 많은 사람이 있어 나를 가리켜 말하기를
　"저는 하나님께 도움을 얻지 못한다" 하나이다. (셀라)
3 여호와여, 주는 나의 방패시요,
　나의 영광이시요, 나의 머리를 드시는 자니이다.
4 내가 나의 목소리로 여호와께 부르짖으니
　그 성산에서 응답하시는도다. (셀라)
5 내가 누워 자고 깨었으니
　여호와께서 나를 붙드심이로다.
6 천만 인이 나를 둘러치려 하여도
　나는 두려워 아니하리이다.
7 여호와여, 일어나소서!

---

[41] 시편의 히브리어 제목이 "찬양"을 뜻하지만, 시편을 단순히 찬양집으로 보는 관점에 관해 Wilson은 이의를 제기한다. 즉 시편은 노래를 위한 가사집이라기보다는 읽고 묵상하기 위한 책(시 1편)이라는 것이다. Gerald H. Wilson, "Shaping the Psalter: A Consideration of Editorial Linkage in the Book of Psalms," *Shape and Shaping of the Psalter*(ed. J. C. McCann; Sheffield: JSOT, 1993), 72.

나의 하나님이여, 나를 구원하소서!
8주께서 나의 모든 원수의 뺨을 치시며
악인의 이를 꺾으셨나이다.
구원은 여호와께 있사오니
주의 복을 주의 백성에게 내리소서(시 3:1-8).

시편 3편의 내용은 앞서 1편에서 언급된 "철을 따라 열매를" 맺는 그런 축복의 모습과는 거리가 멀다. 절박한 상황과 외로움으로 인한 고통 속에서도 확신을 담은 고백이 시인의 입에서 새어 나온다. 시편 3편의 시인에게는 대적(원수)이 많다. 그 대적들은 시인이 "하나님께 도움을 받지 못한다"고 조롱한다. 그럼에도 시인은 하나님에 대한 신뢰를 저버리지 않는다. 시편 3:7에서 시인이 "여호와여, 일어나소서! 나의 하나님이여, 나를 구원하소서!"라고 울부짖는 것을 보면, 그는 여전히 힘겨운 상황 한 가운데 놓여 있는데도 말이다. 흥미롭게도 시편 3편 이후에는 그와 비슷한 탄식시들이 계속해서 등장한다.

1내 의의 하나님이여, 내가 부를 때에 응답하소서.
곤란 중에 나를 너그럽게 하셨사오니
나를 긍휼히 여기사 나의 기도를 들으소서.
2인생들아, 어느 때까지 나의 영광을 변하여 욕되게 하며
허사를 좋아하고 궤휼을 구하겠는고(시 4:1-2).

1여호와여, 주의 분으로 나를 견책하지 마옵시며
주의 진노로 나를 징계하지 마옵소서.

2여호와여, 내가 수척하였사오니 긍휼히 여기소서.

여호와여, 나의 뼈가 떨리오니 나를 고치소서.

3나의 영혼도 심히 떨리나이다.

여호와여, 어느 때까지니이까?(시 6:1-3)

시인은 계속해서 하나님의 도우심을 바라며 신실하게 하나님께 매달린다. 그러나 시편 전체의 중간쯤에 자리한 시편 73편(제3권의 첫 시편)을 묵상해보라. 시편 1편의 모습과는 정반대의 모습에 놀라게 된다. 시인은 말 그대로 악인은 잘되고 의인은 고난받는 현실을 마주한다. 다음 본문을 천천히 읽어보라.

1하나님이 참으로 이스라엘 중

마음이 정결한 자에게 선을 행하시나

2나는 거의 넘어질 뻔하였고

나의 걸음이 미끄러질 뻔하였으니

3이는 내가 악인의 형통함을 보고

오만한 자를 질투하였음이로다.

4그들은 죽을 때에도 고통이 없고

그 힘이 강건하며

5사람들이 당하는 고난이 그들에게는 없고

사람들이 당하는 재앙도 그들에게는 없나니

6그러므로 교만이 그들의 목걸이요,

강포가 그들의 옷이며

7살찜으로 그들의 눈이 솟아나며

그들의 소득은 마음의 소원보다 많으며
8 그들은 능욕하며 악하게 말하며
높은 데서 거만하게 말하며
9 그들의 입은 하늘에 두고
그들의 혀는 땅에 두루 다니도다.
10 그러므로 그의 백성이 이리로 돌아와서
잔에 가득한 물을 다 마시며
11 말하기를 "하나님이 어찌 알랴?
지존자에게 지식이 있으랴?" 하는도다.
12 볼지어다! 이들은 악인들이라도
항상 평안하고 재물은 더욱 불어나도다.
13 내가 내 마음을 깨끗하게 하며
내 손을 씻어 무죄하다 한 것이 실로 헛되도다.
14 나는 종일 재난을 당하며
아침마다 징벌을 받았도다 (시 73:1-14).

시편 전체를 시작하는 시편 1편은 의인의 번창하는 모습을 묘사했는데, 중간에 자리한 시편 73편에서는 악인이 번창하고 의인은 고난당하는 모습이 기정사실화된다. 그렇다면 시편의 결론은 어떻게 될까? 시편 150편을 다시 한번 읽어보자.

1 할렐루야!
그의 성소에서 하나님을 <u>찬양</u>하며
그의 권능의 궁창에서 그를 <u>찬양</u>할지어다.

2 그의 능하신 행동을 찬양하며

　　그의 지극히 위대하심을 따라 찬양할지어다.

3 나팔 소리로 찬양하며

　　비파와 수금으로 찬양할지어다.

4 소고 치며 춤추어 찬양하며

　　현악과 퉁소로 찬양할지어다.

5 큰 소리 나는 제금으로 찬양하며

　　높은 소리 나는 제금으로 찬양할지어다.

6 호흡이 있는 자마다

　　여호와를 찬양할지어다.

할렐루야!(시 150:1-6)

마지막 시편은 "할렐루야"로 시작해서 "할렐루야"로 끝이 난다. 게다가 계속해서 반복되는 "찬양하다"라는 표현도 사실은 히브리어 "할랄"(הלל)을 어원으로 한다. 따라서 시편 150편은 "할랄"을 13회나 사용하면서 하나님을 향한 찬양에 집중한다고 할 수 있다. 또한 시편의 제목(테힐림)이 동사 "할랄"의 명사형이라는 사실을 고려할 때, 시편이 근본적으로 찬양하는 것에 그 목적을 두고 있다는 사실은 분명해진다. "율법"과 "왕"이라는 두 주제가 시편 전체에 걸쳐서 전개되지만, 결국 시편 전체의 궁극적인 목적은 위대하신 하나님만을 찬양하라는 초청에 있는 것이다.

디클레세-왈포드는 시편 제1권부터 제5권까지를 분석해서 탄식시와 찬양시의 비율을 백분율로 정리했다.

제1권에서 탄식은 59%, 찬양은 20%이고

제2권에서 탄식은 65%, 찬양은 19%이고

제3권에서 탄식은 47%, 찬양은 35%이고

제4권에서 탄식은 24%, 찬양은 29%이고

제5권에서 탄식은 23%, 찬양은 52%이다.[42]

이 결과는 나의 분석 결과와 약간 차이가 있지만,[43] 여기서는 시편 전체에 걸쳐 탄식시와 찬양시의 비율이 변하는 추이를 확인하는 차원에서 그녀의 정보를 활용하려 한다. 인용된 정보를 시각화한 다음 표에서 확인할 수 있듯이 시편 제5권으로 나아갈수록 탄식시는 점차 줄어들고, 찬양시는 증가한다. 즉 서론을 제외한 본문에서 시편은 탄식에서 찬양으로 나아가는 구성을 띤다고 할 수 있다.

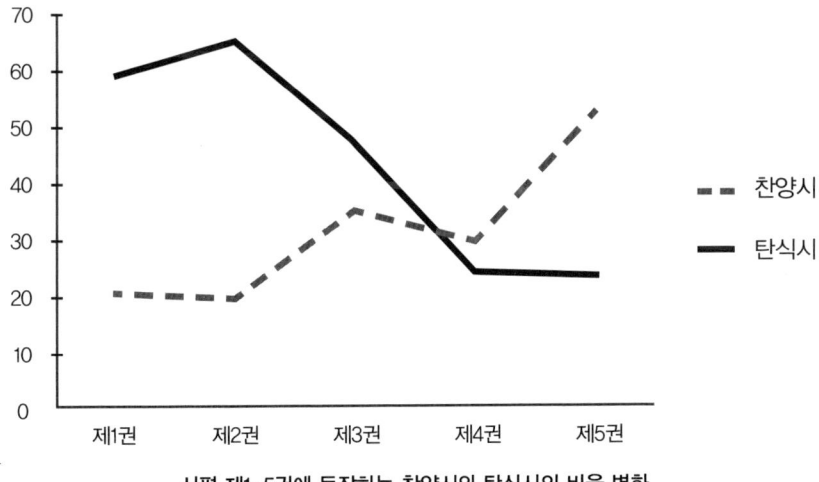

시편 제1-5권에 등장하는 찬양시와 탄식시의 비율 변화

---

42 DeClaissé-Walford, Jacobson, Tanner, *The Book of Psalms*, 27. 장르에 관한 분석은 학자마다 조금씩 다르다.

43 내가 분석한 결과는 이후에 시편의 각 권을 설명할 때 따로 제시할 것이다.

4장

시편의 서론
(시 1, 2편)

율법을 주야로 묵상하는 시온의 인간-왕

앞 장에서 우리는 시편의 전체 구조를 살펴보면서 시편 전체의 서론(시 1, 2편)과 결론(시 146-150편)의 존재 여부를 간단하게 확인했다. 이번 장에서는 서론(시 1, 2편)의 내용을 좀 더 자세히 살펴볼 것이다. 시편 1편과 2편은 간단한 도입부 정도가 아니라 시편 전체의 핵심 주제를 소개하고 선언하는 역할을 한다.[1]

시편을 오랫동안 읽어온 독자도 시편 1편과 2편이 서로 다른 내용을 다루고 있다고 느끼는 것이 보통이다. 두 시편을 독립된 별개의 시편으로 보는 성향이 매우 강하기 때문에 몇몇 학자도 시편 1편만을 시편의 서론으로 간주한다. 대표적으로는 차일즈, 윌슨, 존 윌리스(John T. Willis)

---

[1] 시편 1, 2편의 서론적 기능에 관해 알아보기 위해서는 다음 자료들을 참고하라. Sheppard, *Wisdom as a Hermeneutical Construct*, 136-44; Robert L. Cole, "An Integrated Reading of Psalms 1 and 2," *JSOT* 98(2002); *Psalms 1-2: Gateway to the Psalter*(Sheffield: Sheffield Phoenix, 2013); "Psalms 1-2: The Psalter's Introduction," *The Psalms: Language for All Seasons of the Soul*(ed. A. J. Schmutzer, D. M. Howard; Chicago: Moody Publishers, 2013); Patrick D. Miller, "The Beginning of the Psalter," *The Shape and Shaping of the Psalter*(ed., J. C. McCann; Sheffield: JSOT Press, 1993), 83-92; James L. Mays, "The Place of the Torah-Psalms in the Psalter," *Journal of Biblical Literature* 106(1987), 10; McCann, *A Theological Introduction to the Book of Psalms*, 48-50; J. Glen Taylor, "Psalms 1 and 2: A Gateway into the Psalter and Messianic Images of Restoration for David's Dynasty," *Interpreting the Psalms for Teaching and Preaching*(eds. Hebert W. Bateman IV, D. Brent Sandy; Danvers, MA: Chalice Press, 2010), 47-62; 김진규, "시편 최종형태의 맥락에서 본 시편 2편의 메시지", 「성경과 신학」 80(2016): 10-13; 김성수, "시편의 복음과 상황", 「성경과 신학」 59(2011): 1-36; 김창대, "탄식적 상황에서 하나님의 응답: 시편 2권과 3권의 배열구조에 대한 연구", 「성경과 신학」 66(2013), 5-8. 앞서도 밝혔듯이 Childs와 Wilson은 시편 1편만을 시편 전체의 서론으로 간주한다.

등이 그렇다.² 특별히 윌슨은 시편에서 제왕시(시 2, 72, 89편)의 배치가 가지는 의미를 중요하게 생각했기에 시편 2편과 72편을, 시편 2편과 89편을 각각 제왕시라는 장르로 묶어야 한다고 보았고, 자연스레 홀로 남은 시편 1편을 서론으로 간주하게 되었다. 그는 시편 1편을 시편 전체의 서론으로 보아야 할 두 가지 이유를 제시한다. 첫째, 시편 1편에는 표제어가 없다. 이는 시편 제1권에서 매우 이례적인 현상이다. 둘째, 일부 고대 사본은 사도행전 13:33이 인용한 시편의 구절("너는 내 아들이라. 오늘 내가 너를 낳았도다"[시 2:7])이 두 번째가 아니라 첫 번째 시편의 구절이라고 말한다. 즉 시편 1편이 아직 첨부되지 않은 시기가 있었고, 이는 시편 1편이 서론으로 나중에 추가되었을 가능성을 말해준다는 것이다.³

윌리스는 더 나아가 시편 1편과 2편을 연합해서 읽지 말아야 할 일곱 가지 이유를 제시한다. 첫째, 시편 1편과 2편을 하나로 보는 사본보다 둘로 보는 사본이 훨씬 더 많다. 둘째, 쿰란 사본을 살펴보면 시편 2:6-7이 담긴 작은 단편을 제외하고는 시편 1, 2편이 기록된 사본이 발견되지 않았다. 셋째, 베자 사본(Codex Bezae Cantabrigiensis)을 비롯한 그리스어 사본들과 일부 라틴어 사본들은 사도행전 13:33에서 시편 2:7을 인용할 때 "첫 번째 시편"이라고 소개한다. 넷째, 시편 1편과 2편을 하나의 시편으로 보는 고대 랍비 전승이 존재하지 않는다. 다섯째, 기원후 2-5세기의 교부들은 두 시편을 하나로 보기도 했지만, 실제로 묵상할 때는 둘로 나누었다(예. 히에로니무스[Eusebius Hieronymus, 347-419?], 유세비우스[Eusebius of Samosata, ?-379?]). 여섯째, 두 시편이 하나라고 주장할 때 제시

---

2 Childs, *An Introduction to the Old Testament as Scripture*, 513-14; Wilson, *The Editing of the Hebrew Psalter*, 204-8; John T. Willis, "Psalm 1: An Entity," *ZAW* 91(1979), 381-401을 보라.
3 Wilson, *The Editing of the Hebrew Psalter*, 204.

되는 언어적·주제적 연결 고리들이 실제로는 부자연스럽고 강제적이다. 일곱째, 시편 전체에는 표제어 없는 시편들이 다수 존재한다(시 1, 2, 10, 33, 43, 71, 91, 93-97, 99, 104-107, 111-119, 135-137, 146-150).[4]

그러나 나는 시편 1편과 2편은 하나의 문학적 단위이며, 시편 전체의 서론으로 간주해야 한다고 본다. 그 근거는 표제어와 어휘·주제·신학의 차원에서 살펴볼 수 있다.

1. 표제어 부재

시편 1, 2편에는 표제어가 없다. 흥미롭게도 시편 제1권에서 표제어가 없는 경우는 시편 1, 2편뿐이다. 물론 시편 10편과 33편에도 표제어가 없다. 하지만 시편 10편은 9편과, 시편 33편은 32편과 하나의 시편으로 볼 수 있다는 점에서 시편 제1권에 표제어가 없는 경우는 시편 1편과 2편뿐이라고 말할 수 있다. 여기서 시편 1, 2편의 표제어 부재 현상을 시편 전체를 대상으로 작동하는 서론 기능과 결부하는 이유는 두 가지다. 첫째, 고대에는 시 형식의 글에 표제어를 붙이는 것이 일종의 관례였기 때문이다. 둘째, 시편 1, 2편만 제외하면 제1권의 모든 시에 표제어가 있기 때문이다. 다시 말해 당시 관례에 따라 제1권의 다른 모든 시편(시 3-41편)에 표제어가 붙어 있다면, 1, 2편에 표제어를 붙이지 않은 데는 최종 편집자들의 숨은 의도가 있을 것이라고 합리적으로 추정해볼 수 있다.

고대 근동의 시(詩) 형식을 띤 찬송문에서는 표제어가 매우 자연스

---

4   Willis, "Psalm 1," 381-93.

러운 일부분이었다. 시편에서도 기본적으로는 개별 시편 대다수에 표제어가 붙어 있다. 표제어가 모든 시편에 있지는 않지만, 표제어의 존재가 부재(不在)보다는 자연스럽게 느껴진다. 물론 이 부분에서 시편 제1-3권과 제4, 5권 사이에는 눈에 띄는 차이가 존재한다. 총 89개의 시편으로 구성된 시편 제1-3권에서는 6개의 시편(시 1, 2, 10, 33, 43, 71편)을 제외한 83개의 시편에 표제어가 붙어 있으며 그 비율은 약 93%에 이른다. 게다가 앞서 언급한 것처럼 표제어가 없는 시편 10, 33, 43, 71편은 각각 앞에 있는 시편들과 하나의 단위로 읽힐 수 있다(시 9-10, 32-33, 42-43, 70-71편).[5] 이를 고려한다면 시편 1-3권에서 표제어가 있는 시편의 비율은 대략 98%에 육박한다. 시편 제1-3권에서 1, 2편을 제외한 모든 시편에 표제어가 있는 셈이기 때문이다. 반면 시편 제4, 5권(시 90-150편)에서 표제어가 있는 시편의 비율은 약 52%다(약 48%는 표제어 부재: 시 91, 93-99, 104-106, 107, 111-119, 135-137, 146-150편). 이처럼 표제어의 존재와 관련한 차이점이 시편 제1-3권과 제4, 5권 사이에서 두드러진다.

구분	제1-3권	제4, 5권
표제어 빈도	약 98%	약 52%

시편의 표제어 빈도

그럼에도 이런 수치를 통해 시편에 표제어를 붙이는 것은 자연스러운 관례였다는 점을 확인할 수 있다. 이는 시편 18편의 표제어를 살펴보면 더욱 분명해진다. 다른 시편의 표제어보다 다소 긴 시편 18편의 표제어는 다음과 같다.

---

5   Beckwith, "The Early History of the Psalter," 1-27을 보라.

"여호와의 종 다윗의 시, 인도자를 따라 부르는 노래, 여호와께서 다윗을 그 모든 원수들의 손에서와 사울의 손에서 건져주신 날에 다윗이 이 노래의 말로 여호와께 아뢰어 이르되"(시 18편, 표제어).

시편 18편은 사무엘하 22장의 내용 전체를 옮긴 것이다. 그런데 흥미롭게도 시편 18편의 저자 혹은 시편 전체의 최종 편집자(들)는 사무엘하 22:1을 시편 18편의 표제어로 삼았다. 왜 굳이 사무엘하 22:1을 시편 18편의 표제어로 바꿔야 했을까? 이는 각 시편(노래)에 표제어를 붙이는 것이 당시 시작(時作)의 관례였기 때문이라고 볼 수 있다. 따라서 시편 1, 2편에 표제어를 붙이지 않은 것은 매우 의도적인 선택일 가능성이 크다.

대체로 표제어는 해당 시편을 해석하는 데 초석 역할을 한다. 예를 들어 시편 3편의 표제어는 "다윗이 그의 아들 압살롬을 피할 때에 지은 시"다. 독자는 시편 3편의 내용을 읽고 해석할 때 자연스럽게 그 표제어를 염두에 두게 된다. 이를 뒤집으면 표제어의 부재에서도 그런 기능을 발견할 수 있다는 말이다. 당연히 있어야 할 표제어가 없는 경우에도 본문의 해석에 색다른 영향을 미치는 것이다. 즉 표제어의 부재는 독자들이 본문 내용 자체에만 집중하도록 유도하는 기능을 한다.[6] 따라서 시편 1편과 2편을 읽고 묵상하는 독자들은 자연스럽게 그 내용에만 몰입하게 된다.

지금까지의 논의와 관련하여 고대의 시 형식의 글에서 표제어가 자연스러운 일부분이었다는 점에 관해 자세히 살펴보자. 쿰란 사본, 70인역 등의 성경뿐 아니라 수메르 성전 찬송 모음집과 메소포타미아 찬송의 모두(冒頭) 목록에서 그런 현상을 확인할 수 있다. 즉 표제어는 성경의

---

[6] 방정열, "시편 표제어 유무(有無)에 대한 정경적 해석의 가능성," 19-20.

시편뿐만 아니라 고대 근동의 여러 다른 자료에서도 확인된다.

1) 쿰란 사본

먼저 쿰란 동굴에서 발견된 시편 사본들을 살펴보자. 쿰란 사본에는 마소라 성경이 전하는 시편(MT Psalter) 150개 가운데 127개가 보존되어 있다.[7] 그리고 그 시편들의 표제어는 마소라 시편과 큰 차이를 보이지 않는다. 보통 쿰란 사본의 제작 연대는 대략 기원전 250년에서 기원후 68년경으로 추정된다. 그렇다면 쿰란 사본은 기원후 925년경에 제작된 것으로 알려진 알레포 사본(Codex Aleppensis)이나, 1008년경에 제작된 것으로 알려진 레닌그라드 사본(Codex Leningradensis)보다 1,000년 정도 더 오래되었다는 이야기다.[8] 그렇게 오래된 쿰란 사본의 시편에 표제어가 존재한다는 것은 시편의 표제어가 상당히 이른 시간에 정착되었음을 알게 해준다.

2) 70인역

두 번째로 70인역의 시편에 관해 살펴보자. 기원전 3세기쯤에 그리스어로 번역된[9] 70인역 시편은 장(章)의 구분이 마소라 시편과는 약간 다르다.[10] 하지만 표제어가 존재한다는 점은 공통된다.

---

7 Peter W. Flint, *The Dead Sea Scrolls*(Abingdon Press: Nashville, 2013), 61.
8 Ernst Würthwein, *The Text of the Old Testament*(trans. Errol F. Rhodes; London: SCM Press, 1979), 34-35; Ellis R. Brotzman, *Old Testament Textual Criticism: A Practical Introduction*(Grand Rapids: Baker Book House, 2001), 55-57.
9 Brotzman, *Old Testament Textual Criticism*, 73.
10 마소라 시편(MT Psalter)과 70인역 시편(LXX Psalter) 사이에는 장수 표시에 약간의 차이가 있고, 70인역은 시편 151편을 한 편 더 가지고 있다.

3) 수메르 성전 찬송 모음집과 메소포타미아 찬송 모두 목록

윌슨은 *The Editing of the Hebrew Psalter*의 제2장에서 기원전 2334-2279년경의 것으로 추정되는 수메르의 성전 노래 42개 모음집을 분석했다. 그리고 그 결과 송영의 사용과 표제어에 담긴 제의(祭儀) 정보가 모음집을 묶는 구성 장치로서 기능한다고 주장했다.[11] 더 나아가 그 책의 제3장에서는 개별적으로 존재했던 노래들의 수집 및 배열을 조형했던 구성 원칙을 연구하기 위해 기원전 2000년경부터 기원전 539년경까지의 자료로 추정되는 메소포타미아 찬송시의 모두(冒頭)를 분석했다.[12] 그는 메소포타미아 찬송시 모두 목록(catalogues of hymnic incipits) 가운데 22개를 분석한 후 장르와 신의 이름이 일종의 명시적인 구성 장치로서 작용한다고 주장했다.[13] 여기서 주목할 만한 것은 수메르의 성전 찬송들과 메소포타미아의 찬송시 모두 목록에서 표제어가 빠지지 않고 존재하거나, 핵심적인 구성 장치처럼 기능한 것은 아니지만 표제어가 시 형식의 글에 자연스러운 일부분으로, 마치 관례처럼 존재한다는 사실이었다.

결론적으로 말하자면 고대 근동에서 시편(노래)에 표제어를 붙이는 것은 매우 자연스러운 일이었다. 그렇다면 시편 1, 2편에 표제어가 없는 것은 매우 특이한 현상이며, 최종 편집자들의 신학적인 의도가 개입한 결과라고 이해해야 타당할 것이다.

---

11 Wilson, *The Editing of the Hebrew Psalter*, 13-24.
12 Ibid., 26-61.
13 Ibid., 53-55.

2. 어휘의 공유

지금까지 시편 1편과 2편에 표제어가 없다는 사실에서 두 시편을 하나로 읽을 수 있는 근거를 찾아보았다. 이번에는 어휘 차원에서 두 시편을 하나로 읽어야 할 이유를 살펴보자.

앞서 언급했듯이 몇몇 어휘가 눈에 띈다. "아슈레이"(אַשְׁרֵי: 복이 있도다[시 1:1; 2:12]), "데레크"(דֶּרֶךְ: 길[시 1:1, 6; 2:12]), "아바드"(אָבַד: 멸하다[시 1:6; 2:12]), "하가"(הָגָה: 묵상하다/음모를 꾸미다[시 1:2; 2:1]), "야샤브"(יָשַׁב: 앉다[시 1:1; 2:4]), "나탄"(נָתַן: 주다[시 1:3; 2:8]), "토라"(תּוֹרָה: 율법[시 1:2]), "호크"(חֹק: 명령, 율례, 칙령[시 2:7]) 등이다.

1) 아슈레이(시 1:1; 2:12)[14]

"아슈레이"(אַשְׁרֵי)는 시편 1편의 시작 구절과 시편 2편의 마지막 구절에 등장하면서 두 시편을 하나로 묶어주는 역할을 한다(*inclusio*). 개역개정 성경은 시편 1:1을 "복 있는 사람은…"으로, 시편 2:12은 "…사람은 다 복이 있도다"로 번역했다. 하지만 "아슈레이"가 대체로 감탄문의 도입구라는 점을 고려해서 "~한 자는 얼마나 행복한가!" 혹은 "~한 자는 얼마

---

14 *TDOT* 1:445-48; *NIDOTTE* 1:195-97, 571, 567-69; *TLOT* 1:195-97; B. T. Viviano, "Eight Beatitudes at Qumran and in Matthew? A New Publication from Cave Four," *SEÅ* 58(1993), 72-74. "아슈레이"와 "바루크" 사이에 어떤 의미론적 차이가 있을까? May는 "아슈레이"가 주로 포로기 이후에 발견되는 표현이라고 주장한다. 즉 "바루크"는 전통적인 축복 양식으로 사용되었고, "아슈레이"는 포로기 이후의 양식이라는 것이다. Kraus 역시 "아슈레이"가 옛 축복 양식이었던 "바루크"를 대체했다고 주장한다. Mays, *Psalms*, 41; Kraus, *Psalms 1-59*, 114. 예레미야 17:7을 참조하라.

나 복되단 말인가!"의 의미로 이해할 수도 있다.[15]

시편 1편에서 "복 있는 사람"은 죄인들의 길에 서지 않고(시 1:1), 여호와의 율법을 주야로 묵상하는 자로서(시 1:2) 그 사람이 바로 의인이다(시 1:4-6). 시편 2편에서 "복 있는 사람"은 여호와께 피하는 자로 묘사된다(시 2:12). 시편 1, 2편만을 두고서 본다면 의인은 악인과 구별된 삶을 살면서 여호와의 율법을 주야로 묵상하고 그를 의지하는 자로 해석될 수 있다.

2) 데레크(시 1:1, 6; 2:12)

"데레크"(דֶּרֶךְ)는 시편 1편에서 "죄인들의 길"(시 1:1)과 "의인들의 길…악인들의 길"(시 1:6)을 묘사할 때 사용된다. 반면 시편 2편에서는 "너희가 길에서 망하리니"(시 2:12)라는 표현에 사용된다. 이런 표현들은 모두 문자적인 의미가 아니라 은유적 의미로 "삶의 양식"을 나타낸다.[16] 시편 1편의 경우 죄인의 삶의 양식 혹은 의인의 삶의 양식을 말하는 것으로 이해될 수 있다. 시편 2편에서는 하나님이 기름 부어 세운 왕을 향해 "이방 나라들"(열방)의 통치자들이 음모를 꾸미고 대적하는 태도를 가리킨다. 시편 1편에 나오는 악인의 길과 시편 2편에 나오는 이방 나라들의 길은 같은 목적지, 곧 멸망으로 향한다("그의 아들에게 입맞추라. 그렇지 아니하면 진노하심으로 너희가 길에서 망하리니…"[시 2:12]). 율법을 주야로 묵상하거

---

15 Sora Kang, "Happiness Manifested in Book I of the Psalter," *Scripture and interpretation* 3(2009), 35-36. 구약에 등장하는 "아슈레이"의 표현 용례에서 선언 주체가 하나님이나 천사가 아니라 사람이라는 점은 주목할 만하다.
16 *NIDOTTE* 1:968.

나 즐거워하지 않는 악인의 길과, 여호와의 기름 부음을 받은 자에게 입 맞추지 않는 자들의 길이 다르지 않다.

3) 아바드(시 1:6; 2:12)

"아바드"(אָבַד)는 "멸하다", "망하다", "파괴하다"라는 의미로서 시편 1편과 2편 모두에서 여호와의 심판, 즉 악인들과 열방에 대한 하나님의 심판의 결과를 묘사한다.[17] "아바드"는 하나님의 심판을 묘사하는 문맥에서 사용될 때 사람이나 여러 나라를 그 대상으로 하며 그 결과는 파괴적이다.[18] 시편에 "아바드"는 총 26회 사용되는데 그 유의어인 "샤마드"(שָׁמַד: 죽이다, 파괴하다[6회]), "하라그"(הָרַג: 죽이다, 살해하다[9회]), "야바쉬"(יָבֵשׁ: 시들다, 마르다[6회]), "나다흐"(נָדַח: 몰아내다, 유혹하다[3회]), "샤다드"(שָׁדַד: 파괴하다[3회]) 등의 단어들보다 훨씬 자주 등장한다는 점에서 하나님의 심판을 표현하는 가장 포괄적이고 보편적인 단어라고 할 수 있다.

4) 하가(시 1:2; 2:1)

"하가"(הָגָה)는 시편 1:2에서 "묵상하다"라는 의미로, 시편 2:1에서는 "음모를 꾸미다"라는 의미로 번역되었다. 시편 1:2의 경우 대다수 영어 번역본이 "묵상하다"(meditate)라는 의미로 번역하므로, 말씀을 조용히 되새김질하는 모습으로만 이해하기 쉽다. 하지만 단어 "하가"에는 "소리"의 의

---

17 *NIDOTTE* 1:222.
18 Ibid.

미가 내포되어 있다.[19] "하가"는 원래 비둘기가 우는 소리(사 38:14)나 어린 사자가 우는 소리(사 31:4)를 표현하는 데 사용되는 의성어라 할 수 있기 때문이다. 이 단어와 함께 사용되는 동사들을 확인해보면 그 의미는 더욱 두드러진다. 예를 들어 "하가"와 평행해서 함께 사용되는 이사야 38:14의 "차파프"(צָפַף: 지절거리다, 짹짹거리다, 속삭이다), 이사야 16:7의 "얄랄"(יָלַל: 으르렁거리다), 이사야 59:11의 "하마"(הָמָה: 속삭이다, 포효하다) 등을 살펴보면[20] "하가"에 담긴 의성어적 특성이 선명해진다. 물론 시편 1편과 2편에서 사용된 "하가"는 소리를 내포하면서도 "묵상하는 행위" 혹은 "음모를 꾸미는 행위"까지 암시한다.[21] 이를 통해 율법을 묵상하기 위해 중얼거리는 의인의 모습과 음모를 꾸미기 위해 속닥거리는 대적의 모습이 절묘하게 대조된다.

5) 야샤브(시 1:1; 2:4)

시편 1:1에서는 동사 "야샤브"(יָשַׁב: 앉다)가 명사형인 "모샤브"(מוֹשָׁב: 자리)와 함께 사용된다. 반면 시편 2:4에서는 "야샤브"의 남성 단수 분사형인 "요셰브"(יוֹשֵׁב)가 사용된다. 전자에서는 악인들(오만한 자들)이 죄악에 정주(定住)하는 모습을 강조하기 위해 "야샤브"와 "모샤브"가 함께 사용되었다고 할 수 있다. 반면 후자에서는 세상의 군왕들을 보고 웃으시는 여호와가 하늘에 앉아 계신다는 사실을 밝히기 위해 "요셰브"가 사용된다. 오

---

19 Michael LeFebvre, "Torah-Meditation and the Psalms: The Invitation of Psalm 1," *Interpreting the Psalms*(eds. D. Firth, P. S. Johnson; Downers Grove: IVP Academic, 2005), 217.
20 *NIDOTTE* 1:985.
21 Ibid.; LeFebvre, "Torah-Meditation and the Psalms," 219.

만한 자리에 앉는 자(시 1:1)는 하늘에 앉아 계신 이(시 2:4)에게 결국 조롱과 심판을 당할 것이다. 콜(Robert L. Cole)이 적시한 것처럼 시편 1:1의 전치사구 "자리에"(במושב)와 시편 2:4에 있는 "하늘에서"(בשמים)는 원래 자음 구성(ש, ב, מ)이 같은 히브리어의 번역어다. 의미론적으로도 시편 1:1의 "오만한 자들"(לצים: 조롱하는 자들)은 스스로 높은 자리에 앉지만, 하늘에 앉아 계신 여호와가 오히려 그들을 비웃으실 것이다(ילעג).[22]

6) 나탄(시 1:3; 2:8)

시편 1:3에 있는 "나탄"(נתן: 주다)의 미완료형 "이텐"(יתן)은 시냇가에 옮겨 심은 나무가 철을 따라 열매를 맺는 본질적·필연적 행위를 나타내는 데 사용된다. 마른 땅에 심은 나무라면 어떤 열매도 맺지 못하겠지만 시냇가에 심은 나무라면 필연적으로 열매를 맺게 될 것이다.[23] 이는 율법을 주야로 묵상하는 의인이 맞는 필연적 결과가 어떠한가를 잘 보여주는 동사의 시제 사용이라고 할 수 있다. 시편 2:8에서 동사 "나탄"은 여호와가 기름 부음을 받은 왕에게 이방 나라를 유업으로 주겠다고 약속하시는 대목에 사용된다. 이때 권유형(cohortative)이 사용되었다는 점에서 단순 미래를 말하는 것이 아니라 화자의 강한 의지가 반영된 표현이라고 이해할 수 있다.[24]

---

22 Cole, "Psalms 1-2: The Psalter's Introduction," 187.
23 Bruce K. Waltke, Michael P. O'Connor, *An Introduction to Biblical Hebrew Syntax*(Winona Lake: Eisenbrauns, 1990), 473을 참조하라.
24 Waltke, O'Connor, *An Introduction to Biblical Hebrew Syntax*, 573.

7) 토라(시 1:2)와 호크(시 2:7)

시편 1:2의 "토라"(תּוֹרָה: 율법)는 의인이 주야로 묵상해야 할 대상이고, 시편 2:7에 있는 "호크"(חֹק: 명령, 율례, 칙령)는 왕이 귀 기울여 의지해야 할 대상이다. "토라"와 "호크"는 미묘한 의미론적 차이가 있음에도 불구하고 유의어로 간주된다(신 17:19; 사 24:5; 암 2:4; 스 7:10; 느 9:13; 대하 19:10; 33:8; 시 119:33-40). 시편 1, 2편에서 의인은 율법을 주야로 묵상하고 즐거워하는 것으로써 그 의인 됨이 드러나고, 왕은 여호와의 명령·율례·칙령, 즉 "호크"를 잘 따름으로써 왕 됨이 드러난다.

8) 결론

지금까지 살펴본 바와 같이, 시편 1편과 2편은 별개인 듯 보이지만 어휘적으로 밀접하게 연결되어 있다. 두 시편은 "아슈레이"(אַשְׁרֵי[시 1:1; 2:12]), "데레크"(דֶּרֶךְ[시 1:1, 6; 2:12]), "아바드"(אָבַד[시 1:6; 2:12]), "하가"(הָגָה[시 1:2; 2:1]), "야샤브"(יָשַׁב[시 1:1; 2:4]), "나탄"(נָתַן[시 1:3; 2:8]), "토라"(תּוֹרָה[시 1:2])와 "호크"(חֹק[시 2:7]) 등의 단어들을 공유하면서 응집력을 강화한다.

3. 주제의 유사성: 의인과 악인의 대조

시편 1편과 2편은 어휘 차원뿐만 아니라 주제 차원에서도 긴밀하게 연결되어 있다. 두 시편에서 가장 분명하게 드러나는 주제는 "의인과 악인의 대조"에 관한 것이다.[25] 의인과 악인의 대조는 독자들에게 두 길 중 하나의 길을 선택하도록 요청한다.[26] 두 시편에서 대조되는 내용을 살펴보자. 우선 시편 1편에서 의인은 율법을 주야로 묵상하고(시 1:2), 악인은 죄인들과 동행한다(시 1:1). 의인은 시냇가에 심은 나무와 같고(시 1:3), 악인은 바람에 나는 겨와 같다(시 1:4). 의인은 형통하고(시 1:3), 악인은 심판을 견디지 못하며 망하게 될 것이다(시 1:5-6). 의인은 여호와의 인정을 받게 되나(시 1:6), 악인은 의인들의 모임에 들지 못한다(시 1:5). 일상에서 드러나는 의인과 악인의 모습이 선명하게 다르듯이 그들이 맞이하는 운명 역시 서로 다르다.

> 3그는 시냇가에 심은 나무가 철을 따라 열매를 맺으며
> 그 잎사귀가 마르지 아니함 같으니
> 그가 하는 모든 일이 다 형통하리로다.
> 4악인들은 그렇지 않음이여,
> 오직 바람에 나는 겨와 같도다.
> 5그러므로 악인들은 심판을 견디지 못하며
> 죄인들이 의인들의 모임에 들지 못하리로다.
> 6무릇 의인들의 길은 여호와께서 인정하시나
> 악인들의 길은 망하리로다(시 1:3-6).

시편 1편에서는 의인의 길과 악인의 길이 결국 그들의 운명을 선명

---

[25] McCann, *A Theological Introduction to the Book of Psalms*, 26.
[26] 빙정열, "시편과 신명기의 상호텍스트성 연구", 134-37.

하게 갈라놓는다. 이런 대조적인 모습은 시편 2편에서 이방 나라들과 하나님의 기름 부음을 받은 왕 사이의 대조로 이어진다(시 2:1-3). 여호와는 헛된 일을 꾸미며 여호와의 기름 부음 받은 자를 대적하는 자들을 조롱하시고(시 2:1-4), 그들은 여호와가 세우신 왕을 대적한다(시 2:2). 그들은 파괴되고 부서질 것이나(시 2:9) 여호와는 왕을 시온에 세우신다(시 2:6). 여호와의 왕을 대적하는 자들은 망하지만(시 2:12), 여호와께 피하는 자는 복이 있을 것이다(시 2:12).

이처럼 두 시편 모두에서 선명한 대조군이 등장한다. 즉 의인과 악인, 이방 나라들과 기름 부음 받은 왕의 대조다. 이 대조군은 이 두 시편 사이에서 개별적으로 움직이는 것이 아니라 긴밀하게 연결된다. 물가에 심은 나무로 그려진 의인의 모습(시 1:3)은 하나님에 의해 시온에 세움을 받은 왕으로 구체화하고(시 2:6),[27] 의인이 율법을 주야로 묵상하는 자리면(시 1:2) 시온의 왕은 여호와의 명령에 반드시 귀를 기울여야 하는 존재다(시 2:7). 의인이 철을 따라 열매를 맺듯이(시 1:3) 기름 부음 받은 왕은 이방 나라를 유업으로 받을 것이다(시 2:7). 의인은 형통할 것이고(시 1:3) 시온의 왕은 승리할 것이다(시 2:8-9). 반면 악인이 바람에 나는 겨와 같고 의인의 회중에 들지 못하듯이(시 1:4-6) 왕에게 입 맞추지 않는 자들은 길에서 망하게 될 것이다(시 2:12).

---

27 김성수, "시편의 복음과 상황", 7-8.

4. 시편 1, 2편의 핵심 메시지

지금까지 살펴본 대로 시편 1편과 2편은 표제어가 부재하고, 어휘 및 주제를 공유한다는 차원에서 함께 읽혀야 한다. 그렇다면 시편 1, 2편을 함께 묶음으로써 궁극적으로 전달하고자 한 메시지는 무엇일까? 시편 1편에서 강조되는 율법 묵상의 중요성과 시편 2편에서 주목하는 시온 왕은 개별적인 주제에 불과한 것일까, 아니면 두 시편의 주제를 하나로 통합하여 시편 전체의 핵심 신학으로 이해할 수 있을까? 나는 지금까지 줄곧 시편 1, 2편이 하나의 통합된 시편으로 이해되어야 한다고 주장해왔다.

그랜트(Jamie A. Grant)도 지적하듯이 두 시편은 "인간 왕-토라의 전형"(Human kingship-Torah's Paragon)을 제시하는 듯하다.[28] 즉 시편 1, 2편은 다윗 언약의 제정을 다루면서 토라를 주야로 묵상하는 "여호와의 기름 부음 받은 왕"이 복 있는 자라고 선언하는 것이다. 이 주제는 시편 89편에서 심각한 변화를 겪고(다윗 언약의 파기), 이어지는 시편 제4, 5권에서는 "하나님-왕"을 바라보는 방향으로 크게 전환된다. 하지만 "인간 왕-토라의 전형"은 시편 전체의 기저에 흐르는 주제로 남아 있다. "율법"과 "왕"은 때에 따라 개별적으로, 때로는 융합되어 시편 전반에 걸쳐 다루어진다. 이는 동일한 주제를 다루는 신명기의 내용을 통해서 뒷받침될 수 있다. 먼저 시편 1, 2편의 핵심 주제를 재확인하고 신명기와의 연관성에 관해 알아보자.

---

[28] Jamie A. Grant, *The King as Exemplar: The Function of Deuteronomy's Kingship Law in the Shaping of the Book of Psalms* (Atlanta: SBL, 2004), 67.

1) 시편 1편과 2편의 핵심 주제 재확인

앞 장에서 간략하게 살펴보았듯이 시편 전체가 토라를 얼마나 중시하는가는 시편의 히브리어 제목과 그에 반하는 시편 1편의 전략적 배치를 통해 잘 드러난다. 앞서 언급한 대로 시편의 히브리어 제목은 "기도들"을 의미하는 "테필로트"(תְּפִלּוֹת)가 아니라 "찬양들"을 의미하는 "테힐림"(תְּהִלִּים)이다. 시편의 책 제목이 "기도들"이 아니라 "찬양들"이라는 것은 독자들이 시편을 어떻게 바라봐야 하는지에 관한 방향성을 제시해준다. 책의 제목이 "찬양들"이라면 그와 어울리게 찬양시(예를 들어 시 146-150편 가운데 한 편)가 맨 앞에 와야 자연스러울 것이다.

하지만 시편 1편은 소위 "토라 시편"(torah psalm)으로 불릴 정도로 율법(토라)을 강조한다.[29] 시편 1편뿐만 아니라 시편 19편(특히 7-14절)과 119편 역시 율법의 기능과 완전성을 강조한다. 여기서 자연스레 제기되는 질문은 "시편이 왜 율법을 강조하는 것일까?"다. 150개의 아름다운 시편 가운데서, 그리고 주로 예배 때 사용되었던 시편 가운데서 율법을 강조하는 시편들(시 1, 19, 119편)을 제1권의 시작과 중심, 그리고 제5권의 중심에 둔 이유는 무엇일까? 시편은 왜 이토록 율법을 중시하는가? 더욱이 찬양시가 아닌 토라 시편을 시편 전체의 시작점에 배치했다는 점은 매우 특이하다. 책 제목이 "찬양들"임에도 찬양시가 아닌, 토라 묵상의 중요성을 강조하는 시편을 맨 앞에 배치했다면 "토라" 아래서 시편을 읽

---

[29] 용어와 표현 방식과 주제 차원에서 시편 1편과 신명기 6장 사이의 관계를 살펴보려면 Gunnel M. André, "'Walk,' 'Stand,' and 'Sit' in Psalm I 1-2," *VT* 32(1982), 327; Stefan C. Rief, "Ibn Ezra on Psalm I 1-2," *VT* 34(1984), 234; Patrick D. Miller, "Deuteronomy and Psalms: Evoking a Biblical Conversation," *JBL* 118(1999), 12; Jean-Pierre Sonnet, *The Book Within the Book: Writing in Deuteronomy*, BibInt 14(Leiden: Brill, 1997)을 보라.

기를 바라는 최종 편집자의 의도가 개입했다고밖에 말할 수 없다.

또한 시편 2편은 시온에 세움을 받은 한 왕에 관한 내용을 다루기에 이스라엘 왕이 하나님에 의해 왕으로 기름 부음 받는 장면을 연상하게 한다(삼하 7장; 참조. 왕하 11:12). 이런 시편들은 소위 "제왕시"로 분류된다. 왜 왕에 관한 시편이 시편 전체의 서두에 등장하는 것일까? 이에 관해 맥칸은 시편 2편의 내용을 다루면서 "시편 1편은 독자에게 시편 전체가 교훈으로서 연구되고 활용되어야 한다고 말하는 반면, 시편 2편은 그 교훈의 본질적인 내용—여호와가 통치하신다!—을 소개한다"고 말한다.[30]

윌슨도 제왕시인 시편 2편을 시편 72편 및 89편과 연결한다.[31] 시편 72편은 다윗이 자신의 후계자가 될 왕(솔로몬)을 위해 기도하는 내용으로서 다윗은 왕의 아들이 백성을 공의와 정의로 통치할 수 있도록 판단력과 공의를 허락해달라고 간구한다(시 72:1-2, 20). 그리고 앞서 언급한 것처럼 시편 89편에서는 다윗 가문의 왕들(Davidic kings)이 여호와의 토라를 저버림으로써 결국 나라가 망하고 다윗 언약이 파기되는 내용이 전개된다(시 89:30-45). 이런 내용의 흐름을 설명하기 위해서는 시편 1편과 2편의 정경적 배치와 관련한 질문에 답해야 한다. 왜 "토라"(시 1편)와 "시온의 왕"(시 2편)을 함께 염두에 두고서 시편을 읽어야 하는가? 이 질문을 신명기의 빛 아래서 고찰해보면 해결의 실마리가 보인다.

---

30 McCann, *A Theological Introduction to the Book of Psalms*, 41.
31 Wilson, *The Editing of the Hebrew Psalter*, 209-14; "Shaping the Psalter," 81. Wilson은 시편 전체가 "제왕 프레임"(royal frame)과 "지혜 프레임"(wisdom frame)으로 구성되어 있다고 주장하면서 시편 2, 72, 89편이 지혜 프레임을 구성한다고 보았다.

2) 시편 1편과 신명기와의 관계(시 1:1-2; 신 6:7; 11:19; 17:19)[32]

시편 1편과 신명기 본문 일부는 어휘와 주체 차원에서 매우 긴밀하게 연결된다. 어휘 차원에서는 시편 1편과 신명기 6:7 및 11:19을 비교하면서 악인을 가리키는 명사 3개와 동작동사 3개를 분석해보자. 또한 주제 차원에서는 시편 1:2, 2:1-12과 신명기 17:14-20을 비교·분석하면서 "왕과 토라 묵상의 즐거움"이라는 주제에 접근해보자.[33]

(1) 어휘의 차원(시 1:1; 신 6:7; 11:19)

시편 1편에서 시인은 악인을 묘사하기 위해 3개의 명사와 3개의 동작동사를 사용한다. 곧 "악인"(רְשָׁעִים), "죄인"(חַטָּאִים), "오만한 자"(לֵצִים), 그리고 "따르다"/"걷다"(הָלַךְ), "서다"(עָמַד), "앉다"(יָשַׁב) 등이다. 먼저 명사들을 살펴보자. 시인은 악인을 극적으로 두드러지게 하려고 세 가지 명사를 의미 차원에서 점강적(漸降的)으로 배치했다. 즉 "악인"에서 "죄인"으로, "죄인"에서 "오만한 자"로 구체화하면서 상위어를 하위어로 바꾸었다.[34] 이에 관해 사르나(Nahum M. Sarna)는 세 가지 명사의 용례를 분석하는데, 그 내용을 요약하면 다음과 같다.[35]

---

32 이 단락의 내용은 「한국개혁신학」 53권에 게재된 방정열, "시편과 신명기의 상호텍스트성 연구"의 일부를 수정·요약한 것이다.
33 시편 1편과 신명기 30:15-20에 있는 "두 길 사이에서의 선택"이라는 주제를 자세히 살펴보기 위해서는 필자의 논문을 보라. 방정열, "시편과 신명기의 상호텍스트성 연구", 134-37.
34 세 가지 명사는 빈도 차원에서도 점강적으로 배치되어 있다. 방정열, "시편과 신명기의 상호텍스트성 연구", 128-29을 참조하라.
35 Nahum M. Sarna, *On the Book of Psalms: Exploring the Prayers of Ancient Israel*(New York: Schocken, 1993), 32-35; Kraus, *Psalms 1-59*, 116을 보라.

① "악인들"은 그들의 구체적인 행위들을 통해 의미가 규정된다.
② "죄인들"은 종교적·도덕적 영역에서 악인들보다 그 정도가 덜한 자들을 가리킨다.
③ "오만한 자들"은 구체적으로 조롱하고 비방하는 태도와 관련된 자들을 가리킨다.

이처럼 상위어에서 하위어로 전개되는 단어의 배치는 독자들이 대략적인 악인의 이미지에서 시작해서 구체적인 모습을 점점 더 자세히 볼 수 있게 한다.

세 가지 동사(따르다, 서다, 앉다)도 같은 차원에서 이해할 수 있다. 앞으로 자세히 설명하겠지만 이 동사들은 악인의 유혹을 따라가는 유동적인 모습에서 시작해 죄와 더불어 정주(定住)하는 모습까지를 점층적인 방식으로 표현하기 때문이다.[36]

이와 같은 논의를 점검하는 데는 "의미장(semantic field) 분석"이 유용하게 사용될 수 있다. 세 가지 명사는 모두 의인(義人)과 대척점에 있는 반의적 개념을 지닌다. 하지만 "악인"과 "죄인"과 "오만한 자"의 용례를 분석하여 미묘한 의미의 차이를 구분하는 것이 필요하다. 사르나가 분석한 것처럼 인접 문맥을 확인하고, 함께 사용된 단어와 표현을 정리한 다음 사용된 의미의 범위를 가늠해보면 세 가지 명사의 의미론적 차이가 드러나게 된다(예. 죽이다/살해하다/암살하다/도륙하다; 의자/벤치/스툴/걸상 등).

---

[36] DeClaissé-Walford, Jacobson, Tanner, *The Book of Psalms*, 60-61; John E. Goldingay, *Psalms 1-41*(ed., T. Longman; Baker Commentary on the Old Testament Wisdom and Psalms; Grand Rapids: Baker Academic, 2006), 82; Allen P. Ross, *A Commentary on the Psalms: Volume 1(1-41)*(Grand Rapids: Kregel, 2011), 187; F. Derek Kidner, *Psalms 1-72: An Introduction and Commentary*, TOTC 15(Downers Grove: InterVarsity Press, 1973), 64.

명사	빈도(구약)		동사	동태
악인(רְשָׁעִים)	135회		따르다(הָלַךְ)	유동(流動)
죄인(חַטָּאִים)	18회	⇩	서다(עָמַד)	⇩
오만한 자(לֵצִים)	4회		앉다(יָשַׁב)	정주(定住)

악인을 묘사하는 명사와 동사

한편 세 가지 동사—"따르다"(הָלַךְ), "서다"(עָמַד), "앉다"(יָשַׁב)—는 모두 동작동사다. 그러나 자세히 들여다보면 동작의 초점을 어디에 두느냐에 따라 미묘한 차이가 발생한다. "따르다"(걷다)와 "서다"는 사람의 이동과 관련된 이동동사(移動動詞)다. "걷다"는 분명한 동작동사이자 이동동사이지만, "서다"와 "앉다"는 그렇지 않다. "서다"는 동작동사이지만 "서 있다"의 의미로는 상태동사(狀態動詞)가 된다. "앉다"의 경우도 서 있는 상태에서 앉게 되는 지점까지의 동작에 초점을 맞추면 동작동사이지만, "앉아 있다"의 의미로는 상태동사가 된다. "서다"와 "앉다"를 동작동사로 볼 때는 죄에 빠져들어 가는 과정이 강조되고, 상태동사로 볼 때는 죄에 빠져 있는 상태가 강조된다.

그런데 여기서 흥미로운 점은 이 동작동사들이 신명기 6:6-7에 등장하는 네 가지 동작동사와 유사하다는 사실이다.

6오늘 내가 네게 명하는 이 말씀을 너는 마음에 새기고 7네 자녀에게 부지런히 가르치며 집에 **앉았을 때**에든지 길을 **갈 때**에든지 **누워 있을 때**에든지 **일어날 때**에든지 이 말씀을 강론할 것이며…(신 6:6-7).

문맥을 고려하면 여기서 부지런히 가르쳐야 할 내용은 토라의 총체, 즉 여호와의 말씀이다. 자녀들에게 토라를 부지런히 가르치되 앉았을 때나 길을 갈 때나 누워 있을 때, 혹은 일어날 때를 가리지 말아야 한다는 것이다. 여기서 사용된 동작동사들—"앉다"(יָשַׁב), "걷다"(הָלַךְ), "눕다"(שָׁכַב), "일어서다"(קוּם)—은 토라가 교육되어야 할 삶의 전 영역을 아우른다.[37] 그리고 이 동사들은 시편 1:1에 사용된 동사들과 유사하다.

앙드레(Gunnel M. André)는 두 본문을 비교하면서 시편 1편의 기자가 신명기 6:7을 염두에 두었을 것이라고 주장한다.[38] 즉 시편 1편의 시인이 신명기 6:7에 있는 동사들을 부정적인 표현 방식으로 바꾸어 사용했다는 것이다("따르지 아니하며", "서지 아니하며", "앉지 아니하고"). 그와 유사한 단어들이 신명기 11:19에도 등장한다.

> 또 그것[토라]을 너희의 자녀에게 가르치며 집에 **앉아 있을** 때에든지, **길을 갈** 때에든지, **누워 있을** 때에든지, **일어날** 때에든지 이 말씀을 강론하고(신 11:19).

이처럼 토라를 묵상하거나 교육하는 문맥 안에 앞서 언급한 동작동사들—"서다"(עָמַד), "앉다"(יָשַׁב), "걷다"(הָלַךְ), "눕다"(שָׁכַב), "일어서다"(קוּם)—이 함께 등장하는 구절은 구약 전체에서 시편 1:1과 신명기 6:7, 11:19뿐이다. 물론 시편 1편이 말하는 "토라"(2절)가 신명기를 가리킨다는 밀러의 주장에는[39] 동의할 수 없지만, 시편 1편의 시인이 신명기의 표현 및 문구와 구조에[40] 익숙했을 가능성은 매우 커 보인다.

---

37 Miller, "Deuteronomy and Psalms," 12; Cole, *Psalms 1-2*, 55; Peter C. Craigie, *The Book of Deuteronomy*, NICOT (Grand Rapids: William B. Eerdmans, 1976), 170.
38 André, "'Walk,' 'Stand,' and 'Sit' in Psalm I 1-2," 327.
39 Miller, "Deuteronomy and Psalms," 11.
40 구조적으로 시편 1:1에서 악인에 관한 삼중구조 표현 방식("…따르지 아니하며, …서지 아니하며,

(2) 주제의 차원: 왕과 토라 묵상의 즐거움(시 1:2; 2:1-12; 신 17:14-20)

시편 1편과 신명기의 관계는 주제 차원에서도 드러난다. 여기서 특히 왕과 토라 묵상의 즐거움이 긴밀히 연결된다는 점에 주목해야 한다(시 1:2; 2:1-12; 신 17:14-20). 시편 1편의 시인은 "복 있는 사람"을 규정하면서 부정적인 표현 방식을 사용했다.

> 복 있는 사람은
> > 악인들의 꾀를 따르지 아니하며
> > 죄인들의 길에 서지 아니하며
> > > 오만한 자들의 자리에 앉지 아니하고(시 1:1).

그러나 시편 1:2 — "그러나 그[복 있는 사람]는 여호와의 토라를 즐거워하며/여호와의 토라를 주야로 묵상하는 자로다" — 은 "복 있는 사람"을 긍정적인 방식으로 묘사한다.[41]

이에 관해 질문 하나를 던질 수 있다. 시편 1편에서 주야로 토라를 묵상하고 즐거워하는 "복 있는 사람"(시 1:2, 5-6)은 누구인가? 이 질문을

…앉지 아니하며")은 신명기 6:5에서 여호와를 사랑할 것을 명령하면서 사용된 삼중구조("너는 마음을 다하고, 뜻을 다하고, 힘을 다하여") 및 신명기 6:13에 있는 삼중구조("여호와를 **경외하며** 그를 섬기며 그의 이름으로 **맹세할 것이니라**")와 병행한다. Rief, "Ibn Ezra on Psalm I 1-2," 234; Grant, *The King as Exemplar*, 45을 보라.

41 "묵상하다"로 번역된 הגה는 구약성경에 25회 등장하는데 사용된 문맥에 따라 비둘기 우는 소리처럼 불명확한 소리부터 "찬양하다"의 구체적인 의미까지 그 의미론적 범위가 넓다. *NIDOTTE* 1:984-86을 보라. 시편 전체에서 묵상과 관련된 단어는 시편 1:2에서 사용된 단어 הגה 이외에 הגיון 과 שיח와 같은 유의어들이 사용된다. 명사 הגיון의 경우 토라 시편인 시편 19편에 2회 등장하는데 묵상의 대상으로 토라와 하나님의 창조 솜씨가 제시된다(시 19:14, 17). 동사 שיח의 경우 또 다른 토라 시편인 시편 119편에서 사용되며 그 묵상 대상으로는 토라가 제시된다. Miller도 언급한 바와 같이 토라 시편으로 분류되는 시편 1, 19, 119편에서 사용된 세 단어(הגה, הגיון, שיח)는 고대 이스라엘의 묵상 문화와 그 안에서 토라 묵상이 얼마나 중요하게 간주되었는가를 잘 보여준다.

시편 2편의 내용에 비추어 보면[42] 우리는 그가 하나님의 기름 부음 받은 왕이라고 상정할 수 있다.[43] 시편 1편에 등장한 악인들은 2편에서 이방 민족들로 바뀌고, 시편 1편에서 토라를 주야로 묵상하는 의인은 2편에서 하나님의 기름 부음 받은 왕으로 대치된다. 시편 1편과 2편에 있는 이런 주제들을 통합해 고찰하면서 하워드와 그랜트는 시편 2편의 기름 부음 받은 자가 "하나님께 임명받은 이상적인 왕"을 가리킨다고 주장한다.[44] 왜냐하면 시편 제1-3권의 전체적인 내용이 토라를 주야로 묵상하는 왕에서 시작했다가 토라를 저버린 왕가의 후손들로 인해 다윗 언약이 파기되면서 하나님의 신실하심과 인자하심이 의심받는 상황에서 마무리되기 때문이다(시 89:49-51). 다시 말해 시편 1, 2편은 주야로 "토라를 묵상하는 왕"이라는 이상적인 주제를 독자들에게 소개하면서 시편의 문을 여는 것이다.

"왕의 토라 묵상"이라는 주제는 신명기 17:14-20에서도 다루어진다(참조. 수 1:9).[45] 이 본문은 가나안 땅에 들어가게 될 이스라엘 백성이 왕

---

[42] 시편 1, 2편이 시편 전체의 서론으로 기능한다는 것은 두 시편의 주제를 통합해야 한다는 것을 의미한다. 비록 두 시편의 장르는 토라시(지혜시)와 제왕시로 구분되지만, 주제 측면에서는 함께 고찰하는 것이 바람직하다.

[43] Miller, "The Beginning of the Psalter," 91-92; J. H. Eaton, *Kingship and the Psalms*, SBT 32(London: SCM, 1976).

[44] Howard, *The Structure of Psalms 93-100*, 125; Grant, *The King as Exemplar*, 67.

[45] Grant는 구약의 다른 성경들, 특히 역사서에 묘사되는 왕들의 모습이 부정적인 반면 왕권에 관한 시편의 그림은 대체로 긍정적이라고 본다(시 89편은 예외). 그에 따르면 소위 제왕시가 그려내는 왕의 모습은 여호와의 토라에 따라 통치하는 미래의 왕을 고대하게 한다. 그는 이런 주장의 근거로 토라를 강조하는 시편 1, 19, 119편이 왕권을 언급하는 시편 2, 18-21(19편 제외), 118편 앞뒤에 전략적으로 배치되면서 시편 전체를 위한 해석의 틀을 제공한다는 것과, 왕을 이스라엘의 전형적인 신자의 모습으로 말하는 신명기 17:14-20을 제시한다. 신명기 17:14-20은 왕의 삶과 통치의 성공 여부가 여호와의 토라 묵상에 달려 있음을 보여준다. Jamie A. Grant, "The Psalms and the King," *Interpreting the Psalms: Issues and Approaches*(eds., D. Firth, P. S. Johnson; Downers Grove, IL: IVP Academic, 2005), 101-18; *The King as Exemplar*, 189-221을 보라.

을 요구할 때 어떤 자를 왕으로 세워야 하는지를 말하면서 왕의 자격을 논한다. 왕의 자격에는 반드시 율법서를 등사하여 평생 옆에 두고 읽어야 한다(קרא)는 내용이 들어 있다.[46]

> 18 그가 왕위에 오르거든 이 율법서의 등사본을 레위 사람 제사장 앞에서 책에 기록하여 19 평생에 자기 옆에 두고 읽어 그의 하나님 여호와 경외하기를 배우며 이 율법의 모든 말과 이 규례를 지켜 행할 것이라(신 17:18-19).

여기서 말하는 "율법서"의 구체적인 내용에 관한 의견은 분분하다. 하지만 왕이 수직적으로는 여호와에 대한 바른 경외심을 갖추기 위해, 수평적으로는 백성을 바르게 통치하기 위해 토라를 주야로 묵상할 것을 요구받았다는 사실은 분명해 보인다.[47] 만일 왕이 토라를 지켜 행하지 않으면 왕 자신뿐만 아니라 그가 통치하는 나라 전체가 위기에 직면하게 될 것이다. 왕이 여호와께 헌신하고 토라를 잘 따르면 그의 나라가 번성할 테지만, 반대로 토라를 저버리면 그의 나라 역시 버림을 받게 된다.[48] 이

---

46 여기서 קרא는 낭송, 묵상, 암송을 모두 함의하는 것으로 이해된다. *HALOT* 3:1130; *NIDOTTE* 3:969; *BDB* 895. 이에 관해 다음 성구들을 참고하라. 수 8:34-35; 사 29:11-12; 렘 29:29; 36:6, 8, 10, 14; 51:61; 느 8:3, 8, 18; 9:3; 왕하 5:7; 대하 34:18. 따라서 묵상은 "묵독"(默讀)이 아니라 소리를 내어 읽는 "음독"(音讀)을 의미하며, 이는 고대의 교육 방식과도 부합한다. Sarna, *On the Book of Psalms*, 38; Jeffrey H. Tigay, *Deuteronomy*(Philadelphia: Jewish Publication Society, 1996), 169. Craigie, *The Book of Deuteronomy*, 365-66. Craigie는 묵상을 단지 인식 작용에 국한해 의미를 좁히지 않고, **율법을 지켜 행하는 것**까지 내포하는 것으로 이해하는데, 정확한 지적이라고 생각한다. 이성혜 박사는 고대 근동 지역에서 교육과 제의 용도를 위해 암송이 보편적으로 활용되었음을 주장하면서 "고대 유대 전통에서도 문서 토라(written torah)와 구전 토라(oral torah) 모두 암송되고 또한 다음 세대로 전수되었다"고 주장한다. 이성혜, "시편의 통일성과 시편 암송의 상관성 연구",「성경과 신학」76(2015), 36-37을 보라.

47 Craigie, *The Book of Deuteronomy*, 256-66.

48 Gerald E. Gerbrandt, *Kingship According to the Deuteronomistic History*, SBLDS 87(Atlanta:

처럼 시편 1, 2편과 신명기 17:14-20은 "율법을 묵상하는 왕"이라는 주제를 공유한다고 할 수 있다.

5. 결론

우리는 지금까지 시편 전체의 서론인 시편 1, 2편의 내용을 언어 차원, 주제 차원에서 분석해보았다. 나는 그 결과를 바탕으로 시편 1, 2편을 별개가 아닌 하나의 문학적 단위로 묶어야 한다고 주장한다. 두 시편의 통합된 메시지―"율법을 주야로 묵상하는 왕의 복됨"―가 시편 전체의 주제인 "인간-왕"의 실패와 "하나님-왕"의 위대하심을 도입하고 이끌어가는 정경적 역할을 한다고 말할 수도 있다. 여기서 독자들이 주의할 것은 두 시편을 함께 읽어야 할 당위성이 있다고 해서 두 시편의 개별적인 가치를 간과하거나 폄훼해서는 안 된다는 점이다. 두 시편은 개별적으로 중요한 교훈(율법 묵상의 중요성)과 신학(시온에 세워진 하나님의 왕)을 담고 있다. 단지 여기서는 시편 전체 차원에서 작용하는 두 시편의 정경적 기능이 개별적인 가치와 의미를 넘어선다는 점에 관해 말한 것이다.

그렇다면 과연 시편 전체에서 이 주제가 정말 제대로 펼쳐지고 있을까? 다음 장에서는 시편 제1권을 자세히 살펴보면서 이 주제가 어떻게 전개되는지를 확인해볼 것이다.

Scholar Press, 1986), 98-99.

5장

시편 제1권(시 1-41편)의 이야기

인간-왕과 율법 I

앞서 살펴본 대로 시편은 모두 다섯 권으로 구성되며 각 권은 "송영"으로 끝난다. 그리고 시편에는 서론(시 1, 2편)과 결론(시 146-150편)이 존재하고 그 사이에는 여러 모음집이 있다. 우리는 시편 전체가 무작위적으로 배열된 것이 아니라 신학적으로 치밀하게 연결되었다는 시각도 확인했으며, 특별히 시편 1, 2편이 시편 전체의 서론으로서 중요한 정경적 기능을 수행한다는 사실도 살펴보았다. 그렇다면 우리는 정경적(구성적) 시각에서 시편 전체를 이해할 수 있는 어느 정도의 기초를 마련한 셈이나. 그 기초 위에서 이제부터는 각 권의 핵심 메시지를 확인해보자.

여기서 논의를 전개하는 방식과 관련하여 미리 언급해야 할 사항이 있다. 연구의 목적에 따르면 원칙적으로는 150개의 시편 전부를 탁자 위에 펼쳐놓고 하나의 시편이 인접한 다른 시편과 어떻게 연결되는지 일일이 설명해야 한다. 하지만 그런 방식은 너무 많은 지면을 요구하기에 적절하지 않다. 그 대신 각 권의 주요 시편들, 특별히 각 권의 시작과 끝에 자리한 시편들에 주목한 후 가운데를 차지하는 모음집 혹은 단락들을 분석하는 방법이 더욱 바람직하고 효과적일 것이다. 이런 방식을 통해 우리는 시편에 흐르는 핵심 메시지가 각 권에서 어떻게 유기적으로 연결되는지 살펴볼 수 있다. 물론 때에 따라서는 더 많은 개별 시편을 깊이 있게 분석해야 할 것이다.

이때 시편 각 권의 시대적 배경을 염두에 두는 일은 매우 중요하다.

엄밀한 의미에서 시편 전체를 연대기적으로 구분하기란 불가능하다. 각 시편의 연대를 정확하게 추정하는 일 자체도 어려울뿐더러 어떤 시편은 연대기적으로 어울리지 않는 위치에 배열되어 있기 때문이다. 그러나 시편 각 권의 연대를 얼추 추정하면 다음과 같다.

제1권	제2권	제3권	제4권	제5권
1-41편	42-72편	73-89편	90-106편	107-150편
다윗과 솔로몬 시대		다윗 왕조 멸망	모세 시대	포로기 및 이후 시대
	바벨론 포로			

시편 제1-5권의 시대적 배경

시편 제1, 2권은 다윗과 솔로몬의 통치와 연관된다. 단 제2권을 시작하는 "고라 자손의 시편들"(시 42-49편)은 이스라엘이 바벨론에 의해 황폐화한 사건을 암시한다. 제3권은 분열 왕국의 멸망, 제4권은 모세 시대와 관련이 있고, 제5권은 포로기 및 포로기 이후 시대와 연관된다.

1. 다윗 이야기

시편 3-41편에서 우리는 "인간-왕" 다윗을 만나게 된다. 그는 자기 아들 압살롬을 피해 도망치는 모습으로 등장하기도 하고(시 3편), 전쟁터에서 승리하고 돌아오는 개선장군의 모습으로 묘사되기도 한다(시 18, 20, 21편). 또한 그는 사망의 음침한 골짜기를 지나면서도 흔들리지 않는 믿음을 보여주고(시 23편), 찬양하는 자의 모습으로 등장하기도 한다(시 29편). 단점과 약점을 모두 보여주는 "인간-왕"의 다층적인 특성은 자신의 생명을 부지하기 위해 아비멜렉 앞에서 미친 척했던 굴욕적인 모습이나(시 34편), 죄로 인한 극심한 고통 가운데서 참회의 눈물을 흘리는 모습으로 묘사되기도 한다(시 32편).

흥미롭게도 시편 제1권에 있는 모든 표제어에는 "다윗"의 이름이 들어 있다. 표제어의 기능과 관련해서 짚어야 할 주제는 다양하지만,[1] 시편 제1권이 "다윗"의 이름으로 전해졌다는 사실은 분명하다. 다만 서론 기능을 하는 시편 1, 2편에는 표제어가 없다. 앞서 언급한 대로 서론에 표제어가 없는 것은 나름의 이유가 있다.[2] 또한 표제어가 없는 시편 10편과 33편이 원래는 각각 9편, 32편과 이어지는 하나의 시였음을 고려하면 서론인 1, 2편을 제외한 제1권의 모든 시에 표제어가 존재하고, 그 안에 "다윗"의 이름이 들어 있다는 점은 주목할 만하다.

이는 시편 제2-5권의 표제어와 비교해보면 더욱 분명해진다. 제2, 3권의 표제어에는 "고라", "아삽", "에단", "다윗"의 이름이 나오고, 제4, 5권의 표제어에는 "모세"와 "다윗"의 이름이 등장한다. 다시 말해 제1권의 표제어에 "다윗"의 이름만 집중적으로 등장하는 현상은 매우 독특한 것으로서 독자들을 "다윗" 시대로 이끄는 기능을 한다.

2. 시편 제1권의 구성적 특징

시편 전체의 서론 역할을 하는 시편 1, 2편을 제외하면 시편 제1권의 본

---

1 방정열, "시편 표제어 유무(有無)에 대한 정경적 해석의 가능성", 11-37을 보라.
2 Ibid.

론은 3편부터 41편까지다. 그 구성을 살펴보면 몇 가지 흥미로운 특징이 드러난다. 첫째, 제1권(시 3-41편)의 모든 표제어에 "다윗"의 이름이 들어간다. 앞서 밝혔듯이 시편 제1권에서 표제어가 없는 시편은 서론을 제외하면 시편 10편과 33편뿐이다.[3] 그런데 이 두 시는 각각 선행하는 시편, 즉 시편 9, 32편과 함께 읽힐 수 있다는 측면을 고려해야 한다. 따라서 제1권(시 3-41편)의 표제어가 "다윗"과 연관되는 경우의 비율은 100%에 이른다.

시편 제1권	
표제어	다윗(※시 10, 33편)
시 편	3편---41편

시편 제1권의 표제어

둘째, 시편 3, 18, 34편의 표제어에 다윗의 삶과 관련된 내용이 포함되어 있다.[4] 여기에 같은 부류에 해당하는 시편 제2권의 시편들(시 51, 52, 54, 56, 57, 59, 60, 63편)까지 고려하면, 시편 제1, 2권에 다윗의 삶과 연관된 표제어가 집중된다고 볼 수 있다. 이처럼 다윗은 시편 제1, 2권의 핵심 인물로서 독자들을 자연스레 다윗 시대로 안내하는 역할을 한다.

셋째, 장르 차원에서 볼 때 "탄식시"가 다른 시보다 압도적으로 많다. 구체적으로 살펴보면 몇몇 창조시(시 8, 19편), 제왕시(시 18, 20, 21편),

---

[3] 70인역의 시편 33편에는 τῷ Δαυιδ(다윗의)라는 표제어가 있고, 쿰란 사본의 시편 33편에도 "다윗의, 노래, 시편"이라는 내용의 표제어가 있다.

[4] 시편 3, 18, 34, 51, 52, 54, 56, 57, 59, 60, 63, 142편 등 총 12개 시편의 표제어가 다윗의 개인적인 삶의 역사를 언급하는데, 그 내용은 주로 사무엘서의 내용과 연결된다. 시 3편: 삼하 15:13-21, 시 18편: 삼하 22:1-51, 시 34편: 삼상 21:10-14, 시 51편: 삼하 11-12장, 시 52편: 삼상 22:6-23, 시 54편: 삼상 23:19; 26:1, 시 56편: 삼상 21:11-16, 시 57편: 삼상 22:1, 시 59편: 삼상 19:11-17, 시 60편: 삼하 8:13-14, 시 63편: 삼상 23:14; 24:1, 시 142편: 삼상 22:1; 24:1-7.

감사시(시 30, 34, 40, 41편), 신뢰시(시 16, 23편), 찬양시(시 24, 29, 33편), 지혜시(시 32, 36,[5] 37편)를 제외한 나머지 시는 모두 탄식시다. 즉 39개 가운데 17개를 제외한 22개의 시가 탄식시이고 그 비율은 56.4%에 육박한다.[6] 특별히 시편 제1권(시 3-41편)은 탄식시(시 3편)로 시작해서 감사시(시 41편)[7]로 끝난다. 제1권의 장르 구성을 백분율로 변환한 결과는 다음과 같이 분석표와 도표를 통해 시각화할 수 있다.

장 르	탄식시	제왕시	찬양시	지혜시	감사시	창조시	신뢰시
백분율	56.4%	7.6%	7.6%	7.6%	10.2%	5.1%	5.1%

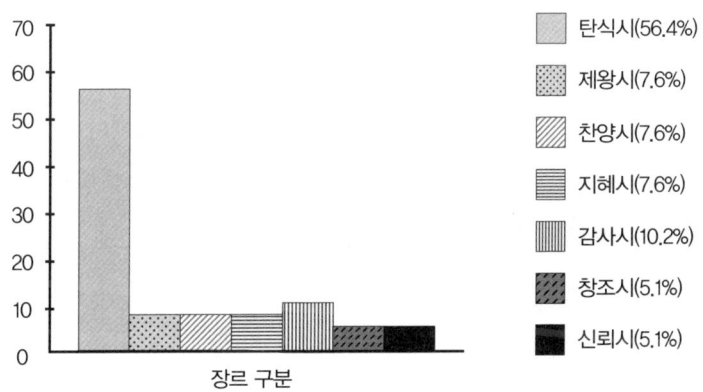

시편 제1권(시 3-41편)의 장르 구성

---

5 시편 36편은 지혜시와 탄식시의 특징을 모두 가지고 있지만 지혜시의 특징이 더 지배적이다.
6 장르 분류에 관한 서로 다른 기준에 따라 학자들의 입장은 약간씩 차이가 있다.
7 DeClaissé-Walford, Jacobson, Tanner, *The Book of Psalms*, 384; Willem A. VanGemeren, *Psalms*(eds. T. Longman, D. E. Garland; Grand Rapids: Zondervan, 2008), 372. 시편 40편과 41편에는 탄식의 내용도 담겨 있지만 감사의 논조가 강하다.

3. 제1권의 서론과 결론: 시편 1, 2편과 41편

시편의 본론 이야기를 다루기 전에 시편 전체의 서론인 시편 1, 2편과 결론인 시편 41편을 함께 살펴보자.[8] 앞서 나는 시편 1, 2편이 세 가지 이유에서 함께 읽혀야 한다고 주장했다.[9] 첫째, 두 시편은 공통적으로 표제어가 없다. 둘째, 두 시편은 반복되는 어휘들을 공유하며 특별히 "아슈레이"라는 어휘를 매개로 수미상관(inclusio)을 이루면서 하나의 문학 단위를 형성한다. 셋째, 두 시편은 주제 차원에서 긴밀하게 연결된다. 실제로 시편 1, 2편이 시편 전체의 서론 기능을 하는지의 문제는 이미 앞 장에서 다루었다.

여기서 새롭게 살펴보고자 하는 내용은 시편 1, 2편과 제1권의 마지막 시편(시 41편)이 수미상관 구조에 의해 서로 연결된다는 주장과 관련된다. 만일 이 주장이 사실이라면 시편 1, 2편은 시편 전체의 서론인 동시에 시편 제1권을 하나로 묶는 기능도 감당한다고 볼 수 있을 것이다. 이 주장은 세 가지 측면—"언어(어휘) 측면"과 "내용 측면"과 "토라 경건 측면"—에서 살펴볼 수 있다.

첫째, 다음 표에서 볼 수 있듯이 시편 1, 2편과 41편은 다섯 개의 어휘를 공유한다. 이 어휘들이 시편 1, 2편과 41편을 매우 견고하게 묶어준다고 쉽게 단언할 수는 없다. 하지만 공통적인 어휘의 사용은 시편 1, 2편과 41편의 배치가 우연이 아니라 의도에 따른 것일 가능성을 매우 높

---

8   시편 1, 2편을 시편 제1권만의 서론으로 보는 것이 타당한가, 아니면 시편 전체의 서론으로 간주하는 것이 정당한가에 관해서는 학자마다 의견이 다르다.
9   Wilson과 Childs는 제왕시들(시 2, [41], 72, 89편)에 초점을 두고 시편 제1-3권을 이해하기 때문에 시편 1편을 시편 전체의 서론으로 본다. Wilson, *The Editing of the Hebrew Psalter*, 209-14와 Childs, *Introduction to the Old Testament as Scripture*, 512을 보라. McCann, *A Theological Introduction to the Book of Psalms*, 48.

여준다. 비록 미첼(David C. Mitchell)은 어휘적·주제적 근거를 제시하며 시편 1편과 41편의 의도적 배치를 주장하지만,[10] 대다수 학자는 시편 1, 2편과 41편 사이의 수미상관 구조에 관해 동의한다.

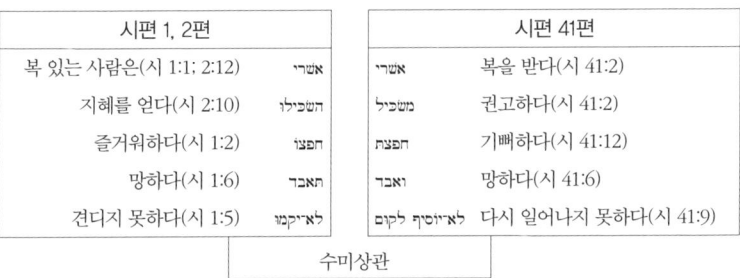

시편 1, 2편과 41편의 수미상관 구조

둘째, 시편 1, 2편과 41편은 내용 측면에서도 공유하는 특징이 있다. 특히 시편 2편을 보면 세상의 군왕들(원수들)이 일어나 "여호와와 그의 기름 부음을 받은 자"를 향해 음모를 꾸미고 대적하지만(시 2:1-2), 여호와는 오히려 그들의 음모와 계획을 비웃으신다(시 2:5). 또 시인은 여호와 자신이 복 있는 자의 피난처(보호처)가 되심을 노래한다(시 2:12). 여호와가 원수들로 인해 위기에 처한 왕의 참된 보호자가 되신다는 것이다. 이런 내용은 시편 41편에서 유사하게 되풀이된다. 시인은 "나를 미워하는 자가 다 하나같이 내게 대하여 수군거리고 나를 해하려고 꾀"한다고 탄식한다(시 41:7). 이 탄식에는 친구들마저 자신을 대적하며 배신한다는 내용까지 포함된다. 하지만 시편 2편의 왕처럼 원수들에게 둘러싸여 위기 가운데 빠진 시편 41편의 시인 역시 자신이 여호와로부터 보호와 구원

---

10 David C. Mitchell, *The Message of the Psalter: An Eschatological Programme in the Book of Psalms*, JSOTSup 252(Sheffield: Sheffield Academic Press, 1997), 74.

을 받을 것이라고 고백한다(시 41:10-12).[11] 다시 말해 시편 2편과 41편은 여호와가 피난처시라는 내용을 공유하는 것이다.

> 10 그러하오나 주 여호와여, 내게 은혜를 베푸시고
> 나를 일으키사 내가 그들에게 보응하게 하소서. 이로써
> 11 내 원수가 나를 이기지 못하오니
> 주께서 나를 기뻐하시는 줄을 내가 알았나이다.
> 12 주께서 나를 온전한 중에 붙드시고
> 영원히 주 앞에 세우시나이다(시 41:10-12).

셋째, 시편 1, 2편과 41편은 "토라 경건"(torah piety)을 공유한다. 잘 알려진 대로 시편 1편은 토라를 묵상하는 즐거움을 노래하면서 복 있는 사람이란 여호와의 토라를 주야로 묵상하는 자라고 규정하는 동시에 (시 1:2), 그가 의인의 회중에 들며 여호와의 인정을 받게 될 것이라고 노래한다(시 1:6). 시편 41편도—비록 명시적으로 "토라"를 언급하지는 않지만—"토라 경건"을 말한다. 즉 시편 41편은 가난한 자들을 보살피는 자들이 위기 상황("재앙의 날")에 맞닥뜨렸을 때 여호와의 복을 경험하게 될 것이라는 선언으로 시작한다(시 41:1). 그 복이란 구체적으로 재앙에서 건짐을 받고, 지킴을 받으며, 병에서 치유되는 것이다(시 41:1-3).[12] 여기서 가난한 자들을 보살피는 것은 토라의 핵심을 차지한다. 웬함(Gordon Wenham)이 적시한 것처럼 "율법의 단락들은 모두 가난한 자들을 돕기 위

---

[11] Wilson, *The Editing of the Hebrew Psalter*, 209-10.
[12] 시편 41:1-3의 구성 장치로서의 가능성에 관해 다음 자료를 확인하라. DeClaissé-Walford, *Reading from the Beginning*, 56.

한 권고 사항과 규율들을 포함한다."[13] 실제로 모세 오경은 언약 백성이 가난한 자들로 분류되는 약자들을 어떻게 대해야 하는지 가르친다는 특징이 있다.[14] 대표적인 예로 출애굽기 22:21-27을 살펴보자. 이 구절은 가난한 자들을 어떻게 보호해야 하는지를 명시한다.

> …22너는 과부나 고아를 해롭게 하지 말라. 23네가 만일 그들을 해롭게 하므로 그들이 내게 부르짖으면 내가 반드시 그 부르짖음을 들으리라.… 25네가 만일 너와 함께한 내 백성 중에서 가난한 자에게 돈을 꾸어 주면 너는 그에게 채권자같이 하지 말며 이자를 받지 말 것이며…(출 22:21-27).

이 내용을 염두에 두고 시편 41:1-3의 내용을 보면 시편 41편이 가난한 자들을 보살피라는 "토라 경건"으로 시작한다는 사실을 알게 된다. 시편 41:1에서 "보살피다"로 번역된 히브리어 "사칼"(שָׂכַל)은 "~을 이해하다", "~에 관해 지혜롭다"라는 뜻이 있는 단어로서 구약의 지혜서에 많이 등장하기도 한다.

그렇다면 시편 제1권이 토라를 묵상하는 자를 행복한 자라고 규정(토라 경건)하며 시작한 것처럼(시 1편), 마지막 시편 41편도 율법의 한 측면으로서 가난한 자를 보살피는 것이 행복한 삶이라는 주제로 "토라 경건"을 말하며 시작한다고 볼 수 있다. 지금까지 살펴본 세 가지 측면을 고려하면 우리는 시편 제1권이 시편 1, 2편과 41편을 짝으로 하는 수미상관 구조로 조직되어 있으며 결과적으로는 시편 제1권을 하나의 문학

---

13 고든 웬함, 『토라로서의 시편: 윤리적 차원에서 시편 읽기』, 방정열 옮김(서울: 대서, 2017), 168.
14 가난한 자들에 대한 구체적인 율법 규정을 위해서 웬함, 『토라로서의 시편』, 168을 참조하라.

적 단위로 읽어야 한다는 사실을 깨닫게 된다.[15] 이를 받아들인다면 시편 1, 2편의 이중 역할, 즉 시편 전체에 대해서만이 아니라 제1권에 대해서도 해석학적 렌즈로서 기능한다는 사실을 확인할 수 있다. 시편 제1권의 수미상관 구조는 다음과 같은 표로 시각화할 수 있다.

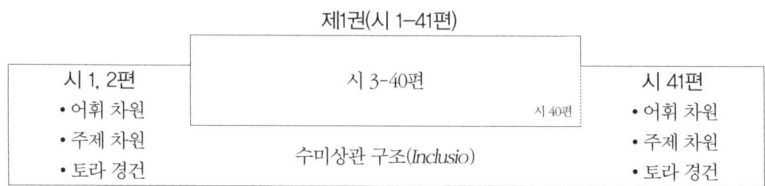

시편 1, 2편과 41편의 수미상관 구조(어휘·주제 차원과 토라 경건)

4. 시편 제1권의 전체 구조

앞서 살펴본 대로 시편 제1권의 1, 2편은 서론이고 본론은 3편부터 시작한다. 여기서 한 발짝 더 들어가면 시편 제1권의 본론에 해당하는 시편 3-41편은 또다시 4개의 소단락으로, 즉 시편 3-14편,[16] 15-24편,[17] 25-

---

[15] Mitchell, *The Message of the Psalter*, 73-74; McCann, *A Theological Introduction to the Book of Psalms*, 40-41; James L. Mays, *The Lord Reigns: A Theological Handbook to the Psalms*(Louisville, Ky.: Westminster John Knox Press, 1994), 121-23; Sheppard, *Wisdom as a Hermeneutical Construct*, 141.

[16] 시편 3-8편을 하나의 단락으로 묶어 설명하는 학자들도 있다. Kevin G. Smith, William R. Domeris, "The Arrangement of Psalm 3-8," *OTE* 23(2010), 367-77; Brennan, "Psalms 1-8," 25-29을 참조하라.

[17] Ross, *A Commentary on the Psalms: Volume 1(1-41)*, 56; Patrick D. Miller, *Interpreting the Psalms*(Philadelphia: Fortress, 1986), 14.

34편,[18] 35-41편으로[19] 나뉜다고 할 수 있다.[20] 이처럼 단락을 구분 짓는 기준으로는 장르와 내용, 언어학적 특징과 문예적 특징에 관한 분석 등이 고려되는데, 하나의 요소가 독점적으로 사용되는 것이 아니라 모든 요소가 다층적이고 종합적으로 활용된다. 시편 제1권의 본론이 흥미로운 점은 4개의 소단락이 모두 가난한 자들을 다루는 시편으로 마무리된다는 점이다(시 14:6; 24:6; 34:3; 40:17/41:1).[21]

제1권(3-41편)			
I	II	III	IV
3편 ----- 14편	15편 ----- 24편	25편 ----- 34편	35편 ----- 41편
탄식			감사

시편 제1권(시 3-41편)의 소단락

이후에 자세히 살펴보겠지만 먼저 각 소단락의 내용을 간략하게 정리하면 시편 제1권의 전체 이야기를 파악하는 데 유익할 것이다.

첫 번째 단락(시 3-14편)은 "하나님의 부재"를 다루는 탄식시(시 3:1)로 시작해서 탄식시(시 14:1)로 마무리된다(수미상관 구조). "하나님의 부재"란, 시인이 원수들로 인해 맞닥뜨린 위기 상황에서 하나님의 구원(도움)을 요청할 때, 하나님이 멀리 계시거나 안 계신 것처럼 묘사되는 탄식의 내용이나 표현을 가리킨다. 그리고 특별히 이 단락에는 "인간의 존귀

---

18 김성수, "문맥으로 시편 25-33편 읽기", 「구약논단」 19(2013), 68-98을 보라. Hossfeld는 시편 25-34편을 한 단위로 본다.

19 DeClaissé-Walford, Jacobson, Tanner, *The Book of Psalms*, 57. 여기서 Jacobson은 Hossfeld, Zenger, *Die Psalmen I*, 12-13을 인용한다.

20 Hossfeld와 Zenger도 시편 제1권을 네 부분(시 3-14, 15-24, 25-34, 35-41편)으로 나눈다. Hossfeld, Zenger, *Die Psalmen I*, 14-15, 56.

21 시편이 "가난한 자들"을 어떻게 다루는가에 관한 논의를 위해서 Johannes Bremer, "The Theology of the Poor in the Psalter," *The Psalter as Witness: Theology, Poetry, and Genre*(eds. W. Dennis Tucker Jr., W. H. Bellinger Jr.; Waco, Texas: Baylor University Press, 2017), 101-16을 보라.

와 영광"을 노래하는 시편 8편(창조시)과 "인간의 어리석음"을 고발하는 시편 14편(탄식시/지혜시)도 전략적으로 배치되어 있다. 이 두 시편은 이 단락 전체를 해석하는 데 결정적인 역할을 하는 것으로 여겨진다.[22] 이 단락(시 3-14편)은 위기 가운데 처한 인생을 여호와 하나님이 존귀하게 여기사 피난처가 되어주시며(시 8편), 악인들로부터 회복(구원)시켜주실 것이라는 메시지를 전달하기 때문이다(시 14편).

두 번째 단락(시 15-24편)은 시편 제1권에서 가장 핵심이 되는 단락으로서 성산에 오를 자의 자격 조건을 논하는 두 시편(시 15, 24편)에 감싸여 있다. 그리고 시편 15편과 24편 안쪽에는 여호와의 보호를 찬양하는 신뢰시(시 16, 23편)가, 그리고 또 그 안으로는 절망과 근심을 표현하는 탄식시(시 17, 22편)가 각각 배열되었다. 한 번 더 들어가면 전쟁에서 여호와의 도우심으로 승리하는 "왕"(시 18, 20-21편)이 등장하고, 제일 중앙에는 "율법"을 주제로 하는 시편 19편이 자리한다. 결론적으로 이 단락은 큰 틀에서 "교차대구 구조"(chiastic structure)로 되어 있는데, 이는 밀러가 언급한 것처럼 이 단락의 핵심이 "왕"과 "율법"에 있다는 사실을 암시한다.[23]

세 번째 단락(시 25-34편)은 시작(시 25편)과 끝(시 34편)에 이합체 시편이 자리하기에 수미상관 구조로 되어 있다고 볼 수 있다.[24] 하지만 어휘와 주제 측면에서도 수미상관 구조가 확인된다. 시편 25편에 "선하심"(시

---

22 김성수, "시편 3-14편의 문맥 속에서 시편 8편과 14편 읽기", 「神學과 宣敎」 9(2005), 74, 78.
23 Patrick D. Miller, "Kingship Torah Obedience and Prayer: The Theology of Psalms 15-24," *Neue Wege der Psalmenforschung*(Freiburg: Herder, 1995), 127; Grant, *The King as Exemplar*, 71-74.
24 Hossfeld와 Zenger도 인정하듯이 시편 37편도 이합체 시편이기에 문예적 특징 차원에서만 보면 시편 25-37편을 하나의 단위로 묶을 수 있다. 김창대 박사는 시편 25-37편을 한 단위로 묶는다. 김창대, 『한 권으로 꿰뚫는 시편: 성도의 탄식과 하나님의 응답』(서울: IVP, 2015), 57, 109-37.

25:7-8), "여호와 경외"(시 25:12-14)의 주제가 등장하고, 시편 34편에도 "선하심"(시 34:8), "여호와 경외"(시 34:9)가 등장하기 때문이다. 시편 25편의 시인이 위기 가운데서 여호와의 구원하심을 간청한다면, 34편의 시인은 위기 가운데서 여호와의 구원하심을 경험하고 감사를 드린다. 그리고 이 두 시편 사이에 배열된 시편들(시 26-33편)에 등장하는 여호와는 보호와 구원의 하나님으로 묘사된다. 마지막으로 특별히 이 단락의 중심에 배치된 시편 29편(창조시)에서 여호와는 만물 위에 좌정하신 "왕"으로 그려진다("여호와께서 홍수 때에 좌정하셨음이여, 여호와께서 영원하도록 왕으로 좌정하시도다"[시 29:10]).

네 번째 단락(시 35-41편)에서는 한 편의 탄식시(시 35편)에 이어 두 편의 지혜시(시 36-37편)가 배치되고, 또다시 두 편의 탄식시(시 38-39편)에 이어 두 편의 감사시(시 40-41편)가 배치된다. 시편 35-36편에서 시인은 여호와께 악인들을 심판해주실 것을 탄원하고, 이 탄원 기도에 이은 시편 37편에서 시인은 악인에 대한 여호와의 심판이 분명하니 여호와를 믿고 기다리라고 권고한다. 시편 37편은 고난 속에 있을 때의 대처 방법을 보여주는 듯하다("여호와께 맡기라"[시 37:5], "여호와 앞에 잠잠하고 참고 기다리라"[시 37:7], "여호와를 소망하는 자들은"[시 37:9], "악에서 떠나 선을 행하라"[시 37:27], "여호와를 바라고 그의 도를 지키라"[시 37:34]). 시편 38-39편에서는 질병에 걸린 시인이 구원을 요청하고, 시편 40-41편에서 시인은 비록 탄식 상황에 있기는 하지만 여호와의 구원에 감사하는 노래를 부른다.

이처럼 시편 제1권(시 3-41편)은 수미상관 구조, 내용의 긴밀한 응집성, 혹은 어휘의 반복에 근거해 네 개의 소단락으로 나눌 수 있다. 전체적으로 "탄식"의 논조가 강하지만, 율법("토라 경건")과 "왕"의 주제가 결정적인 위치에 배치되어 있음도 확인된다.

지금까지 살펴본 내용을 정리해보자. 시편의 서론(시 1, 2편)에 "율법"과 "왕"의 주제가 등장한다. 이어서 "하나님의 부재"라는 주제로 둘러싸인 시편 제1권의 첫 번째 단락(시 3-14편)이 자리하는데 그 중앙에는 창조자 하나님을 왕으로 묘사하는 시편(시 8편)이 있다. 그다음 두 번째 단락(시 15-24편)의 가운데서는 "왕의 승리"(시 18, 20, 21편)와 "율법"의 주제가 반복되고, 세 번째 단락(시 25-34편)의 중앙에서는 피조물 위에 좌정하신 "하나님-왕" 여호와가 묘사된다(시 29편). 그러나 제1권의 분량을 고려할 때 중심 단락은 두 번째 단락(시 15-24편)이라고 할 수 있다. 이 단락을 중심으로 앞에 14개(시 1-14편), 뒤에 17개의 시편이 배열되기 때문이다(시 25-41편).[25] 그리고 시편 15-24편 가운데에는 율법을 강조하는 시편 19편이 우뚝 섬으로써 시편 제1권이 강조하고자 하는 것이 "율법과 순종"임을 알게 해준다.

		시 19편: "토라" △		
서론(1, 2편) 토라+왕 (1, 2편)	3------14	15------------------24 왕(18편)+토라(19편) +왕(20, 21편)	25------34	35------41 토라 (40, 41편)
14개 시편		17개 시편		
제1권				

시편 19편의 전략적 배치

---

25 Grant, *The King as Exemplar*, 239.

5. 시편 제1권의 첫 번째 단락: 시편 3-14편

앞서 개관했던 바와 같이 시편 제1권의 첫 번째 단락(시 3-14편)은 "하나님의 부재"를 다루는 시편으로 시작되고 마무리된다. 이 단락은 "창조자"와 "왕"이신 여호와가 위기 가운데 처한 인생을 존귀하게 여기시고 피난처가 되어주시지만(시 8편), 악인들은 반드시 심판하신다는 메시지를 전해준다(시 14편). 장르 및 주제 차원에서 보면 이 단락은 더 작은 세 개의 단락으로, 즉 단락 A(시 3-7편), 단락 B(시 8편), 단락 A′(시 9-14편)로 세분할 수 있다. "하나님의 부재"라는 주제를 다루는 단락 A(시 3-7편)와 단락 A′(시 9-14편)는 단락 B(시 8편)를 중심으로 수미상관 구조를 형성한다.

> 많은 사람이 나를 대적하여 말하기를
> "그는 하나님께 구원을 받지 못한다" 하나이다(시 3:2).

> 어리석은 자는 그의 마음에 이르기를
> "하나님이 없다" 하는도다(시 14:1).

A					B 시 8편	A′					
시 3편	시 4편	시 5편	시 6편	시 7편		시 9편	시 10편	시 11편	시 12편	시 13편	시 14편
탄식시					창조시	탄식시					
하나님의 부재				의로운 재판관	여호와 "왕"	의로운 재판관					하나님의 부재
하나님의 부재											

시편 8편의 전략적 배치

1) 단락 A(시 3-7편)

이 단락에 있는 시편은 모두 탄식시로 분류된다. 시편 3편과[26] 7편은 원수들에게 쫓기는 시인(시 3:1; 7:1)의 상황과 하나님을 방패로 고백하는 내용(시 3:3; 7:10)을 공유하면서 단락 A(시 3-7편)를 하나의 문학적 단위로 묶는다(*inclusio*).[27] 즉 시편 3편과 7편의 시인들은 각각 원수들에게 쫓기는 상황 가운데서 여호와를 자신의 "방패"로 고백한다(시 3:3-6; 7:10-11). 시편 3편의 시인이 원수들의 입을 통해 "하나님의 부재"와 관련된 질문을 받으면서도—"많은 사람이 나를 대적하여 말하기를 '그는 하나님께 구원을 받지 못한다' 하나이다"(시 3:2)[28]—하나님에 대한 신앙을 분명하게 고백하는 것처럼(시 3:3-8), 시편 7편의 시인도 거짓 고소를 당하는 억울한 상황에서(시 7:1-5) 하나님에 대한 확고한 믿음을 분명하게 고백한다(시 7:10-11).

> 3여호와여! 주는 나의 **방패**시요, 나의 영광이시요.
> 나의 머리를 드시는 자이시니이다.

---

26 시편 3편은 몇 가지 차원에서 특별하다. ① 표제어에 다윗의 이름이 들어간 첫 번째 시편이다("다윗의 시": 시 3-41편). ② 표제어에 해당 시편의 배경이 되는 정보를 담고 있는 시편(시 3, 7, 18, 34, 51, 52, 54, 56, 57, 59, 60, 63, 142편) 중 첫 번째다("그 아들 압살롬을 피할 때"). ③ 시편 전체에서 첫 번째로 등장하는 탄식시다. ④ 전체 시편에서 "셀라"가 처음 사용된다. 시편 1, 2편에서 율법과 왕의 통합된 메시지가 제시되자마자 곧바로 탄식시가 등장하는 것으로 인해 독자들이 당혹스러울 수 있지만, 독자들이 고통과 탄식으로 점철되는 신앙의 실체를 직시할 수 있게 도와준다는 점도 묵상해볼 수 있다.

27 "방패"로 번역되는 히브리어 "마겐"(מָגֵן)은 시편에서 19회 등장한다(시 3:3; 7:10; 18:2, 30, 35; 28:7; 33:20; 35:2; 47:9; 59:11; 76:3; 84:9, 11; 89:18; 115:9, 10, 11; 119:114; 144:2). 시편에서 사용되는 "방패"의 은유적 용례를 살펴보기 위해서는 다음 자료를 보라. William Brown, *Seeing the Psalms: A Theology of Metaphor*(Louisville: Westminster John Knox, 2002), 199-201.

28 원수들에게 둘러싸여 위기에 봉착하게 된다는 내용은 예레미야서에도 자주 등장한다(렘 15:15-18; 17:14-18을 보라).

4내가 나의 목소리로 여호와께 부르짖으니
그의 성산에서 응답하시는도다(시 3:3-4).

10나의 **방패**는 마음이 정직한 자를
구원하시는 하나님께 있도다.
11하나님은 의로우신 재판장이심이여,
매일 분노하시는 하나님이시로다(시 7:10-11).

라부샤그너(Casper J. Labuschagne)는 시편 2-8편을 하나의 문학적 단위로 간주해야 한다고 주장했다. 하지만 이에 이의를 제기하면서 스미스(Kevin G. Smith)와 도메리스(William R. Domeris)는 시편 3-7편 사이에 시편 4-6편이 삽입되었고, 8편은 일종의 결론으로 첨부되었다고 주장했다.[29] 자신들의 주장을 뒷받침하기 위해 그들은 시편 3-7편 사이에 작동하는 언어적 연결 고리들(verbal links)과 표제어들의 변화를 근거로 들면서 다음과 같은 깔끔한 교차대구 구조를 제시했다.[30]

시 3편 역사 시편, 압살롬에 관해
 시 4편 인도자를 따라, 현악에 맞춘 노래
  시 5편 인도자를 따라, 관악에 맞춘 노래
 시 6편 인도자를 따라, 현악에 맞춘 노래
시 7편 역사 시편, 베냐민의 구시에 관해

시편 3-7편의 교차대구 구조

---

29 Smith, Domeris, "Arrangement of Psalms 3-8," 367-77.
30 Ibid., 371. 언어적 연결 고리들에 관한 내용은 372-76을 보라.

시편 3편의 시인이 많은 원수로부터 공격을 받듯이, **시편 4편**의 시인도 부자들 혹은 권세자들로부터 "비방" 혹은 "거짓 고소"를 당한다.[31] 시인은 "인생들아(בני איש)! 어느 때까지 나의 영광을 바꾸어 욕되게 하며 헛된 일을 좋아하고 거짓을 구하려는가?"(시 4:2) 하며 질타한다. 앞 절(시 4:1)에서 "내 의의 하나님이여!"라고 불렀던 시인은 "인생들"을 부르며 말하는 대상을 바꾼다. 즉 시편 4:2의 내용은 하나님께 한 말이 아니라 공동체, 특히 "부자들"에게 하는 말이다. 공동체의 일부 부자들(악인들)이 시인의 명예(영광)를 더럽히고, 시인을 거짓말로 비방하는 듯하다(כזב: 거짓말). 시인이 시편 4:1에서 말하는 "곤란"은 바로 이런 모함(謀陷)과 관련이 있을 것이다. 시편 4편의 청자는 하나님과 공동체(악인들)로서 이중적이다.[32] 시인은 시편 4:1에서 하나님께 청원하고, 2-5절에서는 공동체를 향해 교훈조로 말하며, 6-8절에서는 또다시 하나님께 기도한다. 여기서 시인의 상황은 앞서 언급했듯이 공동체를 향해 말하는 내용을 통해 간접적으로 드러난다. 즉 시인은 거짓 고소(거짓말)와 모함 때문에 어려움을 겪고 있다(시 4:2).

시편 5편의 시인은 시편 4편에서와 마찬가지로 하나님의 심판이 거짓 고소를 일삼는 악인들에게 임하기를 간청한다.

5 오만한 자들이 주의 목전에 서지 못하리이다.

---

31 DeClaissé-Walford, Jacobson, Tanner, *The Book of Psalms*, 84; Peter C. Craigie, *Psalms 1-50*, WBC 19(Grand Rapids: Zondervan, 1983), 80-84; VanGemeren, *Psalms*, 109; *HALOT* 1:23; *NIDOTTE* 4:1, 102. 시인을 괴롭히는 자들이 부유한 자들일 것이라는 해석의 근거는 시편 4:2의 "인생들"(בני איש)이 사회적·경제적으로 영향력 있는 자들로 이해되기 때문이다. 대다수 주석가가 이 표현이 "부자들"을 가리킨다는 데 동의한다(참조. 시 49:2; 62:9).

32 시인의 청자는 다양하다. 시인은 제3자의 말을 인용하기도 하고, 하나님께 말하기도 하며, 공동체에 말하기도 하고, 때론 시인 자신에게 말하기도 한다.

> 주는 모든 행악자를 미워하시며,
> 6거짓말하는 자들을 멸망시키시리이다.
> 여호와께서는 피 흘리기를 즐기는 자와
> 속이는 자를 싫어하시나이다(시 5:5-6).

> 그들의 입에 신실함이 없고
> 그들의 심중이 심히 악하며
> 그들의 목구멍은 열린 무덤 같고
> 그들의 혀로는 아첨하나이다(시 5:9).

시편 5편에 묘사되는 악인들의 모습은 시편 3-7편 가운데 가장 구체적이다. 그들의 모습은 "오만한 자들", "모든 행악자들", "거짓말하는 자들", "피 흘리기를 즐기는 자"(이상 시 5:5-6), "신실함이 없고", "심중이 심히 악하며", "목구멍은 열린 무덤이요", "혀로 아첨하는"(시 5:9) 등으로 표현된다. 악인들은 시편 5:5의 "거만한 자들", "행악하는 자들"과 평행을 이루고, 그 모습은 시편 5:6에서 대구를 이루는 "피 흘리는 자들"과 "속이는 자들"로 구체화한다. 즉 시인은 거만함과 행악함을 거짓말과 피 흘림이라는 행위로 묘사하는 것이다. 또한 시인은 시편 5:9에 사용한 어휘들[33]—"입", "목구멍", "혀"—을 통해 악인들의 거짓말과 피 흘림이 "말"과 관련됨을 보여준다. 시인은 이 악인들에게 하나님의 정의로운 심판이 임하기를 다음과 같이 기도한다.

---

[33] 시편 17편에 등장하는 신체 언어(bodily words)의 다양한 활용에 주목해서 살펴보라.

하나님이여, 그들을 정죄하사 자기 꾀에 빠지게 하시고
그 많은 허물로 말미암아 그들을 쫓아내소서.
그들이 주를 배역함이니이다(시 5:10).

시편 6편의 시인은 병에 걸린 힘겨운 상황에서 하나님께 치료해달라고 간구한다(시 6:2-4). 비록 죄에 관한 명시적인 언급은 없으나 시인의 질병은 하나님의 분노, 책망, 진노, 징계로 인해 주어진 듯하다(시 6:1). 오랫동안 기독교 역사 안에서는, 특히 서방 교회에서는 시편 6편을 포함한 7개의 시편―시편 6, 32, 38, 51, 102, 130, 143편―을 "참회시"로 간주해왔다. 즉 이 시편들은 어떤 죄를 지은 시인이 그 죄에 대한 하나님의 징계가 주어진 상황에서 드린 고백이라는 것이다.

1여호와여, 주의 분노로 나를 책망하지 마시오며
주의 진노로 나를 징계하지 마옵소서.
2여호와여, 내가 수척하였사오니 내게 은혜를 베푸소서.
여호와여, 나의 뼈가 떨리오니 나를 고치소서(시 6:1-2).

그렇다고 시인의 고난이 악인들과 전혀 무관한 것은 아니다. 왜냐하면 시인은 "악을 행하는 너희는 다 나를 떠나라. 여호와께서 내 울음소리를 들으셨도다"(시 6:8)라고 말하기 때문이다. 시편 5편에 등장한 "행악하는 자들"(פֹּעֲלֵי אָוֶן[시 5:5])이 6편에서도 "악을 행하는 자들"(פֹּעֲלֵי אָוֶן[시 6:8])로 등장하는데, 이는 "시인의 죄", "하나님의 징계", "징계의 수단으로서의 악인"이라는 구도에서 이해할 수 있다. 질병으로 인한 육체의 고통은 심리적·영적으로 시인의 영혼을 흔들어놓은 것으로 보인다. 시인은 "여호와여, 돌아와 나의 영혼을 건지시며…"(시 6:4), "내가 탄식함으로 피곤하여 밤마다 눈물로 내 침상을 띄우며 내 요를 적시나이다"(시 6:6)라고 울부짖는다. 그런데 시인의 절망적인 상황에도 불구하고 신뢰의 고백이 그 뒤를 잇는다. 이는 탄식시의 전형적인 특징이다.

> 8악을 행하는 너희는 다 나를 떠나라.
>   여호와께서 내 울음소리를 들으셨도다.
> 9여호와께서 내 간구를 들으셨음이여,
>   여호와께서 내 기도를 받으시리로다.
> 10내 모든 원수들이 부끄러움을 당하고 심히 떨이여,
>   갑자기 부끄러워 물러가리로다(시 6:8-10).

시편 7편의 시인은 시편 3편의 표제어처럼 자신이 원수들에게 쫓기고 있다고 토로한다. 그는 "여호와, 내 하나님이여! 내가 주께 피하오니 나를 쫓아오는 모든 자들에게서 나를 구원하소서"(시 7:1)라고 부르짖는다. 또한 시편 3편의 시인이 여호와가 "나의 방패"시라고 고백했던 것처럼(시 3:3), 7편의 시인도 "나의 방패는 마음이 정직한 자를 구원하시는 하나님께 있도다"(시 7:10)라고 고백한다. 시인이 당하는 어려움은 시편 4편과 5편에서처럼 적대자들의 거짓 고소에서 비롯하는 듯하다. 이는 시인이 억울한 심정으로 자신의 무죄함을 호소하며 고백하는 내용에서 잘 드러난다.

> 3여호와, 내 하나님이여! 내가 이런 일을 행하였거나
>   내 손에 죄악이 있거나
> 4화친한 자를 악으로 갚았거나

>   내 대적에게서 까닭 없이 빼앗았거든
> 5 원수가 나의 영혼을 쫓아 잡아 내 생명을 땅에 짓밟게 하고
>   내 영광을 먼지 속에 살게 하소서.…
> 8 여호와께서 만민에게 심판을 행하시오니
>   여호와여, 나의 의와 나의 성실함을 따라 나를 심판하소서(시 7:4-8).[34]

여기서 시인은 만민을 심판하실 이도 하나님이시고, 자신의 무고함을 판단하실 이도 "의의 재판관이신 하나님"이라고 고백한다(시 2:10; 7:11; 9:4; 50:6; 58:11; 75:7; 94:2; 109:31; 141:6; 148:11).

>   하나님은 의로운 재판장이심이여,
>   매일 분노하시는 하나님이시로다(시 7:11).

하나님은 시편 1편에서 의인과 악인을 구분하실 재판관으로(시 1:5-6), 2편에서는 우주적 재판관으로 등장하신다(시 2:10). 그리고 거기에 이어 시편 7편에서 하나님은 시인의 정당성과 성실함을 입증하실 재판관으로 나타나신 것이다.

지금까지 살펴본 내용을 정리해보자. 시편 1편에 등장한 의인과 악인은 2편에서 기름 부음 받은 자와 그를 대적하는 이방 나라들로 대치된다. 그리고 이 두 그룹은 시편 3-7편에서도 다양하고 구체적인 모습으로 등장한다. 시인(의인)은 악인들과 직간접적인 형식으로 관계를 맺으며 겪는 다양한 고통―원수들에게 쫓김, 부자들에게 억압을 당함, 거짓 고소

---

34 시편 7:8을 직역하면 다음과 같다. "여호와가 열방을 심판하신다./여호와여! 나를 심판하소서! 나의 의를 따라/나의 성실함을 따라."

를 당함, 죄로 인해 질병에 걸림—중에서 하나님께 도움과 구원을 간청한다. 여기서 하나님이 악인에 대한 재판관의 모습으로 등장하기도 하신다(시 7편). 하지만 전반적으로는 번성하는 의인과 심판당하는 악인을 묘사하는 시편 1편과 상반되는 현실의 모습을 드러낸다. 다만 이 단락(시 3-7편)에서 두드러지는 점은 탄식시의 한 가지 특징이기도 한 "신뢰의 고백"이다. 여러 가지 힘겹고 억울한 고통의 터널을 지나는 시인들은 그 속에서도 하나님을 불신하기보다는 오히려 신뢰하는 모습을 보여줌으로써 독자들에게 도전과 더불어 위로를 제공한다(시 3:3, 8; 4:3-4, 8; 5:7, 11-12; 6:9; 7:10-11, 16-17).

2) 단락 B(시 8편)

시편 8편은 시편 3-14편의 중심으로 기능한다.[35] 시편 8편은 내용의 측면에서는 창조시로 분류되고, 양식의 차원에서는 찬양시로 분류된다.[36] 시편 7편의 시인은 "내가 여호와께 그의 의를 따라 감사함이여, 지존하신 여호와의 이름을 찬양하리로다"(시 7:17)라고 고백하며 시편 제1권에

---

35 시편 8편의 정경적 위치를 확인하고 신학적 해석의 방향을 잡기 위해서 다음 글들을 참고하라. Brevard S. Childs, "Psalm 8 in the Context of the Christian Canon," *Interpretation* 23(1969), 20-31; Susan Gillingham, "Psalm 8 through the Looking Glass: Reception History of a Multi-Faceted Psalm," *Diachronic and Synchronic: Reading the Psalms in Real Time. Proceedings of the Baylor Symposium on the Book of Psalms*(eds. Joel S. Burnett, et al.; New York: T & T Clark International, 2007), 167-96; James L. Mays, "What is a Human Being? Reflections on Psalm 8," *ThTo* 50(1994), 511-20; G. T. M. Prinsloo, "Polarity as Dominant Textual Strategy in Psalm 8," *OTE* 8(1995), 370-87; Marvin E. Tate, "An Exposition of Psalm 8," *PRSt* 28(2001), 343-59.
36 시편 8편의 양식은 일반적으로 명령형으로 시작하는 찬양시의 양식과는 차이가 있다. 실례로 찬양시인 시편 113편은 "할렐루야! 여호와의 종들아, 찬양하라. 여호와의 이름을 찬양하라"라는 명령형으로 시작한다. 그러나 시편 8편은 "여호와, 우리 주여! 주의 이름이 온 땅에 어찌 그리 아름다운지요. 주의 영광이 하늘을 덮었나이다"라고 시작한다.

서는 처음으로 "찬양하다"라는 의미의 히브리어 "자마르"(זמר)를[37] 사용한다. 이때 찬양의 대상은 "여호와의 이름"(שם־יהוה)이다. 앞서 시편 3-7편에서 전개된 탄식과는 전혀 다른 논조를 보여주는 시편 8편의 시인은 7편의 표현을 이어받아 온 땅에 아름답게 드러난 여호와의 "이름"(שם)을 드높이며 노래를 시작한다.

> 여호와, 우리 주여!
> 주의 이름이 온 땅에 어찌 그리 아름다운지요(시 8:1).

시편 3-7편에서 일인칭 주어의 관점에서 수식되던 "나의 하나님"이 8편에서는 이인칭 대상으로 표현되면서 시인과 창조자 하나님 사이의 관계가 여전히 친밀하게 묘사된다. 우리말 성경에서 "주의 이름"과 "주의 영광"(시 8:1), "[주께서] 권능을 세우심이여"(시 8:2), "주의 하늘"과 "주의 베풀어두신 달과 별들"(시 8:3), "주께서 저를 권고하시나이까?"(시 8:4), "주의 손"(시 8:6) 등으로 번역된 표현은 원래 히브리어 원문에서 2인칭이다. 시편 8편의 구조는 다음과 같다.

    a(시 8:1a): 서론적 찬양("여호와, 우리 주여! 주의 이름이 온 땅에 어찌 그리 아름다운지요")
      b(시 8:1b–4): 창조세계에 드러난 하나님의 영광
      b'(시 8:5–8): 창조세계를 다스리는 인간의 영광
    a'(시 8:9): 결론적 찬양("여호와, 우리 주여! 주의 이름이 온 땅에 어찌 그리 아름다운지요")

시편 8편의 구조

---

[37] 동사 "자마르"는 시편에 41회 등장하는데, 제4, 5권(15회)보다 제1-3권(26회)에 더 많이 나온다. 유의어인 "쉬르"(šyr)는 제1-3권에 13회, 제4, 5권에 14회 등장함으로써 전반부와 후반부에서 비슷한 비중을 보인다. 그러나 비슷한 의미를 지닌 대표적 동사 "할랄"(hll)은 제1-3권에 22회, 제4, 5권에 67회 등장하면서 제4, 5권에 해당하는 시편들의 특징적인 어조를 짐작하게 해준다.

이 구조에서 확인할 수 있듯이 시편 8편은 교차대구 구조(chiastic structure)로 되어 있다. 동일한 내용의 서론적 찬양(시 8:1a)과 결론적 찬양(시 8:9)이 평행을 이루고, 그 사이에서는 창조세계에 드러난 하나님의 영광(단락 b)과 그 세계를 위해 하나님께 위임받은 인간의 영광(단락 b′)이 강조된다.

앞의 표에서 단락 a와 a′는 창조세계에 드러난 하나님의 영광을 찬양하면서 독특하게도 "여호와, 우리 주여!"라고 부르는 말로 시작한다. 이런 시작은 도움을 요청하는 탄식시에서 주로 볼 수 있는 특징이다. 탄식시로 묶여 있는 시편 3-7편을 보면 이 사실을 확인할 수 있는데, 구체적으로는 "여호와여!"(시 3:1; 5:1; 6:1), "내 의의 하나님이여!"(시 4:1), "여호와, 내 하나님이여!" 등의 표현이다. 즉 시편 8편은 찬양시이지만 앞서 소개된 탄식시들의 양식을 이어받아 "여호와, 우리 주여!"로 시작하는 것이다.

여기서 "여호와여"로 끝나지 않고 "우리 주여"(אֲדֹנֵינוּ)가 덧붙었다는 사실에 주목해보자. 이때 등장하는 히브리어 "아돈"(אָדוֹן)으로 인해 독자는 시편 8편의 시인이 하나님을 단순히 창조자로 묘사하는 것을 넘어 "왕"으로 묘사한다는 사실을 알게 된다.[38] 그 이유는 구약성경에서 "아돈"이 "여호와"나 "엘로힘"보다 훨씬 적게 나오기는 하지만 문맥적으로는 "왕"을 암시하는 대목에서 사용되기 때문이다.[39] 따라서 브루그만이 시편 8:1과 여호와의 왕권을 강조하는 등극시(시 97:9; 99:3)를 연결한 것

---

38 Sarna, *On the Book of Psalms*, 52; Brueggemann, Bellinger, *Psalms*, 58; DeClaissé-Walford, Jacobson, Tanner, *The Book of Psalms*, 122.
39 구약성경에서 "여호와"는 6,828회 등장하고 "엘로힘"은 2,602회 등장하는 반면 "아돈"은 774회 등장한다. "아돈"이 많이 등장하는 성경을 따져보면 에스겔서(222회), 창세기(80회), 시편(67회) 등이 있다.

은 매우 적절해 보인다.[40] 제왕시인 시편 2편에서 시인이 하늘에서 웃으며 열방을 조롱하시는 하나님을 가리켜 사용한 용어도 바로 "아돈"이었다(시 2:2). 일월성신을 신으로 섬겼던 고대 근동의 맥락을 고려할 때, 온 땅 위에 드러난 하나님의 영광과 창조자이신 "여호와의 왕 되심"을 선언하는 시편 8:1, 9은 매우 신학적이라 할 수 있다.

시편 8편에서 단락 b(시 8:1b-4)는 시편 8:1a의 개론적 찬양을 본격적으로 구체화한다. 시편 8:1b에서 "주의 영광(הוד)이 하늘"에 덮여 있다고 묘사된 것은 8:3에서 "주의 손가락으로 만드신 주의 하늘"과 "달과 별들"로 구체화된다. 여기서 "영광"으로 번역된 히브리어 "호드"(הוד)는 하나님 자신에게서 흘러나오는 광휘로서 신의 현현을 가리키는 시각적 표현이며, "아돈"(אדון)과 함께 왕권을 상징하는 단어이기도 하다.[41] 즉 시인은 고대 근동에서 거론되던 일월성신에 대한 왕권이 하나님께 있음을 선언하는 것이다(시 19:1-6).

그리고 단락 b′(시 8:5-8)는 여호와의 영광이 인간에게 위임되는 장면을 묘사한다("주의 손으로 만드신 것을 다스리게 하시고 만물을 그의 발 아래 두셨으니"[시 8:6]). 이때 사용되는 두 단어―"관을 씌우다"로 번역된 "아타르"(עטר)[시 8:5])와 "다스리다"로 번역된 "마샬"(משל)[시 8:6])―도 왕과 관련된 표현이다. 이런 표현들은 시편 2편에서 여호와가 시온에서 기름을 부어 세우신 왕의 이미지를 상기시킨다. 시편 8:3에서 "주의 손가락으로 만드신" 세상이 6절에서는 "주의 손으로 만드신" 것으로 바뀌지만, 그 내용은 선행절에서 전개된 내용보다 훨씬 더 구체적이고 세밀하다.

---

40 Brueggemann, Bellinger, *Psalms*, 59.
41 *NIDOTTE* 1:994.

> 7곧 모든 소와 양과 들짐승이며
>
> 8공중의 새와 바다의 물고기와 바닷길에 다니는 것이니이다(시 8:7-8).

제이콥슨(Rolf A. Jacobson)은 시인이 창조세계를 수직적으로 얼마나 긴밀하게 엮어 제시하는지를 설명한다. 즉 시인은 "하늘 위"(시 8:1b) → "하늘…달과 별들"(시 8:3) → "하늘의 존재[하나님]보다 조금 못하게 하시고"(시 8:5a) → "[그의 머리에] 관을 씌우시고"(시 8:5b) → "손"(시 8:6a) → "발"(시 8:6b)의 순으로 위에서 아래로 시상을 전개한다. 그와 동시에 동물들을 묘사할 때도 인간 공동체와 가까운 것부터 시작해서 멀리 가는 순을 따른다. 즉 "소와 양" → "들짐승" → "새들" → "바다의 물고기" → "바닷길에 다니는 것들"의 순이다.⁴² 이처럼 단락 b와 b′에서 전달하는 메시지는 명료하다. 즉 여호와가 우주 만물의 창조자요 왕이시지만, 그가 인간에게 창조세계를 다스리는 왕권의 영광을 주셨다는 것이다(참조. 시 2편).

3) 단락 A′(시 9-14편)⁴³

시편 3-7편이 모두 탄식시인 것처럼 9-14편도 모두 탄식시다.⁴⁴ 시편 3-7편에서 시인은 주의 "이름"(שֵׁם)을 사랑하고 찬양하는 모습으로 등장하는데(시 5:11; 7:17), 특별히 시편 7편의 시인은 "지존하신 여호와의 이름"(שֵׁם־יְהוָה עֶלְיוֹן)을 찬양한다(시 7:17). 시편 8편의 시인 역시 온 땅 위에 편

---

42 DeClaissé-Walford, Jacobson, Tanner, *The Book of Psalms*, 125.
43 시편 9-14편은 소위 "가난한 자들의 시편"이라고도 불린다. 가난한 자들(עָנִי/עֲנָוִים: 시 9:12, 18; 10:2, 9, 12; 12:5; 14:6)과 궁핍한 자들(אֶבְיוֹן: 시 9:18; 12:5)은 시편 3-7편에서 등장하지 않던 인물들이다.
44 장르에 관한 입장은 학자마다 약간씩 다르다.

만한 주의 "이름"을 찬양하고(시 8:1, 9), 이어지는 9편에서도 시인은 "지존하신 주의 이름"(שִׁמְךָ עֶלְיוֹן)을 찬양한다(시 9:2). 따라서 시편 7편과 9편의 "지존하신 하나님의 이름"이 시편 8편을 감싸는 모양새가 드러난다. 주의 이름을 사랑하는 자는 주를 즐거워하고(시 5:11), 주를 의지한다(시 9:10). 그러나 악인들의 이름은 영원히 지워질 것이다(시 9:5).

시 7편	시 8편	시 9편
	"주의 이름"(שִׁמְךָ)	
"지존하신 여호와의 이름" (שֵׁם־יְהוָה עֶלְיוֹן)		"지존하신 주의 이름" (שִׁמְךָ עֶלְיוֹן)

지존하신 하나님의 이름과 시편 7-9편

시편 8편에서 시인은 사람이 "하나님보다 조금 못하게" 지음을 받아 만물(하늘, 땅, 바다)을 다스릴 영화와 존귀를 누리는 존재라고 노래한다. 하지만 시편 9-14편에 묘사되는 하나님의 사람들은 앞선 2-7편에서처럼 원수들과 악인들에 의해 억압당하는 자들이다. 시편 8편에서 "원수들과 보복자들"(시 8:2)로 등장한 악인들이 시편 9-14편에 재차 등장하는 것이다. 그들은 시편 9편에서 멸망당하는 듯했으나(시 9:3, 5, 9, 16, 17), 시인과 가난한 자들을 괴롭히는 자들은 여전히 건재하다(시 10:2-4; 11:2; 13:2, 4).

시편 9, 10편은 불완전하지만 이합체시(acrostic psalm)이며(시 25, 34, 37, 111, 112, 119, 145편), "셀라"로 끝난다. 숨표 기능을 하는 "셀라"는 시편 전체에서 72번 등장하는데 시의 마지막에 등장하는 경우는 시편 9편 뿐이다.[45] 또한 시편 10편은 제1권에서 표제어가 없는 2개의 시편 가운

---

45 시 3:2, 4, 8; 4:2, 4; 7:5; 9:16, 20; 20:3; 21:2; 24:6, 10; 32:4-5, 7; 39:5, 11; 44:8; 46:3, 7, 11; 47:4; 48:8; 49:12, 14; 50:6; 52:3, 5; 54:3; 55:7, 19; 57:3, 6; 59:5, 13; 60:4; 61:4; 62:4, 8; 66:4, 7, 15; 67:1, 4; 68:7, 19, 32; 75:3; 76:3, 9; 77:3, 9, 15; 81:7; 82:2; 83:8; 84:4, 8; 85:2;

데 하나다. 앞서 밝혔듯이 이는 시편 9편과 10편이 원래 하나의 단위라는 사실을 알려준다.

시편 9편은 크게 두 부분(시 9:1-12, 13-20)으로 나뉜다. 시편 9편의 핵심 내용은 여호와가 열방을 공의와 정의로 심판하셨다는 것이다. 전반부(시 9:1-12)는 원수들(열방)을 향한 여호와의 심판에 대한 감사로 시작한다(시 9:1-2). 시인은 찬양의 이유가 여호와의 의로운 심판임을 분명하게 밝힌다(시 9:3-6). 반면 도움을 요청하며 시작하는 후반부(시 9:13-20)에서는 특별히 궁핍한 자와 가난한 자들이 위로를 받을 것이라는 사실이 드러난다.

여호와여, 내게 은혜를 베푸소서.
　　나를 사망의 문에서 일으키시는 주여,
　나를 미워하는 자에게서 받는 나의 고통을 보소서(시 9:13).

궁핍한 자가 항상 잊어버림을 당하지 아니함이여,
　　가난한 자들이 영원히 실망하지 아니하리로다(시 9:18).

시편 10편은 "하나님의 부재"를 주제 삼아 시작한다. "여호와여, 어찌하여 멀리 서시며, 어찌하여 환난 때에 숨으시나이까?"(시 10:1) 수사의문문(rhetorical question)인 이 구절은 시인의 간절한 마음을 보여준다. 그 간절함

87:3, 6; 88:7, 10; 89:4, 37, 45, 48; 119:118; 140:3, 5, 8; 143:6. "셀라"가 시편의 중간에 등장하는 음악적 표식이라면, 시편 9편의 마지막에 등장하는 "셀라"는 시편이 끝난 것이 아니라 뒤에 이어지는 내용이 더 있다는 것을 암시한다. 이는 시편 9편과 10편이 본래 하나의 시편이었다는 주장을 뒷받침한다.

은 이어서 등장하는 악인들의 악행에 관한 묘사를 통해 더욱 선명해진다.

2악한 자가 교만하여 가련한 자(עָנִי)를 심히 압박하오니
　　그들이 자기가 베푼 꾀에 빠지게 하소서.
3악인은 그의 마음의 욕심을 자랑하며
　　탐욕을 부리는 자는 여호와를 배반하여 멸시하나이다(시 10:2-3).

이처럼 악인들의 억압 속에서 시인은 여호와께 왜 도와주지 않고 멀리 계시냐고 물으며 "하나님의 부재"를 고민한다. 반면 그 악인들은 교만한 표정을 지으며 하나님의 부재를 확정하려고 한다.

악인은 그의 교만한 얼굴로 말하기를,
　　"여호와께서 이를 감찰하지 아니하신다" 하며,
　　그의 사상에 "하나님이 없다" 하나이다(시 10:4).

이런 악인들의 모습은 다양한 방식으로 적나라하게 묘사된다. 그들은 "교만하여 가련한 자를 심히 압박하고"(시 10:2), "욕심을 자랑하며 탐욕"을 부릴 뿐 아니라 "여호와를 배반하여" 멸시한다(시 10:3). 또한 그들은 하나님이 없다고 생각하며(시 10:4), 자신들은 절대 망하지 않을 것이라고 확신한다(시 10:6). 그들의 입에는 "저주와 거짓과 포악이 충만"하고, 그들의 혀에는 "잔해와 죄악"이 가득하다(시 10:7). 더 나아가 그들은 숨어 있다가 가련한 자들을 해치려 한다(시 10:8-10). 이런 악인들 한가운데서 시인은 "여호와여, 어찌하여 멀리 서시며 어찌하여 환난 때에 숨으시나이까?"라고 탄식하며 약자들(가난한 자들, 고아들, 압제당하는 자들)을 구

해달라고 간청한다(시 10:12, 14, 18).

시편 11편에서 시인은 도망치는 새처럼 불안정하며 고독하다(시 11:1). 시편 10편에서처럼 악인들 한가운데서 홀로 거하는 것은 외로울 뿐 아니라 그 자체로 힘겨운 투쟁일 것이다. 그 가운데서 시인은 여호와께 피하며 의로우신 하나님을 신뢰한다(시 11:1, 7). 악인들은 어두운 데서 의인("마음이 바른 자")을 죽이려 한다(시 11:2). 하지만 땅의 성전과 하늘 보좌에 앉아 계신 여호와는 재판관으로서 의인과 악인을 감찰하신다(문자적으로는 "시험하신다"는 의미[시 11:4-5]).[46] 그분은 의인을 감찰하시고 악인을 미워하신다(시 11:5). 악인은 불의 심판을 당할 테지만(시 11:6), 의인은 여호와의 얼굴을 볼 것이다(시 11:7).

시편 12편은 악인들의 특징 가운데 말과 관련된 악행을 반복해서 강조한다. 악인들은 "거짓"을 말하고, "아첨하는 입술과 두 마음"으로 말하는 자들이다(시 12:2). 그들은 "우리의 입술은 우리의 것이니 우리를 주관할 자 누구리요?"라고 물으면서 혀의 소유권을 주장한다(시 12:4). 시편 11편이 악인들을 폭력과 연관해 묘사한다면(시 11:2, 5), 12편의 악인들은 말과 연관된다. 이런 악인들로 인해 의인들이 고통 가운데서 생존의 위협을 받아 "경건한 자가 끊어지며 충실한 자들이 인생 중에"서 사라진다(시 12:1). 이때 위협받는 자들은 "가련한 자들", "궁핍한 자들"과 같다고 할 수 있다(시 12:5). 여기서 혀의 악독으로 고통 가운데 처한 의인의 모습은 시편 10편에서 악인들로 인해 고통받는 의인의 모습과 유사하다.

7그의 입에는 저주와 거짓과 포악이 충만하며

---

46 70인역과 시리아어 역본 성경(S)은 "여호와가 의인과 악인을 감찰하시고, 강포함을 좋아하는 자들을 미워하신다"라는 의미로 번역했다.

그의 혀 밑에는 잔해와 죄악이 있나이다.

8그가 마을 구석진 곳에 앉으며 그 은밀한 곳에서 무죄한 자를 죽이며

그의 눈은 가련한 자를 엿보나이다(시 10:7-8).

시편 12편의 시인은 희미하게나마 악인들에 대한 심판을 신뢰하며 ("여호와께서 모든 아첨하는 입술과 자랑하는 혀를 끊으시리니"[시 12:3]), 가련한 자들과 궁핍한 자들을 악인들로부터 지켜달라고 기도한다(시 12:7).

시편 13편은 전형적인 탄식시다.[47] 시인은 "영혼이 번민하고 종일토록 마음에 근심"한다(시 13:2). 또한 그는 "사망의 잠"을 자는 듯한 위기에 처한 것으로 보인다(시 13:3). 이 고통과 근심의 원인은 모두 원수와 밀접하게 관련된다. 시인은 "내 원수가 나를 치며 자랑하기를 어느 때까지 하리이까?"(시 13:2b) 하고 물으며 "나의 원수가 이르기를 내가 그를 이겼다 할까 하오며 내가 흔들릴 때에 나의 대적들이 기뻐할까 하나이다"(시 13:4)라고 울부짖는다. 시인이 처한 위기가 무엇인지 구체적으로 언급되지는 않지만 그가 원수들로부터 공격을 받는다는 사실은 분명하다(시 13:4).

게다가 시인을 더 힘들게 하는 것은 그 위태로운 상황이 꽤 오랫동안 이어지고 있다는 점이다. 그는 "여호와여, 어느 때까지니이까? 나를 영원히 잊으시나이까? 주의 얼굴을 나에게서 어느 때까지 숨기시겠나이까?"(시 13:1)라고 묻는다. 여호와 하나님은 시인이 고통으로 허덕이는 동안 어디 계셨던 것일까? 시인과 하나님의 관계는 이런 신학적인 질문 안에서 서로 엮여 있다. 그러나 시인은 불평하는 것(시 13:1-2)과 구원을 요청하는 것(시 13:3-4)에서 끝나지 않고 위기 한가운데서 자신의 신앙을

---

47 제이콥슨, 『시편으로의 초대』, 68-78을 참조하라.

고백한다. 시편 13:5에서 하나님에 대한 신뢰를 표현하는 시인은 곧이어 여호와를 찬양하겠다고 다짐한다(시 13:6).

> 5나는 오직 주의 사랑을 의지하였사오니
> 　나의 마음은 주의 구원을 기뻐하리이다.
> 6내가 여호와를 찬송하리니
> 　이는 주께서 내게 은덕을 베푸심이로다(시 13:5-6).

시편 14편에서 시인은 어리석은 자들(נָבָל)과 그들의 운명을 묘사하면서(시 14:1-4), 하나님이 가난한 자들에게 피난처가 되신다고 선언한다(시 14:6). 여기서 "어리석은 자"로 번역된 히브리어 "나발"(נָבָל)은 시편 전체에서 처음 등장한다. 하지만 이 "나발"은 사실 앞선 시편들에 이미 등장한 악인들과 똑같은 존재다.[48] 그 어리석은 자들(=악인들)은 "여호와께서 이를 감찰하지 아니하신다"고 말하며 무슨 상황에서도 "하나님이 없다"고 생각하는 자들로서(시 10:4; 참조. 시 10:11), 여호와의 존재를 부정하려고 한다(참조. 시 53:1; 74:18, 22).

시편 13편의 시인이 오랜 기간 침묵하시는 하나님께 질문하며 그의 부재로 인해 힘겨워하는 것과는 대조적으로(시 13:1), 시편 14편의 어리석은 자들(=악인들)은 하나님의 존재 자체를 부정한다. 그들은 "지각이 있는 자", "하나님을 찾는 자", "선을 행하는 자"와는 대척점에 있다(시 14:2-3). 거룩하신 하나님의 존재를 거부하는 자들의 삶은 부패하고(שָׁחַת), 그 행실은 가증하다(תָּעַב). 그들은 선을 행하는 것과는 거리가 멀 수밖에

---

48 *TWOT* 2:547.

없다(시 14:1). 부패한 삶과 가증한 행실은 어리석은 자들(=악인들)의 내면에 자리 잡은 신 인식에서 비롯된 부산물들이다(참조. 신 32:5-6). 시편 14:1에 사용된 히브리어 "샤하트"(שָׁחַת)와 "타아브"(תָּעַב)는 14:3에 등장하는 "수르"(סוּר: 치우치다), "알라흐"(אָלַח: 더럽게 되다)와 함께 어리석은 자들의 윤리적·영적 타락 상태를 극명하게 보여준다.[49] 따라서 시편 14:1에서 말하는 "선"이 윤리적·도덕적 차원에서 이해되어야 한다는 점은 분명하다. 더 나아가 시편 14:3에 이어지는 "선을 행하는 자가 없으니 하나도 없도다"라는 선언은 인간에 대한 절망감을 안겨준다. 이는 앞서 하나님께 왕으로 세움을 받는 모습(시 2편)이나 하나님의 영광을 위임받은 인간의 긍정적인 모습(시 8편)과는 매우 대조적이다.

어휘적인 차원을 살펴보면 시편 14편은 앞의 12, 13편과 매우 높은 응집력을 보인다. 우선 세 시편의 표제어는 모두 "인도자를 따라"(לַמְנַצֵּחַ)이다(시 12:1; 13:1; 14:1). 또한 동사 "말하다"(אָמַר[시 12:4; 13:4; 14:1])와 "기뻐하다"(גִּיל[시 13:4-5; 14:7]), 명사 "경영"(עֵצָה[시 13:2; 14:6]) 등이 반복해서 등장한다. 시편 14편과 15편 사이에도 "마음"(לֵב[시 14:1; 15:2]), "하다"(עָשָׂה[시 14:1, 3; 15:3, 5]), "행하다"(פָּעַל[시 14:4; 15:2]), "의인/공의"(צַדִּיק[시 14:5]; צֶדֶק[시 15:2]) 등의 어휘가 공유된다. 무엇보다 시편 14편에서 시인은 "이스라엘의 구원이 **시온**에서 나오기를 원하도다"(시 14:7)라고 노래하는데, 다음 단락의 첫 시편인 시편 15편의 저자 역시 "여호와여, 주의 장막에 머무를 자 누구오며 주의 성산에 사는 자 누구오니이까?"(시 15:1)라고 물으며 시온 모티프를 자연스럽게 이어간다.

---

[49] *NIDOTTE* 1:404, 3:237, 4:92; *DCH* 8:655.

단락	A′						
시편	9	10	11	12	13	14	15
장르	탄식시					탄식시	시온
						시온	

시편 14편과 15편의 연결 고리: 시온

지금까지 살펴본 대로 시편 9-14편은 시편 3-7편처럼 탄식시로 가득 차 있다. 특히 "가난한 자들" 혹은 "궁핍한 자들"에게 악인들의 다양한 공격이 집중되지만 시인은 그들에 대한 여호와의 심판을 신뢰하며 구원을 간청한다. 이 단락에서 그려지는 여호와의 모습은 악인들의 심판자인 동시에 약자들과 경건한 자들의 보호자라고 할 수 있다.

6. 시편 제1권의 두 번째 단락: 시편 15-24편

우리는 앞서 시편 제1권의 첫 번째 단락을 자세히 살펴보았다. 이제부터는 두 번째 단락인 시편 15-24편에서 어떤 내용이 전개되는지 살펴보자.

시편 15-24편의 분위기는 앞서 전개된 시편 3-14편의 분위기와는 사뭇 다르다. 시편 3-14편에서는 시인이 악인들에게 여러 가지 모양으로 공격받고 억압당하는 위기 속에서 하나님께 구원과 도움을 요청하는 내용(탄식)이 주를 이루었다. 반면 시편 15-24편에서는 의인과 악인의 대결 구도보다는 "마음"과 "토라"가 중요한 모티프로 등장한다.

물론 시편 3-14편과 15-24편이 완전히 단절된 것은 아니다. 예를 들어 시편 3-14편의 중심에 배치된 시편 8편이 하나님의 창조 솜씨를 드러내면서도 인간에게 당신의 영화와 존귀를 위임하신 "왕" 여호와를 찬양한다면(시 8:5-6), 시편 15-24편의 중심에 자리한 시편 19편은 하나님의 창조 솜씨를 율법의 완전성과 연결해 찬양한다. 또한 앞서 살펴본 대로 앞 단락의 마지막 구절(시 14:7)이 "시온"에서 구원이 임하기를 기도할 때, 뒤 단락의 첫 번째 시편(시 15편)은 시편 14편의 시온 모티프를 이어받아 성산(시온)에 머무를 자의 자격에 대해 질문한다(시 15:1).

그럼에도 시편 3-14편과 15-24편 사이에는 네 가지 정도의 분명한 차이가 존재한다.

첫째, 두 단락에서 핵심어로 등장하는 "마음"—이에 해당하는 히브리어는 "레바브"(לֵבָב)와 "레브"(לֵב)다—의 용례다. 시편 3-14편에서 "마음"은 대체로 악인들로 인해 발생한 시인의 고통(시 13:2[לֵב])의 좌소(坐所) 혹은 기쁨(시 4:7; 13:5[לֵב])과 생각의 좌소로 이해된다(시 4:4[לֵבָב]; 시 10:6, 11, 13; 14:1[לֵב]). 시편 15-24편에서도 "마음"은 기쁨(시 16:9; 19:8[לֵב])과 속생각(시 17:3[לֵב])의 좌소, 묵상(시 19:14[לֵב])과 소원(시 21:2[לֵב])과 정서(시 22:14[לֵב])의 좌소로서 등장한다. 하지만 도덕적 품성의 좌소로도 사용된다는 점에서 차이가 있다(시 15:2; 24:4[לֵבָב]).

둘째, 시편 15-24편에서 악인은 3-14편에서처럼 수시로 등장하지 않는다. 시편 3-14편에서는 악인을 의미하는 "라샤"(רָשָׁע)의 단수형과 복수형이 14회, "오예브"(אָיַב의 분사형)가 5회 등장한다. 반면 시편 15-24편에서는 전자가 2회(시 17:9, 13), 후자가 4회 등장할 뿐이다(시 18:37, 40, 48; 21:8). 즉 악인의 등장이란 측면에서 시편 3-14편과 15-24편 사이에는 눈에 띄는 차이가 존재한다.

셋째, 시편 3-14편에서는 의인과 악인이 대칭을 이루는 구도가 선명하게 반복되어 제시되지만, 시편 15-24편에서는 그 구도가 희미해진다(시 17, 18, 21편).

넷째, 장르 차원에서도 분명한 차이가 있다. 시편 3-14편은 주로 탄식시로 구성되고 중간에 창조시(시 8편: 하나님이 "왕"과 "창조자"로 등장)가 배치된다면, 시편 15-24편에는 토라시(시 19편)를 중심으로 양쪽에 제왕시(시 18편과 20, 21편)가 전략적으로 배치되고, 제왕시 양쪽으로 개인 탄식시, 신뢰시, 찬양시가 자리한다.[50] 다시 말해 토라시(시 19편)를 가운데 두고 바깥으로 가면서 제왕시(시 18편과 20, 21편), 개인 탄식시(시 17편과 22편), 신뢰시(시 16편과 23편), 찬양시(시 15편과 24편)가 짝을 이루어 등장하는 것이다. 이런 배치를 도식으로 표현하면 다음과 같다.

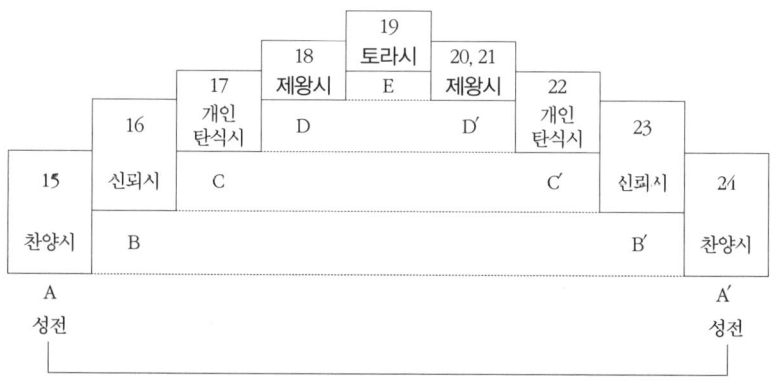

시편 15-24편의 배치

이 도식에서 확인할 수 있는 것은 "토라의 완전성"을 강조하는 시편 19편이 이 단락(시 15-24편)의 핵심이라는 사실이다. 더욱이 이 단락을 시작하는 시편 15편과 마무리하는 시편 24편 역시 하나님의 성전에 들

---

50 이와 같은 패턴을 처음으로 제시한 학자는 Miller다. Patrick D. Miller, "Kingship, Torah Obedience and Prayer: The Theology of Psalms 15-24," *Neue Wege der Psalmenforschung* (ed. K. Seybold, E. Zenger; Freiburg: Herder, 1994), 127-42; William P. Brown, "'Here Comes the Sun!' The Metaphorical Theology of Psalms 15-24," *The Composition of the Book of Psalms*, BETL 238 (ed. Erich Zenger; Leuven: Peeters, 2010), 259-77을 참조하라.

어갈 자격 조건을 언급하면서 토라 경건의 내용—특별히 윤리적 조건들(부분적으로 십계명을 연상시킴)을 암시한다—을 제시한다는 점에서 이 단락(시 15-24편)이 "토라"로 시작해서 "토라"로 끝난다고 말해도 과언이 아닐 것이다(시 15:1-5; 24:3-6).

이 단락의 세부 구성을 모두 자세히 들여다보면 좋겠지만 지면 관계상 "토라"와 "왕"의 주제가 전개되는 A-A´, D-D´, E 부분만 좀 더 살펴보도록 하자.

1) 단락 A(시 15편)와 단락 A´(시 24편)

시편 제1권의 두 번째 단락(시 15-24편)에서 시편 15편과 24편은 시작과 마무리 역할을 한다. 그런데 시편 15:1은 "거룩한 산"(הר קדשׁ)을 말하고, 시편 24:3은 "여호와의 산"(בהר־יהוה)과 "거룩한 곳"(מקום קדשׁו)을 말한다. 또한 시편 15편이 성소에 들어갈 수 있는 자의 조건으로 "정직", "공의", "마음의 진리"(אמת בלבבו)를 제시한다면(시 15:2), 24편은 "깨끗한 손", "정직", "청결한 마음"(בר־לבב)을 제시한다(시 24:4).

시편 15편과 24편을 좀 더 자세히 살펴보자. 먼저 **시편 15편**의 장르는 찬양시지만, 내용으로는 시온시로 분류될 수 있으며 전체 구조는 세 부분으로 나뉜다(시 15:1[질문]; 15:2-5a[응답]; 15:5b[약속]). 이 시편은 성산에 오를 자가 누구인가 하는 물음으로 시작한다. 이 질문은 성산에서 이루어지는 하나님과의 교제—하나님의 임재 가운데 잠시 머무른다는 의미다[51]—를 은유적으로 표현하면서 하나님과 교제할 수 있는 자의 조건

---

51 "머무르다"(גור)와 "머무르다" 혹은 "살다"(שׁכן)는 장기간이 아니라 잠시 거한다는 의미를 내포한다.

이 무엇인지를 묻는다. 하나님의 성산에서 여호와와 더불어 교제할 수 있는 자는 어떤 조건들을 갖추고 있어야 하는가? 아마도 이 질문은 성전에서 예배를 드리기 위해 모여든 순례자들이 제기한 듯하다.

이 질문에 대한 답변은 시편 15:2-5a에서 다루어진다. 이 답변에는 10개로 구성된 조건들이 담겨 있는데, 그 표현 방식으로는 긍정문과 부정문이 모두 사용된다. 크레이기는 이 조건들을 다음과 같이 요약한다.[52]

조건들	내용
3개의 긍정적인 조건 (2절)	정직(תָּמִים)을 행하기(정직하게 걷기), 공의(צֶדֶק)를 실천하기, 진실/진리(אֱמֶת)를 말하기
3개의 부정적인 조건 (3절)	혀로 남을 허물하지 않기, 이웃에게 악을 행하지 않기, 이웃을 비방하지 않기
2개의 긍정적인 조건 (4절)	망령된 자를 멸시하기, 여호와를 두려워하는 자를 존대하기
2개의 부정적인 조건 (5a절)	이자 받지 않기, 뇌물 받지 않기

시편 15:2-5a에 관한 크레이기의 분석

이 단락에서 제시되는 조건들이 정확하게 십계명과 일치하는 것은 아니다. 우상숭배와 도둑질, 이혼과 살해, 부모 공경과 관련된 내용이 포함되지 않았기 때문이다. 하지만 십계명의 정신과 도덕법은 부분적으로 내포되어 있다고 보아야 한다.[53] 여기서 "정직"으로 번역된 히브리어 "타밈"(תָּמִים)에 "완벽한"(perfect)이란 뜻이 있기는 하다. 하지만 벤게메렌이 지적하는 바와 같이 시편 15:2의 "타밈"은 완벽한 삶이 아니라 도덕적인 삶을 가리키는 것으로 이해해야 한다.[54] 이에 관해 *HALOT*은 특별히 "정

---

52 Craigie, *Psalms 1-50*, 151-52.
53 VanGemeren, *Psalms*, 182.
54 Ibid.

직하게 여행하는 자"로 특정해 설명한다.⁵⁵ 또한 공의(צדק)를 행한다는 것은 시편에 등장하는 악인들의 행위와 반의의 개념으로 이해해야 한다. 즉 공의를 행하는 모습을 이해하려면 시편 3-14편에 등장하는 악인들의 행위들이 무엇인지 염두에 두는 것이 좋다. 따라서 공의의 행위에는 "진실"을 말하는 것도 포함된다. 이렇듯 3개의 조건을 대략 살펴보아도 성전에 들어가 하나님의 임재 가운데 교제를 누릴 수 있는 자들은 타자와의 관계에서 윤리적 삶을 지속하는 자들임을 알 수 있다.⁵⁶

시편 15:3에 등장하는 세 가지 조건들도 이웃과의 관계에서 지켜야 할 윤리적 덕목들이라고 이해된다. "혀로 남을 허물하지 않는 것"은 곧 근거 없이 남을 헐뜯는 행태를 금하라는 뜻으로서 시편 15:2에 제시된 "진실 말하기"와 연결된다.⁵⁷ 벗과 이웃에게 행악과 비방을 하지 않는 것도 같은 맥락이라고 볼 수 있다. 시편 15:5b은 앞서 언급한 조건들을 충족시킨 자들에게 주어지는 약속을 말해준다. 그들은 하나님의 임재와 교제에서 "영원히 흔들리지 않을 것"이다. 시편 3-14편에서처럼 의인들은 악인들의 공격과 억압에 맞닥뜨려 위기에 빠진다고 하더라도 궁극적인 의미에서 하나님에 대한 견고한 믿음을 고백하는 자들로 드러난다.

다음으로 **시편 24편**을 살펴보자. 시편 24편은 전체적으로 세 부분으로 나뉜다. 세 부분의 주제는 "창조주 하나님"(시 24:1-2), "거룩하신 하나님"(시 24:3-6), "영광의 왕"(시 24:7-10)이다. 특히 두 번째 부분인 시편 24:3-6은 시편 15편에서처럼 성전에 올라 여호와와 교제할 자의 자질

---

55 *HALOT* 4:1750.
56 히브리어 본문은 "정직", "공의", "진실"과 함께 각각 3개의 분사—"걷다", "행하다", "말하다"—를 사용하는데, 이는 그 행위들의 지속성을 나타낸다.
57 *NIDOTTE* 3:1, 44.

에 관한 질문과 답을 다룬다. "여호와의 산에 오를 자가 누구며 그의 거룩한 곳에 설 자가 누구인가?"(시 24:3)라는 질문에 대해 제사장은 다음과 같이 대답한다.

> 곧 손이 깨끗하며 마음이 청결하며
> 뜻을 허탄한 데에 두지 아니하며
> 거짓 맹세하지 아니하는 자로다(시 24:4).

성전에 들어가 예배할 수 있는 자의 조건으로 제시된 것은 네 가지로서 두 가지는 긍정적으로, 다른 두 가지는 부정적으로 진술된다. 긍정적으로 진술된 두 가지 조건은 "깨끗한 손"과 "청결한 마음"이며, 이는 행위와 동기를 포함한 삶 전체의 온전함을 함의한다. 또한 이는 시편 15편이 제시한 도덕적 조건들과 맥을 같이한다. 부정적으로 진술된 두 가지는 "뜻을 허탄한 데에 두지 않는 것"과 "거짓 맹세하지 않는 것"이다. 로스(Allen Ross)는 이 두 가지가 여호와의 이름을 오용하고 거짓 맹세하는 자와 연결된다고 말한다.[58] 다시 말해 거짓 증거나 거짓 맹세와 같은 죄를 범하지 않는 자가 성전에 들어갈 수 있다. 결론적으로 시편 15편과 24편은 성전에 들어갈 순례자의 자격 조건으로 "토라 경건"을 요구한다고 볼 수 있다.

---

58 Ross, *A Commentary on the Psalms: Volume 1(1-41)*, 581.

2) 단락 D(시 18편)와 단락 D′(시 20-21편)

시편 18편은 내용 차원에서 제왕시로 분류된다. 이 시편의 표제어는 다윗의 삶과 관련된 역사적 정보를 제공하는데 그 내용은 전체적으로 사무엘하 22장과 연결된다. 앞서 언급했듯이 사무엘하 22:1이 시편 18편의 표제어로 쓰인다는 점은 특이하다. 아마도 시편의 최종 편집자들이 사무엘하 22:1을 시편 18편의 표제어로 삼았을 것이다.[59]

시편 18편의 구조는 다른 시편들과는 달리 명쾌하게 드러나지 않는다. 이에 관해 어떤 학자들은 이 시편의 전체 구조를 크게 개인 탄식시(시 18:1-30)와 제왕시(시 18:31-50)로 나누는데 그다지 설득력 있는 주장은 아니다.[60] 또한 제이콥슨(Rolf A. Jacobson)은 시편 18편을 내용에 따라 9개의 단락으로 나눠 설명하기도 했다.[61] 하지만 나는 다음과 같이 동심원 구조로 시편 18편을 분석할 수 있다고 본다.

    a. 서론적 찬양: 반석이자 구원이신 여호와(시 18:1-3)
      b. 환난 중에 왕의 기도를 들으시는 여호와(시 18:4-6)
        c. 환난 중에 왕을 구원하기 위해 오시는 여호와[현현](시 18:7-15)
          d. 구원하시는 여호와(시 18:16-19)
            e. 신실한 자들에 대한 여호와의 신실하심(시 18:20-29)

---

59 John Eaton, *The Psalms: A Historical and Spiritual Commentary with an Introduction and New Translation* (London; New York: T & T Clark, 2003), 104.
60 F. M. Cross, Jr., D. N. Freedman, "A Royal Song of Thanksgiving: II Samuel 22 = Psalm 18," *JBL* 72(1953), 15-34; J. Kenneth Kuntz, "Psalm 18: A Rhetorical-Critical Analysis," *JSOT* 26(1983), 3-31을 참조하라.
61 DeClaissé-Walford, Jacobson, Tanner, *The Book of Psalms*, 192을 보라. 9개의 단락은 다음과 같다. ① 도입 찬양(시 18:1-3), ② 환난(시 18:4-6), ③ 신의 현현(시 18:7-15), ④ 구원(시 18:16-19), ⑤ 왕의 의로움(시 18:20-24), ⑥ 여호와의 신실하심(시 18:25-30), ⑦ 찬양(시 18:31-36), ⑧ 구원(시 18:37-45), ⑨ 결론적 찬양(시 18:46-50).

　　　　d′. 완전하신 여호와[방패](시 18:30-36)
　　　c′. 전쟁에 승리하게 하신 여호와(시 18:37-42)
　　b′. 전쟁 중에 왕을 구원하시는 여호와(시 18:43-45)
　a′. 결론적 찬양: 반석이자 구원이신 여호와(시 18:46-50)

시편 18편의 동심원 구조

　이 표에서 단락 a, a′는 여호와를 "반석"으로 찬양하면서 시편 18편 전체를 앞뒤로 감싼다. 시편 18:2에는 반석을 의미하는 "셀라"(סֶלַע)가 사용되었고, 18:46에는 "셀라"의 유의어인 "추르"(צוּר)가 사용되었다. 시편 18:2에서 "반석"과 함께 사용된 요새, 바위, 산성 등의 어휘는 여호와가 흔들리지 않는 보호처가 되신다는 메시지를 전달하는 은유적 표현들이다. 이 단락에서 여호와는 피할 바위가 되실 뿐만 아니라 구원을 이루는 하나님이시다. 여호와는 "구원의 뿔"이시며(시 18:2), 시인의 기도를 들으시고 원수들에게서 건지시는 "구원자"다(시 18:3). 또한 시인은 여호와가 "내 구원의 하나님"(אֱלֹהֵי יִשְׁעִי)이라고 높여드린다(시 18:46).

　앞의 표에서 단락 b(시 18:4-6)와 b′(시 18:43-45)는 시인이 환난과 전쟁 한가운데서 여호와로부터 응답과 구원을 받았다고 노래하는 부분이다. 단락 b에서 짝을 이루어 등장하는 "사망의 줄"과 "불의의 창수", "스올의 줄", "사망의 올무" 등의 은유적 표현은 시인이 겪는 극한의 고통이나 위기 상황을 보여준다. 이런 상황에서 시인은 "내가…하나님께 부르짖었더니…나의 부르짖음이 그[하나님]의 귀에 들렸도다"(시 18:6)라고 노래한다. 단락 b′에서 시인은 열방과의 전쟁 상황에서 자신을 건져내어 구원하신 하나님을 찬양한다(시 18:43).

　단락 c(시 18:7-15)와 c′(시 18:37-42)는 앞서 언급한 시인의 위기 상황을 넘어 하나님이 움직이시는 모습을 묘사한다. 단락 c에 등장하는 대부분의 표현은 다른 성경에서 신현(theophany)을 묘사할 때 사용되는 표현들과 매우 유사하다(출 19:16-18; 신 33:2-3; 시 68:7-8; 사 13:9-10; 욜 3:15-16 등). 땅이 진동하고 산이 요동치는 것은 하나님의 진노를 상징하고, 코의 연기와 입의 불은 그 진노가 드러나는 외적 현상을 은유적으로 서술한다(시 18:7-8). 또한 시인은 하나님의 속성을 묘사하기 위해 "하늘", "바람", "광채", "우박", "우렛소리" 등의 어휘들을 동원한다(시 18:9-15). 반면 단락 c′(시 18:37-42)는 하나님이 원수들과의 전쟁 중인 시인의 기도에 응답하여 승리하게 하시는 장면이 묘사된다.

단락 d(시 18:16-19)와 d′(시 18:30-36)는 하나님을 구원자로 묘사한다. 단락 d에서 시인은 "건져내다"(מָשָׁה[시 18:16]), "건지다"(נצל[시 18:17]), "구원하다"(חלץ[시 18:19]) 등의 동사를 사용해 위기 상황―"많은 물"(시 18:16), "강한 원수와 미워하는 자"(시 18:17), "재앙의 날"(시 18:18)로 표현된다―에서 여호와가 자신을 구원하셨다고 노래한다. 또한 단락 d′에서 하나님은 방패와 반석으로 묘사되며, 시인은 하나님이 자신에게 "구원하는 방패"(מָגֵן יִשְׁעֲךָ)를 주셨다고 말한다.

하나님의 속성을 묘사하는 단락 e(시 18:20-29)가 이 시편의 핵심이다. 바위와 방패이신 하나님은 위기에 처한 시인의 기도에 응답하는 분이시지만, 무엇보다도 시인의 "의를 따라" 상 주는 분이시다(시 18:20). 시인은 이런 사실을 여러 가지 방식으로 표현한다.

여호와께서 내 의를 따라 상 주시며
　　내 손의 깨끗함을 따라 내게 갚으셨으니(시 18:20).

24그러므로 여호와께서 내 의를 따라 갚으시되

> 그의 목전에서 내 손이 깨끗한 만큼 내게 갚으셨도다.
> 25 자비로운 자에게는 주의 자비로우심을 나타내시며
> 완전한 자에게는 완전하심을 보이시며
> 26 깨끗한 자에게는 주의 깨끗하심을 보이시며
> 악한 자에게는 주의 거스르심을 보이시리니(시 18:24-26).

앞서 살펴보았듯이 시인(왕)은 자신이 여호와의 도움으로 원수들로부터 구원받았다고 고백한다(시 18:16-19, 30-36). 그리고 그 구원의 근저에는 여호와의 도를 지키고 그분의 규례와 율례를 따르는 순종이 있다고 말한다(시 18:20-26). 여기서 왕의 구원이 여호와의 율법을 준수한 것에 따른 결과라는 메시지는 매우 흥미롭다.

시편 20, 21편은 세 가지 이유에서 하나로 묶일 수 있다. 첫째, 두 시편 모두 제왕시로 분류되기 때문이다. 둘째, 두 시편 사이에 존재하는 논리적 연결성 때문이다. 즉 시편 20편은 왕을 구원해달라고 요청하는데("여호와여, 왕을 구원하소서! 우리가 부를 때에 우리에게 응답하소서!"[시 20:9]), 시편 21편은 왕을 구원하신 하나님께 감사를 드린다("여호와여, 왕이 주의 힘으로 말미암아 기뻐하며 주의 구원으로 말미암아 크게 즐거워하리이다"[시 21:1]). 셋째, 두 시편이 공유하는 어휘가 많기 때문이다.

시편 20편은 "응답하다"(יַעַנְךָ[시 20:1])와 "날"(יוֹם[시 20:9])이라는 두 단어에 의해 수미상관 구조가 만들어진다. 그 사이의 내용은 위기(국가적인 위기)에 처한 왕을 구원해달라는 백성들의 기도로 이루어진다. 여기서 기도의 대상은 여호와시고(시 20:1), 기도의 주체는 "우리"로 번역된 "백성들"이다(시 20:5, 7-9; 6절에서는 일인칭으로 등장).

1환난 날에 여호와께서 네게 응답하시고

야곱의 하나님의 이름이 너를 높이 드시며…

9여호와여, 왕을 구원하소서.

우리가 부를 때에 우리에게 응답하소서(시 20:1, 9).

시편 21편도 20편처럼 시작과 끝에 "여호와"(יהוה: 시 21:1, 13)와 "힘"(עז: 시 21:1, 13)이 반복되고, "찬양하다"(זמר: 시 21:2, 13)가 재차 등장하면서 수미상관 구조를 이룬다. 시편 21편의 시인은 여호와의 도움으로 인한 "왕의 승리"를 노래한다.

1여호와여, 왕이 주의 힘(עז)으로 말미암아 기뻐하며

주의 구원으로 말미암아 크게 즐거워하리이다.…

13여호와여, 주의 능력(עז)으로 높임을 받으소서.

우리가 주의 권능을 노래하고 찬송하게 하소서(시 21:1, 13).

3) 단락 E(시 19편)

시편 19편은 시편 15-24편으로 이루어진 단락의 핵심이다.[62] 시편 19편은 일반계시와 특별계시를 함께 이야기하는 성경 본문 가운데 하나이고, 히브리시의 특징(평행법, 은유와 직유적 표현들)을 가장 잘 보여주는 시편의 하나이기도 하다. 루이스(C. S. Lewis)는 "시편 19편이 시편 전체에서 가장 위대한 시요, 세상에서 가장 위대한 시 가운데 하나라고 생각한다"고 말

---

62 시편 19편은 세 부분으로 나뉜다. ① 창조세계에 드러난 하나님의 영광(시 19:1-6), ② 말씀에 나타난 하나님의 지혜(시 19:7-11), ③ 용서와 열납에 대한 기도(시 19:12-14).

했다.⁶³ 여기서는 특별히 시편 19:1-6, 7-11의 내용을 간략하게 살펴보자.

시편 19:1-6에서 시인은 온 우주가 하나님의 창조세계라고 노래한다. 시인에게 우주는 빈 공간이 아니라 하나님의 지혜로운 솜씨로 빼곡하게 채워져 하나님이 누구이신지에 관해 선포하는 매개체다. 시인은 "하늘이 하나님의 영광을 선포하고 궁창이 그의 손으로 하신 일을 나타"낸다고 노래한다(시 19:1). 시인은 천체의 역동적인 움직임을 보며 그 모든 것이 하나님의 솜씨요, 지혜라고 찬양하는 듯하다. 시편 19:3에서 시인은 하늘에 사람의 언어가 없어도 말이 전해진다고 노래한다. 손과 발이 없어도 창조세계는 움직이고 표현하며 하나님의 창조 질서에 순응해간다. 시인이 볼 때 이 세상은 하나님에 의해 창조되어 하나님의 영광을 드러내고 있다. 여기서 시인은 하나님의 창조물 가운데 특별히 "태양"을 대표로 든다. 시편 19:5-6을 읽어보자.

> 5 해는 그의 신방에서 나오는 신랑과 같고
> 　그의 길을 달리기 기뻐하는 장사 같아서
> 6 하늘 이 끝에서 나와서 하늘 저 끝까지 운행함이여,
> 　그의 열기에서 피할 자가 없도다(시 19:5-6).

시인은 태양을 신랑과 장사에 비유한다. 곧 동쪽에서 떠오르는 태양을 신방에서 나와서 환하게 웃는 신랑의 모습에 빗대고, 서쪽을 향해 힘차게 움직이는 태양의 모습을 전투를 벌이고 막사로 돌아가는 전사에 견준다. 또한 시인은 그 누구도 태양의 온기를 피해 살 수 없다는 사실에

---

63 C. S. Lewis, *Reflections on the Psalms* (New York: Harcourt, 1958), 63; Brown, *Seeing the Psalms*, 81.

우리의 관심을 기울이게 한다.

시편에서 14회 등장하는 태양은 다양한 모습으로 묘사된다(시 19:5; 50:1; 58:9; 72:5, 17; 74:16; 84:12; 89:37; 104:19, 22; 113:3; 121:6; 136:8; 148:3). 첫째, 단순히 하나님의 피조물 가운데 하나로서 나타난다. 둘째, 자연현상을 묘사하는 문맥에서 등장한다. 셋째, 하나님과 그의 기름 부음 받은 자의 영속성을 강조하는 대목에 사용된다. 넷째, 시인을 포함하여 하나님의 백성을 해칠 수도 있는 존재로 묘사된다.

이처럼 다양한 측면에도 불구하고 분명한 점은 시인들이 태양을 하나님의 창조물로 규정하고 창조물도 하나님을 찬양해야 한다는 신앙을 고백한다는 사실이다(시 113:3; 136:8; 148:3). 태양은 고대 세계에서 종종 신적 존재로 추앙받았으나, 시편의 시인들에게 태양은 그저 하나님의 창조물에 지나지 않는다. 물론 피조물일지라도 그 자체의 힘과 능력이 있다는 것을 부정할 필요는 없다. 하지만 아무리 강력한 에너지를 지녔더라도 피조물은 마땅히 하나님의 통치를 받으며 하나님을 찬양해야 한다.

"그 누구도 태양의 온기를 피해 살 수는 없다"는 선언으로 시편 19편의 앞 단락이 끝났다면, 이어지는 시편 19:7-11은 우리의 영혼을 소생시키므로 순금보다 더 사모해야 할 율법에 관해 노래한다. 시편 1편은 율법을 묵상하는 자의 행복과 즐거움을 다루었다. 반면 시편 19편은 율법의 효능을 입증한다.

> 7여호와의 율법은 완전하여 영혼을 소성시키며
>   여호와의 증거는 확실하여 우둔한 자를 지혜롭게 하며
> 8여호와의 교훈은 정직하여 마음을 기쁘게 하고
>   여호와의 계명은 순결하여 눈을 밝게 하시도다.

> 9여호와를 경외하는 도는 정결하여 영원까지 이르고
> 　　여호와의 법도 진실하여 다 의로우니
> 10금 곧 많은 순금보다 더 사모할 것이며
> 　　꿀과 송이꿀보다 더 달도다.
> 11또 주의 종이 이것으로 경고를 받고
> 　　이것을 지킴으로 상이 크니이다(시 19:7-11).

이 구절은 특별히 율법의 속성과 그 효력에 관해 가르쳐준다. 이 구절의 특징을 살펴보자. 첫째, "증거", "교훈", "계명", "경외하는 도", "법" 등이 모두 "율법"의 유의어로 사용된다. 면밀하게 따지면 각 용어의 쓰임새가 약간씩 다를 수 있겠지만 이 구절에서는 그 차이점이 드러나지 않는다. 둘째, 율법의 유의어로 수놓인 시편 19:7-9의 히브리어 구성을 살펴보면 각 행(line)이 5개의 단어로 구성되어 5+5, 5+5, 5+5의 모습을 띤다. 베스코(Jean-Luc Vesco)는 이 구성이 모세 오경을 암시한다고 보았다.[64]

그런데 여기서 우리가 기억해야 할 사실은 "율법"을 주제로 하는 시편 19편 앞뒤에 원수들에게 승리하는 "왕"을 언급하는 시편들이 배치되어 있다는 점이다(시 18, 20-21편). 특히 시편 18:39-42과 시편 20:5-9의 내용이 이에 해당한다. 그렇다면 시편 제1권은 시편 1, 2편에서 "율법"과 "왕"의 주제로 시작했다가 시편 8편에서 "여호와의 왕/창조주 되심"을 찬양하고, 제1권의 중심(시 18-21편)에서 또다시 "율법"과 "왕"의 주제를 언급하면서 왕이 율법을 얼마나 소중하게 생각하고 지켜나가야 하는지를 거듭해서 보여준다고 할 수 있다.

---

64 Jean-Luc Vesco, *Le psautier de David traduit et commenté*(Paris: Cerf, 2006), 1:209.

7. 시편 제1권의 세 번째 단락: 시편 25-34편

앞서 우리는 시편 제1권의 중심 단락인 시편 15-24편을 살펴보았다. 그에 해당하는 모든 시편을 세밀하게 들여다보지는 않았지만 "율법"과 "왕"이라는 주제를 위해 10개의 시편이 의도적으로 배열되었다는 사실을 충분히 확인할 수 있었다. 그렇다면 시편 제1권의 세 번째 단락인 시편 25-34편은 어떤 이야기를 전개할까?[65]

이번 장의 앞부분에서 언급했듯이 시편 25-34편은 수미상관 구조로 되어 있다. 이 단락의 첫 시편(시 25편)과 마지막 시편(시 34편)이 모두 이합체 시편이며,[66] 어휘와 주제 면에서도 공통되는 요소를 가지고 있기 때문이다. 예를 들어 시편 25편과 34편은 모두 "선하심"(시 25:7-8; 34:8)과 "여호와 경외"(시 25:12-14; 34:9)를 말하고 "여호와의 구원하심"이라는 주제도 공유한다. 또한 첫 시편은 여호와께 구원을 요청하고(시 25:3-4), 마지막 시편은 여호와의 구원하심에 감사를 드린다(시 34:4-7).

이 단락의 구성에서 우리의 눈을 사로잡는 점은 앞부분의 시편 25-28편이 모두 탄식시라는 사실이다. 반면 뒷부분의 시편 30-34편은 감사시(시 30, 34편), 탄식시(시 31편), 지혜시(시 32편), 찬양시(시 33편) 등으로 구성된다. 이 단락의 중앙에는 "피조물 위에 좌정하신 하나님-왕"을 찬양하는 시편 29편(창조시/찬양시)이 자리한다. 따라서 이 단락은 시편 25-

---

[65] 김성수 박사는 이합체 시편인 시편 25편과 히브리어 알파벳 숫자와 같은 22개의 구절로 구성된 시편 33편이 서로 연결된다고 본다. 김성수, "문맥으로 시편 25-33편 읽기", 70-71을 참조하라.

[66] J. C. McCann, "Book of Psalms: Introduction, Commentary, and Reflection," *The New Interpreter's Bible*(Nashville: Abingdon), 813. Hossfeld와 Zenger도 인정하듯이 시편 37편 역시 이합체 시편이기 때문에 문예적 특징의 차원에서만 볼 때 시편 25-37편을 하나의 단위로 묶을 수도 있다. 참조. 김창대, 『한 권으로 꿰뚫는 시편』, 57, 109-37.

28, 29, 30-34편으로 세분될 수 있다.

25	26	27	28	29	30	31	32	33	34
	탄식시			찬양시	감사시	탄식시	지혜시	찬양시	감사시
이합체									이합체
구원자와 피난처 되시는 여호와				여호와의 왕 되심	구원자와 피난처 되시는 여호와				
구원-요청 선하심 하나님 경외									구원-감사 선하심 하나님 경외

시편 25-34편의 구성과 시편 29편의 전략적 배치

1) 시편 25-28편

탄식시인 시편 25-28편은 여호와의 말씀을 강조한다. 시편 25편과 27편의 시인은 탄식 속에서 "여호와의 도"를 가르쳐달라고 간구하고(시 25:4-7, 8-10; 27:11), 시편 26편과 28편의 시인은 고난당하는 자신이 여호와의 말씀에 따라 살아왔음을 암시한다(시 26:1-3, 11-12; 28:3-5). 한편 시편 26, 27, 28편은 "성소 모티프"를 공유한다(시 26:8; 27:4-6; 28:1-2).

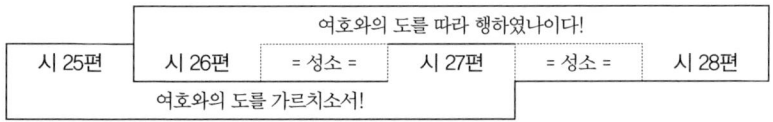

시편 25-28편의 전략적 배열

시편 25편의 시인은 탄식 속(시 25:1-3)에서 여호와의 도를 가르쳐 달라고 기도한다(시 25:4-5, 8-10).

4여호와여, 주의 도(דֶּרֶךְ)를 내게 보이시고

주의 길(אֹרַח)을 내게 가르치소서.

5주의 진리(אֱמֶת)로 나를 지도하시고 교훈하소서.

주는 내 구원의 하나님이시니 내가 종일 주를 기다리나이다(시 25:4-5).

8여호와는 선하시고 정직하시니

그러므로 그의 도(דֶּרֶךְ)로 죄인들을 교훈하시리로다.

9온유한 자를 정의로 지도하심이여,

온유한 자에게 그의 도(דֶּרֶךְ)를 가르치시리로다.

10여호와의 모든 길(אֹרַח)은

그의 언약과 증거를 지키는 자에게 인자와 진리로다(시 25:8-10).

여기서 "주[여호와]의 도"를 지칭하기 위해 사용된 히브리어, 즉 "데레크"(דֶּרֶךְ[시 25:4, 9; 27:11])와 "오라흐"(אֹרַח[시 25:4])는 동의어로서 율법에 기초한 삶의 방식을 가리킨다고 할 수 있다(참조. 시 1편).[67] 시편 25편의 시인은 원수들로 인해 끔찍한 위기 상황에 맞닥뜨렸음에도 불구하고(시 25:13, 16-22), 여호와의 인도하심과 교훈을 구한다. 이는 시편의 독자들이 깊이 묵상해야 할 태도다. 위기(탄식) 상황에서 자기 생각과 뜻을 따를 것이 아니라 여호와의 말씀을 통해 교훈을 구하고 지혜를 구해야 한다. 시편 27편의 시인도 비슷한 위기 상황(시 27:1-3, 7-10)―이 위기 상황은 전쟁과 관련된 듯하다―에서 여호와의 도(교훈)를 가르쳐달라고 요청한다.

---

67 VanGemeren, *Psalms*, 266.

여호와여, 주의 도를 내게 가르치시고
  원수를 생각해서서 평탄한 길로 나를 인도하소서(시 27:11).

반면 시편 26편과 28편의 시인은 자신이 여호와의 도를 따라 행했다고 말한다.

1내가 나의 완전함에 행하였사오며 흔들리지 아니하고
  여호와를 의지하였사오니 여호와여, 나를 판단하소서.
2여호와여, 나를 살피시고 시험하사
  내 뜻과 내 양심을 단련하소서.
3주의 인자하심이 내 목전에 있나이다.
  내가 주의 진리 중에 행하여
4허망한 사람과 같이 앉지 아니하였사오니
  간사한 자와 동행하지도 아니하리이다.
5내가 행악자의 집회를 미워하오니
  악한 자와 같이 앉지 아니하리이다.
6여호와여, 내가 무죄하므로 손을 씻고 주의 제단에 두루 다니며(시 26:1-6).

시인은 "여호와여, 나를 판단하소서"라고 기도한다.[68] 이 기도는 자신의 결백을 입증해달라는 요청과 다르지 않다. 시인이 이처럼 당당한 이유는 그가 완전함에 행하였고 여호와를 의지하였기 때문이다. 이는 원인을 말하는 접속사 "키"(כי)로 시작하는 히브리어 본문에서 분명하게 드러난다.

---

68 히브리어로 따지면 시편 26:1은 "여호와여, 나를 판단하소서"라고 시작한다.

여기서 "완전함에 행하다"로 번역된 "베투미 할라크티"(בְּתֻמִּי הָלַכְתִּי)는 여호와의 율법에 기반한 윤리적 삶의 의미를 내포한다(삼하 15:11; 시 26:1, 11; 101:2; 잠 2:7; 10:9; 19:1; 20:7; 28:6). 더 나아가 시인은 허망한 사람과 더불어 앉지 아니하고, 간사한 자와 동행하지 아니하며, 악한 자와 함께 앉지 아니할 것이라고 고백한다(시 26:4-5). 이 고백은 시편 1편에서 시인이 "복 있는 사람"을 정의한 내용—"악인들의 꾀를 따르지 아니하며 죄인들의 길에 서지 아니하며 오만한 자들의 자리에 앉지 아니하고"(시 1:1)—을 상기시킨다. 또한 성전에 들어가 예배할 수 있는 자들이 가져야 할, 토라에 기초한 윤리적 자격 조건을 떠올리게 한다(시 15:2-5; 24:4).[69] 왜냐하면 시편 26편의 시인이 자신의 무죄한 삶과 깨끗한 손을 여호와의 집과 연관 지어 노래하기 때문이다(시 26:6-9).

시편 28편의 시인도 마찬가지다. 시인은 탄식 가운데서 여호와의 도움을 요청하는데(시 28:1-3), 이 요청은 악인들의 삶과 구별된 자신의 삶에 근거를 둔다(시 28:3-5). 시인은 자신의 구별된 삶을 직접적이고 명시적으로 언급하지는 않는다. 하지만 시인이 악인들을 심판해야 할 이유로 그들의 악행을 언급하는 것과는 달리 자신을 악인들과 함께 심판하지 마시라고 간구하는 것을 볼 때, 자신이 악인들과는 구별되는 삶을 살았음을 전제한다고 할 수 있다.

> 3악인과 악을 행하는 자들과 함께 나를 끌어내지 마옵소서.
> 그들은 그 이웃에게 화평을 말하나
> 그들의 마음에는 악독이 있나이다.

---

[69] Craigie, *Psalms 1-50*, 225.

4 그들이 하는 일과 그들의 행위가 악한 대로 갚으시며
그들의 손이 지은 대로 그들에게 갚아
그 마땅히 받을 것으로 그들에게 갚으소서.
5 그들은 여호와께서 행하신 일과 손으로 지으신 것을 생각하지 아니하므로
여호와께서 그들을 파괴하고 건설하지 아니하시리로다(시 28:3-5).

2) 시편 30-34편

시편 30편은 비록 표제어가 "다윗의 시, 곧 성전 낙성가"이지만,[70] 장르로는 질병을 치유하신 하나님께 감사하는 내용을 담은 "감사시"라고 할 수 있다.[71] 시인은 "여호와여, 주께서 내 영혼을 스올에서 끌어내어 나를 살리사 무덤으로 내려가지 아니하게 하셨나이다"(시 30:3)라고 고백한다. 시인의 질병은 그를 죽음의 문턱에 이르게 했을 만큼 고통을 주었던 것으로 보인다("스올"[시 30:3], "무덤"[시 30:9]). 시인은 자신이 앓는 질병의 원인이 교만임을 고백한다("내가 형통할 때에 말하기를 '영원히 흔들리지 아니하리라' 하였도다"[시 30:6]). 이 시편이 가장 분명하게 전달하는 메시지는 여호와가 "구원자"라는 것이다.

시편 31편은 일반적으로 탄식시로 분류되지만, 자세히 보면 탄식의 내용(시 31:1-6, 9-13)과 신뢰/감사의 내용(시 31:7-8, 14-24)이 혼재한다. 시인의 탄식은 원수들 때문에 욕을 당하고 비방을 들을 뿐 아니라 질병

---

70 시편의 표제어가 갖는 기능에 관해서는 방정열, "시편 표제어 유무(有無)에 대한 정경적 해석의 가능성", 11-37을 참조하라.
71 시편 30편은 여호와께 대한 감사와 신뢰의 내용이 혼재한다. Jacobson이 지적하는 것처럼, 독자들은 감사에 초점을 맞춰 이해할 수도 있고 신뢰에 초점을 맞춰 묵상할 수도 있다. DeClaissé-Walford, Jacobson, Tanner, *The Book of Psalms*, 289.

까지 앓게 된 상황에서 비롯한다(시 31:9-13). 하지만 시인은 여호와가 구원자와 피난처 되심을 고백하며(시 31:1, 7, 14-18), 자신의 탄식 소리에 응답하신 여호와께 감사를 드린다(시 31:8, 19-24).[72] 시편 30편의 시인은 자신의 교만으로 인해 질병을 앓게 되었다면(시 30:2, 6), 시편 31편의 시인은 원수들(대적자들)의 비방과 욕으로 인해 질병을 얻은 것으로 보인다(시 31:9-13).

시편 32편은 대표적인 참회시 가운데 하나지만,[73] 용서에 대한 감사의 내용을 전제하고 있어 감사시로 분류할 수 있다. 이 시편의 내용 전개는 매우 선명한 모양새를 띤다. 시인은 죄를 고백하고 사함을 받는 자(시 32:3-5)가 복이 있음으로(시 32:1-2) 기회가 있을 때마다 여호와를 피난처 삼아 기도하라고 말한다(시 32:6-12). 또한 시인은 죄와 질병 간의 밀접한 관계를 인정한다("내가 입을 열지 아니할 때에 종일 신음하므로 내 뼈가 쇠하였도다. 주의 손이 주야로 나를 누르시오니 내 진액이 빠져서 여름 가뭄에 마름같이 되었나이다"[시 32:3-4]). 다시 말해 자신의 죄 때문에 질병이 생겼다는 것이다. 여기서 독자들은 죄를 범하게 되었을 때 어디로 혹은 누구에게 가야 하는지 질문하게 된다. 이에 관해 시인은 피난처 되신 여호와를 소개하며 "주는 나의 은신처이오니 환난에서 나를 보호하시고 구원의 노래로 나를 두르시리이다"(시 32:7)라고 고백한다. 여기서 "은신처"로 번역된 히브리어 "세테르"(סֵתֶר)는 은밀한 피난처로서 "보호"를 상징한다.[74] 여호와에 관한 이런 묘사는 시편 31:1-2, 19-20 및 33:20("방패"), 34:22 등에 반복

---

72 김창대 박사는 어휘적 분석에 따라 시편 31-34편을 한 단락으로 간주한다. 김창대, 『한 권으로 꿰뚫는 시편』, 122을 참조하라.
73 대표적 참회시인 7개의 시편은 다음과 같다. 시 6, 32, 38, 51, 102, 130, 143편.
74 *HALOT* 2:772; *NIDOTTE* 3:301.

해서 등장한다.

시편 33편은 여호와를 "창조자"와 역사의 "주관자"로 드높이는 "찬양시"다.[75] 이 시편의 첫머리에는 찬양시의 전형적인 특징 가운데 하나인 "찬양으로의 초청"이 자리한다(시 33:1-3). 여기서 흥미로운 것은 시편 33:1이 시편 32편의 마지막 구절(11절)과 비슷하다는 점이다. 아마도 시편 33편의 시인은 시편 32:11에서 죄 사함을 받은 시인이 요청한 찬양의 명령을 수행하는 듯하다.[76]

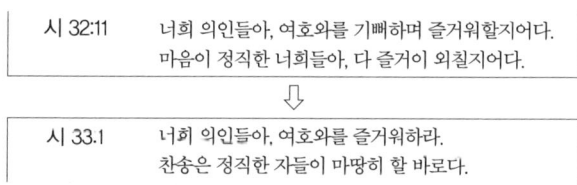

시편 32편과 33편의 연결 고리

시인이 여호와를 찬양하는 이유는 그가 창조자이자(시 33:4-7) 역사의 주관자이시기 때문이다(시 33:9-19). 이는 시편 33편의 구조에서 분명하게 드러난다. 찬양으로의 초청(시 33:1-3)에 이어 찬양의 이유가 제시된다(시 33:4-7, 4절은 원인 접속사 "키"[כִּי]로 시작). 그리고 또 다른 찬양으로의 초청(시 33:8)이 이어지는데 여기서도 그 이유가 뒤따라 제시된다(시 33:9-19, 9절도 원인 접속사 "키"로 시작). 첫째 이유를 제시하는 시편 33:4-7은 여호와의 말씀으로 창조된 세상이 그의 인자하심으로 충만하다고 노래한다. 여호와의 말씀이 정직하고 그가 행하시는 일이 다 진실한 것

---

75 이 시편은 히브리어 알파벳 개수(22)만큼 22개의 구절로 구성되었지만, 각 구절이 알파벳 순서에 따라 시작하는 이합체 시편은 아니다.
76 Brueggemann, Bellinger, *Psalms*, 164; Craigie, *Psalms 1-50*, 272.

처럼(시 33:4), 여호와는 창조세계에 대해서도 동일하게 신실하시다는 것이다(참조. 시 33:5, 18, 22). 둘째 이유를 제시하는 시편 33:9-19은 여호와가 역사의 주관자 되심을 노래한다. 이 땅의 모든 나라와 민족의 역사를 포함하여(시 33:10-11) 모든 것이 여호와의 손안에 있다(참조. 사 46:10-11; 56:7-9). 그러니 시인은 여호와를 찬양하자고 독자들을 초청하는 것이다.

시편 33편은 특별히 말씀으로 세상을 지으신 "창조자"로서의 여호와에 대한 신앙을 고백할 뿐만 아니라(시 33:4-7), 그 창조자가 자신을 경외하는 자, 곧 그의 인자하심을 소망하는 자들을 구원하신다는 메시지를 전달한다(시 33:18-19). 앞서 시편 32편에서 시인은 여호와를 신뢰하여 기회가 있을 때마다 자신의 죄를 고백하는 자들에게 여호와의 인자하심이 함께할 것이라고 노래했다. 이어서 시편 33편의 시인은 창조자이신 여호와가 당신의 인자하심을 소망하는 자들(=여호와를 경외하는 자들)을 건지실 것이라고 찬양한다(시 33:18-19).[77]

시편 34편은 이합체 시편으로서 시편 25편과 짝을 이루고, 장르로는 교훈(지혜)이 담긴 감사시로 분류된다. 교훈(지혜) 요소는 특히 시편 34:8-22에서 두드러진다. 이 부분에서는 "여호와 경외"가 세 번 반복되면서 강조되고(시 34:9, 11), 의인과 악인의 대조가 선명하게 드러난다(시 34:14-21). 그리고 이런 내용은 "여호와의 피난처 되심"이라는 주제에 둘러싸여 있다(시 34:8, 22).

> 너희는 여호와의 선하심을 맛보아 알지어다.
> 그에게 피하는 자는 복이 있도다(시 34:8).

---

[77] 시편 25-34편에서 "인자하심"은 중요한 신학적 주제 가운데 하나다. 참조: 시 25:6-7, 10; 26:3; 31:7, 16, 21; 32:10; 33:5, 18, 22; 36:5, 7, 10; 40:10-11.

> 여호와께서 그의 종들의 영혼을 속량하시나니
> 그에게 피하는 자는 다 벌을 받지 아니하리로다(시 34:22).

시인이 감사하는 내용은 구체적으로 제시되지 않는다. 하지만 그가 탄식(환난) 가운데서 여호와께 도움을 요청했으며 여호와가 그 기도에 응답하셨다는 것은 분명하다(시 34:4-7).

> 4내가 여호와께 간구하매 내게 응답하시고
> 내 모든 두려움에서 나를 건지셨도다.
> 5그들이 주를 앙망하고 광채를 내었으니
> 그들의 얼굴은 부끄럽지 아니하리로다.
> 6이 곤고한 자가 부르짖으매 여호와께서 들으시고
> 그의 모든 환난에서 구원하셨도다.
> 7여호와의 천사가 주를 경외하는 자를 둘러 진 치고
> 그들을 건지시는도다(시 34:4-7).

앞서 간략하게 살펴보았던 것처럼, 시편 30-34편은 여호와의 구원자 되심과 피난처 되심을 노래한다. 위기 상황에서 시인이 기도할 수 있었던 것은 여호와가 구원자와 피난처 되신다는 사실을 믿었기 때문이다. 또 시인이 감사 기도를 드리게 된 것도 여호와의 구원자 되심과 피난처 되심을 경험했기에 가능한 일이었다.

3) 시편 29편

시편 제1권의 세 번째 단락(시편 25-34편)에서 중심을 차지하는 것은 시편 29편이다. 시편 29편은 하늘에 좌정해 창조세계를 통치하시는 "하나님-왕"을 노래한다("여호와께서 홍수 때에 좌정하셨음이여, 여호와께서 영원하도록 왕으로 좌정하시도다"[시 29:10]). 시편 29:1-2에서 시인은 찬양시의 일반적인 특징을 따라 "권능 있는 자들"을 찬양과 예배로 초청한다. 여기서 "권능 있는 자들"로 번역된 히브리어 "브네이 엘림"(בְּנֵי אֵלִים)은 원래 "신들의 아들들"(sons of gods) 혹은 "하나님의 아들들"(sons of God)을 의미한다. 하지만 대다수 영어 성경(NIV, ESV, NET 등)은 이를 "천상의 존재들", 즉 "천사들"로 번역한다.[78] 따라서 이들이 여호와 "하나님-왕"을 찬양하는 곳은 천상의 성전이라고 할 수 있다.

시편 29:3-9은 천상의 존재들을 찬양으로 초청한 이유를 제시한다. 여기서 우리의 시선을 사로잡는 표현은 일곱 번이나 반복되는 "여호와의 소리"다(시 29:3-5, 7-9). 이는 여호와가 혼돈의 세력(물)과 만물 위에 좌정하셔서 외치는 승리의 포효를 상징한다. 시편 29:3은 여호와의 소리가 물(바다) 위에 있다고 노래한다. 그런데 바알 신화에서 물(מַיִם)은 바다와 혼돈의 신 얌(Yam)이 풍요와 천둥 번개의 신 바알(Baal)과 전투를 벌인 곳이다. 그리고 "엘"(El)은 가나안 만신전의 최고 신이었다.[79] 따라서 여호와의 소리가 바다(물) 위에 있다는 것은 여호와가 창조세계를 포함하여 그 모든 신들보다 위에 계시다는 것을 암시한다(참조. 시 93:3-4).

---

78 Craigie, *Psalms 1-50*, 246.
79 VanGemeren, *Psalms*, 294.

지금까지 살펴본 내용을 요약해보자. 시편 25-28편과 30-34편 사이에 29편이 놓여 있다. 시편 25-28편은 여호와의 도를 가르쳐달라는 간구(시 25, 27편)와 시인 자신이 여호와의 도를 행하였다는 항변(시 26, 28편)으로 채워져 있다. 물론 이 시편들 속에는 여호와가 구원자와 피난처가 되신다는 주제가 함께 흐르고 있다. 반면 시편 30-34편은 여호와가 구원자와 피난처가 되신다는 사실에 초점이 맞춰져 있다. 그리고 시편 29편은 여호와 하나님이 이방신들을 포함하여 온 우주를 다스리는 왕이심을 찬양한다.

우리는 앞서 시편 제1권의 서론(시 1, 2편)에서 "율법 묵상의 중요성"과 시온에 세움을 입은 "왕"의 주제가 중요하게 전개되었다는 것을 확인했다. 그런데 시편 제1권의 첫 번째 단락(시 3-14편), 두 번째 단락(시 15-24편), 세 번째 단락(시 25-34편)을 분석한 결과 그 중심에도 "율법"과 "왕"의 주제가 자리한다는 사실을 알 수 있었다. 첫 번째 단락의 중심인 시편 8편은 창조자 되신 하나님-왕을 찬양한다. 두 번째 단락의 중심인 시편 19편은 생명의 근원되는 율법의 완전성을 노래한다(물론 시 18편과 20-21편은 여호와의 도움으로 승리한 인간-왕의 노래를 전개한다). 세 번째 단락의 중심인 시편 29편은 창조세계 위에 좌정하신 여호와 "하나님-왕"을 찬양한다.

8. 시편 제1권의 네 번째 단락: 시편 35-41편

시편 제1권의 마지막 단락(시 35-41편)은 한 편의 탄식시(시 35편)와 두 편의 지혜시(시 36-37편), 그리고 두 편의 탄식시(시 38-39편)와 두 편의 감사시(시 40-41편)로 구성된다. 여기서 흥미로운 점은 시편 35편이 36-37편과 연결되고, 시편 38-39편이 40-41편과 연결된다는 사실이다. 즉 시편 35편의 탄식 소리에 36-37편은 여호와를 믿고 기다리라는 응답을 내놓고, 시편 38-39편의 탄식 소리에 40-41편은 여호와의 구원에 감사하자고 요청하는 것이다.

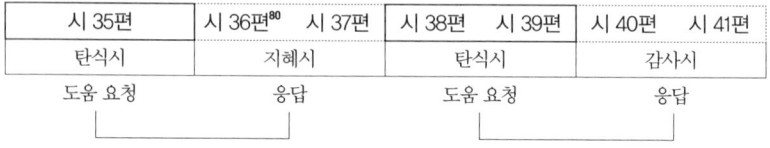

시편 35-41편의 전략적 배열

1) 시편 35-37편

시편 35편의 시인은 다양하게 묘사된 원수들—"다투는 자"(시 35:1), "내 생명을 찾는 자들", "나를 상해하려 하는 자들"(시 35:4), "사냥꾼"(시 35:7-8), "불의한 증인들"(시 35:11), "조롱하는 자"(시 35:16), "사자들"(시 35:18) 등—이 특별한 이유 없이 자기를 해하려 하고(시 35:7) 선을 악으로 갚는 상황에 맞닥뜨린다(시 35:12). 시인은 원수들이 병들었을 때 그들을 위해 기도했고(시 35:13), 그들을 친구처럼 대했다(시 35:14). 하지만 시인은 원수들이 오히려 자신을 조롱하고 자기에게 이를 갈았다고 탄식한다(시 35:16). 이때 시인이 탄식하며 찾는 대상은 "공의의 하나님"이다. 그

---

80 시편 36편은 지혜시와 탄식시의 요소를 모두 가지고 있다. 하지만 시편 36:1-9에서는 지혜시의 특징이 두드러지고 시편 35:10-12에서는 탄식시의 특징이 나타난다는 점에서 이 시편은 지혜시의 내용이 더 지배적이라고 할 수 있다.

는 "여호와, 나의 하나님이여! 주의 공의대로 나를 판단하사, 그들이 나로 말미암아 기뻐하지 못하게 하소서"(시 35:24)라고 부르짖는다.

시편 35편에 등장하는 악인들에 관해 시편 36편(지혜시)은 그들의 내면세계와 인격적 특징을 구체적으로 명시하고, 시편 37편은 그런 악인들에 대해 어떤 자세를 가져야 하는지를 보여준다. 악인들은 기본적으로 하나님을 두려워하지 않으며(시 36:1; 참조. 시 37:31; 잠 1:7), 자신들의 죄가 드러나지 않을 것이라고 확신한다(시 36:2). 또한 그들의 입은 죄악과 속임수로 가득하다(시 36:3). 더 나아가 그들은 침상에서까지 악을 꾀하며 기꺼이 악한 길에 들어서고자 한다(시 36:4; 참조. 시 63:6). 시편 35편에서 선을 악으로 갚는 악인들의 모습이 시편 36편에서 더욱 구체적으로 묘사되는 것이다.

그런데 시편 36편에서 시인은 갑자기 하나님의 속성들—인자하심, 진실하심, 의, 심판—을 묵상한다(시 36:5-7, 10). 시편 35편의 탄식 상황에서 하나님의 언약 백성이 취해야 할 태도 중 하나는 하나님과 그의 속성을 묵상하는 것이었다. 시편 35편의 시인은 하나님께 전사처럼 나서서 악인들과 더불어 싸워주시기를 청원한다(시 35:1). 하지만 거기서 한 걸음 더 나아가 "공의의 하나님"을 간절히 찾는다(시 35:24). 그와 같이 시편 36편의 시인 역시 하나님의 속성들을 묵상한다. 여호와 하나님이 자신의 언약 백성에게 얼마나 신실하고 성실하신 분인지를 묵상하는 것은 탄식의 상황에서 큰 위로와 도전을 준다.

시편 37편은 의인과 악인의 행위와 결과를 대조하는 지혜시로, 시편 35편의 시인에게 탄식 상황에서 취해야 할 태도들을 알려준다.

① 악인들 때문에 불평하지 말고 그들을 시기하지 말 것(시 37:1)

② 잠잠히 자신의 길을 여호와께 맡기고 그를 의지할 것(시 37:5-7)

③ 악에서 떠나 선을 행할 것(시 37:27)

④ 여호와를 바라고 그의 도를 행할 것(시 37:34)

시인은 언약 백성이 악인들의 악행으로 인해 고통 가운데 있게 될 때, 그들을 시기하거나 그들에게 저주를 퍼붓기보다는 먼저 자신의 길을 잠잠히 여호와께 맡겨야 한다고 말한다. 이에 관해 시편 37편은 의인과 악인의 운명을 대조하면서 독자들이 자연스럽게 의인의 길을 선택하도록 유도한다(참조. 시 1편). 시인은 악인들의 구체적인 악행들(시 37:12, 14, 21, 32)과 그들의 운명(시 37:2, 9-10, 17, 20, 22, 24, 28, 36, 38)을 묘사하는 데 여러 구절을 할애한다. 악인들의 운명과 대조되는 의인의 운명은 다음 다섯 가지로 제시된다.

① 의와 공의가 빛같이 드러날 것(시 37:6)

② 땅을 차지할 것(시 37:11, 22, 29, 34)

③ 여호와가 붙들어주심(시 37:17)

④ 영생이 주어짐(시 37:27)

⑤ 보호(시 37:26)

탄식(고통)의 상황에 맞닥뜨릴 때(시 35편), 언약 백성은 여호와의 속성(예. 공의와 인자하심)들을 묵상하면서(시 36편) 의인과 악인의 운명에 관한 확신을 지녀야 한다(시 37편). 그래야 악인들이 잠시 누리는 번영을 시기하지 않을 수 있다.

2) 시편 38-41편

시편 38편과 39편의 시인은 모두 여호와께 질병의 고통에서 자신을 구원해달라고 간청한다(시 38:1-10, 21-22; 39:13). 시편 38편의 시인은 죄로 인한 여호와의 진노가 질병의 모습으로 발현되었다고 고백한다("주의 진노로 말미암아 내 살에 성한 곳이 없사오며 나의 죄로 말미암아 내 뼈에 평안함이 없나이다. 내 죄악이 내 머리에 넘쳐서 무거운 짐 같으니 내가 감당할 수 없나이다"[시 38:3-4]). 질병으로 인해 탄식하는 시편 38편의 시인은 자신의 상황에 원수("내 생명을 찾는 자")의 음모도 긴밀하게 연결되어 있다고 말한다(시 38:12-19). 시편 39편의 시인 역시 죄와 질병의 인과관계를 암시하며 자신을 구원해달라고 기도한다(시 39:7-8, 12-13).

> 12여호와여, 나의 기도를 들으시며 나의 부르짖음에 귀를 기울이소서.
> 　　내가 눈물 흘릴 때에 잠잠하지 마옵소서.
> 나는 주와 함께 있는 나그네이며
> 　　나의 모든 조상들처럼 떠도나이다.
> 13주는 나를 용서하사 내가 떠나 없어지기 전에
> 　　나의 건강을 회복시키소서(시 39:12-13).

시편 38, 39편이 질병의 고통에서 구원해달라는 요청을 담고 있다면, 시편 40, 41편은 탄식의 내용을 일부 담고 있기는 하지만(시 40:11-17; 41:4-9), 여호와의 구원하심에 감사하는 노래가 주된 내용이다(시 40:1-10; 41:1-3, 11-12). 그중 시편 40편은 감사(시 40:1-10)와 탄식(시 40:11-17)의 내용이 비슷한 비중으로 섞여 있다. 시인은 자신의 죄로 인한 재앙에서 구원해주시고(시 40:11-13), 원수들의 조롱과 가난에서 벗어날 수 있게 해달라고 간청한다(시 40:14-17). 또한 시편 41편의 시인도 자신의 죄로 인한 질병에서 자신을 구원해달라고 간청한다(시 41:4-9). 그러나 시편 40-41편에는 여호와가 시인의 탄식 기도를 듣고 그에 응답하셨다는 사실을 바탕으로 하는 감사가 넘쳐흐른다.

1내가 여호와를 기다리고 기다렸더니
  귀를 기울이사 나의 부르짖음을 들으셨도다.
2나를 기가 막힐 웅덩이와 수렁에서 끌어올리시고
  내 발을 반석 위에 두사 내 걸음을 견고하게 하셨도다.
3새 노래 곧 우리 하나님께 올릴 찬송을 내 입에 두셨으니
  많은 사람이 보고 두려워하여 여호와를 의지하리로다(시 40:1-3).

1가난한 자를 보살피는 자에게 복이 있음이여,
  재앙의 날에 여호와께서 그를 건지시리로다.
2여호와께서 그를 병상에서 붙드시고
  그가 누워 있을 때마다 그의 병을 고쳐주시나이다(시 41:1-2).

11내 원수가 나를 이기지 못하오니
  주께서 나를 기뻐하시는 줄을 내가 알았나이다.
12주께서 나를 온전한 중에 붙드시고
  영원히 주 앞에 세우시나이다(시 41:11-12).

한편 시편 40, 41편에는 "토라 경건"(torah piety)이 제시되기도 한다

(시 40:6-10; 41:1). 시편 40:6-10은 시인이 하나님의 구원 행위를 경험한 후 보인 반응을 묘사한다. 이때 제사를 드리는 것(시 40:6)과 여호와의 율법을 마음에 새기는 것(시 40:7-8)이 대조되는데, 시인은 후자를 선택한다.

> 6주께서 내 귀를 통하여 내게 들려주시기를
>   제사와 예물을 기뻐하지 아니하시며
>   번제와 속죄제를 요구하지 아니하신다 하신지라.
> 7그때에 내가 말하기를
>   "내가 왔나이다. 나를 가리켜 기록한 것이 두루마리 책에 있나이다.
> 8나의 하나님이여, 내가 주의 뜻 행하기를 즐기오니
>   **주의 법이 나의 심중에 있나이다**" 하였나이다(시 40:6-8).

이 말씀은 하나님이 원하시는 것이 제사와 예물, 번제와 속죄제가 아니라 율법을 마음에 새기는 것임을 분명하게 보여준다. 이처럼 제사의 부정적인 측면을 강조하고 말씀의 중요성을 강조하는 문맥은 자연스럽게 이사야 1:10-17, 예레미야 31:31-34, 에스겔 36:26-28을 떠오르게 한다.

> 10너희 소돔의 관원들아, 여호와의 말씀을 들을지어다. 너희 고모라의 백성아, **우리 하나님의 법에 귀를 기울일지어다**. 11여호와께서 말씀하시되 "너희의 무수한 제물이 내게 무엇이 유익하뇨? 나는 숫양의 번제와 살진 짐승의 기름에 배불렀고 나는 수송아지나 어린 양이나 숫염소의 피를 기뻐하지 아니하노라. 12너희가 내 앞에 보이러 오니 이것을 누가 너희에게 요구하였느냐? 내 마당만 밟을 뿐이니라. 13헛된 제물을 다시

가져오지 말라. 분향은 내가 가증히 여기는 바요, 월삭과 안식일과 대회로 모이는 것도 그러하니 성회와 아울러 악을 행하는 것을 내가 견디지 못하겠노라. 14내 마음이 너희의 월삭과 정한 절기를 싫어하나니 그것이 내게 무거운 짐이라. 내가 지기에 곤비하였느니라. 15너희가 손을 펼 때에 내가 내 눈을 너희에게서 가리고 너희가 많이 기도할지라도 내가 듣지 아니하리니 이는 너희의 손에 피가 가득함이라. 16**너희는 스스로 씻으며 스스로 깨끗하게 하여 내 목전에서 너희 악한 행실을 버리며 행악을 그치고** 17**선행을 배우며 정의를 구하며 학대받는 자를 도와주며 고아를 위하여 신원하며 과부를 위하여 변호하라**" 하셨느니라(사 1:10-17).

31여호와의 말씀이니라. 보라! 날이 이르리니 내가 이스라엘 집과 유다 집에 새 언약을 맺으리라. 32이 언약은 내가 그들의 조상들의 손을 잡고 애굽 땅에서 인도하여내던 날에 맺은 것과 같지 아니할 것은 내가 그들의 남편이 되었어도 그들이 내 언약을 깨뜨렸음이라. 여호와의 말씀이니라. 33그러나 그날 후에 내가 이스라엘 집과 맺을 언약은 이러하니 곧 내가 나의 법을 그들의 속에 두며 그들의 마음에 기록하여 나는 그들의 하나님이 되고 그들은 내 백성이 될 것이라. 여호와의 말씀이니라(렘 31:31-33).

여호와께 마음을 다해 제사를 드리는 것은 이스라엘 백성에게 매우 중요한 일이었다. 그러나 토라를 배우고 그것을 행하는 것은 그들에게 더욱더 중요했다. 특히 선을 행하며 정의를 구하고 가난한 자들(고아와 과부)을 위하여 사는 토라의 삶은 언약 백성의 정체성을 결정하는 핵심과도 같았다. 물론 제사를 드리는 것과 토라를 행하는 것 사이에서 우열을 가리려는 시도는 무의미하다. 그러나 토라의 삶을 살지 않는 자들의 제사를 여호와 하나님이 받지 않으셨다는 사실은 반드시 기억해야 한다.

앞서 살펴본 바와 같이 시편 제1권의 마지막 단락(시 35-41편)은 탄식과 그에 뒤따르는 대응으로 구성된다. 먼저 시편 35편의 탄식에 대해 2개의 지혜시(시 36, 37편)는 하나님의 속성을 드러내며 악인들의 운명을 논한다. 이어지는 시편 38, 39편의 시인은 탄식 속에서 여호와께 도움을 요청하는데, 시편 40, 41편은 그런 기도에 응답하신 여호와 하나님께 감사하는 내용을 담고 있다. 이는 시편의 독자에게 매우 실제적인 교훈을 준다고 할 수 있다. 탄식할 수밖에 없는 상황에 맞닥뜨린 사람은 어떻게 해야 할까? 물질적인 어려움이나 질병의 고통, 대적의 공격 속에서 우리는 어떻게 대처해야 할까? 이 단락의 시인들은 악인들의 악행을 부러워하시 말고, 여호와를 믿고 그의 인도하심을 기다리면서 율법을 행하라고 교훈한다.

9. 결론

지금까지 시편 제1권의 내용을 간략하게 살펴보았다. 여기서 각 시편의 모든 구절을 일일이 주해하는 방식은 사용하지 않았다. 그 대신 각 시편이 서로 얼마나 긴밀하게 연결되어 배치되었는가를 살피면서 제1권이 전하고자 하는 핵심 메시지를 확인했다.

시편 제1권은 전체적으로 탄식시가 주를 이루기에(약 56.4%), 우리는 하나님께 도와달라고 기도하는 소리를 자주 듣게 된다. 그리고 그 간청을 통해 하나님이 구원자요 피난처가 되신다는 사실을 깨닫게 된다. 즉 시편 제1권은 위기와 고통의 상황에서 독자들을 구원자와 피난처가 되시는 여호와께로 인도하는 것이다.

    그러나 그것이 시편 제1권이 전하고자 하는 핵심 메시지는 아니다. 우리는 중요한 위치에 전략적으로 배치된 시편들을 통해 시편 제1권을 새롭게 들여다볼 수 있다. 앞서 살펴본 바와 같이 시편 전체의 서론에 해당하는 시편 1, 2편은 율법을 주야로 묵상하는 자가 복을 받을 것이라고 말하면서 "율법 묵상의 중요성"을 강조하고(시 1편), 여호와가 시온에 한 "왕"을 세워 통치하실 것("다윗 언약": 다윗 가문의 왕권이 영원할 것이라는 약속)에 관해 노래한다(시 2편). 즉 시편의 서론은 독자들을 "율법의 중요성"과 "왕"이라는 주제로 안내한다. 그런데 율법의 중요성(토라 경건)은 시편 제1권의 첫 번째 시편(시 1편)뿐만 아니라 마지막 부분인 40-41편도 강조하는 주제다. 또한 시편 제1권의 중심이라고 할 수 있는 19편 역시 율법 없이는 생명을 유지할 수 없다는 교훈을 제공한다. 다른 한편 "왕"과 관련해서는 시편 제1권의 첫 번째 단락(시 3-14편)의 중심 시편인 8편도 여호와의 왕 되심을 노래하고, 두 번째 단락(시 15-24편)에서도 토라 시편인 19편을 중심으로 하는 시편 18, 20-21편이 여호와의 도우심으로 전쟁에서 승리하는 왕의 이야기를 펼쳐놓는다. 그리고 이어지는 세 번째 단락(시 25-34편)의 중심에 자리한 시편 29편 역시 여호와 하나님이 "왕"이심을 노래한다. 다시 말해 시편 제1권은 "율법 묵상의 중요성"과 "왕"이라는 주제를 긴밀한 평행 관계 속에서 전개하는 것이다.

6장

시편
제2권(시 42-72편)의
이야기

인간-왕과 율법 II

앞 장에서 확인했듯이 시편 제1권의 처음 부분인 시편 1, 2편과 마지막 부분인 40, 41편의 내용을 고려하면 시편 제1권은 분명히 "율법 묵상의 중요성"(토라 경건)과 시온에 세움을 받은 "왕"을 중요한 주제로 삼는다는 사실을 알 수 있다. 시편 1, 2편이 전개하는 "율법"과 "왕"이라는 주제는 독자들의 시선을 사로잡는다. 시편 1편은 "누가 행복한 자인가?"라고 묻고 이에 대해 "율법을 묵상하는 자"라고 답한다. 또한 시편 2편은 "누가 우리의 진정한 왕인가?"라는 질문에 여호와가 기름 부으신 왕이라고 답한다. 이런 주제는 시편 제1권의 마지막 부분에서도 반복된다. 시편 40편은 하나님의 도움으로 탄식 상황에서 벗어난 자는 율법을 마음에 새기고 순종해야 한다고 말한다. 그리고 시편 41편은 율법의 한 측면에 주목하며 가난한 자를 보살피는 것이 행복이라고 노래한다. 마지막으로 시편 제1권의 한가운데에는 "토라시"로 분류되는 시편 19편이 자리한다. 이 시편은 율법을 태양과 연결해 그 속성과 기능을 드러낸다. 즉 언약 백성의 존립 여부 자체가 율법에 대한 순종에 달려 있음을 강조하는 것이다. 더 나아가 시인은 율법이 순금보다 더 사모해야 할 대상이며 꿀과 송이꿀보다 더 달다고 노래한다(시 19:10). 여기서 놀라운 점은 시편 19편을 중심으로 앞뒤에 왕과 관련된 시편(시 18, 20-21편)이 배치되면서 "율법"과 "왕"이라는 주제가 되풀이된다는 사실이다.

시편 제1권	
시 1편	시 41편

율법 --→

왕 --→

시편 제1권의 핵심 주제

그렇다면 시편 제2권(시 42-72편)에서는 어떤 이야기가 전개될까?

1. 시편 제2권의 구성적 특징

시편 제2권을 자세히 들여다보기에 앞서 그 특징과 구조를 살펴보자. 시편 제2권은 31개의 시편으로 구성되어 있고, 고라 자손, 아삽, 다윗, 솔로몬 등 여러 인물의 이름이 표제어에 등장한다. 그 외 다른 특징 몇 가지는 다음과 같이 정리해볼 수 있다.

첫째, 탄식시가 약 61.2% 정도에 이른다(31개의 시편 중 19개). 즉 3분의 2 정도의 내용이 탄식과 연관된다. 앞 장에서 살펴보았듯이 시편 제1권에서 탄식시 분량이 약 56.4% 정도였다는 사실을 고려하면 시편 제2권의 탄식시 분량이 다소 늘어나면서 시편 제2권이 제1권에 이어 전반적인 탄식의 논조를 이어간다는 사실을 알 수 있다. 시편 제2권의 장르 백분율은 다음과 같이 시각화할 수 있다.

장르	탄식시	찬양시	제왕시	감사시	지혜시	확신시
백분율	61.2%	16.1%	9.6%	6.4%	3.2%	3.2%

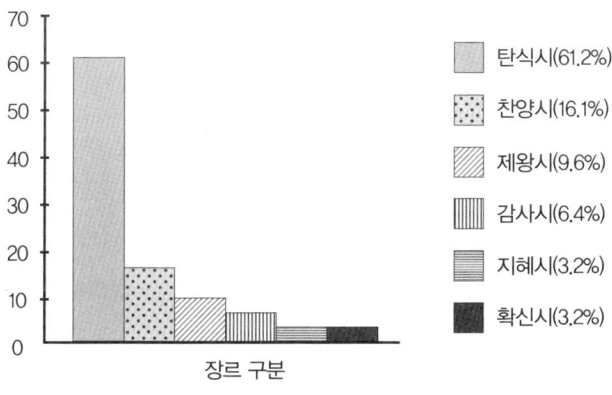

시편 제2권(42-72편)의 장르 구성

둘째, 시편 제2권은 고라의 시로 시작한다(시 42-49편). 앞서 제1권의 대부분이 다윗 시편이라고 보았을 때, 시편 제2권이 다윗이 아니라 고라의 시편으로 시작한다는 점은 특이하게 느껴진다. 이후 고라는 제3권 84, 85편과 87, 88편에서 다시 등장한다.

셋째, 시편 제2권의 탄식시는 주로 다윗의 시에 집중되어 있다. 고라의 시에도 탄식시가 있지만, 단 세 편만이 탄식시로 분류된다(시 42-44편). 반면 다윗의 시에서는 창조시 한 편(시 65편)을 제외한 51-64편이 모두 탄식시로 분류된다.

넷째, 시편 제2권에서 하나님의 이름은 주로 "엘로힘"으로 나타난다. 소위 "엘로힘 시편 모음집"(Elohistic Psalter: 시 42-83편)이라고 불리는 모음집이 시편 제2권의 첫 시편부터 시작된다. 시편 전체에서 하나님의 이름을 가리키는 말은 "엘로힘"과 "여호와"가 함께 쓰이지만, 유독 시편 42-83편에서는 "엘로힘"이 훨씬 많이 등장한다. 하나님의 이름으로 쓰이는 말이 시편의 각 권에 등장하는 횟수를 계산해보면 다음과 같은 결과를 얻을 수 있다.

구분	제1권	제2권	제3권	제4권	제5권
엘로힘	49회	198회	63회	24회	31회
여호와	278회	32회	44회	105회	236회

시편 제1-5권에 등장하는 "여호와"와 "엘로힘"의 빈도

많은 학자가 이 독특한 "엘로힘 시편 모음집"의 기원과 형성 과정을 합리적으로 설명하려고 시도했다. 이 문제를 처음 다룬 학자는 게제니우스(Wilhelm Gesenius)였다. 이후 에발트(Heinrich Ewald)와 델리취(Franz Delitzsch)는 각자 두 가지 이름이 거쳤을 것으로 추정되는 편집의 궤적을 추적했다. 에발트는 시편 42-89편에 사용된 하나님의 이름이 원래는 "여호와"였는데, 나중에 편집자들에 의해 "엘로힘"으로 대체되었다고 주장했다.[1] 그와 달리 델리취는 원래부터 하나님의 이름이 "엘로힘"이었다고 보았다.[2] 최근 들어서는 밀라드(Matthias Millard), 뢰젤(Christoph Rösel), 호스펠트와 젱어, 쥐센바흐(Claudia Süssenbach) 등의 학자들이 편집비평(redaction criticism), 정경비평(canonical criticism), 구성적 비평(compositional approach) 등을 활용하면서 "엘로힘 시편 모음집"의 특징을 설명하고자 했다.[3] 하지만 디클레세-왈포드가 지적한 것처럼 이에 관한 다양한 주장

---

[1] Heinrich Ewald, *Die Dichter des Alten Bundes Erklärt. Ersten theiles, erste hälfte: Allgemeines über die Hebräische dichtkunst und über das Psalmenbuch*(Göttingen: Vandenhoeck & Ruprecht, 1866), 1:242-46.

[2] Delitzsch, "De Psalmorum indole partim jehovica partim elohimica," 1-32.

[3] Matthias Millard, "Zum Problem des elohistischen Psalters: Überlegungen zum Gebrauch von Yahweh und Elohim im Psalter," *Der Psalter n Judentum und Christentum*(ed. E. Zenger; Freiburg: Herder, 1998); Christoph Rösel, *Die messianische Redaktion des Psalter: Studien zu Enstehun und Theologie der Sammlung Psalm 2-89*(Stuttgart: Calwer, 1999); Frank-Lothar Hossfeld, Erich Zenger, "The So-Called Elohistic Psalter: A New Solution for an Old Problem," *A God So Near: Essays on Old Testament Theology in Honor of Patrick D. Miller*(ed. Brent A. Strawn, Nancy R. Bowen; Winona Lake: Eisenbrauns, 2003), 35-51; Claudia Süssenbach, *Der elohistische Psalter*(Tübingen: Mohr Siebeck, 2005). 엘로힘 시편에 관해서는 다음 자료들을 참조하라. Joel S. Burnett, et al. eds., *Diachronic and Synchronic: Reading the Psalms in Real Time: Proceedings of the*

중 합의에 이른 것은 그리 많지 않다.[4]

다섯째, 시편 제2권의 마지막 시편(시 72편)의 마지막 구절은 소위 "간기"(刊記, colophone)라고 불린다. "이새의 아들 다윗의 기도가 끝나니라"(시 72:20)라는 이 구절은 시편의 각 권이 끝나는 부분에 첨부된 "송영"과는 구분되어야 한다. 앞서 언급했듯이 송영은 "아멘" 혹은 "영원부터 영원까지" 등의 비슷한 표현들을 반복하면서 시편 전체가 다섯 권으로 구분된다는 사실을 알려주는 중요한 기능을 수행한다. 그러나 시편 72:20은 그런 송영과는 다르게 기능한다. 나는 이미 윌그렌(David Wilgren)의 논문을 인용하면서 시편 72편의 간기가 시편 제1권과 제2권을 함께 마무리하는 기능을 할 뿐만 아니라 시편 제1-2권과 제3권이 별도의 형성 과정을 거쳤음을 보여준다고 주장했다.[5]

42	43	44	45	46	47	48	49	50	51	52	53	54	55	56	57	58	59	60	61	62	63	64	65	66	67	68	69	70	71	72
○	○	○	○	○	○	○	○	○	○	○	○	○	○	○	○	○	○	○	○	○	○	○	○	○	○	○	○	○	×	○
탄식시			왕	찬	왕	찬	혜	찬			탄식시								탄	확	탄	탄	감	감	찬	찬	탄	탄	탄	왕
고라 자손의 시								아	다윗의 시														△	△	다윗의 시				x	솔

※ ○=표제어 있음, ×=표제어 없음, △=표제어에 인물 이름이 없음
탄=탄식시, 찬=찬양시, 감=감사시, 왕=제왕시, 혜=지혜시, 확=확신시, 아=아삽 시, 솔=솔로몬 시,

시편 제2권의 시편과 장르 배열 및 표제어 상황

Baylor Symposium on the Book of Psalms (New York: T & T Clark, 2007); Joel S. Burnett, "Forty-Two Songs for Elohim: An Ancient near Eastern Organizing Principle in the Shaping of the Elohistic Psalter," *JSOT* 31(2006), 81-101; Laura Joffe, "The Elohistic Psalter: What, How and Why?," *SJOT* 15(2001), 142-66; "The Answer to the Meaning of Life, the Universe and the Elohistic Psalter," *JSOT* 27(2002), 223-35.

4 DeClaissé-Walford, Jacobson, Tanner, *The Book of Psalms*, 394.
5 David Willgren, "Psalm 72:20: A Frozen Colophon?," *JBL* 135(2016), 49-52; 방정열, "시편 제1-3권의 정경 형성 단계에 대한 고찰", 63-90을 참조하라.

2. 고라는 누구인가?

앞서 언급했듯이 시편 제2권은 "고라 자손의…"라는 내용의 표제어가 달린 시편으로 시작한다(시 42-49편). 그런데 시편의 많은 독자가 "고라 자손"이라는 표현에도 불구하고 이 시편들의 저자를 무조건 "고라"로 단정하는 경향이 있다. 그 이유는 아무래도 표제어에 등장하는 사람의 이름이 곧 그 시편의 저자라는 통념 때문일 것이다. 더욱이 "고라의 시"도 아니고 "고라 자손의 시"라고 명기되어 있음에도 고라를 저자로 단정하는 것은 그런 통념이 얼마나 고착되어 있는가를 잘 보여준다.

예를 들어 시편 45편의 표제어와 내용을 살펴보자. 이 시편의 표제어는 "고라 자손의 마스길, 사랑의 노래, 인도자를 따라 소산님에 맞춘 것"이다. 그런데 이 시편의 내용은 왕과 왕비의 결혼식을 축하하는 것이다. 그러므로 이 시편을 고라가 지었다고 주장하면 설명할 수 없는 부분이 생긴다. 왜냐하면 고라는 모세 시대의 사람이고, 시편 45편은 시대적으로 왕정을 배경으로 하기 때문이다. 따라서 "고라 자손의 시"라는 표현은 고라 자신이 해당 시편을 저작한 것이 아니라, 말 그대로 고라의 후손들 가운데 누군가가 기록했다고 보는 것이 자연스럽다.

그럼에도 표제어에 등장하는 "고라"에 관한 기본적인 정보는 시편을 이해하는 데 유익을 준다. 고라는 레위의 증손자다. 레위의 아들들은 게르손과 그핫(고핫)과[6] 므라리였다(대상 6:16). 그중 그핫에게는 아므람, 이스할, 헤브론, 웃시엘이라는 아들이 있었는데(출 6:18), 고라는 이 중 이스할의 아들이었다(대상 6:22). 성경에 따르면 고라는 출애굽 과정에서 다

---

[6] 레위의 아들 "그핫"의 이름은 히브리어 성경에서는 하나이지만 개역개정 성경은 "고핫"(민 16장)과 "그핫"(대상 6:31-37; 9:19) 두 가지로 번역한다.

단, 온과 함께 당을 짓고 지휘관 250명을 선동해서 모세에게 반역했다가 하나님의 심판으로 땅에 삼킴을 당했다(민 16장). 하지만 고라의 아들들—앗실, 엘가나, 아비아삽(출 6:24)—은 반역에 가담하지 않았는지 죽지 않았고(민 26:9-11), 이후에 이스라엘 역사에서 성전 문지기(대상 9:19), 요리사(대상 9:31), 찬송하는 자들(대상 6:33; 대하 20:19) 등 다양한 모습으로 계속 활동한 것으로 나타난다(대상 26:1-19).

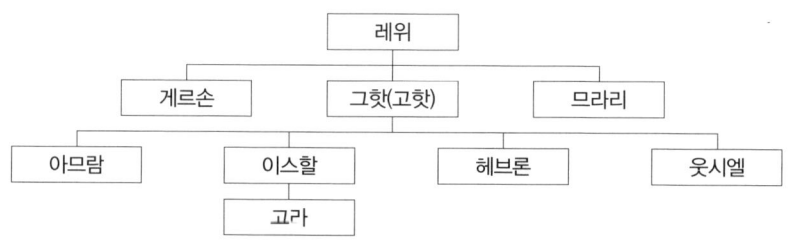

레위의 후손들

특히 역대상 6장에서 다윗은 이후에 지어질 성전 안에서 찬양할 자들을 미리 정한 다음 그들에게 회막 앞에서 찬송하는 일을 맡긴다. 그들은 모두 레위의 후손들이었는데 그때 찬양단의 장으로 뽑힌 자들은 헤만과 아삽과 에단이었다(대상 6:33-47). 찬양단의 중앙을 차지한 헤만은 그핫의 후손이었고(대상 6:33), 헤만의 오른쪽을 맡았던 아삽은 게르손의 후손이었으며(대상 6:43), 헤만의 왼쪽을 책임진 에단은 므라리의 후손이었다(대상 6:44).[7] 즉 헤만의 조상이 바로 고라였다.

---

[7] 더 자세한 내용을 위해서는 Michael D. Goulder, *The Psalms of the Sons of Korah*, JSOTSup 20(Sheffield: JOST, 1982)를 참조하라.

아삽(게르손의 후손)	헤만(그핫·고라의 후손)	에단(므라리의 후손)
헤만의 오른쪽	가운데	헤만의 왼쪽

다윗의 찬양단을 구성한 아삽, 헤만, 에단

다시 언급하지만 시편 제2권을 시작하는 시편들의 표제어에 있는 "고라 자손의…"라는 표현은 고라가 직접 해당 시편을 작성했다는 말이 아니다. 오히려 고라의 후손들 가운데 누군가가 이 시편들을 작성했을 것이라고 보아야 자연스럽다.

3. 시편 제2권의 내용 개관

앞서 확인했듯이 시편 제2권은 크게 두 부분으로 나뉜다. 고라 자손의 시편 모음집(시 42-49편)과 다윗 시편 모음집(시 51-65, 68-70편)이 그것이다. 좀 더 자세히 들여다보면 두 모음집 사이에는 "아삽의 시편"(시 50편)이 하나 배치되어 있고, 시편 66-67편의 표제어에는 인물의 이름이 등장하지 않으며, 시편 71편에는 표제어 자체가 없다. 또 시편 72편의 표제어에는 "솔로몬의 시"라는 말이 첨부되어 있다. 모든 시편이 나름대로의 의미를 가지고 있지만 시편 제2권에서 특별히 중요하다고 여겨지는 시편들이 있다. 시편 제2권을 여는 시편 42-44편과 중요성이 두드러지는 시편 45, 50, 72편이다. 이 시편들을 자세히 살펴보기에 앞서 시편 제2권의 흐름과 주제를 개략적으로 파악해보자.

1) 고라 자손의 시편 모음집(시 42-49편)

먼저 "고라 자손의 시편 모음집"을 살펴보자. 이 모음집은 또다시 시편 42-44, 45-48, 49편의 세 부분으로 나뉜다. 먼저 시편 42-44편은 장르 측면에서 시편 제3권의 시작 부분과 유사하다. 시편 제2권이 2개의 개인 탄식시(시 42, 43편)와 1개의 공동체 탄식시(시 44편)로 시작하듯이 제3권에서도 개인 탄식시(시 73편)와 공동체 탄식시(시 74편)가 첫 부분에 배치되어 있다. 내용 측면에서도 시편 제2권과 제3권이 비슷하다. 시편 42-43편에서 시인은 원수들의 공격으로 인해 하나님의 부재를 고민하며 탄식하고, 시편 44편에서 시인은 이방 민족의 공격으로 인한 국가적인 재난 속에서 구원을 요청하며 탄식한다. 그와 비슷하게 제3권의 시편 73편은 악인의 번성함으로 인해 하나님의 부재를 고민하며 탄식하는 내용이고, 시편 74편은 이방 민족의 공격을 받아 국가적인 재난 가운데 빠진 공동체의 상황 속에서 도움을 요청하는 내용이다.[8] 다시 말해 시편 제2권과 제3권의 시작 부분은 장르와 내용 면에서 매우 유사하며, 개인의 탄식을 공동체 탄식(국가적 재난)의 빛 아래에서 바라볼 수 있는 해석의 가능성을 열어준다.

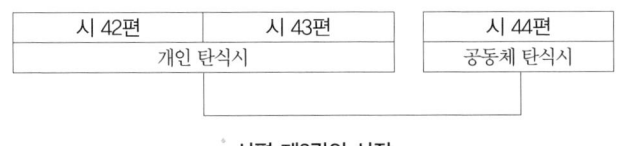

시편 제2권의 시작

---

[8] 시편 42, 43, 44편 사이에 있는 언어적·문학적 유사성에 관해서는 McCann, "Books I-III and the Editorial Purpose of the Hebrew Psalter," 101-2을 보라.

시 73편		시 74편
개인 탄식시		공동체 탄식시

시편 제3권의 시작

개인 탄식시(시 42, 43편)와 공동체 탄식시(시 44편)가 배치된 후 등장하는 시편 45편은 제왕시다. 시편 45편은 인간-왕과 왕비의 결혼식에 관한 시로서[9] 단순히 예식(禮式)에만 초점을 맞추는 것이 아니라 이상적인 인간-왕의 모델을 제시한다. 시인은 "왕은 정의를 사랑하고 악을 미워하시니 그러므로 하나님 곧 왕의 하나님이 즐거움의 기름을 왕에게 부어 왕의 동료보다 뛰어나게 하셨나이다"(시 45:7)라고 노래한다. 하나님으로부터 기름 부음을 받아 시온에 세움을 받은 인간-왕(시 2편)은 이 땅에서 하나님의 공평과 정의를 구현해나가야 할 "하나님의 대리자"인 것이다(시 45, 72편).

주제 차원에서 "인간-왕"을 노래하는 시편 45편은 여호와의 "하나님-왕" 되심을 찬양하는 시편 47편과 연결된다.[10] 제왕시이자 "등극시"(enthronement psalm)로[11] 분류되는 시편 47편은 여호와 하나님을 "온 땅의 왕"으로 찬양한다. 시인은 "지존하신 여호와는 두려우시고 온 땅

---

9 Kraus, *Psalms 1-59*, 457. Brueggemann도 언급했듯이 시편 45편은 시편을 넘어 구약성경 전체에서 왕의 결혼식을 노래하는 유일한 시편이라는 점에서 매우 독특하다고 말할 수 있다. 시편에서 대부분의 제왕시들은 왕의 대관식이나 전쟁, 혹은 다윗 언약과 관련된다. Brueggemann, Bellinger, *Psalms*, 213을 보라. 이 시편이 어떤 상황에서 작성되고 사용되었는가—삶의 정황(Sitz im Leben)—에 관해서는 여러 견해가 있다. 솔로몬, 여호람, 아합 등의 결혼식을 위해 작성되었다는 추정이 있지만, 전반적인 합의에 이른 내용은 아직 없다. DeClaissé-Walford, Jacobson, Tanner, *The Book of Psalms*, 416을 보라.

10 시편 45편과 47편의 언어적·주제적 유사성을 확인하려면 J. S. M. Mulder, *Studies on Psalm 45*(Oss: Offsetdrukkrij Witsiers, 1972), 35-80을 참조하라.

11 시편 전체에서 등극시는 주로 시편 제4권에 등장한다(시 93, 95-99편).

에 큰 왕이 되심이로다"(시 47:2), "하나님은 온 땅의 왕이심이라. 지혜의 시로 찬송할지어다"(시 47:7)라고 노래한다. 이처럼 시편 45편과 47편은 "왕"(king)이라는 같은 주제—물론 시편 45편이 "인간-왕"에 관해서, 47편은 "하나님-왕"에 관해서 노래한다는 차이가 있다—를 공유한다. 반면 시편 46편과 48편은 "시온"을 주제로 연결되는 찬양시다(시 46, 48, 76, 84, 87, 122편). 시편 46편은 여호와가 시온(성)에 거하심으로써 시온이 절대 흔들리지 않을 것이라고 노래하는 반면(시 46:5),[12] 시편 48편은 위대하신 여호와 하나님이 시온에서 찬양을 받으신다고 노래한다(시 48:1).[13]

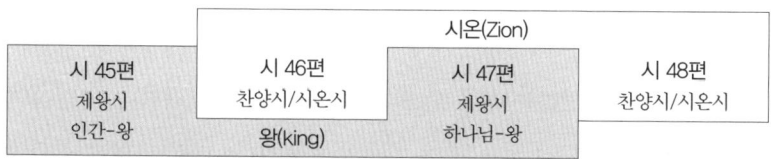

시편 45-48편의 전략적 배열

시편 45-48편의 배열은 매우 흥미롭다. 인간-왕(시 45편)과 하나님-왕(시 47편)이 등장하는 두 시편을 끼고 시온 시편(시 46편과 48편)이 교차적으로 등장한다. 시편에서 왕과 시온은 매우 밀접한 관계를 맺는 주제다. 성소와 시온과 예루살렘은 모두 하나님이 임재하시는 장소이며 (시 46:5; 132:13-14), 구원과 축복이 흘러나오는 공간이기도 하다(시 44:1-4).[14] 또한 시온은 우주에 대한 하나님-왕의 통치가 발현되는 장소인 동

---

12 김창대, "주위 문맥에서 본 시 46편의 시온 신학", 「구약논단」 15(2009), 66-67.
13 Creach, *Yahweh as Refuge and the Editing of the Hebrew Psalter*, 87.
14 Martin Buber, "Redemption," *On the Bible* (ed. Nahum N. Glatzer; New York: Schocken, 1982), 165.

시에 인간-왕이 통치자로 세움을 받은 곳이기도 하다(시 2, 46, 99편). 따라서 시온은 하나님의 통치의 원류(源流)요, 하나님의 왕권의 가시적 현현(顯現)을 의미한다고 할 수 있다. 여호와는 마땅히 그곳에서 찬양을 받으셔야 한다(시 48:1).

한편 "고라 자손의 모음집"의 마지막 시편인 49편은 "어리석은 부자의 특징과 운명"을 잘 보여주는 지혜시다. 시인은 여호와 대신 재물을 의지하는 어리석은 자를 비판함으로써 재물 대신 여호와만을 의지하라고 교훈한다. 그러나 이 시편은 단순히 "어리석은 부자"를 공격한다기보다 여호와 외의 다른 무엇을 의지하는 인간의 어리석음과 덧없음을 고발한다고 할 수 있다. 시인은 인생의 덧없음을 진단하며 "사람은 존귀하나 장구하지 못함이여, 멸망하는 짐승 같도다"(시 49:12), "존귀하나 깨닫지 못하는 사람은 멸망하는 짐승 같도다"(시 49:20)라고 노래한다. 그렇다면 시편 42-49편을 구성하는 "고라 자손의 모음집"은 탄식 상황에서 구원(도움)을 요청하지만(시 42-44편), "인간-왕"을 포함하여 덧없는 인생이나 물질을 의지하지 말고 시온에 좌정하신 "하나님-왕"(시 45-47편)만을 의지할 것을 교훈한다고 이해할 수 있다.

2) 다윗 시편 모음집(시 51-65편)

시편 제2권의 후반부는 주로 다윗 시편 모음집(시 51-65편)으로 구성된다. 이 모음집은 두 가지 특징을 보여준다. 첫째, 대부분의 시편(시 51-59, 64편)이 탄식시로 분류된다. 다양한 원수들(포악자들, 어리석은 자들, 까닭 없이 미워하는 자[시 69:4])로부터 공격을 받는 시인은 하나님이 자신을 구원해주실 것을 믿고 도움을 요청한다. 탄식시는 주로 위기 상황에 맞닥뜨린 시인이 하나님께 도움을 요청하는 내용을 담고 있다. 따라서 제이콥슨은 "탄식시"를 대신해 "도움 요청시"라는 명칭을 사용하기도 한다.[15]

둘째, 관심이 "인간-왕" 다윗에게 집중되는 시편들로 구성된다. 이 모음집의 표제어—13개 시편 중 8개에 표제어가 있다—를 보면, 다윗과 연관된 역사적 정보를 확인할 수 있다(시 51, 52, 54, 56, 57, 59, 60, 63편).[16] 그런데 이 정보를 통해 제공되는 이미지는 탁월한 통치력이나 전쟁터에서 승전고를 울리는 전사(戰事)로서의 모습을 부각하기보다 인간적인 측면을 드러내 주는 것들이다. 여기에 해당하는 표제어들에서 음악적 요소를 제외하고 역사적 정보만을 적어보면 다음과 같다.

- 시편 51편: "다윗이 밧세바와 동침한 후 선지자 나단이 그에게 왔을 때"
- 시편 52편: "에돔인 도엑이 사울에게 이르러 '다윗이 아히멜렉의 집에 왔다'고 그에게 말하던 때에"
- 시편 54편: "십 사람이 사울에게 이르러 말하기를 '다윗이 우리가 있는 곳에 숨지 아니하였나이까' 하던 때에"
- 시편 56편: "다윗이 가드에서 블레셋인에게 잡힌 때에"
- 시편 57편: "다윗이 사울을 피하여 굴에 있던 때에"
- 시편 59편: "사울이 사람을 보내어 다윗을 죽이려고 그 집을 지킨 때에"
- 시편 60편: "다윗이 아람 나하라임과 아람소바와 싸우는 중에 요

---

15 제이콥슨, 『시편으로의 초대』, 68-78.
16 표제어 안에 다윗과 연관된 정보가 담겨 있는 시편들은 다음과 같다. 시편 3, 7, 18, 34, 51, 52, 54, 56, 57, 59, 60, 63, 142편.

압이 돌아와 에돔을 소금 골짜기에서 쳐서 만 이천 명
을 죽인 때에"
- 시편 63편: "유다 광야에 있을 때에"

이처럼 다윗 모음집(시편 51-65편)에서는 "인간-왕" 다윗의 모습이 두드러진다. 이때 시편 50편은 고라 자손의 모음집(시 42-49편)에서 다윗 시편 모음집으로 자연스럽게 넘어갈 수 있게 가교 역할을 한다. 시편 50편의 구체적인 역할에 관해서는 이후에 자세하게 다루기로 하고, 여기서는 다윗 모음집의 내용을 개괄적으로 살펴보자. 이 모음집은 크게 시편 51-53, 54-60, 61-65편의 세 단락으로 나눌 수 있다.[17]

(1) 시편 51-53편(시온)

시편 51-53편은 "시온" 모티프로 함께 묶인다. 시편 51편은 탄식시이자 참회시로서 표제어를 염두에 두고 해석한다면, 나단이 밧세바와의 간음 사건을 지적하자 다윗이 참회하며 기도한 내용을 담고 있다. 그런데 다윗은 참회 기도를 드리다가(시 51:2-12), 이후에는 "주의 은택으로 시온에 선을 행하시고 예루살렘 성을 쌓으소서"(시 51:18)라고 말하며 예루살렘 성의 회복을 기원한다.[18] 여기서 흥미로운 점은 시인이 시편 51:13에

---

[17] Hossfeld와 Zenger는 시편 51-72편과 관련해 양식과 표제어 및 내용에 따라 여러 모양으로 소단락을 나눌 수 있다고 말한다. 양식비평에 따르면 시편 51-64편(개인 탄식과 청원), 65-68(공동체 찬양과 감사), 69-72편(개인 탄식과 청원)으로 나눌 수 있다. 표제어 차원에서는 시편 52-55편(마스길), 56-59편(믹담), 61-64편(미즈모르), 65-68편(쉬르)로 나눌 수 있다. 내용 차원에서는 시편 51편(청원), 52-55편(탄식), 56-60편(청원), 61-64편(확신), 65-68편(찬양/탄식), 69-71편(탄식), 72편(청원)으로 나눌 수 있다. Hossfeld, Zenger, *Psalms 2*, 1-2.

[18] 시 51:18-19은 보통 나중에 첨가된 내용으로 간주된다. DeClaissé-Walford, Jacobson, Tanner, *The Book of Psalms*, 457; Brueggemann, Bellinger, *Psalms*, 238.

서 하는 약속이다. 시인은 자신의 죄를 용서받으면 앞으로 하나님께 죄지은 자들을 주의 도(말씀)로 가르치겠다고 "약속"한다. "그리하면 내가 범죄자에게 주의 도를 가르치리니 죄인들이 주께 돌아오리이다"(시 51:13).

시 51편	시 52편	시 53편
탄식시/참회시	탄식시	탄식시
시온(18절)	하나님의 집=시온(8절)	시온(6절)
교훈 약속	약속 이행	

시편 51-53편의 전략적 배열

시편 52, 53편의 내용은 바로 이 약속에 대한 "이행"으로 이해된다.[19] 시편 52편은 시편 51편에서 죄를 용서해주시면 범죄자에게 "주의 도"를 가르치겠다고 했던 약속(시 51:13)이 이행되는 것을 의인과 악인의 대조적인 삶의 모습을 통해 보여준다(시 52:1-7). 시인은 악인에게 질문을 던지며 교훈하기 시작한다. "포악한 자여, 네가 어찌하여 악한 계획을 스스로 자랑하는가? 하나님의 인자하심은 항상 있도다"(시 52:1).[20] 시인은 곧이어 악인의 모습을 묘사하면서 그런 악인이 되지 말아야 한다고 가르친다(시 52:2-7). 그런데 시편 52:8에서 시인은 "그러나 나는 하나님의 집에 있는 푸른 감람나무 같음이여"라고 노래한다. 여기서 사용된 "하나님의 집"은 시온 모티프를 드러내는 "성전 표식" 가운데 하나다.[21] 이는 의

---

19 DeClaissé-Walford, Jacobson, Tanner, *The Book of Psalms*, 464.
20 시편 52:1-5의 청자는 "포악한 자"다. 시인은 포악한 자의 악한 행동들에 대한 하나님의 준엄한 심판이 주어질 것이라고 교훈한다(시 52:5).
21 Gillingham은 시편의 최종 편집 과정에 관여했던 편집자들이 성전에 속해 있었고, 그 결과 성전 모티프가 시편의 최종 형태에 영향을 끼쳤을 것이라고 주장한다. 그녀는 "성전 표식들"(temple markers)을 분석했는데, 그 표식들에 포함되는 단어들은 시온의 동의어로 간주된다. 예를 들어 "성전", "여호와의 집", "도시", "문들", "뜰", "성소", "거룩한 산", "하나님의 거처", "하나님의 성막" 등이 거기에 포함된다. Susan E. Gillingham, "The Zion Tradition and the Editing of the Hebrew Psalter," *Temple and Worship in Biblical Israel*(London: T & T Clark, 2005), 309-10.

인이 악인들과 달리 하나님의 집에 있는 감람나무와 같이 생생할 것이라는 확신을 보여준다.

시편 14편과 쌍둥이 시편인 53편은 시편 52편과 마찬가지로 시편 51:13의 "주의 도"를 가르치겠다는 약속에 대한 이행을 말하는 것으로 이해할 수 있다. 시편 53편은 어리석은 자, 곧 악인의 특징을 잘 보여준다. 악인의 주요한 특징은 심중에 "하나님이 없다"고 믿는다는 것이다. "어리석은 자[악인]는 그의 마음에 이르기를 '하나님이 없다' 하도다. 그들은 부패하며 가증한 악을 행함이여, 선을 행하는 자가 없도다"(시 53:1). 여기서 "하나님이 없다"라는 악인의 말은 시편 42편—시편 제2권의 첫 번째 시편이다—에서 악인이 시인을 괴롭히며 했던 말이기도 하다(시 42:3, 10). 이런 도발에 대해 시편 53편의 시인은 "시온에서 이스라엘을 구원하여줄 자 누구인가? 하나님이 자기 백성의 포로된 것을 돌이키실 때에 야곱이 즐거워하며 이스라엘이 기뻐하리로다"(시 53:6)라고 노래하며 응수한다. 이처럼 시편 51-53편은 "시온" 모티프로 연결되며 시편 51편은 약속 차원에서, 시편 52, 53편은 약속의 이행 차원에서 이해할 수 있다.

(2) 시편 54-60편

탄식시인 시편 54-60편에서 다양한 원수들의 공격에 맞닥뜨린 시인은 하나님의 보호와 보응을 요청한다.[22] 시인은 원수들의 위협과 공격을 자

---

22 DeClaissé-Walford, Jacobson, Tanner, *The Book of Psalms*, 469. Wardlaw는 시편 54편의 구원 요청이 시편 52-53편에서 묘사되는 악인들로부터의 구원 요청이라고 이해한다. Terrance R. Wardlaw Jr., *Elohim within the Psalms: Petitioning the Creator to Order Chaos in Oral-Derived Literature*, Formerly JSOTSup 602(New York: Bloomsbury T & T Clark, 2016), 97.

세하게 묘사하고(시 54:3; 55:3-4, 20-21; 56:1-2, 5-6; 57:4, 6; 58:1-5; 59:1-3), 여호와 하나님이 구원해주실 것을 신뢰하며(시 54:7a; 55:16; 56:9-13; 57:3, 7-8; 58:10-11; 59:1-3), 악인에 대한 여호와의 보응을 청원하고(시 54:5, 7; 55:9, 23; 56:7; 58:6-9; 59:5, 11-13), 여호와를 보호처(피난처, 요새)로 묘사한다(시 55:8; 57:1; 59:9, 17). 이후에 다시 언급하겠지만 보호처이신 하나님과 관련한 주제는 시편 61-63편에서도 반복된다.

㉠ 원수들에 대한 여호와의 보응: 이 단락의 핵심 주제 가운데 하나는 "원수들에 대한 여호와의 보응"이다. 시편 제2권에서 시편 57편을 제외한 54-59편을 관통하는 이 주제는 이후에 시편 69:23-28에서 한 번 더 등장한다. 하지만 이 주제가 시편 54-59편에 집중되어 있다는 사실은 분명하다. 이 시편들의 장르는 탄식시이며 그에 따른 특징들(위기 상황 묘사, 도움 요청, 신뢰 고백, 찬양 약속 등)이 골고루 드러나는데 그런 특징 가운데 일부가 악인들에 대한 하나님의 보응을 청원하는 내용이다. 그 청원은 암묵적으로 표현되기도 하고 저주에 가까울 정도로 명시적으로 표현되기도 한다. 어떤 학자들은 표현의 정도가 심한 시편들을 이른바 "저주시"(imprecatory psalms)로 분류하는데, 그 기준은 학자마다 조금씩 다르다.[23]

시편 54편은 언뜻 보기에 "악인들에 대한 보응"이라는 주제를 다루지 않는 것처럼 보인다. 하지만 5절과 7절을 보면 그 주제가 내포된 것을

---

[23] Zenger는 시편 12, 58, 69, 83, 109, 137편을 저주시로 분류했고, DeClaissé-Walford는 그 목록에 시 94, 129편을 추가했다. 에리히 쳉어, 『복수의 하나님?: 원수시편 이해』, 이일례 옮김(서울: 대한기독교서회, 2014). 또한 Nancy L. DeClaissé-Walford, "Saying Amen to Violent Psalms: Patterns of Prayer, Belief, and Action in the Psalter," *Soundings in the Theology of Psalms: Perspectives and Methods in Contemporary Scholarship*(ed. Rolf A. Jacobson; Minneapolis: Fortress, 2011), 77-92을 참조하라. 보통 시편 55(9절), 59, 69(23-28절), 79(12절), 109, 137편(7-9절)이 저주시로 분류된다.

알 수 있다.

> 5주께서는 내 원수에게 악으로 갚으시리니
> 주의 성실하심으로 그들을 멸하소서.…
> 7참으로 주께서는 모든 환난에서 나를 건지시고
> 내 원수가 보응 받는 것을 내 눈이 똑똑히 보게 하셨나이다(시 54:5, 7).

여기서 원수들을 멸망시켜달라는 기원이나 원수가 보응 받는 것을 보게 하셨다는 표현은 시편 55편부터 이어지는 보응 기도의 논조보다는 다소 완곡하다. 시편 55편에서 시인은 섬뜩하게도 "내가 성내에서 강포와 분쟁을 보았사오니, 주여! 그들을 멸하소서. 그들의 혀를 잘라버리소서"(시 55:9)라고 기도한다(참조. 시 55:23). 이때 "멸하다"로 번역된 히브리어 동사 "발라"(בָּלַע)는 "삼키다"와 "멸망시키다"라는 의미도 있지만 "혼란스럽게 만들다"라는 의미도 있다.[24] 즉 이 기도는 원수들을 혼란과 혼돈에 빠뜨려달라는 것이다. 또한 "잘라버리다"로 번역된 히브리어 동사 "팔라그"(פָּלַג)는 문자적으로 악인들의 혀를 잘라달라는 의미도 있지만 (ESV), 언어를 "혼란에 빠뜨리다"라는 의미 역시 내포한다(참조. NIV). 따라서 이 저주의 내용은 바벨탑 사건에서 있었던 하나님의 심판을 연상시킨다(창 11:5-9).[25] 이런 기도를 통해 시인은 여호와를 피난처로 삼아 악인들의 압제와 죄악에서 피할 수 있기를 기원하는 동시에(시 55:8), 악인들에 대한 하나님의 공의로운 심판과 보응을 간절히 요청한다.

---

24 *HALOT* 1:134-135.
25 Marvin E. Tate, *Psalms 51-100*, WBC 20(Grand Rapids: Zondervan, 1990), 57.

시편 56:7에도 사냥꾼처럼 시인의 생명을 노리는 악인들에게 하나님의 심판이 임하기를 간구하는 내용이 담겨 있다("그들이 악을 행하고야 안전하오리이까? 하나님이여, 분노하사 못 백성을 낮추소서"[시 56:7]). 여기서 "낮추다"로 번역된 히브리어 "야라드"(ירד)의 히필형은 말 그대로 누군가를 낮아지게 하는 것이다. 여기서 "못 백성", 즉 원수들(시 56:2, 5-6)을 낮춰달라는 말은 그들을 멸망시켜달라는 의미다. 이런 의미를 담은 표준새번역 성경의 번역은 다음과 같다.

> 그들이 악하니, 그들을 벌하여주십시오.
> 하나님, 그 민족에게 진노하시고,
> 그 민족을 멸망시켜주십시오(시 56:7, 표준새번역).

시편 58편으로 넘어가면 시인의 보응 기도는 더욱 잔인해지는 것 같다. 시편 58:6-9에서는 현대인들이 읽고 묵상하기에 부적절해 보이는 내용이 전개된다.

> 6하나님이여, 그들의 입에서 이를 꺾으소서.
> 여호와여, 젊은 사자의 어금니를 꺾어내시며
> 7그들이 급히 흐르는 물 같이 사라지게 하시며
> 겨누는 화살이 꺾임 같게 하시며
> 8소멸하여가는 달팽이 같게 하시며
> 만삭되지 못하여 출생한 아이가 햇빛을 보지 못함 같게 하소서.
> 9가시나무 불이 가마를 뜨겁게 하기 전에
> 생나무든지 불붙는 나무든지

강한 바람으로 휩쓸려가게 하소서(시 58:6-9).

이 저주의 대상인 "그들"은 악인들(원수들)로서 시편 58:1-5에 묘사된 대로 판결을 굽게 하고 정의를 뒤틀며 폭력과 거짓을 일삼는 권력가들일 것이다.[26] 시인은 그들에 대한 정의가 실현되어야 한다고 기도한다. 이때 "굶주린 어린 사자", "급류", "꺾인 화살", "달팽이", "만삭이 되지 않아 태어난 아기" 등의 은유적 이미지들이 동원된다. 시인은 어린 사자의 공격 무기인 어금니가 부서지듯이, 지나치게 빨리 흘러 그 흔적을 찾기도 힘든 물이 사라지듯이, 쏘이기 직전 화살이 꺾이듯이[27] 원수들의 힘이 약해지기를 기도한다. 그리고 더 나아가 그들이 끈적거리는 미물인 달팽이처럼 사라지고, 만삭이 되지 않아 태어난 아기가 햇빛을 볼 수 없는 것처럼 무력해지기를 기도한다. 이런 저주의 핵심은 악인들의 힘과 권세가 사라지고 그들의 악한 계획이 무위로 돌아가게 해달라는 것이다.

시편 59편으로 나아가보자. 이 시편의 시인도 여호와께 보응 기도를 드린다. "악을 행하는 모든 자들에게 은혜를 베풀지 마소서"(시 59:5), "하나님이 나의 원수가 보응 받는 것을 내가 보게 하시리이다"(시 59:10)라고 일반적으로 전개되던 보응 기도는 다음과 같이 독특한 내용으로 흐르기 시작한다.

---

[26] 여기서 개역개정 성경이 "통치자들"로, 표준새번역 성경이 "신처럼 높임을 받는 통치자들"로 번역하는 히브리어는 "엘렘"(אֵלֶם)이다. "엘렘"의 원래 의미는 "침묵"인데, 이를 그대로 번역하면 의미가 통하지 않는다. 이에 관해 BHS의 비평 각주는 "엘렘"을 "통치자들"이라는 뜻의 "에일림"(אֵילִים)으로 읽을 것을 제안한다. 이들의 정체에 관해 이들이 천사와 같은 신적 존재들을 가리킨다는 등의 다양한 견해가 있지만, 마땅히 정의를 행해야 할 때 그러지 못한 권력가들을 가리키는 것만큼은 확실해 보인다. Kraus, *Psalms 1-59: A Commentary*, 534-35; Brueggemann, Bellinger, *Psalms*, 260-61; DeClaissé-Walford, Jacobson, Tanner, *The Book of Psalms*, 492, n. 4.

[27] 사실 이에 해당하는 히브리어 본문의 의미는 난해하다.

11 그들을 죽이지 마옵소서. 나의 백성이 잊을까 하나이다.

　　우리 방패 되신 주여, 주의 능력으로 그들을 흩으시고 낮추소서.

12 그들의 입술의 말은 곧 그들의 입의 죄라.

　　그들이 말하는 저주와 거짓말로 말미암아

　　그들이 그 교만한 중에서 사로잡히게 하소서.

13 진노하심으로 소멸하시되 없어지기까지 소멸하사

　　하나님이 야곱 중에서 다스리심을 땅 끝까지 알게 하소서(시 59:11-13).

시인은 으르렁거리며 위협하는 개와 같고 날카로운 칼과도 같은 악인들(시 59:6-7)이 터전을 잃고 방황하며 심연 깊은 곳까지 추락하게 해 달라고 기도한다. 시인은 악인들이 그들의 저주와 거짓말로 인해 덫에 걸려 넘어져야 한다고 믿는다(시 59:12). 그들은 마땅히 하나님의 진노 가운데서 심판을 받아 망해야만 한다. 어떤 점에서 이런 기도는 정의와 공의에 관한 시인의 생각을 엿보게 해준다.

지금까지 살펴본 시편들 속에 담긴 보응 기도는 모두 악인들의 반복되는 악행에 대해서 하나님의 정의와 공의가 반드시 구현되어야 한다는 내용을 담고 있다. 저주를 머금은 기도가 언약 백성에게 적절하지 않게 느껴질 수도 있다. 하지만 자신을 죽이기 위해 달려드는 악인들의 위협에 맞서 시인이 할 수 있는 일은 하나님의 공의를 구하는 것뿐이다. 이와 관련해서 현대 그리스도인들이 고민하게 되는 지점은 이런 저주 기도가 "원수를 사랑하라"는 예수님의 명령에 어긋나는 것처럼 보인다는 것이다. 예수님은 "또 '네 이웃을 사랑하고 네 원수를 미워하라' 하였다는 것을 너희가 들었으나 나는 너희에게 이르노니 너희 원수를 사랑하며 너희를 박해하는 자를 위하여 기도하라"(마 5:43-44)고 말씀하셨다. 사도 바울은 "아무에게도 악을 악으로 갚지 말고 모든 사람 앞에서 선한 일을 도모하라"(롬 12:17)고 가르쳤다. 따라서 시편의 섬뜩한 보응 기도는 신약성경의 이런 가르침들과 어울리지 않는 듯이 보인다. 물론 어느 부분에서는 그럴 수 있다. 자기 마음에 들지 않는다고 저주를 품은 기도를 쉽사리 내뱉을 수는 없는 일이다.

그러나 원수 갚는 일을 하나님께 맡기고 악인들에게 하나님의 공의가 행해지기를 기도하는 것은 그리스도인이 반드시 감당해야 할 일이다. 악인들의 지속되는 악행으로 인해 의인들과 약자들의 눈물이 마르지 않는다면 하나님의 공의가 임하기를 구해야 하지 않겠는가? 또한 우리는 누군가가 우리를 생각하면서 저주를 품은 보응의 기도를 드리지는 않을지 생각할 줄 알아야 한다. 제이콥슨은 보응 기도와 관련해서 우리가 경계해야 할 지점을 다음과 같이 지적했다.

> 어딘가에서 누군가가 우리를 대상으로 저주의 노래를 부를 수 있다는 사실을 기억해야 한다. 이 저주시들은 하나님의 정의를 묵상할 것을 요청할 뿐만 아니라 불의한 일에 우리 자신이 혹 참여하고 있는 것은 아닌지 살펴볼 것을 요구한다. 즉 타인을 억압하는 일에 참여하여 누군가 "내 생명을 찾는 자들이 부끄러워 수치를 당하게 하시며, 나를 상해하려 하는 자들이 물러가 낭패를 당하게 하소서"(시 35:4)라고 기도하면서 당신을 원수의 대상으로 삼고 있는 것은 아닌지 살펴보아야 한다.[28]

ⓒ 일곱 종류의 원수들에 대한 승리의 확신: 시편 54-60편에서 독자

---

28 제이콥슨, 『시편으로의 초대』, 136-37.

들이 주목해야 할 또 다른 주제는 원수들의 공격에 대해서 시인이 보여주는 승리의 확신이다. 그런데 이 원수들의 정체는 과연 누구일까? 앞서 언급했듯이 이 단락에 등장하는 원수들의 모습은 다른 시편들에 비해 다소 구체적이다(시 54:3; 55:3-4, 20-21; 56:1-2, 5-6; 57:4, 6; 58:1-5; 59:1-3). 또한 표제어의 내용까지 고려하면 원수들의 정체는 좀 더 분명하게 드러난다.

시편 54편의 표제어는 다윗이 사울을 피해 하길라산 수풀에 숨어 있을 때 사울에게 다윗의 은신처를 알려주었던 "십 사람"(the Ziphites)을 원수로 소개한다(삼상 23:9; 26:1). 시편 55편은 이름이 언급되지는 않지만 시인에게 등을 돌린 동료와 친구를 원수로 묘사한다(시 55:23). 시편 56편의 표제어는 다윗이 사울을 피하려고 가드(Gath)로 내려갔다가 죽을 위기에 처하자 블레셋인 앞에서 침을 흘리며 미친 척했던 사건을 말하는 듯하다(삼상 21:10-15). 이 시편에서 원수는 다윗을 죽이려 했던 블레셋 사람들이다. 시편 57편의 표제어에서는 사울이 원수임을 알 수 있고, 시편 58:1은 통치자들을 원수로 지목한다. 시편 59편의 표제어는 사울이 다윗을 죽이라고 보낸 심복을 원수로 묘사하고(삼상 19, 24장), 시편 60편의 표제어는 에돔 사람들을 원수로 지목한다(삼하 8:13-14; 대상 18:12-13). 이상 일곱 부류의 사람들이 시인을 해하고 죽이려 한 원수들이었다.

이런 원수들의 공격 속에서 드려진 탄식시가 바로 시편 54-60편이다. 그런데 시편 54-60편을 자세히 보면 보통 탄식시들과는 구별되는 특이점이 드러난다. 탄식시는 보통 "위기 상황 묘사", "하나님께 도움 요청", "불평", "신뢰 표시", "찬양 약속" 등의 구성 요소로 이루어진다. 베스터만도 탄식시의 특징과 구성 요소를 설명하면서 "하나님을 부름"(예.

"여호와여"), "탄식", "신뢰 고백", "간구", "찬양 약속" 등을 언급한다.[29] 다시 말해 이런 요소들을 가진 시편들이 탄식시로 분류되는 것이다. 그런데 흥미롭게도 시편 54-60편은 일반적이지 않은 요소 하나를 더 갖고 있다. 각 시편이 끝나는 부분에 대체로 등장하는 "찬양 약속"[30] 대신 원수들에 대한 승리를 확신하는 논조의 구절들이 등장하는 것이다(시 54:7; 55:23; 56:13; 57:11; 58:11; 59:17; 60:12).

참으로 주께서는 모든 환난에서 나를 건지시고
　　내 원수가 보응 받는 것을 내 눈이 똑똑히 보게 하셨나이다(시 54:7).

하나님이여, 주께서 그들로 파멸의 웅덩이에 빠지게 하시리이다.
　　피를 흘리게 하며 속이는 자들은 그들의 날의 반도 살지 못할 것이나
나는 주를 의지하리이다(시 55:23).

주께서 내 생명을 사망에서 건지셨음이라.
　　주께서 나로 하나님 앞, 생명의 빛에 다니게 하시려고
실족하지 아니하게 하지 아니하셨나이까?(시 56:13)

하나님이여, 주는 하늘 위에 높이 들리시며

---

29 탄식시의 구조적 특징들을 이해하기 위해서는 제이콥슨, 『시편으로의 초대』, 68-78; Westermann, *Praise and Lament in the Psalms*, 66-69, 165-249를 참조하라. 탄식시의 다섯 가지 구성 요소가 언제나 함께 등장하는 것은 아니다.
30 "찬양 약속"이란 위기 상황을 벗어나게 해주시면 하나님께 찬양을 드리겠다는 시인의 고백이다. 시편 57:7-9은 이 요소를 잘 보여준다("하나님이여, 내 마음이 확정되었고 내 마음이 확정되었사오니 내가 노래하고 내가 찬송하리이다.…주여, 내가 만민 중에서 주께 감사하오며 뭇 나라 중에서 주를 찬송하리이다"). 시편 59:17에는 "찬양 약속"의 요소도 담겨 있다.

주의 영광이 온 세계 위에 높아지기를 원하나이다(시 57:11).

그때에 사람의 말이 "진실로 의인에게 갚음이 있고
  진실로 땅에서 심판하시는 하나님이 계시다" 하리로다(시 58:11).

나의 힘이시여, 내가 주께 찬송하오리니
  하나님은 나의 요새이시며
  나를 긍휼히 여기시는 하나님이심이니이다(시 59:17).

우리가 하나님을 의지하고 용감하게 행하리니
  그는 우리의 대적을 밟으실 이심이로다(시 60:12).

구 분	시 54편	시 55편	시 56편	시 57편	시 58편	시 59편	시 60편
탄 식	1-6절	1-22절	1-12절	1-10절	1-10절	1-16절	1-11절
승리 확신	7절	23절	13절	11절	11절	17절	12절

시편 54-60편의 탄식과 승리 확신

시편 54-60편에 등장하는 일곱 부류의 원수들과 그들에 대한 승리의 확신은 다윗 왕조가 세워지기까지 어떤 우여곡절이 있었는가를 알려주는 동시에 다윗 왕조가 앞으로 대면하게 될 다양한 적들에게 어떻게 승리를 쟁취할 수 있는지 말해준다. 이 단락이 보여주는 신앙의 비결은 단순하다. 곧 **"인간-왕" 다윗은 하나님을 의지하고, "하나님-왕" 여호와는 승리하게 하신다.** 즉 다윗 왕조가 세워질 때도 하나님의 도우심이 있었고 다윗 왕조가 앞으로 누릴 승리도 하나님의 도우심으로 가능하다는 메시지가 전해지는 것이다. 포로기 이후 최종 편집된 시편의 첫 독자들은 이 시편들을 읽으면서 어떤 생각을 했을까? 분명히 그들은 다윗 왕조의 흥망성쇠가 전적으로 하나님께 달려 있었다는 사실을 교훈으로 받아들였을 것이다.

(3) 시편 61-65편

시편 제2권 다윗 모음집(시 51-65편)의 세 번째 소단락인 시편 61-65편은 화자가 개인(I)으로 등장하는 시편 61-64편, 그리고 시편 65편으로 나뉜다. 시편 61-64편에서는 "인간-왕"이 피난처를 구하며 도움을 요청하는 내용이 전개되는 반면, 이어지는 시편 65-68편에서는 시온에 좌정하신 "하나님-왕"의 흔들리지 않는 통치가 펼쳐진다. 이때 시편 65편은 앞의 내용과 뒤의 내용을 연결해주는 가교 역할을 한다고 볼 수 있다. 왜냐하면 시편 64편의 시인은 원수들의 악행을 하나님이 무위로 돌리시는 것을 보고 "모든 사람이 두려워하여 하나님의 일을 선포하며"(시 64:10)라고 노래했는데, 시편 65편의 시인 역시 하나님의 창조를 경험한 "땅끝에 사는 자가 주님의 징조를 두려워할 것"이라고 노래하기 때문이다(시 65:8). 이런 흐름을 시각화하면 다음과 같다.

시 61편	시 62편	시 63편	시 64편	시 65편	시 66편	시 67편	시 68편
인간-왕의 간구					하나님-왕의 다스림		

시편 61-68편의 전략적 배열

㉠ **시편 61-64편**: 먼저 시편 61-64편을 살펴보자. 이 시편들의 장르를 보면, 개인 탄식시(시 61, 63, 64편)와 확신시(시 62편)로 분류된다. 디클레세-왈포드는 시편 62:3—"넘어지는 담과 흔들리는 울타리같이 사람을

죽이려고 너희가 일제히 공격하기를 언제까지 하려느냐?"-의 내용을 근거로 시편 62편을 개인 탄식시로 분류한다.³¹ 하지만 양식과 내용 면에서 보면 시편 62편은 하나님이 구원자와 도피처가 되심을 고백하는 확신시로 분류하는 것이 적절하다(시 62:1-2, 5-8).

이 단락에서 "왕"이라는 명시적 단어는 단 2회 등장한다(시 61:6; 63:11). 하지만 표제어에 등장하는 "다윗"을 해석에 접목하면 시편 61-64편은 "인간-왕"(다윗)이 마음이 약해졌을 때(시 61:2), 혹은 원수들의 공격을 받고 있을 때(시 62:3; 63:1, 9-10; 64:1-6) 하나님의 도움을 구하는 모습을 묘사한다. 이는 앞서 짧게 언급한, 시편 65-68편에 등장하는 "하나님-왕"의 모습-시온에 좌정하셔서 통치하시는 모습이다-과 대조를 이룬다. 인간-왕은 도피처를 찾지만 하나님-왕은 세상에 대한 통치를 흔들림 없이 수행해나가시기 때문이다(시 65:5-8; 66:1, 4, 7-8; 67:1-7; 68:8, 16-17, 24-25, 29-30). 하나님-왕과 극명하게 대비되는 인간-왕은 하나님이 "피난처"라고 고백하면서 그에게 피하고자 한다. "피난처"에 해당하는 히브리어는 "마흐세"(מַחְסֶה)이지만, 이 단락에서는 하나님을 피난처로 묘사하기 위한 다양한 은유(metaphor)들이 사용된다. "망대"(시 61:3), "바위"(시 61:2), "장막"(시 61:4), "주의 날개"(시 61:4; 63:7), "반석", "요새"(시 62:2, 4), "피난처"(시 61:3; 62:8) 등이 그것이다. 또한 시편 64:10은 "마흐세"의 동사형인 "하사"(חָסָה)를 사용해 "여호와께 피하는 자"를 의인이라고 선언한다.

ⓒ 시편 65편: 시편 65편은 앞서 언급했듯이 시편 61-64편과 66-68편 사이에서 가교 역할을 한다. 시편 61-64편에서는 인간-왕이 하나

---

31 Nancy L. DeClaissé-Walford, *Introduction to the Psalms: A Song from Ancient Israel* (Saint Louis: Chalice Press, 2004), 74.

님-왕께 도움을 요청하며 기도한다면, 시편 65편의 시인은 시온(예루살렘 성전)에 좌정하신 하나님-왕이 기도를 들으신다고 노래한다.

> 1하나님이여, 찬송이 시온에서 주를 기다리오며
>   사람이 서원을 주께 이행하리이다.
> 2기도를 들으시는 주여!
>   모든 육체가 주께 나아오리이다(시 65:1-2).

시편 61-64편의 인간-왕은 "주의 장막"에 머물 것을 바라며(시 61:2-4), "성소"에서 주를 바라보았다고 노래한다(시 63:2). 하지만 시편 65편의 하나님-왕은 성전의 주인으로서(시 65:1) 기도를 들으시고(시 65:2) 허물을 사하시며(시 65:3), 성전에 거하도록 선택받은 자들에게 복을 주시는 분으로 소개된다(시 65:4). 여기서 선택받은 자들은 일차적으로 제사장들을 가리키겠지만(민 16:5; 렘 30:21), 제사장직을 부여받은 하나님의 언약 백성을 가리킨다고 이해할 수도 있다(출 19:6).

4. 시편 제2권의 시작: 시편 42-43, 44, 45편

앞서 살펴보았듯이 서론(시 1, 2편)을 제외한 모든 시편의 표제어에 다윗이 등장할 만큼 제1권의 표제어에서 "다윗"의 이름은 지배적이라고 할 수 있다.[32] 반면 시편 제2권의 표제어에는 고라와 아삽, 다윗과 솔로몬이

---

32 앞서 밝혔듯이 시편 9-10편과 시편 32-33편을 각각 하나의 시편으로 간주한다.

등장한다. 하지만 그들이 모두 다윗과 직간접으로 연관된다는 점을 고려할 때, 시편 제2권 역시 독자들을 다윗과 관련된 시대로 초대한다고 볼 수 있다.

1) 시편 42-43, 44편

마소라 텍스트(MT)와 70인역(LXX)은 모두 시편 42-43편을 2개의 시편으로 나누어 배열한다. 하지만 이 두 시편은 본래 하나의 시편이었던 것으로 보인다.[33] 그 근거로는 첫째, 시편 42-49편은 모두 "고라 자손의…"라는 표제어가 붙어 있는데 43편에만 없기 때문이다. 즉 시편 43편도 제1권의 10, 33편과 마찬가지로 앞 시편의 표제어를 따를 가능성이 크다. 둘째, 시편 42편과 43편은 다음과 같이 비슷한 문학 양식과 주제를 공유하기 때문이다.

① 후렴부가 반복된다(시 42:5, 11; 43:5).
② 탄식시의 양식을 취한다. 즉 시인은 원수들로 인한 고통 가운데서 하나님께 도움을 요청하고, 그럼에도 하나님께 소망을 두며 그를 찬양하겠다고 다짐한다.
③ "하나님의 부재"라는 주제를 공유한다("네 하나님이 어디 있느냐?"[시 42:3], ["어찌하여 나를 잊으셨나이까?…네 하나님이 어디 있느냐?[시 42:9-10], "주는 나의 힘이 되신 하나님이시거늘 어찌하여 나를 버리셨나이까?"[시 43:2]).

---

[33] Wilson, *The Editing of the Hebrew Psalter*, 173-77; Kraus, *Psalms 1-59: A Commentary*, 435-43.

	시 42편		시 43편	
1-4절	하나님이여, 사슴이 시냇물을 찾기에 갈급함 같이 내 영혼이 주를 찾기에 갈급하니이다.…	6-10절	내 하나님이여, 내 영혼이 내 속에서 낙심이 되므로…	1-4절	하나님이여, 나를 판단하시되 경건하지 아니한 나라에 대하여 내 송사를 변호하시며 간사하고 불의한 자에게서 나를 건지소서.…
5절	내 영혼아, 네가 어찌하여 낙심하며 어찌하여 내 속에서 불안해하는가? 너는 하나님께 소망을 두라. 나는 그가 나타나 도우심으로 말미암아 내 하나님을 여전히 찬송하리로다.	11절	내 영혼아, 네가 어찌하여 낙심하며 어찌하여 내 속에서 불안해하는가? 너는 하나님께 소망을 두라. 나는 그가 나타나 도우심으로 말미암아 내 하나님을 여전히 찬송하리로다.	5절	내 영혼아, 네가 어찌하여 낙심하며 어찌하여 내 속에서 불안해하는가? 너는 하나님께 소망을 두라. 나는 그가 나타나 도우심으로 말미암아 내 하나님을 여전히 찬송하리로다.

시편 42편과 43편의 문학적·주제적 공통점

(1) 하나님의 부재

"하나님의 부재"라는 주제는 하나님의 도움(구원)이 시인에게 전혀 주어지지 않는—원수들의 입을 통해서든 시인의 절규를 통해서든—상황을 묘사한다. 이 주제는 시편 제1권의 시작 부분에서도 다루어졌다. 시편 제1권의 본론이 시작되는 시편 3편부터 14편까지 나타나는 여러 주제 가운데 하나가 바로 "하나님의 부재"다. 시편 3편에 등장하는 원수들(악인들)은 "그(시인)는 하나님께 구원을 받지 못한다"라고 조롱한다. 또한 시편 14편의 시인은 어리석은 자들이 "하나님이 없다"고 주장하는 무신론자들임을 밝힌다(시 14:1).

시편 제2권의 첫 두 시편(시 42, 43편)에서도 비슷한 질문이 사람들과 시인의 입을 통해 제기된다.

사람들이 종일 내게 하는 말이

"네 하나님이 어디 있느뇨?" 하오니(시 42:3).

9내 반석이신 하나님께 말하기를 "어찌하여 나를 잊으셨나이까?
　　내가 어찌하여 원수의 압제로 말미암아 슬프게 다니나이까" 하리로다.
10내 뼈를 찌르는 칼같이 내 대적이 나를 비방하여
　　늘 내게 말하기를 "네 하나님이 어디 있느냐?" 하도다(시 42:9-10).

주는 나의 힘이 되신 하나님이시거늘 어찌하여 나를 버리셨나이까?
　　내가 어찌하여 원수의 억압으로 말미암아
　　슬프게 다니나이까?(시 43:2)

포로기 이후의 이스라엘 공동체에게 "하나님의 부재"는 다루기 힘겨운 신학적 주제였을 것이다. 성전은 재건축되었지만 예전의 영광스러운 모습을 되찾지 못했고, 예루살렘에 새로운 공동체가 만들어졌지만 여전히 왕이 없었다. 그들은 바사(페르시아)의 군주를 그들의 왕으로 섬겨야 했고(느 2:19), 기근과 사회적 문제로 인해 괴로움을 겪어야 했다(느 5장). 게다가 새로운 공동체를 재건하는 포로 귀환자들의 모습을 마뜩잖게 생각하는 자들은 하나님의 언약 백성들의 열악한 현실을 보면서 "네 하나님이 어디 있느냐?" 하고 조롱했을 것이다. 이처럼 힘겨운 나날을 보내는 그들은 자연스레 다음과 같은 질문들을 떠올렸을 듯하다.

- "하나님은 지금 어디에 계신 것일까?"
- "하나님이 우리를 영영 잊으신 것은 아닐까?"

이런 질문을 반영하듯이 시편 제1권의 전반부(시 3-14편)에서 다루었던 "하나님의 부재"라는 주제가 시편 42, 43편에 다시 등장하고, 바로 뒤를 잇는 시편 44편에서도 거듭 다루어진다. 시편 제2권의 첫 번째 공동체 탄식시인 시편 44편은 하나님이 자기 백성을 방치하시는 듯한 상황을 묘사하는데, 시인은 그에 앞서 하나님이 과거에 이스라엘 백성을 어떻게 인도하셨는지를 고백한다. 시편 44편은 크게 두 부분(시 44:1-8, 9-26)으로 나뉘지만, 다음과 같이 다섯 부분으로 세분할 수도 있다.

> a. 과거에 행하셨던 하나님의 구원 행위(시 44:1-3)
> b. 하나님의 능력에 대한 확신(시 44:4-8)
> c. 대적자들에 의해 흩어짐(시 44:9-16)
> d. 무죄의 항변(시 44:17-22)
> e. 구원을 요청함(시 44:23-26)

시인은 단락 a에서 하나님이 이스라엘 백성을 출애굽시켜 가나안 땅에서 살게 해주셨다고 고백하고, 단락 b에서는 자기들이 활과 칼을 의지하지 않고 하나님만을 의지할 것이라고 고백한다. 그러나 단락 c에서는 분위기가 바뀌며 자신들이 대적자들에 의해 나라를 빼앗기고 여러 민족 중에 흩어졌다고 말한다. 이는 예루살렘이 바벨론에 의해 멸망한 사건을 암시한다("여러 민족 중에 우리를 흩으셨나이다"[시 44:11b]). 그런데 단락 d에서 시인은 흥미롭게도 그렇게 된 이유가 자신들에게 있지 않다고 항변한다. 다음 구절을 살펴보자.

17이 모든 일이 우리에게 임하였으나
    우리가 주를 잊지 아니하며 주의 언약을 어기지 아니하였나이다.

> 18 우리의 마음은 위축되지 아니하고
> 　　우리 걸음도 주의 길을 떠나지 아니하였으나
> 19 주께서 우리를 승냥이의 처소에 밀어 넣으시고
> 　　우리를 사망의 그늘로 덮으셨나이다.
> 20 우리가 우리 하나님의 이름을 잊어버렸거나
> 　　우리 손을 이방 신에게 향하여 폈더면
> 21 하나님이 이를 알아내지 아니하셨으리이까?
> 　　무릇 주는 마음의 비밀을 아시나이다(시 44:17-21).

자신들이 포로로 사로잡힌 책임이 자신들에게 있지 않다는 이 내용은 시편 88편을 상기시킨다. 이후 단락 e에서 시인은 하나님이 일어나시어 자신들을 고난과 압제에서 구원해주시라고 기도한다. 바로 이 지점에서 시인은 어찌하여 자신을 도와주거나 구원해주지 않느냐고 하나님께 직접 질문한다.

> 23 주여, 깨소서! 어찌하여 주무시나이까?
> 　　일어나시고 우리를 영원히 버리지 마소서.
> 24 어찌하여 주의 얼굴을 가리시고
> 　　우리의 고난과 압제를 잊으시나이까?(시 44:23-24)

(2) 하나님에 대한 갈망(그럼에도)

시편 42, 43편과 44편이 "하나님의 부재"라는 주제를 전개하지만, 시인은 그 속에서도 하나님을 갈망한다(시 42, 43편). 시인은 지금 마음이 상하고(시 42:4) 낙심되며(시 42:6) 슬픔이 가득하기에(시 43:2) 충분할 만큼 열악한 상황에 있다. 하지만 그럼에도 시인은 "하나님이여, 사슴이 시냇물을 찾기에 갈급함 같이 내 영혼이 주를 찾기에 갈급하니이다"(시 42:1)라고 고백하며 하나님에 대한 갈증, 하나님에 대한 갈급함을 드러낸다.

자신이 하나님에게 얼마나 심한 갈증을 느끼고 있는가를 보여주기 위해서 시인은 "시냇물을 찾아 갈급해 하는 사슴"에 자신을 비유한다. 목마른 사슴이 시내를 찾기 위해 이리저리 헤매며 찾아다니는 모습을 떠올려보라. 시인은 하나님을 찾는 자신의 모습이 마치 물을 찾아 헐떡거리며 다니는 들짐승의 모습과 하나도 다를 것이 없다고 고백하는 것이다. 여기서 사용된 히브리어는 "아라그"(ערג)로서 히브리어 성경에 단 3회 등장하는 단어다(시 42:1[2회]; 욜 1:20). 이어지는 시편 42:2에서 시인은 좀 더 직설적으로 자신의 심정을 토로한다.

> 내 영혼이 하나님 곧 살아계시는 하나님을 갈망하나니
> 내가 어느 때에 나아가서 하나님의 얼굴을 뵈올까?(시 42:2)

여기서 "갈망하다"로 번역된 히브리어는 "차메"(צמא)인데 이 단어도 "아라그"와 함께 극심한 갈증 상태를 묘사한다. 이 단어가 구약성경에서 처음 등장하는 곳은 출애굽기 17:3이다. 애굽에서 빠져나온 이스라엘 백성은 신 광야에 머무르다 르비딤으로 거처를 옮겼는데 그곳에는 마실 물이 없었다. 이에 이스라엘 백성은 모세를 향해 원망하며 "당신이 어찌하여 우리를 애굽에서 인도해내어서 우리와 우리 자녀와 우리 가축이 목말라 죽게 하느냐?"(출 17:3)라고 따진다. 즉 "차메"는 죽음 직전의 갈증 상태를 묘사한다고 볼 수 있다. 시인은 이런 극단적인 단어들을 사용하면서 여호와에 대한 자신의 갈망을 드러내고자 했다.

(3) 자신을 격려함(후렴구)

시인은 하나님에 대한 갈급함뿐만 아니라 자기 자신에게 하는 다짐도 기록한다.

> 내 영혼아, 네가 어찌하여 낙심하며
> 어찌하여 내 속에서 불안해하는가?
> 너는 하나님께 소망을 두라. 그가 나타나 도우심으로 말미암아
> 내가 여전히 찬송하리로다(시 42:5; 참조. 42:11; 43:5).

2) 시편 45편: 제왕시

시편 45편은 왕의 결혼식을 배경으로 작성된 제왕시이자 찬양시다. 시편 제1권의 시편 중에서 "제왕시"로 분류되는 시편들―시 2, 18, 20, 21편―은 모두 대관식이나 전쟁에 관한 것이었다. 하지만 시편 45편은 왕의 결혼식에서 불리는 축하곡이라고 할 수 있다.[34] 이 시에서 시인은 왕의 풍모와 내적 인품, 지혜와 정의, 그리고 그의 배후에서 역사하시는 하나님을 소개한다(시 45:1-9). 그리고 이어서 왕비의 인품과 자세(왕을 공경하는 태도), 함께 사는 딸의 아름다움까지도 노래한다(시 45:10-17).

이 노래는 언뜻 보기에 시인이 왕과 왕비를 위해 하나님께 드리는 기도처럼 보인다. 하지만 자세히 보면 마치 결혼식에서 주례를 맡은 자가 신랑과 신부를 격려하는 듯한 방식으로 기록되어 있다.

---

[34] Brueggemann, Bellinger, *Psalms*, 213.

1내 마음이 좋은 말로 왕을 위하여 지은 것을 말하리니

　　내 혀는 글솜씨가 뛰어난 서기관의 붓끝과 같도다.

2왕은 사람들보다 아름다워 은혜를 입술에 머금으니

　　그러므로 하나님이 왕에게 영원히 복을 주시도다.

3용사여, 칼을 허리에 차고 왕의 영화와 위엄을 입으소서.

4왕은 진리와 온유와 공의를 위하여

　왕의 위엄을 세우시고 병거에 오르소서.

　　왕의 오른손이 왕에게 놀라운 일을 가르치리이다.

5왕의 화살은 날카로워 왕의 원수의 염통을 뚫으니

　　만민이 왕의 앞에 엎드러지는도다.

6하나님이여, 주의 보좌는 영원하며

　　주의 나라의 규는 공평한 규이니이다.

7왕은 정의를 사랑하고 악을 미워하시니

　　그러므로 하나님 곧 왕의 하나님이 즐거움의 기름을 왕에게 부어

　　왕의 동료보다 뛰어나게 하셨나이다.

8왕의 모든 옷은 몰약과 침향과 육계의 향기가 있으며

　　상아궁에서 나오는 현악은 왕을 즐겁게 하도다.

9왕이 가까이하는 여인들 중에는 왕들의 딸이 있으며

　　왕후는 오빌의 금으로 꾸미고 왕의 오른쪽에 서도다(시 45:1-9).

10딸이여, 듣고 보고 귀를 기울일지어다.

　　네 백성과 네 아버지의 집을 잊어버릴지어다.

11그리하면 왕이 네 아름다움을 사모하실지라.

　　그는 네 주인이시니 너는 그를 경배할지어다.

12 두로의 딸은 예물을 드리고

　　백성 중 부한 자도 네 얼굴 보기를 원하리로다.

13 왕의 딸은 궁중에서 모든 영화를 누리니

　　그의 옷은 금으로 수놓았도다.

14 수놓은 옷을 입은 그는 왕께로 인도함을 받으며

　　시종하는 친구 처녀들도 왕께로 이끌려 갈 것이라.

15 그들은 기쁨과 즐거움으로 인도함을 받고 왕궁에 들어가리로다.

16 왕의 아들들은 왕의 조상들을 계승할 것이라.

　　왕이 그들로 온 세계의 군왕을 삼으리로다.

17 내가 왕의 이름을 만세에 기억하게 하리니

　　그러므로 만민이 왕을 영원히 찬송하리로다(시 45:10-17).

(1) 공평과 정의

여기서 우리가 주목해야 할 점은 이상적인 왕(ideal king)으로 제시된 왕이 마땅히 감당해야 할 의무 가운데 하나가 바로 하나님의 "공평"(מִישׁוֹר)과 "정의"(צֶדֶק)를 구현하는 일이라는 사실이다.

6 하나님이여, 주의 보좌는 영원하며

　　주의 나라의 규는 공평한 규[공평의 규(שֵׁבֶט מִישֹׁר)]이니이다.

7 왕은 정의(צֶדֶק)를 사랑하고 악을 미워하시니

　　그러므로 하나님 곧 왕의 하나님이 즐거움의 기름을 왕에게 부어

　　왕의 동료보다 뛰어나게 하셨나이다(시 45:6-7).

여기서 사용된 "공평"과 "정의"는 동의어로 간주해도 무방하다. "공

평"으로 번역된 히브리어 "미쇼르"(מִישׁוֹר)는 본래 울퉁불퉁하거나 구부러지지 않은, 평평하고 반듯한 길을 묘사할 때 쓰이는 단어다. 그것이 사람의 성품을 가리킬 때는 "강직한"이라는 의미를 띠고, 윤리와 연관된 문맥에서는 "올바른" 혹은 "공평한"이라는 의미로 번역된다.[35] 또한 법을 집행함에 있어 부자라고 해서 형량을 줄여주거나 가난하다고 해서 중한 형량을 선고하는 일이 없는, 죄에 합당한 형량을 부과하는 것이 "공평"(미쇼르)이다. 그와 비슷하게 정의(혹은 "의")로 번역된 "체데크"(צֶדֶק)는 기본적으로 정확한 것, 올바른 것을 의미하며 더 나아가서 공동체에 대한 충성을 가리키기도 한다.

하나님은 공평과 정의로 당신의 백성들을 다스리신다. 그 때문에 하나님의 기름 부음을 받은 인간-왕 역시 마땅히 그 기준에 맞추어 통치해야 한다. 시편 2편에서 여호와는 "내가 나의 왕을 내 거룩한 산 시온에 세웠다"(시 2:6)고 노래하신다. 시온에 왕을 세우시는 것은 그를 통해 여호와의 통치를 구현하기 위함이다. 시편 45:6의 "하나님이여, 주의 보좌는…"이라는 표현은 이상적인 왕과 그의 보좌를 가리키는 것으로 보인다.[36] "보좌"와 "규"는 모두 "왕의 통치"를 상징한다. 영원한 보좌에서 공평한 규로 이루어지는 이상적인 왕의 통치는 공평과 정의를 실현하는 통치일 수밖에 없다. 인간-왕 역시 하나님 나라를 이 땅 위에 건설할 때 채찍과 막대기로 하는 것이 아니라 "공평"과 "정의"로 해야 한다. 그 이유는 바로 하나님의 통치 철학이 그러하기 때문이다. 이에 관해 예언자 이사야는 다음과 같이 선언한다.

---

35 *NIDOTTE* 2:555-60.
36 Brueggemann, Bellinger, *Psalms*, 213.

그 정사와 평강의 더함이 무궁하며
　　또 다윗의 왕좌와 그의 나라에 군림하여
그 나라를 굳게 세우고
　　지금 이후로 영원히 정의와 공의로 그것을 보존하실 것이라.
만군의 여호와의 열심이 이를 이루시리라(사 9:7).

4공의로 가난한 자를 심판하며
 정직으로 세상의 겸손한 자를 판단할 것이며
　　그의 입의 막대기로 세상을 치며
　　그의 입술의 기운으로 악인을 죽일 것이며
5공의로 그의 허리띠를 삼으며
　　성실로 그의 몸의 띠를 삼으리라(사 11:4-5).

"인간-왕"의 통치 철학이 "공평"과 "정의"여야 한다는 주제는 시편 제2권의 마지막 시편인 72편에서 다시 등장한다.

5. 시편 제2권의 마지막: 시편 72편(제왕시)

시편 72편의 표제어는 "솔로몬의 시"다. 그러나 1절과 20절을 고려한다면 이 시편은 다윗이 아들 솔로몬을 위해 기도하는 내용임을 알 수 있다.[37] 이 기도에는 이상적인 왕의 통치가 어떠하고 그 결과가 무엇인지를

---

[37] 방정열, "시편 제1-3권의 정경 형성에 대한 고찰", 63-90을 참조하라.

논하는 내용이 담겨 있다. 여기서 흥미로운 점은 왕의 이상적인 모습으로 언급되는 특징이 시편 45편에서처럼 "공의" 혹은 "정의"와 관련된다는 사실이다. 시편 72:1에서 시인(다윗)은 하나님께 "주의 판단력"과 "주의 공의"를 자기 아들 솔로몬에게 허락해달라고 기도한다. 그렇게 되면 그 왕은 백성들을 공의로 재판하게 되어 가난한 자들에게 억울한 일이 발생하지 않게 될 것이다(시 72:2).

> 1하나님이여, 주의 **판단력**(משפט)을 왕에게 주시고
> 　주의 **공의**(צדקה)를 왕의 아들에게 주소서.
> 2그가 주의 백성을 **공의**(צדקה)로 재판하며
> 　주의 가난한 자를 **정의**(משפט)로 재판하리니
> 3의로 말미암아 산들이 백성에게 평강을 주며
> 　작은 산들도 그리하리로다.
> 4그가 가난한 백성의 억울함을 풀어주며
> 　궁핍한 자의 자손을 구원하며 압박하는 자를 꺾으리로다.
> 5그들이 해가 있을 동안에도 주를 두려워하며
> 　달이 있을 동안에도 대대로 그리하리로다(시 72:1-5).

여기서 반복적으로 사용되는 "미슈파트"와 "체다카"는 시편 45편에서 왕의 통치를 묘사할 때 언급된 "공평" 및 "정의"와 같은 의미라고 볼 수 있다. 왕은 하나님을 대신해 백성을 "정의"와 "공의"로 재판해야 한다. 그래야 가난한 자들에게 억울한 일이 발생하지 않기 때문이다(시 72:4). 이는 시편 72:12-14에서 두드러진다.

> 12 그는 궁핍한 자가 부르짖을 때에 건지며
> 　도움이 없는 가난한 자도 건지며
> 13 그는 가난한 자와 궁핍한 자를 불쌍히 여기며
> 　궁핍한 자의 생명을 구원하며
> 14 그들의 생명을 압박과 강포에서 구원하리니
> 　그들의 피가 그의 눈앞에서 존귀히 여김을 받으리로다(시 72:12-14).

지금까지 살펴본 대로 고라의 시편들로 시작하는 시편 제2권은 앞부분에서 탄식의 내용을 담아낸다. 시인은 하나님의 부재로 고통스러워하지만 그럼에도 하나님의 구원을 믿으며 도움을 요청한다. 그러다가 시편 45편에서는 제왕시가 등장한다. 시편 45편은 왕의 결혼식에 관한 내용을 묘사하면서도 이상적인 인간-왕은 하나님을 대리하여 정의와 공의로 통치해야 한다는 교훈을 간략하게 제시한다. 그리고 이 교훈은 시편 제2권의 마지막 시편인 72편에서 다윗이 솔로몬을 위해 기도할 때 다시 등장한다. 인간-왕이 정의와 공의로 백성을 다스려야 한다는 내용이 시편 제2권의 시작과 끝부분에 반복해서 등장하는 현상은 매우 흥미롭다.

그런데 시편 제2권의 중심을 살펴보면 다윗의 탄식시가 무게감 있게 배열되었다는 사실을 확인할 수 있다(시 51-60편). 그리고 여기서 우리는 시편 50편에 주목해야 한다. 왜냐하면 시편 50편은 제2권의 유일한 아삽 시편일뿐더러 다른 장르에서 탄식시로 넘어가는 가교 역할을 하기 때문이다. 또한 시편 50편의 논조가 매우 강한 탄식을 드러내기에 자연스레 우리의 이목이 쏠리기도 한다. 제왕시와 시온시(찬양시)가 교차하는 시편 45-48편 및 인생의 덧없음을 노래하는 시편 49편(시 49:12, 20)에서 탄식시(시 51-60편)로 넘어가는 지점에 자리해 앞뒤를 이어주는 시편

50편에 관해 좀 더 자세히 알아보자.

6. 시편 제2권의 가운데: 시편 50편

시편 50편을 시편 제2권의 중앙에 위치한 시편으로 소개하지만 이는 물리적인 측면에서의 구분에 따른 것이 아니다. 다만 시편 50편은 고라 자손의 시편(시 42-49편)과 다윗의 시편(시 51-70편) 사이에 자리한 유일한 아삽 시편—제3권의 시편 73-83편도 아삽 시편이다—으로서 그만한 가치가 있다고 할 수 있다. 그리고 브루그만도 지적한 것처럼 시편 50편은 42-49편에서 51-65편으로 자연스럽게 넘어가게 도와주는 가교 구실을 한다.[38]

앞서 살펴보았듯이 시편 42-49편에서는 하나님의 임재 장소로서 소개되는 "시온"이 중요한 주제로 등장한다. 시편 50편은 그 주제를 이어받아 시온에서 빛을 발하시며("온전히 아름다운 시온에서 하나님이 빛을 비추셨도다"[시 50:2]), "불"과 "광풍"으로 현현하시는 하나님을 묘사한다("우리 하나님이 오사 잠잠하지 아니하시니 그 앞에는 삼키는 불이 있고 그 사방에는 광풍이 불리로다"[시 50:3]). 하나님은 시내산에서 모세에게 율법을 주실 때 현현하셨던 것처럼(출 13:21-22; 민 9:15-23) 시온에 나타나 말씀하려고 하신다. 하나님은 "내 백성아, 들을지어다. 내가 말하리라. 이스라엘아, 내가 네게 증언하리라. 나는 하나님 곧 네 하나님이로다"(시 50:7)라고 직접 말씀하신다. 시편 50편의 대략적인 구조는 다음과 같다.

---

38 Brueggemann, Bellinger, *Psalms*, 231.

  a. 하나님의 의로운 심판(시 50:1-6)
   b. 언약 백성들의 착각에 대한 경고(시 50:7-15)
   b′. 악인들의 착각에 대한 경고(시 50:16-21)
  a′. 하나님의 의로운 심판(시 50:22-23)

  여기서 시편 50편의 내용을 모두 다룰 수는 없고 핵심 부분(단락 b, b′)만 간략하게 살펴보고자 한다. 이 시편을 잘 읽어보면 하나님이 자신의 언약 백성을 불러 모으시고(시 50:5), 그 언약 백성(시 50:7-15)과 악인들에게(시 50:16-21) 각각 경고의 말씀을 전하신다는 것을 알 수 있다. 그 경고의 내용은 언약 백성과 악인들의 오해에 대한 것인데, 그 오해란 구체적으로 "제사에 관한 착각"과 "죄악에 관한 착각"이다.

1) 제사에 관한 착각

  단락 b(시 50:7-15)에서 제사에 관해 하나님이 언약 백성에게 주시는 경고의 말씀은 두 가지다. 첫째, 하나님을 희생 제물에 굶주린 분으로 착각하지 말라는 것이다. 고대 근동의 이방인들은 자신들의 신에게 제물을 바칠 때, 그 제물로 신의 화를 누그러뜨릴 수 있다고 생각했다. 그러나 하나님은 우리가 그렇게 할 수 있는 분이 아니시다. 하나님은 오히려 "내가 수소의 고기를 먹으며 염소의 피를 마시겠느냐?"(시 50:13)라고 반문하신다. 왜냐하면 세계의 모든 것이 하나님의 것이기 때문이다(시 50:9-12). 그러므로 제사를 드리는 사람은 제물을 가지고 하나님의 마음을 흔들 수 있다고 생각하지 말아야 한다.

  둘째, 제물보다 감사의 마음이 더 중요하다는 것이다. 시편 50편은 제아무리 기름진 짐승으로 제사를 드려도 감사의 마음으로 제사를 드리는 것보다는 못하다고 말한다. 이스라엘 백성은 종종 기름진 것을 바치기만 하면 하나님이 기뻐하실 것이라는 착각에 빠져들었다. 하지만 시편 50편은 가식적이고 형식적이기만 한 예배를 경계하라고 가르쳐준다(참조. 사 1:10-17). 직접 화자로 등장하신 하나님은 그런 착각에 대해 감사로 제사를 드리고 결단한 것을 행하며 어려움 가운데 기도하라고 말씀하신다.

> 14감사로 하나님께 제사를 드리며
>   지존하신 이에게 네 서원을 갚으며
> 15환난 날에 나를 부르라. 내가 너를 건지리니
>   네가 나를 영화롭게 하리로다(시 50:14-15).

2) 죄악에 관한 착각

단락 b'(시 50:16-21)는 악인들에게 주시는 경고의 말씀이다. 이 단락은 악인들이 입으로는 하나님의 율법을 말하지만 뒤로는 온갖 악행을 저지르면서 "지금껏 아무 일 없었으니 앞으로도 괜찮을 거야" 하며 착각에 빠진다고 지적한다. 입으로만 율법을 중시하는 그들은 도둑들과 한 무리가 되고 간음하는 자들과 친구가 되며, 입으로 모든 거짓을 만들어내고 형제들을 비방한다.

> 16악인에게는 하나님이 이르시되
>   "네가 어찌하여 내 율례를 전하며 내 언약을 네 입에 두느냐?
> 17네가 교훈을 미워하고
>   내 말을 네 뒤로 던지며

18 도둑을 본즉 그와 연합하고
　　간음하는 자들과 동료가 되며
19 네 입을 악에게 내어주고
　　네 혀로 거짓을 꾸미며
20 앉아서 네 형제를 공박하며
　　네 어머니의 아들을 비방하는도다"(시 50:16-20).

여기서 악인의 구체적인 정체는 모호하지만 그가 겉과 속이 다르다는 사실은 분명하다. 그는 자신이 내뱉는 말과는 달리 악을 행하면서도 별 탈이 없을 것이라고 착각한다. 즉각적인 심판이 임하지 않기 때문이다. 그러나 하나님은 그의 착각에 대해 다음과 같이 경고하신다.

21 "네가 이 일을 행하여도 내가 잠잠하였더니
　　네가 나를 너와 같은 줄로 생각하였도다.
　그러나 내가 너를 책망하여
　　네 죄를 네 눈앞에 낱낱이 드러내리라" 하시는도다.
22 하나님을 잊어버린 너희여, 이제 이를 생각하라.
　　그렇지 아니하면 내가 너희를 찢으리니 건질 자 없으리라.
23 감사로 제사를 드리는 자가 나를 영화롭게 하나니
　　그의 행위를 옳게 하는 자에게
　　내가 하나님의 구원을 보이리라(시 50:21-23).

이처럼 시편 50편은 두 가지 착각, 즉 언약 백성의 착각과 악인들의 착각을 지적한다.

여기서 독자들은 악인들이 저지르는 악행이 무엇인지를 주목해야 한다. 그들의 악행은 도둑질, 간음, 거짓말, 비방 등으로 나타난다. 흥미롭게도 이 악행들은 다윗이 우리야의 아내 밧세바를 범하면서 저지른 죄와 같은 것들이다. 다윗은 자신의 충신인 우리야의 아내와 간음을 저질렀고 거짓말을 했으며 우리야를 죽이기까지 했다(삼하 11-12장). 바로 이것이 시편 50편과 51편이 연결되는 지점이다. 다시 말해 시편 50편에서 언급된 악행들은 51편의 표제어("다윗의 시, 인도자를 따라 부르는 노래, 다윗이 밧세바와 동침한 후 선지자 나단이 그에게 왔을 때")가 무슨 의미인지 알려주는 것이다. 따라서 시편의 최종 편집자(들)는 시편 50편에 열거된 악행들을 시편 51편에 등장하는 인간-왕 다윗과 연결지었다고 할 수 있다. 그리고 그 뒤에 이어지는 다윗 시편 모음집(시 51-65편)에서 악인들은 더욱 악한 모습으로, 인간-왕은 연약한 자의 모습으로 그려진다.

7. 결론

시편 제1권에서 하나님의 기름 부음을 받은 인간-왕(시 2편)은 "공평"과 "정의"로 하나님 나라를 통치하려고 하지만 다양한 원수들로 인해 위기 상황에 놓이게 된다. 시편 1-41편 가운데 약 56.4%가 탄식시일 만큼 "인간-왕"은 다양한 위기 상황에 맞닥뜨리게 되는데, 그가 위기를 벗어나기 위한 조건은 율법을 주야로 묵상하는 것밖에 없다. 시편 제1권에서 중요하게 배치된 시편들(시 1-2, 8, 19, 29편)의 내용을 살펴보면, 제1권의 핵심어가 "율법"과 "왕"이라는 사실을 재차 확인할 수 있다.

시편 제2권은 개인 탄식시(시 42, 43편)와 공동체 탄식시(시 44편)를 연이어 배치함으로써 개인의 탄식 상황을 국가적인 재난의 빛 아래에서 해석하게 한다. 시인은 국가적 재난의 원인이 자신들에게 있지 않다고 항변하지만(시 44:18-21), 결국에는 하나님이 불의하셔서가 아니라 자신들에게 문제가 있었다는 사실을 깨닫게 된다(시 89편). 시편 45편과 72편은 공의와 정의로 하나님 나라를 다스릴 이상적인 "인간-왕"에 관해 이야기한다. 하지만 시편 51편은 율법을 저버린 인간-왕인 다윗의 실패를 드러내고 그 후에 이어지는 시편들에서는 탄식의 강도가 더욱 거세지기만 한다. 시편 제2권의 마지막 시편인 72편은 "이새의 아들 다윗의 기도가 끝나니라"(시 72:20)라는 첨언으로 마무리된다. 독자들은 이제 다윗의 왕권이 자연스럽게 솔로몬에게 이양되는 상황을 그려보게 된다. 하지만 그 왕권의 영광은 오래가지 못했다. 느밧의 아들 여로보암이 이끄는 북이스라엘과 솔로몬의 아들 르호보암이 이끄는 남유다로 분열한 솔로몬 왕국은 결국 아시리아와 바벨론에 의해 멸망하기 때문이다. 왕국의 멸망과 관련한 이야기는 시편 제3권(시 73-89편)에서 자세하게 전개된다.

7장

시편 제3권(시 73-89편)의 이야기

하나님은 과연 공의로우신가?

시편의 서론(시 1, 2편)은 토라 묵상의 중요성과 여호와 하나님이 시온에 세우신 왕에 초점을 맞춘다. 즉 시편은 토라와 왕에 관한 주제를 다루면서 시작된다. 앞서 살펴본 대로 우리는 시편 제1, 2권에서 그 두 주제가 매우 중요하게 다뤄진다는 사실을 확인했다. 장르의 비율 측면에서는 시편 3편부터 계속해서 탄식시가 주를 이룬다. 하지만 그 와중에 시편 19편과 41편처럼 율법을 강조하는 시편들 및 시편 45편(시 51:13)과 72편처럼 왕의 역할을 강조하는 시편들이 전략적 위치에 배치되었다는 사실도 확인했다. 시편의 최종 편집자(들)는 이런 섬세한 배치를 통해 율법의 중요성을 강조하는 한편 "인간-왕"의 성공이 율법 순종 여부에 달렸음을 확실하게 해두었다. 이런 특징을 보이는 시편 제1, 2권의 시대적 배경은 "인간-왕", 특히 다윗과 직간접으로 연관된다.[1]

그렇다면 시편 제3권은 어떤 이야기를 펼쳐낼까? 시편 제1, 2권에서 전개되었던 내용이 그대로 반복될까? 아니면 색다른 이야기가 전개될까? 결론부터 말하자면 시편 제3권은 바벨론에 멸망한 이후 포로로 끌려갔던 이스라엘이 왜 그렇게 될 수밖에 없었는지에 관한 내용, 즉 이스라엘의 불신앙과 불순종을 다룬다(시 89:30-45; 참조. 삼하 7:8-17; 왕상 9:1-9;

---

[1] 시편 제1, 2권의 어떤 시편은 다윗 시대와 연결될 수 없는 내용을 담고 있다. 시편 44편을 예로 들 수 있는데, 이 시편은 포로기의 정황을 실제로 아는 사람이 작성했다고 보아야 한다.

대상 28:6-10; 대하 7:17-22; 신 29:24-29).[2] 다시 말해 시편 제3권은 하나님이 불의하시기 때문이 아니라 그의 언약 백성이 율법을 저버렸기 때문에 멸망했다는 사실을 분명하게 제시한다.

우리가 지금까지 해왔던 방식대로 우선 시편 제3권의 구성적 특징을 살핀 후, 주요 시편들을 분석하면서 제3권이 어떤 이야기를 전개하는지 확인해보자.

1. 시편 제3권의 구성적 특징

먼저 표제어를 기준으로 시편 제3권의 배열을 살펴보자. 시편 73-83편은 아삽의 시편들, 시편 84-85, 87-88편은 고라 자손의 시편들,[3] 시편 86편은 다윗의 시편, 그리고 시편 89편은 에단의 시편이다. 여기서 아삽의 시편이 시편 제2권에서는 단독으로 소개되지만(시 50편), 제3권에서는 모음집을 형성한다는 것이 큰 특징이다. 전체적으로 볼 때 시편 제3권은 시편 73-83편과 84-89편으로[4] 나눌 수 있다.

시 73-83편											시 84-89편					
아삽											고라	다윗	고라			에단
73	74	75	76	77	78	79	80	81	82	83	84	85	86	87	88	89
지	탄	찬	찬	탄	지	탄	탄	찬	찬	탄	찬	탄	탄	찬	탄	제

※지=지혜시; 찬=찬양시; 탄=탄식시; 제=제왕시

시편 제3권의 시편 배열과 장르

---

2 McCann, "Books I-III and the Editorial Purpose of the Psalter," 96.
3 시편 88편의 표제어에는 "고라 자손의 찬송시"에 이어서 "곧 에스라인 헤만의 마스길"이라는 정보가 첨부되어 있다.
4 Robert E. Wallace, "The Narrative Effect of Psalms 84-89," *Journal of Hebrew Scripture* 11(2011), 2-15.

장르를 기준으로 살펴보면 총 17개의 시편으로 구성된 시편 제3권에서는 탄식시와 찬양시가 주를 이룬다. 구체적으로는 17개의 시편에 탄식시 8개, 찬양시 6개, 지혜시 2개(시 73, 78편), 제왕시 1개(시 89편)가 포함된다.[5] 앞서 시편 제1, 2권에서는 탄식시가 주를 이루는 것과 달리 제3권에서는 탄식을 넘어서 서서히 찬양으로 나아가는 움직임이 감지된다. 탄식시의 비중은 시편 제1권에서 약 56.4%, 제2권에서 약 61.2%였고 제3권에서는 약 47% 정도다. 탄식시 분량이 여전히 비중이 높은 느낌은 있지만 시편 제1-3권의 찬양시 비중은 각각 5.1%, 16.1%, 35.2%로 점차 늘어나는 추세를 보인다. 이런 찬양시의 비중 변화는 독자들이 찬양시가 주를 이루는 시편 제4, 5권으로 자연스레 나아가도록 준비시키는 것으로 보인다. 시편 제3권의 장르 구성은 다음과 같이 시각화할 수 있다.

장르	탄식시	찬양시	지혜시	제왕시
백분율	47%	35.2%	11.7%	5.8%

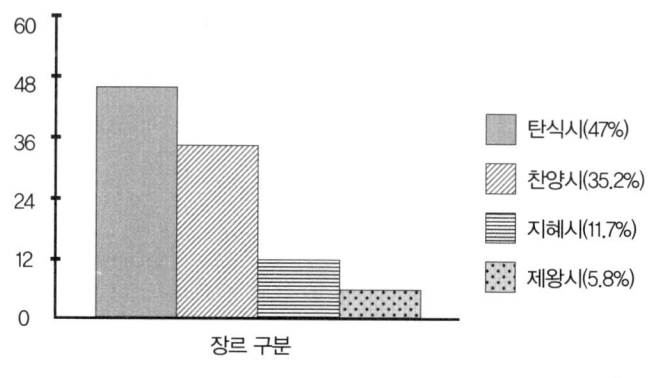

시편 제3권(시 73-89편)의 장르 구성

5　이후에 다시 언급하겠지만 시 89편의 장르는 공동체 탄식시와 제왕시로 분류된다.

2. 시편 제3권의 전체적인 내용

시편 제3권은 내용 면에서 연대기적 순서를 따르지 않는다. 시편 78편은 이스라엘이 겪었던 출애굽 사건, 애굽에서의 열 가지 재앙, 광야 경험, 만나와 메추라기가 제공되었던 사건, 가나안 땅의 정복과 분배, 여호와가 다윗을 선택하신 사건 등을 통해 이스라엘의 역사를 다룬다. 시편 80편은 북이스라엘에 대한 하나님의 심판을 암시하면서 하나님이 어떻게 이스라엘을 애굽에서 인도하셨는지를 노래한다. 시편 81편은 하나님이 애굽에서 구원하신 이스라엘이 그의 말씀(율법)을 어떻게 불순종했는지 밝힌다.[6] 반면 시편 74(1-11절), 79(1-7절), 89편(38-45절)의 내용은 남유다의 멸망(기원전 586년)과 관련된다. 여기에는 바벨론의 군사들에 의해 예루살렘 성과 성전이 참혹하게 훼파되고 언약 백성이 도륙되는 장면이 꽤 자세하게 기록되어 있다. 이처럼 시편 제3권의 내용은 족장 시대부터 분열 왕국 시대까지를 망라하지만 연대기적으로 구성되지는 않는다.

시편 74편과 79편은 특별히 하나님의 성전이 파괴되는 장면을 상세하게 묘사한다. 이때 흥미로운 점은 지혜시이자 탄식시인 시편 73편과 78편 다음에 공동체 탄식시인 시편 74편과 79편이 뒤따른다는 사실이다. 이는 일종의 "지혜시와 공동체 탄식시" 패턴으로서 이 시편들을 긴밀하게 연결해서 해석할 수 있는 토대를 제공한다. 이를 좀 더 자세히 살펴보면 시편 73편은 악인의 번성함을 보고서 질투하는 의인—"마음이 정결한 자"(시 73:1)다—이 어떻게 신앙적 어려움을 겪는지 말한다. 이어지는 시편 74편은 강력하고 부유한 바벨론에 의해 예루살렘이 멸망하는

---

[6] 시편 77, 80, 81편은 북이스라엘의 멸망(기원전 722년)을 노래하는 것으로 보인다. B. Z. Luria, "Psalms from Ephraim," *Beth Mikra* 23(1978), 151-60.

모습을 그려낸다. 여기서 시편 73편의 악인은 74편의 이방 나라(바벨론)로, 시편 73편에서 고난당하는 시인은 74편에서 예루살렘과 성전이 무너지는 모습을 바라보는 언약 공동체로 해석될 수 있다.

시편 78편은 지혜시로서 이스라엘이 경험한 하나님의 다양한 도우심을 노래한다(시 78:5, 12-13, 24-25, 53-54, 55). 하지만 여기서 오히려 두드러지는 것은 여호와에 대한 이스라엘의 불신앙(시 78:17-19, 56-58)과 그에 따르는 결과다(시 78:59-64). 여기에 이어지는 시편 79편은 공동체 탄식시로서 남유다의 멸망을 그려낸다. 두 시편을 연결해서 해석하면 이스라엘의 불신앙과 죄 때문에(시 78:17-19, 56-58; 79:8-9) 남유다가 멸망했다는 이야기가 형성된다(시 79:1-5).

또한 시편 제3권의 마지막 시편인 89편을 보면 다윗의 뒤를 잇는 "인간-왕"이 더는 존재하지 않게 된 상황을 엿볼 수 있다. 이후에 자세히 다루겠지만 시편 89편은 다윗 언약을 말하기에 제왕시로 분류할 수 있다(시 89:1-37). 하지만 동시에 나라의 멸망을 탄식하는 내용도 담고 있기에 공동체 탄식시로 분류되기도 한다(시 89:38-51). 여기서 흥미로운 점은 다윗 언약의 파기와 바벨론 유수가 율법에 대한 불순종과 밀접한 관계가 있음을 보여주는 대목이다(시 89:30-37).[7] 반면 시편 89편 앞에 배열된 88편은 시편 전체에서 가장 암울한 논조의 탄식시다. 시인은 자신이 처한 극심한 고통의 상황이 여호와로 인한 것이라며 원망하는 모습을 보여준다. 즉 개인 탄식시인 시편 88편에서 시인은 자신에게 주어진 고통과 재난이 여호와 때문이라고 주장하지만, 공동체 탄식시인 시편 89편은 하나님이 불의해서가 아니라 이스라엘의 불순종 때문에 나라가 망했다

---

7   방정열, "시편과 신명기의 상호텍스트성 연구", 122-50.

고 선언하는 것이다. 여기서도 시편 88편이 89편의 빛 아래에서 이해되어야 할 이유를 확인할 수 있다.

이에 관해 로버트슨(O. Palmer Robertson)은 시편 제3권에서 가장 두드러지는 주제가 "파괴"라고 주장한다.[8] 이후에 자세히 언급하겠지만 실제로 시편 제3권을 이루는 시편 대다수가 국가적 재난과 관련된다. 특별히 시편 74편과 79편에서는 예루살렘과 성전이 이방 족속에게 파괴되고, 시편 89편에서는 다윗의 왕관이 땅에 던져진다(시 89:38-39, 41). 이런 내용은 시편 제1, 2권의 내용과는 분명하게 구별된다고 할 수 있다.

시 73편	시 74편	시 78편	시 79편	시 88편	시 89편
개인 탄식시 (지혜시)	공동체 탄식시	지혜시	공동체 탄식시	개인 탄식시	공동체 탄식시
악인의 번성에 대한 시인의 영적 회의	나라의 멸망	불신앙과 율법 불순종	나라의 멸망	재난/고통의 원인을 하나님께 돌림	나라의 멸망

시편 73-74, 78-79, 88-89편의 배열에 나타난 유사성

3. 시편 제3권의 구체적인 내용

앞서 언급했듯이 시편 제3권은 크게 두 부분(시 73-83, 84-89편)으로 나뉜다. 시편 73-83편의 표제어에는 "아삽"의 이름이, 84-89편의 표제어

---

8 O. Palmer Robertson, *The Flow of the Psalms: Discovering Their Structure and Theology* (Philadelphia: P & R, 2015).

에는 "고라"(시 84-85, 87-88편), "다윗"(시 86편), "에단"(시 89편)의 이름이 들어 있다. "파괴"의 모티프가 전체적으로 이어지는데, "불신앙"이 그 원인으로 제시된다.

시 73-83편										시 84-89편					
아삽										고라		다윗	고라		에단
73	74	75	76	77	78	79	80	81	82	83	84	85	86	87	88	89
지	탄	찬	찬	탄	지	탄	탄	찬	찬	탄	찬	탄	탄	찬	탄	제
파괴 모티프																

시편 제3권에 깔린 파괴 모티프

1) 시편 73편과 74편: 신앙의 회의와 성전 파괴

시편 제2권을 다루면서 나는 시편 42-43편과 44편의 관계가 73편과 74편의 관계와 유사하다는 점을 언급했다. 시편 제2권은 원수들의 공격 속에서 하나님의 부재를 느끼며 탄식하는 시편(시 42-43편)과 이방인의 공격에 의한 국가적 재난을 묘사하는 공동체 탄식시(시 44편)로 시작한다. 그와 마찬가지로 시편 제3권도 하나님의 정의를 의심하는 시인의 개인 탄식시(시 73편)와 국가적 재난을 다루는 공동체 탄식시(시 74편)로 시작한다. 여기서 다른 점은 시편 73, 74편이 제3권의 서론으로서 제3권 전체의 밑그림—율법을 불순종한 것에 대한 하나님의 심판으로서 나라가 멸망했다는 이해의 틀이다—을 제공한다는 것이다.

시편 73편과 74편은 탄식뿐만 아니라 여러 가지 내용을 공유한다.[9] 시편 73편의 시인은 악인의 번성함과 거만함 때문에 신앙의 회의를 경

---

9 더 자세한 내용을 위해서는 Robert L. Cole, *The Shape and Message of Book III(Psalms 73-89)* (Sheffield: Sheffield Academic Press, 2000), 28-30을 참조하라.

험하며 탄식한다(시 73:3-12). 시편 74편의 공동체는 성소와 나라를 침범한 악인들(원수들)과 그들의 교만함 때문에 탄식한다(시 74:1-8, 18). 또한 시편 73편의 시인은 번영을 누리는 악인들이 종국에는 하나님에 의해 심판을 받게 될 것이라고 노래한다(시 73:18-19, 27). 시편 74편의 공동체는 하나님이 성소를 더럽히며 악을 행했던 악인들을 심판하실 것이라는 믿음을 고백한다(시 74:9-11). 더 나아가 시편 73편의 시인은 여호와에 대한 악인들의 비방과 조롱의 목소리를 기록하고("하나님이 어찌 알랴? 지존자에게 지식이 있으랴?"[시 73:11]), 시편 74편의 시인도 악인들의 조롱에 관해 이야기한다("여호와여, 이것을 기억하소서. 원수가 주를 비방하며 우매한 백성이 주의 이름을 능욕하였나이다"[시 74:18]). 또한 시편 73편이 "여호와의 오른손"이 의인을 붙드는 손이라고 묘사한다면(시 73:23), 74편은 "여호와의 오른손"이 그의 심판을 상징한다고 묘사한다(시 74:11). 마지막으로 시편 73편의 시인이 성소에 들어가 흔들리는 믿음을 해결한다면(시 73:17), 74편의 공동체는 성소가 원수들(이방인들)에게 훼파되는 것을 지켜보게 된다(시 74:3-8).

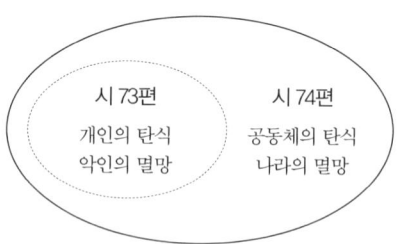

시편 73편과 74편의 전략적 배열

이처럼 두 시편은 내용상 긴밀히 연결되며, 시편 73편에서 전개되는 개인의 탄식은 74편이 묘사하는 공동체의 탄식이라는 빛 아래에서 이해될 수 있다.[10] 시편 73편의 시인처럼 74편의 공동체는 나라가 바벨론에 의해 멸망하는 모습을 지켜보면서 믿음이 흔들려 하나님의 선하심을 의심하게 되었을 것이다.

시편 74편은 하나님의 임재를 상징하는 성전이 바벨론에 의해 파괴되는 내용, 즉 기원전 586년에 발생한 유다의 참혹한 멸망을 탄식한다(왕하 23:36-25:30; 대하 36:5-21; 애 2:5-9).[11] 이에 관해 카이저(Walter C. Kaiser)는 시편 74편의 내용이 열왕기상 24:8-17의 내용과 평행한다고 보았다. 여호야긴이 남유다의 왕이었던 기원전 597-6년, 바벨론의 군대는 예루살렘을 공략하여 성전과 왕궁의 보물을 탈취하고 성전의 금 그릇을 모두 파괴했다. 카이저에 따르면 시편 74편의 내용은 그 상황을 염두에 두고 있으며, 시편 79편은 기원전 586년에 일어난 유다의 멸망을 묘사한다.[12] 그러나 바벨론의 군대가 성전 기물을 탈취한 사건은 기원전 597-6년과 586년에 모두 발생했다는 점을 고려한다면(왕하 23:36-25:30), 시편 74편의 배경인 국가적 재난의 시기가 기원전 597-6년인지 586년인지를 구분하는 것은 중요하지 않다. 오히려 중요한 것은 "유다가 바벨론에 의해 참혹하게 멸망했다"는 사실 자체다.

지금까지 살펴본 대로 시편 73편과 74편은 마치 쌍두마차처럼 움직이면서 시편 제3권의 메시지, 즉 왜 이스라엘은 멸망하고 포로로 끌려갈 수밖에 없었는가에 관한 질문과 답―"하나님은 정의로우신가?"라는 질문과 "불신앙과 불순종에 따른 국가적 재난"이라는 답으로 구체화한

---

10 McCann, "Books I-III and the Editorial Purpose of the Hebrew Psalter," 100.
11 이 사건의 역사적 배경에 관한 논의를 위해서 다음 자료들을 참조하라. Ralph W. Klein, *Israel in Exile: A Theological Interpretation*(Philadelphia: Fortress, 1979), 19-20; 존 브라이트, 『이스라엘의 역사』, 엄성옥 옮김(서울: 은성, 2007), 410-29.
12 Walter C. Kaiser, "The Message of Book III: Psalms 73-89," *BSac* 174(2017), 131-40.

다—을 독자들이 전망할 수 있게 도와준다.

2) 시편 75편과 76편: 심판자이자 전사이신 하나님

우리는 시편 73편과 74편에서 득세한 원수들의 모습을 본다. 시편 73편은 악인의 번성함을 묘사하고(시 73:4-12), 74편은 원수들이 하나님의 성전을 훼파하는 모습을 묘사한다(시 74:4-8). 그러나 시편 75편과 76편은 그 두 시편의 탄식에 응답하며 하나님을 심판자(시 75:2-3, 7-8; 76:8-9; 참조 시 50, 82편)와 전사(warrior)로 묘사한다(시 76:1-3).

시 73편	시 74편	시 75편	시 76편
악인들(원수들)의 득세		악인들의 심판자가 되시는 하나님	
탄식		응답	

시편 73-76편의 전략적 배열

재판관으로 등장하시는 하나님은 아삽 시편 모음집(시 50, 73-83편)에서 발견되는 특징 가운데 하나다.[13] 이 시편 모음집은 하나님만이 공의로우신 재판관임을 강조한다(시 50:6). 하나님만이 악인의 번성함을 끊고(시 73편), 원수들의 만행을 심판하실 분이시다(시 74편).

> 2주의 말씀이 "내가 정한 기약이 이르면
> 내가 바르게 심판하리니
> 3땅의 기둥은 내가 세웠거니와

---

13 Michael D. Goulder, *The Psalms of Asaph and the Pentateuch: Studies in the Psalter, III*(Sheffield: Sheffield Academic, 1996), 19-20.

땅과 그 모든 주민이 소멸되리라" 하시도다(시 75:2-3).

7 오직 재판장이신 하나님이
　　이를 낮추시고 저를 높이시느니라.
8 여호와의 손에 잔이 있어 술 거품이 일어나는도다.
　　속에 섞은 것이 가득한 그 잔을 하나님이 쏟아내시나니
실로 그 찌꺼기까지도 땅의 모든 악인이 기울여 마시리로다(시 75:7-8).

8 주께서 하늘에서 판결을 선포하시매
　　땅이 두려워 잠잠하였나니
9 곧 하나님이 땅의 모든 온유한 자를 구원하시려고
　　심판하러 일어나신 때에로다(시 76:8-9).

1 하나님은 유다에 알려지셨으며
　　그의 이름이 이스라엘에 크시도다.
2 그의 장막은 살렘에 있음이여,
　　그의 처소는 시온에 있도다.
3 거기에서 그가 화살과 방패와
　　칼과 전쟁을 없이하셨도다(시 76:1-3).

　　흥미롭게도 시편 74편의 마지막 절(23절)은 원수들의 소리를 잊지 말아달라는 간접적인 표현으로 끝나지만, 시편 75:1은 직접적인 감사로 시작한다. 이런 급작스러운 정서 변화의 배후에는 심판자이신 여호와에 대한 시인의 확신이 놓여 있다고 볼 수 있다.

주의 대적들의 소리를 잊지 마소서.
　　일어나 주께 항거하는 자의 떠드는 소리가
　　항상 주께 상달되나이다(시 74:23).

하나님이여, 우리가 주께 감사하고 감사함은
　　주의 이름이 가까움이라.
사람들이 주의 기이한 일들을 전파하나이다(시 75:1).

시편 75편의 시인은 여호와의 소리를 빌려 여호와가 정한 때가 되면 악인들을 심판하실 것이며(시 75:2-3),[14] 낮아져야만 할 자에게는 진노와 심판의 잔을 쏟아부을 것이라고 확신에 차 이야기한다. 바로 그런 믿음이 감사의 뿌리였던 것으로 보인다(시 75:7-8).

찬양시인 시편 76편은 하나님을 열방에 대한 심판자로 묘사한다(시 76:3-9). 이 시편의 역사적 배경이 무엇인지에 관한 정보를 시편 자체로부터 얻을 수는 없다. 하지만 시인은 기원전 701년에 아시리아의 산헤립이 예루살렘을 공격했다가 여호와의 사자가 등장함으로써 185,000명의 군사를 잃은 사건을 염두에 두는 것으로 보인다(사 36-37장).[15] 여기서 하나님이 열방에 대한 전사(warrior)이자 심판자(judge)이심이 드러난다(참조. 시 98편). 시온에 좌정하신 하나님은 거기서 전사와 심판자로 행하는 분이시다(시 76:2).[16]

---

14 Tate, *Psalms 51–100*, 258-59.
15 F. Derek Kidner, *Psalms 73-150: A Commentary on Books III-V of the Psalms*, TOTC 16 (London: Inter-Varsity Press, 1975), 303-4; Robertson, *The Flow of the Psalms*, 127. 70인역의 시편 76편 표제어에는 "아시리아인들에 관해"가 붙어 있다.
16 시편 76편과 46, 48편의 유사성에 관해서는 Hossfeld, Zenger, *Psalms 2*, 260-61을 보라.

지금까지 살펴본 대로 시편 73, 74편이 원수들(악인들)의 번성함과 막강한 세력을 말하면서 탄식한다면, 시편 75, 76편은 그 탄식에 대한 응답으로 이해할 수 있다. 여호와가 원수들(악인들)에 대한 궁극적인 심판자 되신다는 선언은 위기 상황에 빠진 탄식자들에게 위로와 소망을 준다.

3) 시편 77-83편

시편 77-83편은 국가적 재난(북이스라엘과 남유다의 멸망)을 중요한 모티프로 삼는다. 이 7개의 시편이 모두 국가적(공동체적) 재난을 명시적으로 언급하는 것은 아니다. 하지만 시편 79편과 80편 각각에서는 바벨론에 의한 남유다의 멸망(기원전 586년)과 아시리아에 의한 북이스라엘 멸망(기원전 722년)이 분명하게 다루어진다. 결론적으로 말하자면 이 단락은 국가적 재난이 하나님의 불의 때문이 아니라 언약 백성의 율법에 대한 불순종 때문에 발생했다는 사실과 동시에 여호와의 구원자, 목자, 지존자이심을 강조한다.

구분	시 77편	시 78편	시 79편	시 80편	시 81편	시 82편	시 83편
파괴됨	?	북이스라엘	남유다	북이스라엘	?	?	북이스라엘?
공격자	공동체 (국가적) 위기	블레셋? 기원전 1050	바벨론	아시리아	?	?	최소한 10개의 이방 연합 세력
하나님	목자, 위대하신 하나님	목자, 신실하신 하나님	목자, 구원자 하나님	목자, 만군의 하나님	구원자 하나님	재판관, 지존자	온 세계의 지존자

시편 77-83편에 등장하는 하나님의 모습

(1) 시편 77편

시편 77편은 개인 탄식시로 분류된다. 그 내용과 관련해서 루리아(B. Z. Luria)를 비롯한 몇몇 학자는 시편 77편이 국가적 재난, 즉 북이스라엘의 멸망(사마리아의 멸망)을 다룬다고 주장한다.[17] 하지만 이는 시편의 내용만으로는 단정하기가 어렵다. 다만 시인의 위기 상황이 공동체적(국가적) 재난과 긴밀하게 연관된다는 사실은 확인할 수 있다. 시편 77편의 시인은 하나님이 여러 민족, 즉 이방 나라들 가운데서 기이한 능력을 행하셨다고 말한다("주는 기이한 일을 행하신 하나님이시라. **민족들 중에 주의 능력을 알리시고**"[시 77:14]). 또한 시인은 하나님이 어떻게 이스라엘을 애굽에서 구원하셨는지를 기억하며 묵상한다(시 77:16-20). 이런 내용은 지금 이스라엘이 공동체적(국가적) 위기 상황에 빠져 있음을 암시한다. 게다가 시인은 위기 상황에서 이스라엘에 대한 하나님의 부재 혹은 유기(遺棄)를 탄식한다(시 77:7-9). 하나님의 인자하심과 은혜가 끝났다고 판단하는 시인의 위기의식과 탄식은 공동체의 문제와 긴밀하게 연결되는 것이다.

> 7 "주께서 영원히 버리실까,
>> 다시는 은혜를 베풀지 아니하실까,
> 8 그의 인자하심은 영원히 끝났는가,
>> 그의 약속하심도 영구히 폐하셨는가,
> 9 하나님이 그가 베푸실 은혜를 잊으셨는가,
>> 노하심으로 그가 베푸실 긍휼을 그치셨는가?" 하였나이다(시 77:7-9).

---

17 Luria, "Psalms from Ephraim," 151-60.

그런데 시인은 이 위기 상황의 원인이 무엇인지는 구체적으로 밝히지 않는다. 즉 시인은 자신이 죄를 지었다거나 율법을 저버렸다는 이야기는 하지 않는다. 그 대신 그는 단지 위기 상황 한가운데서 하나님이 행하신 기이한 일(시 77:10-15)과 출애굽 사건(시 77:16-20)을 기억하고 묵상하면서 하나님과 같이 위대하신 분이 없다는 것을 선언할 뿐이다("하나님이여, 주의 도는 극히 거룩하시오니 하나님과 같이 위대하신 신이 누구오니이까?"[시 77:13]). 여기서 "기이한 일"(시 77:11, 14; 78:4, 11)이란 하나님이 애굽에 노예로 있던 이스라엘을 기적적인 방식—홍해를 육지처럼 건너게 한 것이다—으로 구원하신 사건을 가리킨다(출 15장). 흥미롭게도 시편 77편과 78편 모두 "기이한 일"을 언급하면서 출애굽 사건을 소환한다(시 77:16-20; 78:12-13, 42-54). 이처럼 시편 77편은 위기 상황의 원인에 관해서 침묵히지민 시편 78편은 다르다. 시편 78편은 위기 상황의 원인을 명료하게 짚는다.

> 10그들이 하나님의 언약을 지키지 아니하고
> 그의 율법 준행을 거절하며,
> 11여호와께서 행하신 것과
> 그들에게 보이신 그의 기이한 일을 잊었도다(시 78:10-11).

시편 77편은 하나님이 모세와 아론을 통해 이스라엘을 양 떼처럼 인도하셨다고 말하며 끝난다("주의 백성을 양 떼같이 모세와 아론의 손으로 인도하셨도다"[시 77:20]). 이로 볼 때 시인은 현재 처한 위기 상황에서도 목자이신 하나님이 인도해주실 것을 고대하는 듯하다. 하나님이 애굽에서 기적적인 방식으로 이스라엘을 구원하신 것처럼, 공동체적(국가적) 위기 상황에서도 구원해주시기를 바라는 것이다. 여기서 등장하는 "목자로서의 하나님"은 이어지는 3개의 시편에서도 반복해서 등장하는 모티프다(시 77:20; 78:52, 70; 79:13; 80:1).

한편 출애굽 사건(홍해 사건)을 다루는 시편 77편은 이스라엘의 긴 역사(출애굽, 광야 생활, 가나안 정복, 다윗의 선택 등)를 구체적으로 전개하는 시편 78편을 위한 무대를 마련해준다(시 77:16-20; 78:12-13, 42-54).[18] 출애굽기 15장에 기록된 "모세의 노래"에 영향을 받은 것으로 보이는 시편 77:16-20(참조. 합 3:10-15)은 구원자와 전사가 되시는 하나님의 능력과 권능을 강조한다. 특히 시편 77:16은 출애굽기 6:1과 연결된다.

> 여호와께서 모세에게 이르시되 "이제 내가 바로에게 하는 일을 네가 보리라. 강한 손으로 말미암아 바로가 그들을 보내리라. 강한 손으로 말미암아 바로가 그들을 그의 땅에서 쫓아내리라"(출 6:1).[19]

즉 시편 77편의 시인은 자신(공동체)이 위기 상황에서 벗어날 수 있는 길은 여호와의 강력한 도우심밖에 없다고 노래하는 것이다(참조. 시 136:12; 신 4:34; 5:15; 6:21; 7:8, 19; 9:26; 26:8).

(2) 시편 78편

시편 78편은 72개의 구절로 구성된 지혜시로서 이스라엘의 역사를 통해 두 가지 교훈을 전한다. 첫째, 율법을 저버리는 불신앙이 어떤 결과를 초

---

18 Lawrence Boadt, "The Use of 'Panel' in the Structure of Psalms 73-78," *CBQ* 66(2004), 546.
19 Allan M. Harman, "The Exodus and the Sinai Covenant in the Book of Psalms," *The Reformed Theological Review* 73(2014), 16.

래하는지 알아야 한다. 둘째, 이스라엘의 반복된 불신앙에도 불구하고 그들에게 보이신 "하나님의 신실하심"이 어떠한지 배워야 한다. 이런 측면에서 시편 78편은 이스라엘의 역사에서 중요한 사건들을 길게 언급하면서 교훈을 제공하는 "역사시" 혹은 "역사 교훈시"라고 할 수도 있다.[20]

시인은 시편 78편을 시작하면서 언약 백성이 율법을 듣고 그것을 자손들에게 가르쳐야 한다는 명령(시 78:1-5)을 소개하고 그 명령의 이유를 제시한다(시 78:6-8). 그 이유는 이스라엘의 후손들이 대대로 하나님께 소망을 두고 그가 행하신 일을 잊지 않으며(시 78:7), 그들의 조상처럼 패역한 세대가 되지 않게 하기 위해서다(시 78:8). 시인은 역사적인 예를 들어 에브라임(시 60:7; 78:9, 67; 80:2)이 전쟁에 패한 것은 그들이 하나님의 언약과 율법을 저버렸기 때문이라고 설명하면서 신학적 해석을 제시한다(시 78:9-11).[21] 시인은 계속해서 출애굽과 광야에서의 삶, 가나안 정착 과정에서 보여준 이스라엘의 반복된 불신앙과 강퍅함을 다음과 같이 지적한다(시 78:9-59).

> 36 그러나 그들이 입으로 그에게 아첨하며
> 　　자기 혀로 그에게 거짓을 말하였으니
> 37 이는 하나님께 향하는 그들의 마음이 정함이 없으며
> 　　그의 언약에 성실하지 아니하였음이로라(시 78:36-37).

---

[20] Anthony Campbell, "Psalm 78: A Contribution to the Theology of Tenth Century Israel," *CBQ* 41(1979), 51-79. Campbell은 시 78편이 다양한 역사적 이야기들을 전개하지만, 매우 조직적인 교훈시로 이해되어야 한다고 주장한다.

[21] 에브라임이 여호와께 거절당하는 주제는 아삽 시 모음집에서 나타나는 내용적 특징 가운데 하나다.

40 그들이 광야에서 그에게 반항하며

사막에서 그를 슬프시게 함이 몇 번인가?

41 그들이 돌이켜 하나님을 거듭거듭 시험하며

이스라엘의 거룩하신 이를 노엽게 하였도다(시 78:40-41).

56 그러나 그들은 지존하신 하나님을 시험하고 반항하여

그의 명령을 지키지 아니하며

57 그들의 조상들같이 배반하고 거짓을 행하여

속이는 활같이 빗나가서

58 자기 산당들로 그의 노여움을 일으키며

그들의 조각한 우상들로 그를 진노하게 하였으매(시 78:56-58).

이처럼 거듭되는 이스라엘의 불신앙에는 분명한 대가가 뒤따랐다. 에브라임이 율법을 준행하지 않아서 전쟁에 패했던 것처럼(시 78:9-11), 가나안 땅에 들어간 이스라엘은 율법에 대한 불순종과 우상숭배로 인해 "실로의 성막"이 파괴되고, 언약궤를 적들의 손에 빼앗기는 수모를 겪어야 했다(시 78:60-64). 이 사건이 역사적으로 정확하게 어떤 사건인지는 알 수 없지만, 아마도 기원전 1050년경에 블레셋 사람들이 이스라엘 보병 3만을 죽인 사건을 가리키는 듯하다(삼상 4:2-11).[22] 그 사건은 분명히 이스라엘 역사에서 가장 비참한 순간의 하나로 기억되었다(참조. 렘 7:12-15; 26:6).

---

22 Tate, *Psalms 51-100*, 294. Zenger는 이 사건이 북이스라엘의 멸망을 가리킨다고 이해한다. Hossfeld, Zenger, *Psalms 2*, 292.

너희는 내가 처음으로 내 이름을 둔 처소 실로에 가서 내 백성 이스라엘의 악에 대하여 내가 어떻게 행하였는지를 보라(렘 7:12).

"내가 이 성전을 실로 같이 되게 하고 이 성을 세계 모든 민족의 저줏거리가 되게 하리라" 하셨느니라(렘 26:6).

그런데 시인은 이스라엘의 반복된 불신앙과 그에 따른 참혹한 대가에도 불구하고 하나님이 그들에게 은혜와 자비를 베푸셨다고 노래한다(시 78:32-39, 65-72). 출애굽 사건, 홍해 사건, 광야에서의 삶, 가나안 정복 등이 모두 하나님의 은혜와 자비가 발현된 사건들이었다는 것이다.

오직 하나님은 긍휼하시므로
    죄악을 덮어주시어 멸망시키지 아니하시고
그의 진노를 여러 번 돌이키시며
    그의 모든 분을 다 쏟아내지 아니하셨으니(시 78:38).

한편 시편 78편의 마지막에서 독자들의 시선을 사로잡는 대목은 하나님이 에브라임을 버리시고 다윗을 선택하셨다는 내용이다(시 78:67-72). 그들이 심판을 받고 버려진 이유는 앞서 언급했듯이 율법을 준행하지 않았기 때문이다(시 78:9-11; 호 6:7; 7:1-16; 8:1-14).

10 그들이 하나님의 언약을 지키지 아니하고
    그의 율법 준행을 거절하며,
11 여호와께서 행하신 것과 그들에게 보이신

그의 기이한 일을 잊었도다(시 78:10-11).

호세아서 역시 에브라임의 불순종에 관해 "그들은 아담처럼 언약을 어기고 거기에서 나를 반역하였느니라"(호 6:7)고 기록한다. 즉 에브라임(북이스라엘)은 여호와의 율법을 지키지 않음으로써 심판을 받은 것이다. 그 대신 하나님은 유다 지파와 시온산을 선택하시고(시 78:68-69), 다윗을 취하셨다(시 78:70; 대상 28:1-10).

> 68 오직 유다 지파와
> 그가 사랑하시는 시온산을 택하시며…
> 70 또 그의 종 다윗을 택하시되
> 양의 우리에서 취하시며(시 78:68-70).

시인은 왜 하나님이 다윗을 선택하셨는지 설명하지 않는다. 그런데 여기서 시편의 독자들이 염두에 두어야 할 지점은 시편 제3권(시 73-89편)의 마지막 시편(시 89편)이 다윗 왕조 역시 율법 불순종으로 인해 멸망했다는 점을 강조한다는 사실이다(시 89:30-45). 율법에 대한 불순종 혹은 죄로 인해 나라가 위기에 처하게 된다는 내용은 시편 79편에서도 계속해서 이어진다.

(3) 시편 79편

시편 79편은 공동체 탄식시로서 국가적 재난을 묘사한다.[23] 이 재난은 분명히 하나님의 임재 장소인 예루살렘(남유다)이 바벨론에 의해 멸망한 사

---

[23] 시편 79편은 시온시(Zion psalm)로 분류되기도 한다(시 46, 48, 76, 79편).

건과 연관된다. 시편 78편과 79편은 주제 차원에서 공통점이 있다. 시편 78편의 마지막 부분(67-72절)이 여호와가 예루살렘(시온)과 다윗을 선택하셨다는 것을 말한다면, 시편 79편은 그 주제를 이어받아 예루살렘이 처참하게 무너지고 성전이 훼파되는 장면으로 시작한다(시 79:1-4).

> 1 하나님이여, 이방 나라들이 주의 기업의 땅에 들어와서
>   주의 성전을 더럽히고 예루살렘이 돌무더기가 되게 하였나이다.
> 2 그들이 주의 종들의 시체를 공중의 새에게 밥으로,
>   주의 성도들의 육체를 땅의 짐승에게 주며
> 3 그들의 피를 예루살렘 사방에 물같이 흘렸으나
>   그들을 매장하는 자가 없었나이다.
> 4 우리는 우리 이웃에게 비방거리가 되며
>   우리를 에워싼 자에게 조소와 조롱거리가 되었나이다(시 79:1-4).

여기서 우리가 주목할 점은 시인이 이런 국가적 재난의 원인을 죄와 연결한다는 사실이다. 시인은 "우리 조상들의 죄악"(시 79:8)과 "우리의 죄"(시 79:9)를 언급하면서 죄 용서를 통한 구원을 노래한다.

> 8 **우리 조상들의 죄악**을 기억하지 마시고
>   주의 긍휼로 우리를 속히 영접하소서.
>   우리가 매우 가련하게 되었나이다.
> 9 우리 구원의 하나님이여,
>   주의 이름의 영광스러운 행사를 위하여 우리를 도우시며
>   주의 이름을 증거하기 위하여

우리를 건지시며 **우리 죄**를 사하소서(시 79:8-9).

로스도 지적한 바와 같이 여기서 "죄를 기억하지 말아달라"는 표현은 죄를 용서해달라는 의미다(참조. 시 25:7; 109:14).[24] 시인은 남유다가 국가적 재난에 처하게 된 것("우리가 매우 가련하게 되었나이다"[시 79:8])이 죄의 결과였음을 인정한다. 이는 시편 78편에서 에브라임(북이스라엘)이 심판을 받고 거절당한 이유가 율법에 대한 불순종이라는 그들의 죄와 긴밀하게 연결되는 것과 유사하다(시 78:9-11).

(4) 시편 80편

공동체 탄식시인[25] 시편 80편은 하나님을 "목자"로 소개하면서 시작한다. 앞서 언급했듯이 "목자이신 하나님"은 앞선 3개의 시편에서도 계속 등장한 주제다(시 77:20; 78:52, 70; 79:13). 흥미롭게도 바로 앞의 시편 79편은 하나님을 목자로 찬양하면서 끝을 맺는다(시 79:13). 그런 점에서 시편 80:1은 시편 79:13의 "목자" 이미지를 자연스럽게 이어받는다고 볼 수 있다.

시 79:13	우리는 주의 백성이요, 주의 목장의 양이니 우리는 영원히 주께 감사하며 주의 영예를 대대에 전하리이다.
시 80:1	요셉을 양 떼 같이 인도하시는 이스라엘의 목자여! 귀를 기울이소서. 그룹 사이에 좌정하신 이여! 빛을 비추소서.

이어지는 목자 이미지

---

24 Allen P. Ross, *A Commentary on the Psalms: Volume 2(42-89)*(Grand Rapids: Kregel, 2013), 676.
25 시편 80편은 시편 전체에서 정중앙에 자리한 시편이고, 수치상 가장 정중앙에 있는 알파벳은 시편 80:13의 "숲속"을 의미하는 단어 "야아르"(יער)의 가운데 알파벳 "아인"(ע)이다. Kaiser, "The Message of Book III," 138을 보라.

그런데 시편 80편은 "목자이신 하나님"뿐만 아니라 "만군의 하나님"(God of hosts)도 소개한다. 시편 80편은 네 단락으로 구성되는데(시 80:1-3, 4-7, 8-14, 15-19), 시인은 각 단락의 마지막 절에서 "만군의 여호와"를 반복해서 부르며 구원을 요청한다(시 80:3, 7, 14, 19).

> **3 하나님이여,** 우리를 돌이키시고
>   주의 얼굴빛을 비추사
>   우리가 구원을 얻게 하소서.…
> **7 만군의 하나님이여,** 우리를 회복하여주시고
>   주의 얼굴의 광채를 비추사
>   우리가 구원을 얻게 하소서…
> **14 만군의 하나님이여,** 구하옵나니 돌아오소서.
>   하늘에서 굽어보시고
>   이 포도나무를 돌보소서.…
> **19 만군의 하나님 여호와여,** 우리를 돌이켜주시고
>   주의 얼굴의 광채를 우리에게 비추소서.
>   우리가 구원을 얻으리이다(시 80:3, 7, 14, 19).

시인은 "만군의 여호와"께 망국의 위기에 직면한 상황(기원전 732-722년경)에서 북이스라엘을 구원해주실 것을 요청하는 듯하다(시 80:1-2).[26] 지금 상황은 "요셉", "이스라엘", "에브라임", "베냐민", "므낫세", 즉 하나님이 애굽에서 가져다가 약속의 땅에 옮겨 심은 포도나무─하나님

---

26 VanGemeren, *Psalms*, 80-81; Ross, *A Commentary on the Psalms: Volume 2(42-89)*, 686-87; Robertson, *The Flow of the Psalms*, 130.

이 애굽에서 구원하신 이스라엘을 상징한다―가 아시리아의 공격을 받아 멸망하기 직전이다(시 80:8-14).

여기서 우리의 시선을 끄는 부분이 있다. 시인은 에브라임(북이스라엘)이 위기 상황에 맞닥뜨리게 된 것이 하나님 때문이라고 탄식―시편 88편과 유사하다―한다. 그는 백성을 향해 진노하는 것도 하나님이시고(시 80:4), 눈물의 양식을 먹게 하는 것도 하나님이시고(시 80:5-6), 포도나무를 에워싼 울타리를 허는 것도 하나님이시라고 밝힌다(시 80:12).

> 4 만군의 하나님 여호와여,
> 주의 백성의 기도에 대하여 어느 때까지 노하시리이까?
> 5 주께서 그들에게 눈물의 양식을 먹이시며
> 많은 눈물을 마시게 하셨나이다.
> 6 우리를 우리 이웃에게 다툼거리가 되게 하시니
> 우리 원수들이 서로 비웃나이다.…
> 12 주께서 어찌하여 그 담을 허시사
> 길을 지나가는 모든 이들이 그것을 따게 하셨나이까?(시 80:4-12)

그러나 과연 하나님이 불의하셔서 그들에게 국가적 재난이 임한 것일까? 개인 탄식시인 시편 88편의 시인도 유사한 태도를 보였다. 그는 자신에게 임한 개인적 재난이 하나님 때문이라면서 탄식할 때 "주께서"라는 표현을 거듭 사용한다(시 88:6, 8, 10). 그러나 이어서 등장하는 시편 89편은 공동체 탄식시로서 그 불행과 재난의 원인이 "율법에 대한 불순종"임을 밝힌다(시 89:30-45). 즉 시편 88편을 시편 89편의 빛 아래에서 이해해야 한다는 것이다. 마찬가지로 시편 80편 역시 시편 81편의 빛 아래서 보아야 한다. 시편 80편의 시인이 하나님의 공의를 따져 묻는다면, 81편의 시인은 그에 대한 답을 제시한다.

(5) 시편 81편

시편 81편은 하나님의 언약 백성—북이스라엘과 남유다가 모두 해당한다—이 이방인들에게 멸망한 이유가 그들이 여호와의 율법을 경청하거나 순종하지 않았기 때문이라고 단언한다(시 81:11-14). 만일 이스라엘이 그들의 완악함과 교만함을 버리고 율법을 따랐다면 원수들(이방 나라들)이 그들을 괴롭히는 일은 없었을 것이다(시 81:13-14).

> 11내 백성이 내 소리를 듣지 아니하며
> 　이스라엘이 나를 원하지 아니하였도다.
> 12그러므로 내가 그의 마음을 완악한 대로 버려두어
> 　그의 임의대로 행하게 하였도다.
> 13내 백성아, 내 말을 들으라.
> 　이스라엘아, 내 도를 따르라.
> 14그리하면 내가 속히 그들의 원수를 누르고
> 　내 손을 돌려 그들의 대적들을 치리니(시 81:11-14).

시편 80편의 시인이 공동체(국가)에 임한 재난이 하나님 때문이라고 탄식한다면(시 80:4-7), 81편의 시인은 하나님을 기쁘게 찬양하면서 역사적 사건들(출애굽과 광야 생활)을 통해 율법에 대한 불순종이 재난의 원인임을 가르친다. 사실 앞서 배열된 시편들(시 74, 78-80편)도 언약 백성이 이방 나라들의 공격을 받아 고통의 길을 걸어야 했던 이유가 율법에 대

한 불순종임을 암시한다. 또한 그와 동시에 그들을 구원하고 살리신 것은 하나님의 자비로우심 때문이었다고 노래한다. 이런 흐름 속에서 시편 81편의 시인은 애굽 사건을 재차 언급하면서, 하나님이 그때 구원자가 되셔서 언약 백성을 구원하셨던 것처럼 지금의 위기 상황에서도 그들을 구원하실 것이라고 노래한다.

(6) 시편 82편

시편 82편은 시편 81편처럼 찬양시로 분류되며 하나님을 열방의 "재판관"으로 묘사한다. 시편 81편은 8절로 구성된 짧은 시편인데, 재판하시는 하나님을 묘사하며 시작하고 끝난다(시 82:1, 8).

> 하나님은 신들의 모임 가운데에 서시며
> 하나님은 그들 가운데에서 재판하시느니라(시 82:1).

> 하나님이여, 일어나사 세상을 심판하소서.
> 모든 나라가 주의 소유이기 때문이니이다(시 82:8).

시편 82:1의 "신들의 모임"에서 "신"이란 다양한 해석이 가능하다. 그중 두 가지 해석만 소개하면 다음과 같다. 첫째, "신들"이란 이방신들을 가리키는 것으로서 하나님을 모든 신 중의 신, 즉 최고의 신으로 묘사한다는 해석이다. 둘째, "신들"이 열방의 왕들을 가리킨다는 해석이다.[27] 지

---

27 "신들의 모임"에 관한 다양한 해석을 확인하려면 다음 자료들을 참조하라. Ross, *A Commentary on the Psalms: Volume 2(42-89)*, 720-21; Brueggemann, Bellinger, *Psalms*, 354-55; VanGemeren, *Psalms*, 623; Tate, *Psalms 51–100*, 329; Robertson, *The Flow of the Psalms*, 135-37; Robert B.

금까지 살펴본 내용에 비추어 보면 후자의 해석이 더 설득력이 있다. 즉 하나님의 언약 백성은 불순종하여 이방 족속들(블레셋, 아시리아, 바벨론 등)에 의해 파괴되는 국가적 재난을 경험하지만(시 74, 78-80편), 그럼에도 시인은 하나님을 열방과 세상을 심판하실 "재판관"으로 선언하는 것이다.

정리하면 시편 81편은 출애굽 사건과 광야의 삶이라는 역사적 사건들을 통해 하나님이 현재 공동체적 재난에서도 그분의 백성을 구원하실 것이라고 말하며 여호와의 율법에 귀를 기울이라고 교훈한다. 반면 시편 82편은 열방의 지속적인 공격(시 74, 78-80편)에도 불구하고 공의로운 재판관이 되시는 하나님이 세상을 심판하실 것이라고 노래한다.

(7) 시편 83편

시편 83편은 "공동체 탄식시"로서 군사적 위기 상황에 빠진 언약 백성을 구원해달라는 기도가 그 내용이다. 시편 83:6-8에 따르면 "에돔의 장막과 이스마엘인, 모압과 하갈인", 그리고 "그발과 암몬과 아말렉", "블레셋과 두로 사람", 그리고 거기에 동조하는 "앗수르" 등 적어도 10개의 이방 족속 및 나라들이 하나님의 언약 백성을 치려 한다. 그들은 음모를 꾸미며 "이스라엘의 이름으로 다시는 기억되지 못하게 하자"고 계획을 나눈다(시 83:4). 그러나 시편 83편의 시인은 그 연합 세력의 음모가 무위로 돌아가고 하나님만이 온 세계의 지존자로 드러나시기를 간구한다.

> 16 여호와여, 그들의 얼굴에 수치가 가득하게 하사
> 그들이 주의 이름을 찾게 하소서.

Salters, "Psalm 82, 1 and the Septuagint," *ZAW* 103(1991), 225-39; 하경택, "시편 82편의 해석과 적용: 하나님이여, 이 땅을 심판하소서", 「구약논단」 15(2009), 49-66.

17 그들로 수치를 당하여 영원히 놀라게 하시며

　　낭패와 멸망을 당하게 하사

18 여호와라 이름하신 주만

　　온 세계의 지존자로 알게 하소서(시 83:16-18).

시인에게 하나님은 "온 세계의 지존자"이시다(시 82:6; 83:18). 시인은 이 사실을 부각하기 위해 하나님이 역사적으로 시스라와 야빈, 오렙과 스엡, 세바와 살문나에게 행하신 일을 상기시킨다(시 83:9-12). 이 구절의 내용은 사사기 4-8장에 기록된, 기드온이 하나님의 도움으로 미디안 족속과 그들의 지도자들을 패퇴시킨 내러티브의 요약으로서 그 핵심은 하나님의 놀라운 구원 행위를 통해 언약 백성이 구원을 받았다는 것이다. 이처럼 시편 83편의 시인은 역사적 사건에서 하나님이 보이신 구원 행위를 기억하며 현재 진행 중인 연합 세력의 공격으로부터도 그와 같이 구원해달라고 노래한다.

(8) 시편 73-83편의 결론

지금까지 살펴본 시편 73-83편의 내용을 간략하게 정리해보자. 시편 73편은 악인의 번성함을 다루면서 하나님의 공의성/정의성에 의문을 제기한다. "마음이 청결한 자"(시 73:1)는 조롱을 당하고 질고를 겪는데 악인들은 오히려 번성하는 삶을 영위하는 역설적 상황 속에서 시인은 하나님이 과연 언약 백성에게 공의롭거나 정의로운 분이신지 의문을 제기할 수밖에 없다. 하지만 마지막에서 시편 83편은 하나님을 "온 세계의 지존자"로 소개한다(시 83:18). 시인은 열방에서 모여든 연합군의 위협 속에서도 하나님이 과거에 그러하셨듯이 세계의 지존자로서 당신의 백성에게 구원을 베풀어주실 것이라고 고백한다.

시편 73편과 83편 사이에 있는 시편들에서는 이스라엘이 이방 나라에 공격을 받는 위기 상황이 긴박하게 묘사된다(시 74, 78-80편). 흥미롭게도 그 위기 상황들(국가적 재난)은 율법에 대한 언약 백성의 불순종과 밀접하게 연결되어 있다. 그런 위기 상황에서 하나님은 당신의 백성을 구원하고 인도하는 "구원자"와 "목자"로, 그리고 열방을 심판하는 "재판관"으로 등장하신다.

4) 시편 84-89편

이 단락은 6개의 시편으로 이루어지는데, 시편 86편("다윗의 기도")과 89편("에스라인 에단의 마스길")을 제외한 4개의 시편(시 84-85, 87-88편)에 "고라"의 이름이 등장하는 표제어가 있다. 각 시편에는 "고라 자손의 시(찬송시)"라는 표제어 뒤에 "인도자를 따라 깃딧에 맞춘 노래"(시 84편), "인도자를 따라 부르는 노래"(시 85편), "곧 노래"(시 87편), "곧 에스라인 헤만의 마스길, 인도자를 따라 마할랏르안놋에 맞춘 노래"(시 88편)라는 부제 형식의 표제어가 덧붙지만, 기본적으로는 시편 84-85, 87-88편이 "고라 자손의 시(찬송시)"로 묶여 있음을 알 수 있다. 표제어에 등장한 이름을 기준으로 시편 84-89편의 구성을 정리하면 다음과 같다.

시 84편	시 85편	시 86편	시 87편	시 88편	시 89편
고라	고라	다윗	고라	고라	에단

시편 84-89편의 전략적 배열

시편 84-88편의 내용은 지금까지 전개된 것과 사뭇 다르다. 앞서 시편 73-83편에서는 언약 백성이 열방(이방 민족들)의 공격으로 발생한 국가적 재난 가운데서 하나님께 도움을 요청하는 내용이 주를 이루었다. 그 안에서 하나님이 얼마나 신실하게 당신의 백성을 구원하셨고 구원하실 것인가의 문제가 다루어진다. 국가적 재난으로 인해 언약 백성에 대한 하나님의 공의가 의심받기도 하지만(시 73, 74편), 그 재난의 원인이 하나님의 불의가 아니라 율법에 대한 언약 백성의 불순종 때문이라는 사실이 드러난다(시 78, 79편). 또한 시편 73-83편에서는 파괴와 멸망이 중요한 모티프로 작용하기 때문에 평화로운 모습을 찾아보기 어렵다. 그러나 시편 84-88편에서는 이제껏 찾아볼 수 없었던 평화와 회복이 여호와의 임재 장소인 "시온"에서 흘러나온다(시 84, 87편). 언약 백성을 괴롭혔던 열방(이방 민족들)도 여호와 앞에 나아와 경배를 드린다(시 86편). 더 나아가 시인은 열방이 시온에서 태어났다고 노래함으로써 시온을 "열방의 어머니"로 소개한다(시 87편). 한편 표제어에 "고라"의 이름이 포함된 시편 88편은 87편과 자연스레 이어진다. 하지만 내용 면에서 살펴보면 극심한 고난과 재난의 원인을 하나님께 돌리며 탄식하는 시편 88편은, 고난과 재난의 원인이 하나님이 아니라 언약 백성에게 있다고 밝히는 시편 89편과도 연결점을 가진다. 따라서 시편 88편은 시편 84-87편에서 시편 89편으로 자연스럽게 넘어가도록 하는 가교 구실을 한다고 할 수 있다.

(1) 시편 84-85편

시편 84편은 "시온시"(시 46, 48, 76, 84, 87, 122편)로서 만군의 하나님이 임재하시는 "시온"("주의 장막"[시 84:1], "여호와의 궁정"[시 84:2], "주의 집"[시 84:4])을 드높이며 그곳에서 예배하는 자들에게 복이 있음을 노래한다(시

84:1-4). 순례자는 성전에서 안전과 평화를 누리게 되는데, 이는 공동체적(국가적) 재난을 이야기하던 시편 73-83편에서는 다루지 않던 주제다.

시인은 작은 "참새"와 "제비"도 성전에 둥지를 튼다고 노래함으로써 시온에서 주어지는 평화와 안식을 강조한다. 어미 새가 새끼를 위해 둥지를 칠 정도로 안전한 곳이 시온이라는 것이다(시 84:3-4). 그뿐만 아니라 시인은 "그 마음에 시온의 대로가 있는 자는 복이 있도다"라고 노래하는데(시 84:5), 이 표현은 시온을 향해 뻗어 있는 길을 따라 순례의 길을 걷는 자들에게 복이 있다는 의미다. 시인은 그곳에 계신 하나님이 그 순례자에게 "좋은 것"을 아끼지 아니하신다고 노래한다(시 84:11).

> 3나의 왕, 나의 하나님, 만군의 여호와여!
> 　　주의 제단에서 참새도 제집을 얻고
> 　　제비도 새끼 둘 보금자리를 얻었나이다.
> 4주의 집에 사는 자들은 복이 있나니
> 　　그들이 항상 주를 찬송하리이다.…
> 5주께 힘을 얻고
> 　　그 마음에 시온의 대로가 있는 자는 복이 있나이다.…
> 11여호와 하나님은 해요 방패이시라.
> 　　여호와께서 은혜와 영화를 주시며
> 　정직하게 행하는 자에게
> 　　좋은 것을 아끼지 아니하실 것임이니라(시 84:3-11).

시편 85편에서 시인은 과거의 회복을 되새기면서(시 85:1-3) 현재의 회복을 위해 기도한다(시 85:4-7). 그의 논리는 간단하다. 과거에 하나님이 언약 백성의 죄악을 용서하고 회복시켜주셨던 것처럼 공동체가 현재 겪고 있는 위기에서도 구원해달라는 것이다. 과거의 회복을 노래하는 시편 85:1-3에 사용된 "야곱의 포로된 자들"이란 표현은 성전(시온)을 재건축하기 위해 바벨론에서 예루살렘으로 돌아온 귀환자들을 가리키는 것으로 보인다.[28] 이런 회복은 하나님이 그들에 대한 진노를 돌이키시고 (시 85:3), 그들의 죄악을 사하셨기에 가능했다(시 85:2). 따라서 하나님은 그들에게 "구원의 하나님"이 되신다(시 85:4). 그런데 시인이 시편 85:4-7에서 탄원하는 내용(현재의 위기 상황)은 예루살렘의 재건 과정에도 불구하고 예루살렘 공동체가 여전히 참된 자유를 누리지 못하고 있음을 암시한다. 즉 시인은 귀환 공동체의 완전한 회복을 간구하고 있다(시 85:4-7).[29]

시편 84편이 하나님의 임재를 상징하는 시온(성전, 예루살렘)과 그곳에서의 예배를 드높이면서 그곳에 계신 하나님으로부터 "좋은 것"(시 84:11)이 주어진다고 노래한다면, 시편 85편은 시온의 회복을 위해 바벨론에서 귀환한 자들의 참된 자유가 하나님께 달려 있으며 그에게서 "좋은 것"(시 85:12)이 주어질 것이라고 노래한다. 두 시편에서 "좋은 것"의 의미로 사용된 히브리어 "토브"(טוב)는 다의어로서 여러 가지 의미를 지니지만, 여기서는 다양한 유형의 물질적 복을 가리킨다.[30]

---

[28] Hossfeld, Zenger, *Psalms 2*, 360-62.
[29] Ibid.
[30] 여기서 "좋은 것"으로 번역된 히브리 단어 "토브"의 다양한 의미에 관해서는 나의 박사학위 논문인 Jeung Yeoul Bang, "A Linguistic and Literary Analysis of טוב in Books I-III of the Psalter: Probing the Psalter's Ethical Dimension and the Zion Tradition"(Ph. D. diss., Trinity Evangelical Divinity School, 2015)의 4장과 5장을 참조하라.

(2) 시편 86편

탄식시로 분류되는 시편 86편은 시편 제3권에 있는 시편 가운데서는 유일하게 "다윗"의 이름이 표제어에 들어 있다. "다윗"의 이름은 시편 72:20 이후로 여기서 처음 등장하는데, 이 시편은 특이하게도 "고라 자손의 시"(시 84-85, 87-88편) 사이에 배치되어 있다. 콜이 지적한 바와 같이 사실 시편 제3권에서 "다윗"의 이름이 여기서 처음 등장하더라도 제3권의 시작과 끝의 표제어에 등장하는 인물들(아삽, 헤만, 에단)이 모두 다윗에게 임명받은 인물들이었다는 점에서 시편 제3권 전체가 "다윗"과 직간접으로 연결되어 있다고 말할 수 있다.[31]

또한 테이트가 주장한 대로 시편 86편의 정경적 기능이 분명하게 드러나지 않을 수 있다.[32] 하지만 정경적 이해 차원에서 적어도 두 가지는 고려해볼 수 있다. 첫째, 다윗 가의 왕적 인물(Davidic royal figure)에 관한 이해의 변화다. 즉 시편 86:1에서 다윗 가의 왕적 인물은 "여호와여, 나는 가난하고 궁핍하오니 주의 귀를 기울여 내게 응답하소서"(시 86:1)라고 기도한다. 그가 처한 상황이 분명하게 묘사되지는 않지만, 그는 바벨론에 의해 왕권이 소멸되는 상황 한가운데 위태롭게 서 있는 듯하다.[33] 시편 제2권의 마지막에 등장한 "다윗 가의 왕적 인물"(시 72:20)은 가난한 자들의 변호자로(시 72:4, 12-13), 공의와 정의를 수행하는 자(시 72:2, 4, 14)로 등장하는 등 긍정적으로 묘사된다. 하지만 시편 제3권의 마지막에 등장하는 "다윗 가의 왕적 인물"은 율법에 대한 불순종으로 인해 "다윗 언약"의 파기와 왕권 멸망을 초래한 장본인으로서 하나님께 버림받는

---

31 Cole, *The Shape and Message of Book III*, 177.
32 Tate, *Psalms 51-100*, 380.
33 Wallace, "The Narrative Effect of Psalms 84-89," 9.

부정적인 인물로 묘사된다(시 89:3-4, 19-29, 30-45). 이런 양극단의 묘사 사이에 등장하는 시편 86편의 "다윗 가의 왕적 인물" 즉 "인간-왕"은 왕가와 왕권의 멸망 한가운데서 하나님의 은혜와 "헤세드"를 구하는 연약한 인물로 그려진다(시 72:12-13과 86:1-8을 비교해보라).

그는 자신이 도움을 요청하는 근거를 하나님의 속성에서 찾는다. "주는 선하사 사죄하기를 즐거워하시며 주께 부르짖는 자에게 인자하심이 후하심이니이다"(시 86:5; 참조. 시 86:13, 15).[34] 그에게 필요한 것은 하나님의 선하심과 인자하심이다. 하나님의 이런 속성은 시편 85편에 드러난 하나님의 속성과 동일하다. 하나님은 죄악을 용서하고 진노를 거두는 분이시며, 따라서 하나님은 "구원의 하나님"이시다(시 85:1-7). 결론적으로 말해 "인간-왕"(다윗 가의 왕적 인물)은 시편 제2권의 마지막(시 72편)에서 긍정적으로 묘사되었다가, 시편 제3권에서는 부정적인 인물로 그려지고(시 86편과 89편), 시편 제4권의 101편과 103편에 다시 등장할 때까지 잠시 사라진다.

둘째, 열방(모든 민족)에 관한 묘사의 변화다. 시편 제2권의 마지막에서 열방은 "인간-왕"(다윗 가의 왕적 인물)의 원수들이지만 그에게 머리를 숙이고 예물을 드리며 그를 칭송하는 자들로 묘사된다(시 72:10-11, 17). 시편 제3권의 첫 부분인 73-83편에서 그들은 언약 백성을 공격하는 부정적인 모습으로 그려진다. 그들은 하나님의 성전을 파괴하고 더럽히며(시 74, 79편), 하나님의 존재를 부정하거나 조롱하고(시 79:10), 하나님을 대적하기 위해 연합한다(시 83:2-8). 그러나 이런 열방의 모습은 시편 86편에서 극적인 반전을 이룬다. "주여, 주께서 지으신 모든 민족이 와서

---

34 Zenger는 시편 86편이 시내산 신학(출 33-34장)을 사용한다고 본다. Hossfeld, Zenger, *Psalms 2*, 369.

주의 앞에 경배하며 주의 이름에 영광을 돌리리이다"(시 86:6). 여기서 열방은 여호와의 창조물로서 주의 이름을 찬양하는 자들이다.[35] 이런 종말론적인 열방의 모습은 시편 87편에 이르러 더욱 긍정적으로 나타나 열방이 시온에서 태어나는 것으로 묘사된다(시 87:4-7). 이는 시온에 대한 새로운 비전을 보여준다. 종말론적 시온은 언약 백성들만의 장소가 아니며 모든 열방(모든 민족)이 하나님의 백성으로 초대받아 변화되는 장소가 될 것이다.[36]

(3) 시편 87-88편

시편 87편은 시온시로 분류된다. 시온을 나타내는 "성산"(시 87:1)과 "시온의 문들"(시 87:2), "하나님의 성"(시 87:3)과 "시온"(시 87:5) 등의 표현이 교차적으로 사용된다. 앞서 지적했던 것처럼 이 시편은 시편 73-83편에서 부정적으로 묘사되었던 열방(모든 민족)-라합, 바벨론, 블레셋, 두로, 구스 등(시 87:4-6)-이 시온에서 나왔다고 노래함으로써 시온이 "하나님의 성"이자 "열방의 어머니"가 됨을 찬양한다. 시인은 이로써 시온에 관한 종말론적인 전망을 제시한다. 이런 전망은 현재 언약 백성을 괴롭히는 열방이 마지막 날에 여호와께 속하게 될 것을 말하는 여러 예언을 상기시켜준다(창 12:3; 18:18; 22:18; 사 2:2-4; 60:3; 슥 8:20-23).

> 그날에 많은 나라가 여호와께 속하여 내 백성이 될 것이요, 나는 네 가운데에 머물리라. 네가 만군의 여호와께서 나를 네게 보내신 줄 알리라(슥 2:11).

---

35 Bang, "A Linguistic and Literary Analysis of שוב in Books I-III of the Psalter," 259을 참조하라.
36 Yohanna Katanacho, "Investigating the Purposeful Placement of Psalm 86"(Ph. D. diss., Trinity Evangelical Divinity School, 2007), 152.

2말일에 여호와의 전의 산이 모든 산꼭대기에 굳게 설 것이요, 모든 작은 산 위에 뛰어나리니 만방이 그리로 모여들 것이라. 3많은 백성이 가며 이르기를 "오라! 우리가 여호와의 산에 오르며 야곱의 하나님의 전에 이르자. 그가 그의 길을 우리에게 가르치실 것이라. 우리가 그 길로 행하리라" 하리니 이는 율법이 시온에서부터 나올 것이요, 여호와의 말씀이 예루살렘에서부터 나올 것임이니라. 4그가 열방 사이에 판단하시며 많은 백성을 판결하시리니 무리가 그들의 칼을 쳐서 보습을 만들고 그들의 창을 쳐서 낫을 만들 것이며 이 나라와 저 나라가 다시는 칼을 들고 서로 치지 아니하며 다시는 전쟁을 연습하지 아니하리라(사 2:2-4).

시편 88편은 개인 탄식시로서 시편 전체에서 가장 암울한 논조를 띤다. 이는 시편 87편에서 하나님의 성이자 열방의 어머니인 시온을 찬양하는 논조와 날카로운 대조를 이룬다. 시인은 질병에 걸려 죽음을 앞둔 상태에서 극심한 심리적 고통을 호소하며(시 88:1-5), 하나님과 사람으로부터 버림받았다는 심적 절망에서 벗어날 수 있게 해달라고 간구한다(시 88:14-18).

> 4나는 무덤에 내려가는 자 같이 인정되고
> 　　　힘없는 용사와 같으며
> 5죽은 자 중에 던져진 바 되었으며
> 　　　죽임을 당하여 무덤에 누운 자 같으니이다.
> 　주께서 그들을 다시 기억하지 아니하시니
> 　　　그들은 주의 손에서 끊어진 자니이다(시 88:4-5).

여호와여, 어찌하여 나의 영혼을 버리시며

어찌하여 주의 얼굴을 내게서 숨기시나이까?(시 88:14)

주는 내게서 사랑하는 자와 친구를 멀리 떠나가게 하시며
내가 아는 자를 흑암에 두셨나이다(시 88:18).

시인의 고백에서 주목할 만한 내용은 그가 자신이 겪는 모든 고통이 하나님에게서 왔다고 탄식하는 부분이다. 그는 "하나님"이 자신을 죽음의 자리로 이끄셨고(시 88:6-7), "하나님"이 자신을 타인에게 가증한 자로 만드셨으며(시 88:8), "하나님"이 친구들을 자기에게서 떠나가게 하셨다고 토로한다(시 88:18).

6주께서 나를 깊은 웅덩이와
    어둡고 음침한 곳에 두셨사오며
7주의 노가 나를 심히 누르시고
    주의 모든 파도가 나를 괴롭게 하셨나이다(시 88:6-7).

이처럼 시인은 재난과 고통의 원인을 하나님께 돌린다. 하나님의 선하심과 공의를 받아들이지 못하는 것이다. 이는 시편 73편의 시인이 악인의 번성함을 보고 하나님의 공의를 의심하는 것과 같다. 여기서 시편 73편과 74편, 그리고 시편 88편과 89편 사이에 일종의 패턴이 있음을 확인할 수 있다. 즉 개인 탄식시인 시편 73편에서 악인의 번성함 때문에 생겨난 시인의 영적 회의를 공동체 탄식시인 시편 74편의 빛 아래에서 이해할 수 있듯이, 개인 탄식시인 시편 88편에서 자신에게 임한 고난의 원인을 하나님께 돌리는 시인의 탄식은 공동체 탄식시인 시편 89편의

빛 아래에서 해석할 수 있다.

(4) 시편 89편

시편 89편은 공동체 탄식시로서 다윗 언약의 파기를 다룬다(시 89:30-45). 앞으로 자세히 다루겠지만 이 시편은 크게 세 부분으로 나눌 수 있다. 곧 ① "여호와의 왕권"(시 89:1-18), ② "다윗과의 언약"(시 89:19-37), ③ "다윗 언약의 폐기와 탄식"(시 89:38-51)이다. 전체적인 흐름을 살펴보면 이 시편은 다윗 언약에 대한 소망(시 89:1-4)으로 시작해서 다윗 언약의 파기와 그 원인(율법 불순종)을 소개하고(시 89:30-45), 하나님의 성실하심과 인자하심을 의심하는 것으로 마무리된다(시 89:49-51). 이런 흐름 속에서 시인은 마치 하나님께 "하나님, 왜 다윗 언약을 파기하셨습니까?"라고 묻는 것처럼 보인다(시 89:38-51).

> 38그러나 주께서 주의 기름 부음 받은 자에게
> 　　노하사 물리치셔서 버리셨으며
> 39주의 종의 언약을 미워하사
> 　　그의 관을 땅에 던져 욕되게 하셨으며(시 89:38-39).

시인은 성전을 비롯한 하나님의 거룩한 땅이 바벨론에 의해 수치를 당한 것에 대해 탄식한다(시 89:40-45). 바벨론에 의한 예루살렘의 참혹한 멸망을 묘사하는 것이다. 그렇다면 다윗 언약의 파기와 공동체적(국가적) 재난의 원인은 무엇인가? 독자들은 시편 89:30-32을 통해 그 이유가 다윗 가의 왕적 인물들(인간-왕)이 여호와의 율법을 저버렸기 때문임을 알게 된다.[37] 바로 이 점에서 시편 89편은 88편의 시인이 그가 당하는 재난이 하나님으로부터 비롯했다고 말하며 쏟아내던 탄식에 대한 답을 제공한다고 할 수 있다. 즉 하나님께 문제가 있는 것이 아니라 인간에게 문제가 있음을 분명히 하는 것이다.

(5) 시편 84-89편에 대한 결론

시편 73-83편은 언약 백성과 성전이 이방 민족들(열방)에 의해 괴롭힘을 당하고 파괴된 사건을 말한다. 반면 시편 84-89편은 시온과 온 세상을 다스리시는 하나님께 집중한다. 그중 시편 84편과 87편이 "시온 시편"으로서 시온의 회복을 찬양한다면 85편과 88편은 개인 탄식시이면서도 공동체의 고통을 하나님께 탄원한다. 그리고 시편 86편과 89편은 다윗 언약과 왕조의 멸망이라는 주제를 공유한다.

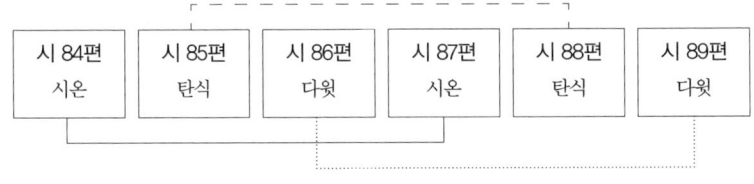

시편 84-89편의 전략적 배열

---

37 방정열, "시편과 신명기의 상호텍스트성 연구", 137-44; Wilson, *The Editing of the Hebrew Psalter*, 212-14; "Shaping the Psalter," 72-82.

4. 시편 제3권의 시작: 시편 73, 74편

지금까지 시편 제3권의 전체 내용을 개략적으로 살펴보았다. 그 결과 우리는 시편 제3권의 이야기와 제1, 2권의 이야기가 사뭇 다르다는 것을 느낄 수 있었다. 하지만 연구는 여기서 끝나지 않는다. 지금부터 우리는 시편 제1, 2권을 연구하며 했었던 것처럼 시편 제3권의 첫머리와 마지막에 자리한 시편을 자세히 살펴본 후 그 중심에 배열된 2개의 시편에 좀 더 가까이 다가갈 것이다.

1) 시편 73편: 하나님은 공의로운 분이신가?

시편 73편은 1편과는 완전히 반대되는 상황을 그려낸다. 시편 1편의 시인은 행복한 사람("복 있는 사람")이란 율법을 주야로 묵상하는 자라고 단언한다(시 1:1-2). 시인은 그가 시냇가에 심은 나무처럼 철을 따라 열매를 맺듯이 형통하겠지만(시 1:3), 악인은 바람에 날리는 겨와 같아서 하나님의 심판을 받고 의인의 회중에 들지 못할 것이라고 노래한다(시 1:4-6). 즉 의인은 번성하고 악인은 심판을 받는다는 것이다.

    그러나 시편 73편의 시인은 자신의 삶 속에서 시편 1편의 내용과는 완전히 다른 상황이 전개되는 것을 보고 그로 인해 겪게 된 신앙적 회의를 표현한다(시 73:3). 그리고 그럼에도 그 문제가 하나님의 집인 성소에서 해결되었다고 노래한다(시 73:17). 시편 73편의 구조를 분석해보면 다음과 같이 다섯 부분(ABCB´A´)으로 나눌 수 있다.

A. 서론: 시인의 고백(시 73:1)
  B. 시인의 문제와 그 원인(시 73:2-16)
    a. 악인에 관한 묘사(시 73:2-12)
    b. 시인의 내면세계에 관한 묘사(시 73:13-16)
     C. 전환점: 하나님의 성소(시 73:17)
  B'. 해결된 문제들(시 73:18-27)
    a'. 악인에 관한 묘사(시 73:18-20)
    b'. 시인의 내면세계에 관한 묘사(시 73:21-27)
A'. 맺음말: 시인의 최종적인 신앙 고백(시 73:28)

단락 A(시 73:1)에서 시인은 "하나님이 참으로 이스라엘 중 마음이 정결한 자에게 선을 행하시나"(시 73:1)라고 말하며 자신이 어떤 신앙의 토대 위에 서 있는가를 보여준다. 여기서 "하나님이 선을 행하신다"라는 말은 "하나님은 신실하시다"라는 말과 같은 의미로 해석된다.[38] 다시 말해 시인은 하나님이 마음이 정결한 자, 즉 의인에게 신실하시다는 사실을 믿었다는 것이다.

그 믿음의 구체적인 내용은 이어서 나오는 구절들을 통해 분명해진다. 시인이 원래 믿기로는 의인을 번성하게 하시고 악인을 심판하시는 "공의로우신 분"이 바로 하나님이시다. 이런 믿음은 시편 1편이 말하듯이 의인은 시냇가에 심은 나무처럼 철을 따라 열매를 맺고 형통하는 반면 악인은 바람에 나는 겨와 같아서 하나님의 심판을 받고 의인의 회중에 들지 못한다는 사상과 궤를 같이한다.[39] 사실 이런 사고 구조는 시편

---

[38] 방정열, "시편의 제 I-III권에 등장하는 토브의 의미론적 뉘앙스: 의미장 분석을 중심으로", 「구약논집」 11(2016), 88-118을 참조하라.
[39] Walter Brueggemann, *The Psalms and the Life of Faith* (ed. P. D. Miller; Minneapolis: Augsburg Press, 1995), 206.

1편만의 것이 아니라 고대 근동의 문헌에서 보편적으로 확인되는 것이었다. 당시 사람들은 선한 행위에는 상급이 주어지고, 악한 행위에는 심판이 뒤따른다는 믿음을 가지고 있었다. 이 원리에 따라 지혜자는 또 다른 지혜를 얻게 되고, 어리석은 자는 또 다른 어리석음을 얻게 된다고 믿는 것이 보통이었다. 이런 "행위와 결과"의 인과론은 무엇보다 일상의 삶과 밀착된 사고 구조로, 더 나아가 우주와 사회를 지탱해주는 일종의 도덕률로 이해되었다.[40] 이는 잠언과 같은 지혜서에서도 확인할 수 있다.

> 바른길로 행하는 자는 걸음이 평안하려니와
> 　굽은 길로 행하는 자는 드러나리라(잠 10:9).

> 지혜로운 여인은 자기 집을 세우되
> 　미련한 여인은 자기 손으로 그것을 허느니라(잠 14:1).

> 아비의 훈계를 업신여기는 자는 미련한 자요,
> 　경계를 받는 자는 슬기를 얻을 자니라(잠 15:5).

> 게으른 자의 길은 가시 울타리 같으나
> 　정직한 자의 길은 대로니라(잠 15:19).

이처럼 "행위와 결과"가 순리적으로 이어진다는 세계관이 고대 사회와 성경에서 발견되는 것은 매우 자연스럽다. 하지만 시편 73:2에서는

---

[40] DeClaissé-Walford, *Introduction to the Psalms*, 87.

분위기가 바뀌며 "나는 거의 넘어질 뻔하였고 나의 걸음이 미끄러질 뻔하였으니"(시 73:2)라는 시인의 고백이 새어나온다. 시인은 시편 73:1에서 하나님이 의인("마음이 정결한 자")에게 신실하시다고 고백했으나 곧바로 그 믿음 때문에 자신이 미끄러질 뻔했다고 토로한다. 시편 73:3은 그 이유가 무엇인지 말해준다. "이는 내가 악인의 형통함을 보고 오만한 자를 질투하였음이로다"(시 73:3). 그렇다! 시인이 지금껏 믿고 있었던 신앙의 토대 위에서 미끄러질 뻔했던 것은 자신의 세계관을 뒤집어엎는 현실을 보았기 때문이었다. 하나님은 의인을 번성하게 하시는 분인데 주위 상황을 자세히 살펴보니 실상은 그렇지 않더라는 것이다. 의인이 고난을 겪고, 오히려 악인은 번성하는 현실을 어떻게 설명할 것인가?(신정론의 문제)

시편 73:4-12에서 시인은 자기가 본 악인의 모습을 묘사한다. 그 묘사는 매우 구체적이다. 시편 전체에서 악인을 묘사하는 장면 중 가장 으뜸인 부분을 뽑으라면 단연코 이 구절들이 뽑힐 것이다.

> 4 그들은 죽을 때에도 고통이 없고
> 그 힘이 강건하며
> 5 사람들이 당하는 고난이 그들에게는 없고
> 사람들이 당하는 재앙도 그들에게는 없나니
> 6 그러므로 교만이 그들의 목걸이요,
> 강포가 그들의 옷이며
> 7 살찜으로 그들의 눈이 솟아나며
> 그들의 소득은 마음의 소원보다 많으며
> 8 그들은 능욕하며 악하게 말하며
> 높은 데서 거만하게 말하며

9 그들의 입은 하늘에 두고

　　그들의 혀는 땅에 두루 다니도다.
10 그러므로 그의 백성이 이리로 돌아와서

　　잔에 가득한 물을 다 마시며
11 말하기를 "하나님이 어찌 알랴?

　　지존자에게 지식이 있으랴?" 하는도다(시 73:4-11).

　여기서 악인이 누리는 것들은 시인이 생각하기에 의인들이 마땅히 누려야 할 복들이다. 시편 1편에서 시인이 노래했듯이 시냇가에 심은 나무가 철을 따라 열매를 맺는 것과 같은 형통함은 율법을 주야로 묵상하는 자로 표현되는 "의인"에게 주어져야 마땅하다. 그러나 현실은 그렇지 않다. 사실 시편 1편의 약속과 상반되는 상황을 시편 73편의 시인만 본 것은 아니었다. 이는 욥과 전도서의 전도자도 보았다. 욥기 21:7-13에서 욥은 다음과 같이 외친다.

7 어찌하여 악인이 생존하고

　　장수하며 세력이 강하냐?
8 그들의 후손이 앞에서 그들과 함께 굳게 서고

　　자손이 그들의 목전에서 그러하구나.
9 그들의 집이 평안하여 두려움이 없고

　　하나님의 매가 그들 위에 임하지 아니하며
10 그들의 수소는 새끼를 배고

　　그들의 암소는 낙태하는 일이 없이 새끼를 낳는구나.
11 그들은 아이들을 양 떼같이 내보내고

>   그들의 자녀들은 춤추는구나.
> 12 그들은 소고와 수금으로 노래하고
>   피리 불어 즐기며
> 13 그들의 날을 행복하게 지내다가
>   잠깐 사이에 스올에 내려가느니라(욥 21:7-13).

전도자도 다음과 같이 말한다.

> 내 허무한 날을 사는 동안 내가 그 모든 일을 살펴보았더니
>   자기의 의로움에도 불구하고 멸망하는 의인이 있고
> 자기의 악행에도 불구하고 장수하는 악인이 있으니(전 7:15).

욥과 전도서의 지혜자, 시편 73편의 시인이 본 현실 속에서는 시편 1편의 내용과는 달리 의인이 고난을 받으며 악인이 번성한다. 이런 상황 속에서 시인은 낙망하고 좌절할 수밖에 없다.

그런데 시편 73편의 시인에게는 또 다른 고민이 있다. 어그러진 현실로 인한 심각한 고민 속에서 신앙적 회의까지 몰려오기 때문이다. 그는 "내가 내 마음을 깨끗하게 하며 내 손을 씻어 무죄하다 한 것이 실로 헛되도다. 나는 종일 재난을 당하며 아침마다 징벌을 받았도다"(시 73:13-14)라고 탄식한다. 자신은 정결한 삶을 살기 위해 노력했고, 의인의 삶을 살고자 했으며, 시편 1편의 노래처럼 율법을 주야로 묵상하며 삶 속에서 거짓과 죄악을 멀리하려 했으나 그것이 실로 헛되고 허망하다는 고백이다. 이와 같은 신앙적 회의로 인해 시인은 고통스럽다. 시인은 "어찌 이럴 수 있을까?"를 두고서 고민하고 궁구하지만, "내가 어쩌면 이를 알까 하

여 생각한즉 그것이 내게 심한 고통이 되었더니"(시 73:16)라고 고백하는 것을 보면 이 문제가 쉽게 풀리지 않았다는 것을 알 수 있다.

시편 73:1-16의 내용을 간략하게 정리해보자. 시편 73편의 시인이 겪는 문제는 무엇이었을까? 그것은 바로 그가 시편 1편만의 시각으로 세상을 보려 했다는 것이었다. 이 시인은 뜨거운 신앙을 가지고 경건한 삶을 살고자 했던 것으로 보인다. 그러나 결과적으로 자신은 병에 걸려 누워 있고 악인은 오히려 형통한 것을 보면서 자신이 가진 신앙의 내용과 현실 사이에 놓인 괴리가 너무 크다고 느낄 수밖에 없었다. 시인은 이런 갈등 속에서 신앙을 버리기 직전까지 이르렀다. 신앙을 지키는 것이 헛되다는 판단이 선 것이다. 시인은 이런 판단을 하면서도 여전히 "악인-심판", "의인-보상"이라는 틀 속에서 벗어나지 못하고 있었다. 그런데 마침내 문제가 해결된다. 시편 73:16-18에서 시인은 그의 문제가 성소 안에서 해결되었다고 말한다.

> 17 하나님의 성소에 들어갈 때에야
> 　　그들의 종말을 내가 깨달았나이다.
> 18 주께서 참으로 그들을 미끄러운 곳에 두시며
> 　　파멸에 던지시니
> 19 그들이 어찌하여 그리 갑자기 황폐되었는가?
> 　　놀랄 정도로 그들은 전멸하였나이다(시 73:17-19).

성소 안에서 무슨 일이 있었는지는 정확히 알 수 없다. 하지만 그 안에서 시인은 분명히 악인이 종국에 가서는 심판받게 될 것이라는 종말론적인 시각을 회복했다. 브루그만은 시편 73:17이 다소 이해하기 힘든 면이 있더라도 이 구절이 시편 73편의 핵심 구절이라고 보았고, 더 나아가 시편 전체가 이 구절에 달려 있다고까지 말했다.[41]

결론적으로 말하면 시편 73편은 하나님이 어떤 분이신가에 대해 질문을 던지고, 그 질문에 답을 제시하는 시편이라 할 수 있다. 하나님은 어떤 분이신가? 하나님은 공의로운 분이신가? 시인은 과연 하나님이 의인은 인정해주고 악인은 심판하는 공의로운 분이신지 질문한다. 의인은 고난당하는 반면 악인은 번성하는 상황—시편 1편의 내용과 상반되는 상황—속에서도 하나님을 과연 공의로운 분이시라고 말할 수 있는지 묻고 그 답을 찾는 것이다.

2) 시편 74편(공동체 탄식시)

앞서 언급했듯이 개인 탄식시인 시편 73편은 공동체 탄식시인 74편과 함께 읽힐 수 있다. 먼저 시편 74:1-8을 읽어보자.

> 1 하나님이여, 주께서 어찌하여 우리를 영원히 버리시나이까?
>   어찌하여 주께서 기르시는 양을 향하여
>   진노의 연기를 뿜으시나이까?
> 2 옛적부터 얻으시고 속량하사 주의 기업의 지파로 삼으신
>   주의 회중을 기억하시며
>   주께서 계시던 시온산도 생각하소서.
> 3 영구히 파멸된 곳을 향하여 주의 발을 옮겨놓으소서.

---

41 Brueggemann, *The Psalms and the Life of Faith*, 207-8.

> 원수가 성소에서 모든 악을 행하였나이다.
> 4 주의 대적이 주의 회중 가운데에서 떠들며
> 자기들의 깃발을 세워 표적으로 삼았으니
> 5 그들은 마치 도끼를 들어
> 삼림을 베는 사람 같으니이다.
> 6 이제 그들이 도끼와 철퇴로
> 성소의 모든 조각품을 쳐서 부수고
> 7 주의 성소를 불사르며
> 주의 이름이 계신 곳을 더럽혀 땅에 엎었나이다.
> 8 그들이 마음속으로 이르기를 '우리가 그들을 진멸하자' 하고
> 이 땅에 있는 하나님의 모든 회당을 불살랐나이다(시 74:1-8).

여기서 악인은 누구일까 하는 정체성의 문제가 불거진다. "주의 대적"이라 불리는 자들은 누구일까? 그리고 앞선 시편 73편에 등장한 악인은 누구일까? 물론 시편 73편에서 등장한 악인의 정체는 개인이거나 공동체, 혹은 어떤 무리일 수 있다. 또한 이스라엘을 괴롭히는 열방(이방 민족들)이 바로 그 악인들일 수도 있다. 즉 시편 74편에서 하나님의 성소를 공격하며 파괴하는 "주의 대적"은 이스라엘에 적대적인 이방 민족이라고 볼 수 있다는 것이다.[42] 악인이 "개인"이 아니라 "이방 민족"이라면, 시편 73편의 시인은 하나님의 언약 백성인 이스라엘보다 이방 민족이 번성하는 상황 속에서 신앙에 회의를 느끼다가 하나님의 성소에 들어갔을 때 종말론적인 시야가 열리면서 그 문제를 해소할 수 있었다는 이해가 가능

---

42 시편 73편과 74편 사이의 언어학적 유사성에 관해서는 McCann, "Books I-III and the Editorial Purpose of the Psalter," 96을 보라.

해진다. 어떤 점에서 보면 시편 73편에서는 하나님의 성소가 문제 해결의 장소로 제시되었지만, 시편 74편에서는 그 성소가 철저하게 짓밟히고 만다. 무엇이 문제인가? 하나님은 과연 의로운 분이신가? 누가 문제인가? 하나님이 문제인가, 아니면 인간이 문제인가? 앞서 언급했듯이 시편 제3권은 이처럼 "하나님은 공의로운 분이신가?"라는 질문으로 시작한다.

5. 시편 제3권의 마지막: 시편 88, 89편

"하나님은 공의로운 분이신가?"라는 질문은 시편 제3권의 마지막에 있는 두 시편에서도 동일하게 다루어진다. 소위 시편 전체에서 가장 어두운 지점으로 간주되는 시편 88편과 89편이 그 주제를 전개하는 본문이다. 두 시편 모두 탄식시인데 특별히 시편 88편에서는 시인의 탄식 혹은 도움 요청에 대해 어떤 해결책도 제시되지 않는다.[43] 지금부터 그 이유를 살펴보자.

1) 시편 88편(개인 탄식시)

시편 88편은 개인 탄식시다. 하지만 탄식시의 전형적인 다섯 요소(위기 상황, 불평[탄식], 도움 요청, 신뢰 표시, 찬양 약속) 가운데 신뢰를 고백하는 부분과 찬양에 대한 약속이 등장하지 않는다.[44] 오로지 탄식과 도움 요청만 담겨

---

[43] DeClaissé-Walford, Jacobson, Tanner, *The Book of Psalms*, 668.
[44] 탄식시의 전형적인 특징들을 이해하기 위해서는 제이콥슨, 『시편으로의 초대』, 68-78을 참조하라.

있다. 특별히 시인이 처한 상황에 관한 묘사가 매우 구체적이고, 하나님을 향한 탄식의 어조가 특별하게 두드러진다. 시편 88:1-7을 살펴보자.

1여호와, 내 구원의 하나님이여!
　　내가 주야로 주 앞에서 부르짖었사오니
2나의 기도가 주 앞에 이르게 하시며
　　나의 부르짖음에 주의 귀를 기울여주소서.
3무릇 나의 영혼에는 **재난**이 가득하며
　　나의 생명은 스올에 가까웠사오니
4나는 **무덤에 내려가는 자** 같이 인정되고
　　힘없는 용사와 같으며
5**죽은 자 중에 던져진 바 되었으며**
　죽임을 당하여 무덤에 누운 자 같으니이다.
　　주께서 그들을 다시 기억하지 아니하시니
　　그들은 주의 손에서 끊어진 자니이다.
6주께서 나를 **깊은 웅덩이**와
　　어둡고 음침한 곳에 두셨사오며
7**주의 노**가 나를 심히 누르시고
　　주의 모든 파도가 나를 괴롭게 하셨나이다(시 88:1-7).

시편 88:1-7에 기록된 묘사들은 시인이 현재 얼마나 끔찍한 상황에서 힘겨운 시간을 보내고 있는지를 잘 보여준다. 오늘날을 살아가는 그리스도인들도 여러 가지 어려움을 겪기는 하지만 시편 88편의 시인과 같은 고백을 할 정도로 힘겨운 사람이 얼마나 있을까? 시인은 말 그대로 죽음의 문턱에 이르러 숨을 헐떡이고 있다. 이어지는 시편 88:13-18을 보자.

> 13여호와여, 오직 내가 주께 부르짖었사오니
>   아침에 나의 기도가 주의 앞에 이르리이다.
> 14여호와여, 어찌하여 나의 영혼을 버리시며
>   어찌하여 주의 얼굴을 내게서 숨기시나이까?
> 15내가 어릴 적부터 고난을 당하여 죽게 되었사오며
>   주께서 두렵게 하실 때에 당황하였나이다.
> 16주의 진노가 내게 넘치고
>   주의 두려움이 나를 끊었나이다.
> 17이런 일이 물같이 종일 나를 에우며
>   함께 나를 둘러쌌나이다.
> 18주는 내게서 사랑하는 자와 친구를 멀리 떠나게 하시며
>   내가 아는 자를 흑암에 두셨나이다(시 88:13-18).

여기서도 시인이 겪는 쓰라린 고통이 드러난다. 여호와로부터 버림받은 느낌, 오랫동안 견뎌야 하는 고난, 주의 진노와 친구들의 외면 등 시인이 깊이 탄식할 이유는 차고 넘친다. 이때 독자들이 주목해야 할 점은 시인이 고통의 원인을 하나님께 돌리고 있다는 사실이다. 특별히 시편 88:6-7에서 시인은 하나님 때문에 그와 같은 고통이 자신에게 임했다고 단정한다.

> 6주께서 나를 깊은 웅덩이와
>   어둡고 음침한 곳에 두셨사오며

7주의 노가 나를 심히 누르시고

　　주의 모든 파도가 나를 괴롭게 하셨나이다(시 88:6-7).

고통과 고난 속에서 죽음의 문턱에 다다른 시인은 그 모든 원인이 하나님께 있다고 탄식하며 원망을 쏟아낸다. 그렇다면 이 시인 앞에서 만일 "당신은 하나님을 여전히 의로우신 분이라고 믿는가?"라고 질문한다면 어떤 대답이 돌아올까? 시편 88편만을 두고 본다면 아마도 그는 고개를 가로저을 것이다.

2) 시편 89편(공동체 탄식시)

시편 88편이 개인 탄식시라면 89편은 공동체 탄식시다. 하나님과 맺은 다윗 언약이 파기되면서 인간-왕 다윗의 영광은 땅에 떨어지고(시 89:38-45), 하나님의 인자하심이 선언된다(시 89:1-2). 시편 89편의 구조를 주제에 따라 나누면 ① 여호와의 왕권(시 89:1-18), ② 다윗과의 언약(시 89:19-37), ③ 다윗 언약의 폐기와 탄식(시 89:38-51)의 세 부분으로 크게 나눌 수 있다.

시편 89:3-4에서 다윗 언약이 잠시 언급되기도 하지만, 여호와의 왕권을 주제로 하는 단락(시 89:1-18)에서는 하나님의 인자하심과 성실하심이 강조된다.

1내가 **여호와의 인자하심**을 영원히 노래하며

　　주의 성실하심을 내 입으로 대대에 알게 하리이다.

2내가 말하기를 "**인자하심**을 영원히 세우시며

주의 성실하심을 하늘에서 견고히 하시리라" 하였나이다 (시 89:1-2).

시인은 특별히 여호와를 그 누구보다 뛰어난 존재요, 거룩한 자들의 회중 가운데서 찬양을 받아야 할 존재로 선언한다.

> 5 여호와여, 주의 기이한 일을 하늘이 찬양할 것이요,
>   주의 성실도 거룩한 자들의 모임 가운데에서 찬양하리이다.
> 6 무릇 구름 위에서 능히 여호와와 비교할 자 누구며
>   신들 중에서 여호와와 같은 자 누구리이까?
> 7 하나님은 거룩한 자의 모임 가운데에서 매우 무서워할 이시오며
>   둘러 있는 모든 자 위에 더욱 두려워할 이시니이다.
> 8 여호와, 만군의 하나님이여! 주와 같이 능력 있는 이가 누구리이까?
>   여호와여, 주의 성실하심이 주를 둘렀나이다 (시 89:5-8).

이어서 다윗과의 언약을 다루는 단락(시 89:19-37)에서는 다윗 언약이 어떻게 맺어졌고 그것이 무엇에 의해 유지되는지가 명시된다.

> 19 그때에 주께서 환상 중에 주의 성도들에게 말씀하여 이르시기를
>   "내가 능력 있는 용사에게는 돕는 힘을 더하며
>   백성 중에서 택함 받은 자를 높였으되
> 20 내가 내 종 다윗을 찾아내어
>   나의 거룩한 기름을 그에게 부었도다.
> 21 내 손이 그와 함께하여 견고하게 하고
>   내 팔이 그를 힘이 있게 하리로다.

22 원수가 그에게서 강탈하지 못하며

악한 자가 그를 곤고하게 못하리로다"(시 89:19-22).

시인은 하나님이 다윗을 선택하여 당신을 대신하여 이 땅을 통치할 왕으로 세우셨으며, 그 왕이 제대로 역할을 다할 수 있도록 하나님의 손과 팔이 그와 함께할 것이라는 약속의 내용을 노래한다. 이 구절은 시편 2편을 연상하게 하며, 사무엘하 7:10-15과 연결된다.

10 내가 또 내 백성 이스라엘을 위하여 한 곳을 정하여 그를 심고 그를 거주하게 하고 다시 옮기지 못하게 하며 악한 종류로 전과 같이 그들을 해하지 못하게 하여 11 전에 내가 사사에게 명령하여 내 백성 이스라엘을 다스리던 때와 같지 아니하게 하고 너를 모든 원수에게서 벗어나 편히 쉬게 하리라. 여호와가 또 네게 이르노니 여호와가 너를 위하여 집을 짓고 12 네 수한이 차서 네 조상들과 함께 누울 때에 내가 네 몸에서 날 네 씨를 네 뒤에 세워 그의 나라를 견고하게 하리라. 13 그는 내 이름을 위하여 집을 건축할 것이요, 나는 그의 나라 왕위를 영원히 견고하게 하리라. 14 나는 그에게 아버지가 되고 그는 내게 아들이 되리니 그가 만일 죄를 범하면 내가 사람의 매와 인생의 채찍으로 징계하려니와 15 내가 네 앞에서 물러나게 한 사울에게서 내 은총을 빼앗은 것처럼 그에게서 빼앗지는 아니하리라(삼하 7:10-15).

하지만 시편 89편의 세 번째 단락(시 89:38-51)에서는 이런 다윗 언약이 파기된 것에 대한 탄식이 전개된다. 이 단락은 시편 89편에서 가장 극적이고 참담한 내용—다윗 언약의 파기와 예루살렘의 멸망—을 담고 있다.

38 그러나 주께서 주의 기름 부음 받은 자에게

　　노하사 물리치셔서 버리셨으며

39 주의 종의 언약을 미워하사

　　그의 관을 땅에 던져 욕되게 하셨으며

40 그의 모든 울타리를 파괴하시며

　　그 요새를 무너뜨리셨으므로

41 길로 지나가는 자들에게 다 탈취를 당하며

　　그의 이웃에게 욕을 당하나이다.

42 주께서 그의 대적들의 오른손을 높이시고

　　그들의 모든 원수들은 기쁘게 하셨으나

43 그의 칼날은 둔하게 하사

　　그가 전장에서 더 이상 버티지 못하게 하셨으며

44 그의 영광을 그치게 하시고

　　그의 왕위를 땅에 엎으셨으며

45 그의 젊은 날들을 짧게 하시고

　　그를 수치로 덮으셨나이다(시 89:38-45).

왜 다윗 언약이 파기된 것일까? 하나님이 의롭지 않으셔서일까? 하나님이 정의롭지 않으시기 때문일까, 아니면 인간이 의롭지 않아서일까? 다시 말해 하나님이 문제인가, 인간이 문제인가? 앞서 여러 차례 밝혔듯이 이 질문의 답은 바로 "인간"이다.[45]

45　방정열, "시편과 신명기의 상호텍스트성 연구", 122-50을 보라.

30 만일 그의 자손이 **내 법**을 버리며

　　내 규례대로 행하지 아니하며

31 **내 율례**를 깨뜨리며

　　내 계명을 지키지 아니하면

32 내가 회초리로 그들의 죄를 다스리며

　　채찍으로 그들의 죄악을 벌하리로다(시 89:30-32).

시편 89:30-32은 "인간-왕"(다윗 가의 왕적 인물)이 하나님의 율법을 저버리면 그들에게 하나님의 심판이 임하게 될 것이라는 말씀을 전한다. 이후 시편 89:38-45은 다윗 언약이 파기되었음을 말한다. 여기서 우리는 다윗 언약의 파기가 "인간-왕"(다윗 가의 왕적 인물)이 하나님의 율법을 저버렸기 때문임을 알 수 있다. 하나님이 불의하시기 때문인가? 그렇지 않다. "다윗 가의 왕적 인물"이 하나님의 율법과 규례를 저버렸다. 여기에 사용되는 용어들—"법", "규례", "율례", "계명" 등—은 모두 시편 1편에 등장하는 "율법"의 동의어다. 이 "율법"의 동의어들은 시편 19편에서도 등장했으며 89편에서 그대로 다시 사용된다. 율법을 저버리고 순종하지 않으면 회초리와 채찍으로 다스리겠다는 것, 그리고 나라가 멸망하면서 언약이 파기되었다고 말하는 것은 다윗 언약의 파기와 율법의 불순종 사이에 매우 밀접한 관계가 있다는 것을 암시한다.[46]

그렇다면 누가 문제인가? 시편 73편에서 제기되었던 "하나님은 공의로우신가?"라는 질문을 다시 꺼내보자. 이에 대해 시편 89편의 시인은 "그렇다"라고 대답한다. 시인은 하나님은 의로우시지만 "인간-왕"(다

---

[46] 특별히 방정열, "시편과 신명기의 상호텍스트성 연구", 140-44을 보라.

윗 가의 왕적 인물)은 율법을 저버리며 불순종했다고 묘사한다. 그리고 그 때문에 다윗 언약이 파기되었다고 선언한다. 시편 88편의 시인은 자신이 극심한 고통 가운데 빠지게 된 원인이 여호와 하나님께 있다고 말했지만 89편의 시인은 그렇지 않다고 단언한다. 문제는 "하나님"이 아니라 "인간"이라는 것이다.

율법에 대한 불순종과 그에 따르는 하나님의 징계라는 주제는 시편 제3권의 중간 즈음에 자리한 시편 78편과 79편을 살펴보면 더욱 분명해진다.

6. 시편 제3권의 가운데: 시편 78, 79편

흥미롭게도 시편 78편은 하나님에 대한 이스라엘의 배교를 다루고(율법에 대한 불순종/불신앙), 79편은 앞선 73-74편처럼 이방 국가들이 하나님의 땅과 성전을 더럽혔다는 내용을 다룬다.

1) 시편 78편

이 시편은 이른바 "역사시"와 "지혜시"로 분류되며 **여호와께 불순종하는 자는 그에 따른 대가를 치르게 된다는 교훈**을 제공한다. 시인은 이 교훈을 제시하기 위해 처음부터 율법을 강조하고, 그것에 대한 불순종의 모습이 역사 속에서 어떻게 전개되었는지를 길게 열거한다. 그 시대적 범위는 출애굽 시대부터 다윗 시대까지의 긴 역사를 망라한다(출애굽, 반석의 물, 만나, 메추라기, 출애굽 직전의 10가지 재앙, 가나안 땅 입성 등). 이 시편의 전체

구조는 다음과 같이 세 부분으로 나눌 수 있다.[47]

    A. 서론(시 78:1–11)
    B. 첫 번째 이야기(시 78:12–39)
        a. 하나님의 행위들(시 78:12–16)
        b. 반역(시 78:17–20)
        c. 하나님의 반응(시 78:21–31)
        d. 하나님의 은총(시 78:32–39)
    B'. 두 번째 이야기(시 78:40–72)
        a'. 하나님의 행위들(시 78:40–55)
        b'. 반역(시 78:56–58)
        c'. 하나님의 반응(시 78:59–64)
        d'. 하나님의 은총(시 78:65–72)

시인은 시편 78편을 시작하면서 "율법의 중요성"과 그 "율법을 후손들에게 전수하는 목적"—오직 하나님께만 소망을 두고 자신들의 조상들과 같이 패역하지 않도록 하는 것—을 명시한다. 시편 78:1-8을 보자.

1내 백성이여, **내 율법**을 들으며
    내 입의 말에 귀를 기울일지어다.
2내가 입을 열어 비유로 말하며
    예로부터 감추어졌던 것을 드러내려 하니
3이는 우리가 들어서 아는 바요,
    우리의 조상들이 우리에게 전한 바라.
4우리가 이를 그들의 자손에게 숨기지 아니하고

---

[47] DeClaissé-Walford, Jacobson, Tanner, *The Book of Psalms*, 617.

여호와의 영예와 그의 능력과 그가 행하신 기이한 사적을
후대에 전하리로다.
5여호와께서 증거를 야곱에게 세우시며 법도를 이스라엘에게 정하시고
우리 조상들에게 명령하사 그들의 자손에게 알리라 하셨으니
6이는 그들로 후대 곧 태어날 자손에게 이를 알게 하고
그들은 일어나 그들의 자손에게 일러서
7그들로 그들의 소망을 하나님께 두며
하나님께서 행하신 일을 잊지 아니하고 오직 그의 계명을 지켜서
8그들의 조상들 곧 완고하고 패역하여 그들의 마음이 정직하지 못하며
그 심령이 하나님께 충성하지 아니하는 세대와
같이 되지 아니하게 하려 하심이로다(시 78:1-8).

그러나 시인은 이스라엘 백성이 하나님의 언약을 지키지 않고 율법을 준행하기를 거절했다고 말한다.

10그들이 하나님의 언약을 지키지 아니하고
그의 율법 준행을 거절하며
11여호와께서 행하신 것과
그들에게 보이신 그의 기이한 일을 **잊었도다**(시 78:10-11).

17그들은 계속해서 **하나님께 범죄하여**
메마른 땅에서 **지존자를 배반**하였도다.
18그들이 그들의 탐욕대로 음식을 구하여
그들의 심중에 **하나님을 시험**하였으며

19 그뿐 아니라 **하나님을 대적하여 말하기를**

"하나님이 광야에서 식탁을 베푸실 수 있으랴?"(시 78:17-19)

56 그러나 그들은 지존하신 **하나님을 시험**하고 반항하여

 그의 명령을 지키지 아니하며

57 그들의 **조상들 같이 배반하고 거짓을 행하여**

 속이는 활같이 빗나가서

58 자기 산당들로 그의 노여움을 일으키며

 그들의 조각한 **우상들로 그를 진노하게 하였으매**(시 78:56-58).

다시 말해 시인은 이스라엘이 율법을 불순종했을 때 어떤 결과가 있었는가를 상기시키면서 오직 하나님께만 소망을 두라고 교훈하는 것이다.

시편 78편에 이어 79편에는 열방의 공격을 받아 하나님의 땅과 성전이 더럽혀지는 이야기가 등장한다. 이는 성전이 무너진 사건이 시편 78편에서 전개된 불순종의 이야기와 밀접한 관계가 있음을 암시한다.

2) 시편 79편

시편 79편은 성전이 파괴되는 이야기를 기록한다(참조. 시 74, 89편). 시인은 열방의 공격에도 불구하고 도와주시지 않는 듯한 하나님께 "언제 도와주실 것입니까?"라고 물으며 탄식한다.

1 하나님이여,

 이방 나라들이 주의 기업의 땅에 들어와서 주의 성전을 더럽히고

예루살렘이 돌무더기가 되게 하였나이다.
2그들이 주의 종들의 시체를 공중의 새에게 밥으로,
　주의 성도들의 육체를 땅의 짐승에게 주며
3그들의 피를 예루살렘 사방에 물같이 흘렸으나
　그들을 매장하는 자가 없었나이다.
4우리는 우리 이웃에게 비방거리가 되며
　우리를 에워싼 자에게 조소와 조롱거리가 되었나이다.
5여호와여, 어느 때까지니이까? 영원히 노하시리이까?
　주의 질투가 불붙듯 하시리이까?(시 79:1-5)

　그러나 시인은 그 원인이 자신들의 죄 때문이었음을 다음과 같이 고백한다.

8우리 조상들의 죄악을 기억하지 마시고
　주의 긍휼로 우리를 속히 영접하소서.
　우리가 매우 가련하게 되었나이다.
9우리 구원의 하나님이여,
　주의 이름의 영광스러운 행사를 위하여 우리를 도우시며
　주의 이름을 증거하기 위하여
　우리를 건지시며 우리 죄를 사하소서(시 79:8-9).

　다시 말해 시인은 이스라엘이 이방 나라의 공격을 받아 더럽혀진 것은 다른 누구의 잘못이 아니라 자신들의 죄 때문이었음을 고백하는 것이다. 그렇다면 여기서 시편 제3권이 시작될 때 제기되었던 질문을 다시 한

번 떠올려보자. "하나님은 공의로운 분이신가?" 이 질문으로 시작한 시편 제3권은 "그렇다"라고 답하며 마무리된다. 이방의 공격을 받아 성전이 파괴되었어도 하나님께 문제가 있었던 것은 아니다. 하나님이 다윗 언약을 미워하여 그의 관을 땅에 던져 욕되게 한 것도 하나님께 문제가 있었기 때문이 아니다. 오히려 그 모든 사건은 "인간-왕"(다윗 가의 왕적 인물)에게 문제가 있었다는 사실을 드러내 줄 뿐이다.

7. 시편 제1-3권의 결론

시편 2편은 여호와가 시온에 한 왕을 세우시고(다윗 언약), 그를 통해 여호와의 통치가 구현될 수 있기를 소망하는 노래다. 그러나 다윗 언약을 통해 이어진 "인간-왕"(다윗 가의 왕적 인물)에 관한 소망은 시편 89편에서 완전히 허물어지게 된다. 그 언약은 폐기되어 땅에 버려진 것처럼 보인다. 앞서 살펴보았듯이 그것은 "하나님-왕"인 여호와의 잘못이 아니라 "인간-왕"을 포함한 언약 백성들(인간)의 잘못 때문이었다.

이처럼 큰 틀에서 시편 제1-3권의 내용을 살펴보면 흥미로운 사실 하나를 발견하게 된다. 그것은 시편 2, 41, 72, 89편이 모두 다윗과 관련된 시편들—시편 2, 72, 89편은 소위 "제왕시"(royal psalms)로 분류된다—이라는 점이다. 시편 2편의 표제어에는 다윗이 없지만 다윗 언약을 암시하는 내용이 들어 있고(시 2:7-9), 시편 41편은 다윗 언약과 명시적인 관계가 없는 듯 보이지만 적들의 공격을 받게 될 처지에 놓인 하나님의 언약 백성에게 하나님의 보호가 주어질 것을 보증하는 내용을 다루며 표제어에 다윗이 등장한다. 또한 시편 72편은 다윗의 아들 솔로몬을 위한 기도와 관계가 있으며(다윗 언약의 계승), 시편 89편은 다윗 언약의 파기를 다룬다. 그렇다면 시편 제1-3권은 "인간-왕"(다윗 가의 왕적 인물)의 연약함과 실패를 보여주는 내용으로 구성되었다고 말할 수 있다.

8장

시편
제4권(시 90-106편)의
이야기

영원한 피난처요 왕이신 하나님

앞서 우리는 율법 묵상의 중요성(시 1편)과 시온에 세움을 받은 인간-왕(시 2편: 다윗 언약)에 관한 주제로 시작한 시편 제1권이, 각 시편의 전략적인 배열을 통해 두 주제(율법 묵상의 중요성과 하나님의 기름 부음 받은 왕의 통치)를 강화한다는 사실을 살펴보았다. 또한 율법의 완전성을 강조하는 시편 19편을 중심으로 시편 18편과 20, 21편이 하나님의 도우심을 입어 전쟁에서 승리한 "인간-왕"(다윗 가의 왕적 인물)에 관한 이야기를 전개한다는 것도 확인했다.

시편 제2권에서는 공평과 정의로 나라를 다스려야 할 인간-왕의 이야기가 펼쳐졌다. 그중 특히 시편 72편은 솔로몬을 위한 다윗의 기도로서 왕의 덕목인 공평과 정의를 강조하는 시편이었다(시 72:1-5). 그러나 시편 제3권에서 인간-왕(다윗 가의 왕적 인물)은 하나님과 율법을 저버림으로써 다윗 언약이 파기되는 빌미를 제공하고 실패자로 전락한다(시 89편). 이런 점에서 시편 제1-3권은 율법에 대한 불순종에 기인한 인간-왕의 실패를 다룬다고 말할 수 있다.

그렇다면 시편 제4권은 독자들에게 어떤 이야기를 들려줄까? 시편 제4권은 흥미롭게도 제1-3권에서 전개된 것과는 매우 대조적인 이야기를 들려준다. 특별히 **시편 제1-3권에서 제기되었던 실패한 인간-왕과**

선명하게 대조되는 "하나님-왕"에 관한 이야기를 전개한다.[1] 앞서 살펴보았듯이 시편 제3권의 결말은 비참했다. 제3권의 마지막 시편인 89편을 다시 보면 하나님이 다윗 언약을 파기하신 듯한 장면이 상징적으로 묘사되고, 인간-왕의 나라는 패전(敗戰)이라는 참혹한 결과에 직면했음을 알 수 있다.[2]

> 38 그러나 주께서 주의 기름 부음 받은 자에게
>   노하사 물리치셔서 버리셨으며
> 39 주의 종의 언약을 미워하사
>   그의 관을 땅에 던져 욕되게 하셨으며
> 40 그의 모든 울타리를 파괴하시며
>   그 요새를 무너뜨리셨으므로
> 41 길로 지나가는 자들에게 다 탈취를 당하며
>   그의 이웃에게 욕을 당하나이다.
> 42 주께서 그의 대적들의 오른손을 높이시고
>   그들의 모든 원수들은 기쁘게 하셨으나
> 43 그의 칼날은 둔하게 하사
>   그가 전장에서 더 이상 버티지 못하게 하셨으며

---

1 Sampson S. Ndoga, "Revisiting the Theocratic Agenda of Book 4 of the Psalter for Interpretive Premise," *The Shape and Shaping of the Book of Psalms: The Current State of Scholarship* (ed. Nancy L. DeClaissé-Walford; Atlanta: SBL Press, 2014), 151; Hassel C. Bullock, *Encountering the Book of Psalms: A Literary and Theological Introduction* (Grand Rapids: Baker Academic, 2001), 188; Gerald H. Wilson, "The Use of the Royal Psalms at the 'Seams' of the Hebrew Psalter," *JSOT* 35(1986), 90.

2 시편 89편에 탄식과 절망의 내용만 있는 것은 아니다. 시편 89:33-37을 보면 소망이 완전히 사라진 것이 아님을 알 수 있다.

> 44 그의 영광을 그치게 하시고
>
>   그의 왕위를 땅에 엎으셨으며
> 45 그의 젊은 날들을 짧게 하시고
>
>   그를 수치로 덮으셨나이다(시 89:38-45).

그러나 시편 제4권에서는 "여호와가 통치하신다"(יהוה מלך)라는 표현으로 대변되는 "여호와의 왕 되심"이 강조된다. 이제부터 시편 제4권의 핵심이 되는 시편들의 배치와 그 내용을 분석함으로써 그 주제가 어떻게 펼쳐지는지 확인해보자.

1. 시편 제4권의 구성적 특징

시편 제4권의 내용을 자세히 살피기에 앞서 특징 몇 가지를 살펴보아야 한다. 이 특징들이 시편 제4권을 이해하는 데 직간접으로 연관되기 때문이다. 시대 구분, 다윗 이름의 빈도, 장르 분포, 표제어의 특징 등이 구체적인 항목들이다.

1) 시대 구분

앞서 우리는 시편 제1-3권이 다윗과 관련된 시대를 배경으로 한다는 사실을 살펴보았다. 물론 이는 시편 제1-3권에 있는 시편들이 전부 다윗 시대와 직접 연결되어 있다는 말은 아니다. 그중에는 바벨론 포로기 이후와 잇닿은 시편들도 있기 때문이다. 좀 더 구체적으로 따지자면 시편 제

1, 2권은 대체로 다윗 시대와, 제3권은 분열 왕국 시대 및 그들의 멸망과 연관된다. 이런 사실은 각 시편의 표제어에 관한 분석을 통해서 확인할 수 있다. 즉 시편 제1, 2권의 표제어에 등장하는 이름은 "다윗"을 포함하여 그와 직간접으로 연결된 사람들이다(고라, 아삽, 솔로몬 등). 또한 내용적인 측면에서도 다윗의 삶과 관련된 시편들이 주를 이루고 있다. 물론 포로기를 암시하는 시편 44편(9-26절)처럼 시대적으로 시편 제1, 2권과 어울리지 않는 시편도 있다. 하지만 시편 제1, 2권은 대체로 다윗 시대와 연결되고, 제3권은 시편 74, 79, 89편 등의 내용이 암시하는 것처럼 분열 왕국 멸망 시기와 긴밀하게 잇닿아 있다고 말하는 데는 큰 문제가 없다.

반면 시편 제4권의 내용은 대체로 모세 시대와 관계가 있다.[3] 시편의 독자 중에는 "시편 중에 모세 시대와 연관된 시가 있었나?" 하며 의아해하는 경우도 있겠지만 실제로 시편 제4권을 살펴보면 그러하다는 사실을 확인하게 된다. 먼저 시편 제4권의 첫 시편(시 90편)의 표제어에 "모세"의 이름이 등장한다(표제어에 등장하는 이름 "모세"의 기능에 관해서는 다시 살펴볼 것이다). 그리고 출애굽과 광야와 가나안 땅의 삶을 다루는 시편들(시 105-106편)이 시편 제4권의 마무리를 장식한다. 더욱이 시편 95:7-11도 출애굽 후 이어진 광야 생활을 다루고, 시편 99편은 모세와 아론의 이름을 언급한다. 시편 103편도 "모세"의 이름을 다시 한번 언급한다(시 103:7). 또한 시편 전체에서 "아론"의 이름은 9회 등장하는데(시 77:20;

---

3   Wilson은 시편 제4, 5권의 시 배열 원칙이 제1-3권과 다르다는 점에 주목해 제1-3권과 제4, 5권이 서로 다른 시기에 편집 과정을 밟았을 것이라고 주장한다. Gerald H. Wilson, "Understanding the Purposeful Arrangement of Psalms in the Psalter: Pitfalls and Promise," *The Shape and Shaping of the Psalter*(ed. J. Clinton McCann; Sheffield: JSOT Press, 1993), 42-51을 보라. 더 나아가 그는 시편 제4권의 많은 요소—시편 90편의 표제어에 등장하는 엘 샤다이와 엘론 등의 옛 이름의 사용, 모세와 아론에 관한 언급들, 출애굽 사건에 관한 언급 등—가 "모세 지향적"(Mosaic)이라고 주장한다. Wilson, "The Shaping the Psalter," 72-82.

99:6; 105:26; 106:16; 115:10, 12; 118:3; 133:2; 135:19), 시편 제5권에서는 "아론의 집"이라는 표현이 사용되는 반면 제3, 4권에서는 "모세"와 함께 아론의 이름이 등장한다(시 77:20; 99:6; 105:26; 106:16). 즉 시편 제4권에 등장하는 두 이름, "모세"와 "아론"은 자연스럽게 모세 시대를 상기시키는 작용을 한다. 마지막으로 시편 제4권에 속한 시편 90, 95, 99, 103, 105, 106편은 모세 시대와 직접 관련이 있는 시편들이다. 따라서 시편 제4권은 모세의 이야기로 시작해서 모세와 관련된 이야기로 끝난다고 해도 과언이 아니다.

여기서 독자들이 주의할 점은 시편 제4권의 내용이 모세 시대와 연관된다고 하더라도 그 내용이 일차적으로 적용되는 시대는 포로기 이후라는 사실이다. 예를 들어 몇몇 시편을 살펴보자. 우리가 잘 아는 바와 같이 시편 90편에는 "모세"의 이름이 들어간 표제어가 붙어 있다. 만약 이 표제어가 모세의 저작권을 가리킨다면,[4] 시편 90편은 모세 시대와 연관될 뿐만 아니라 시편 전체 가운데서 가장 오래된 시편이 될 것이다. 그리고 시편 105, 106편의 내용을 살펴보면 이스라엘이 출애굽 이후 광야를 헤쳐나가는 매우 오래된 이야기임을 알 수 있다. 그러나 이런 내용을 일차적으로 자신들의 이야기로 소화한 청중(시편의 일차 독자들)은 바벨론에 포로로 끌려갔다가 예루살렘으로 돌아온 귀환자들의 공동체였다(소위 "제2출애굽"에 의한 공동체).

---

[4] 시편 90편의 표제어 기능에 관한 또 다른 해석의 가능성에 관해서는 다음 자료를 참조하라. 방정열, "시편 표제어 유무(有無)에 대한 정경적 해석의 가능성", 11-37.

시편 제4권				
모세 시대	⇦ 내용	시 90-106편	⇨ 적용	포로기 이후 공동체

시편 제4권의 내용과 일차 청중

2) 다윗 이름의 빈도

시편 제4권에 등장하는 "다윗"이란 이름의 빈도는 다른 권에 비해서 현저히 낮다. 그 빈도가 가장 높은 시편 제1권은 38회, 제2권과 제5권은 각각 21회, 제3권에는 6회인데, 제4권에는 단지 2회(시 101, 103편)만 등장할 뿐이다. 빈도만을 놓고 보면 시편 제4권이 가장 낮다. 더욱이 그 2회도 본문이 아니라 표제어에 등장한다. 다시 말해 표제어를 제외한 시편 제4권의 전체 내용에는 "다윗"의 이름이 전혀 등장하지 않는다는 말이다. 반면 "모세"의 이름은 시편에 총 8회 등장하는데 제4권에만 7회 등장한다(시 99:6; 103:7; 105:26; 106:16, 23, 32). 그만큼 시편 제4권에는 "다윗"이 사라지는 대신 모세와 관련된 내용이 지배적으로 채워져 있음을 알 수 있다. 따라서 독자들은 시편 제4권을 읽어나가면서 이스라엘의 출애굽과 광야 시기를 자주 접하게 된다.

3) 장르의 구분

앞서 우리가 살펴본 바와 같이 시편 제1-3권에는 탄식하는 내용이 많았다. 반면에 시편 제4권에는 총 17개의 시편 가운데 4개의 시편만이 탄식시로 분류된다(시 90, 94, 102, 106편). 그리고 나머지는 찬양시(시 91, 92, 100, 103, 105편[5개]), 제왕시(시 101편), 창조시(시 104편), 등극시(시 93, 95,

96, 97, 98, 99편[6개]) 등으로 구성된다. 탄식시 분포가 확연하게 줄어든 만큼 시편 제4권이 제1-3권의 분위기와 확연히 다르게 전개됨을 감지할 수 있다.

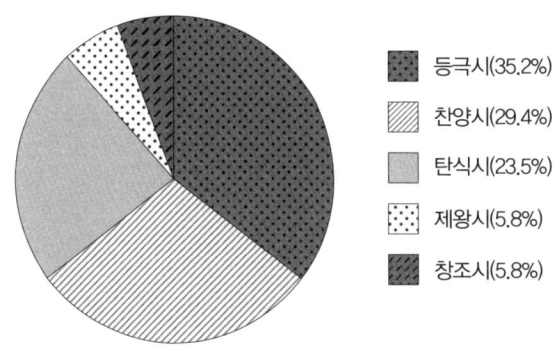

시편 제4권(시 90-106편)의 장르 구성

4) 표제어의 특징

시편 제4권은 표제어와 관련해서도 제1-3권에 비해 독특한 특징이 있다. 먼저 표제어가 없는 시편들이 많다(제5권도 해당함). 총 17개의 시편 가운데 10개의 시편에 표제어가 없다(시 91, 93-97, 99, 104-106편). 표제어가 없는 비율은 다른 권에 비해 확연히 차이가 난다. 비교를 위해 표제어 유무의 분포를 정리하면 다음과 같다.

시편	90	91	92	93	94	95	96	97	98	99	100	101	102	103	104	105	106
표제어	o	x	o	x	x	x	x	x	o	x	o	o	o	o	o	x	x	x

시편 제4권의 표제어 분포

구 분	제1권	제2권	제3권	제4권	제5권
총 시편 수	41	31	17	17	44
표제어 없는 시편 수	4[5]	2[6]	0	10	18

시편 제1-5권의 표제어 유무

2. 시편 제4권의 전체 구조[7]

시편 제4권은 모세의 시편(시 90편)으로 시작해서 모세와 관련된 내용(출애굽과 광야 생활)으로 끝난다(시 105, 106편). 이처럼 모세와 관련된 내용은 시편 제4권의 시작과 끝에 배치됨으로써 제4권 전체를 감싼다(*inclusio*). 그 중간에는 여호와를 "왕"으로 묘사하는, 소위 "여호와 말라크 시편"이 자리하고(시 93-99편), 감사시인 시편 95편과 100편이 여호와 말라크 시편의 일부(시 96-99편)를 감싼다. 좀 더 자세히 들여다보면 시온의 회복을

---

[5] 앞서도 밝혔듯이 시편 9, 10편과 32, 33편을 각각 하나의 시로 읽으면, 시편 제1권에는 서론인 시편 1, 2편을 제외한 모든 시편에 표제어가 있는 셈이다.

[6] 시편 42, 43편은 하나의 시로 간주할 수 있다. 그렇다면 시편 제2권에서 표제어가 없는 시편은 71편뿐이다.

[7] 시편 제4권의 구조와 관련해서는 학자마다 의견이 조금씩 다르다. 이와 관련해 다음 자료들을 참조하라. Howard, "A Contextual Reading of Psalms 90-94," 108-23; *The Structure of Psalms 93-100*; Jinkyu Kim, "The Strategic Arrangement of Royal Psalms in Books IV-V," *Westminster Theological Journal* 70(2008), 143-57; Ndoga, "Revisiting the Theocratic Agenda of Book 4 of the Psalter for Interpretive Premise," 147-59; 김창대, 『한 권으로 꿰뚫는 시편』, 249-88; 이은애, "시편 93-100편의 야훼-왕 찬양시의 구조와 역할", 「구약논단」 15(2009), 67-86.

간구하는 시편 102편을 중심으로 다윗 시편(시 101, 103편)이 배열되고, 내용적으로는 시편 103편부터 106편까지가 직간접으로 모세와 관련된다. 즉 시편 103편에는 본문에 모세가 등장하고, 104편은 모세가 기록한 창세기의 내용을 기록한다. 그리고 마지막 시편 105, 106편은 출애굽과 광야의 이야기를 소재로 삼는다.

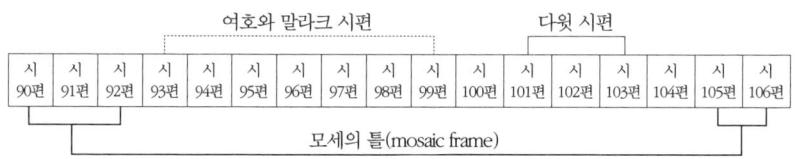

시편 제4권의 전체 구성

앞서 언급했듯이 시편 90편의 표제어에 등장하는 이름인 "모세"를 통해서만이 아니라 내용 차원에서도 시편 제4권은 시편을 읽는 독자들을 모세 시대 안으로 깊이 끌어들인다. 그 이유는 무엇일까? 그 이유는 **모세 시대에는 여호와 하나님만이 왕이셨기 때문이다.** 모세 시대의 이스라엘 백성이 생존할 수 있는 유일한 방법은 하나님께 전적으로 의지하고 그에게 피하는 것뿐이었다.[8] 따라서 시편의 독자들은 제4권을 읽으면서 시편 2편에서 제기되었던 다윗 언약, 시편 72편에 암시된 다윗 언약의 승계, 시편 89편에서 보여준 다윗 언약의 파기를 함께 고려해야 한다. 또한 시편 1편에서 제기된 "율법 묵상의 중요성"이 어떤 모습으로 강조되는지도 유의해서 살펴야 한다. 이를 통해 오직 하나님만 신뢰하고 의지해야 한다는 강력한 메시지를 확인할 수 있을 것이다.

---

8 DeClaissé-Walford, *Introduction to the Psalms*, 102.

3. 시편 제4권의 시작: 시편 90편

시편 90편은 모세의 시편으로서 "하나님의 사람 모세의 기도"라는 표제어가 있다. 그냥 "모세의 기도"라고 하지 않고 "하나님의 사람"이라는 표현이 덧붙은 것은 "모세"라는 인물이 하나님과 어떤 관계에 있었는지를 강조하기 위해서다. 앞서 우리는 시편 제1-3권의 핵심 인물이 "인간-왕" 다윗(다윗 가의 왕적 인물)임을 확인했다. 그러나 시편 89편에서 실패한 인간-왕 다윗은 이제 이스라엘이 의지하고 소망을 둘 만한 존재가 아님이 드러났다.

> 38그러나 주께서 주의 기름 부음 받은 자에게
> 노하사 물리치셔서 버리셨으며
> 39주의 종의 언약을 미워하사
> 그의 관을 땅에 던져 욕되게 하셨으며
> 40그의 모든 울타리를 파괴하시며
> 그 요새를 무너뜨리셨으므로
> 41길로 지나가는 자들에게 다 탈취를 당하며
> 그의 이웃에게 욕을 당하나이다(시 89:38-41).

시편 제1-3권이 확인시켜주는 그와 같은 메시지는 포로기 이후 예루살렘 공동체가 다윗 언약, 혹은 다윗 가의 왕적 인물에 대한 미련을 버리지 못하고 있었음을 암시한다. 따라서 시편의 최종 편집자(들)는 시편 제4권에서 그 공동체의 시선을 "인간-왕"에서 "하나님-왕"께로 돌리게 한다. 그는 이를 위해 여호와 하나님이 이스라엘을 다스리는 왕이셨던 시대, 즉 모세 시대로 청중을 이끈다. 다시 말해 시편 제4권은 바벨론에서 예루살렘으로 귀환한 후 여러 가지 힘겨운 상황에 맞닥뜨린 예루살렘 공동체가 "인간-왕"에 대한 미련을 내려놓을 것을 종용하며 여호와 하나님이 그들에게 참된 "왕"이자 "피난처"이고 "거처"이심을 상기시키는 내용으로 구성된다. 앞으로 전개되는 시편 제4권에 관한 구체적인 분석을 통해 이런 주장의 근거를 확인할 수 있을 것이다.

1) 영원한 피난처

하나님의 임재 장소로서 모세는 "성막"을, 솔로몬은 "성전"을 만들었다. 성막이든 성전이든 그것은 모두 하늘(우주)에 계신 하나님의 임재를 상징할 뿐이지, 하나님이 실제로 그 공간에 거하시는 것은 아니었다. 하나님은 창조주로서 피조물 안에 가두어놓을 수 없는 분이시다. 솔로몬이 성전 건축을 마친 후 "하나님이 참으로 땅에 거하시리이까? 하늘과 하늘들의 하늘이라도 주를 용납하지 못하겠거든 하물며 내가 건축한 이 성전이오리이까?"(왕하 8:27)라고 기도한 것도 하나님의 본질적 무한성을 땅 위의 건축물 안에 제약(制約)할 수 없다는 사실을 잘 보여준다.[9] 이에 관해 레벤슨(Jon D. Levenson)은 성전이 이 땅 위에 구현된 하나님의 "천상 궁전"(heavenly palace), 즉 "초자연적 원형의 가시적 실현"일 뿐이라고 설명한다.[10] 즉 성전은 이 땅 위에 모형으로 세워진 "하나님-왕"의 궁전

---

9 이 기도는 솔로몬이 하나님을 어떻게 인식하는지를 잘 보여준다.
10 Jon D. Levenson, "The Jerusalem Temple in Devotional and Visionary Experience," *Jewish Spirituality: From the Bible through the Middle Ages*(ed. Arthur Green; London: Routledge and Kegan Paul, 1986), 38-39; *Sinai and Zion: An Entry into the Jewish Bible*(San Francisco: Harper & Row, 1985), 140. Beale은 성전을 구성하고 있는 세 부분—바깥뜰, 성소, 지성소—이 각각 "사

(palace)이라는 것이다.

시편은 성전이 "피난처"라고 노래한다. 시인들은 종종 "하나님"과 "성전"을 교차적으로 사용하지만 원래 그 본질은 동일하다. 참된 "보호"가 하나님-왕의 거처인 "성전"에 있기 때문이다. 시편 27:1은 "여호와는 나의 빛이요 나의 구원이시니 내가 누구를 두려워하리요? 여호와는 내 **생명의 능력**이시니 내가 누구를 무서워하리요?"라고 노래한다. 개역개정 성경에서 "내 생명의 능력"이라고 번역된 히브리어는 "마오즈 하야이"(מעוז־חיי)인데, 여기서 "능력"으로 번역된 "마오즈"는 원래 "견고한 성" 혹은 "피난처"를 의미한다. 즉 하나님은 "피난처"이시고, 그 하나님은 성전에 계신다. 그 고백은 이어지는 시편 27:4에서 "내가 내 평생에 **여호와의 집**에 살면서 여호와의 아름다움을 바라보며 그의 **성전**에서 사모하는 그것이라"라는 표현으로 바뀐다. 달리 말해 하나님에 대한 묘사(시 27:1)가 성전에 대한 묘사로 바뀐 것이다(시 27:4). 시편 61:3도 "주는 나의 **피난처**시요, 원수를 피하는 견고한 망대이심이니이다"라고 고백하는데, 이어지는 4절은 같은 고백을 "내가 영원히 주의 **장막**에 머물며 내가 주의 날개 아래로 피하리이다"로 대체한다. 여기서 성전은 언약 백성의 피난처임을 다시 한번 확인할 수 있다.

그러나 하나님의 임재의 상징인 "성전"은 시편 제3권의 74, 79, 89편의 탄식에서 잘 드러나듯이 결국에는 이방인들에게 철저히 짓밟히고 완전히 무너져 버렸다. 이는 이스라엘 백성에게 매우 충격적인 사건이었고 성전이 무너지면서 하나님도 어디론가 떠나버리셨을 것이라는 신

람이 거주할 수 있는 세계", "가시적 하늘", "비가시적 우주"를 상징한다고 설명한다. 그레고리 K. 비일, 『성전 신학: 하나님의 임재와 교회의 선교적 사명』, 강성열 옮김(서울: 새물결플러스, 2014), 44-48, 63-64.

앙의 위기의식을 불러일으키기에 충분했다.

그런데 시편 제4권의 첫머리에서 "하나님의 사람 모세"는 성전이나 다윗 왕가가 아닌 "여호와 하나님 자신"이 이스라엘의 참된 "거처"(피난처)임을 선언한다. 즉 "성전"을 피난처 삼지 말라는 것이다.

> 1주여, 주는 대대에
> **우리의 거처**(מָעוֹן)가 되셨나이다.
> 2산이 생기기 전, 땅과 세계도 주께서 조성하시기 전
> 곧 영원부터 영원까지 주는 하나님이시니이다(시 90:1-2).

이는 하나님이 모든 세대에 걸쳐 이스라엘의 거처(피난처)가 되셨다는 고백이다. 다윗이나 솔로몬 시대에 국한되지 않고 모든 세대에 걸쳐 여호와는 자기 백성에게 "거처"(피난처)가 되어주신다. 시편 90편에서 시인은 이를 더 구체적으로 묘사한다. 즉 "산이 생기기 전, 땅과 세계도 주께서 조성하시기 전, 곧 영원부터 영원까지"(시 90:2), 다시 말해 시간의 한계를 넘어서 하나님은 자기 백성의 거처요, 피난처가 되심을 밝히는 것이다. 이런 선언은 생명의 위협을 느끼는 위기 상황에서, 모든 이들로부터 버림을 받은 듯한 유기(遺棄)의 상황에서, 원수들의 공격으로 인해 두려움이 가득한 상황에서, 재정의 어려움으로 인한 좌절과 절망 속에서 하나님만을 피난처 삼아 평안을 얻으라는 권면과 다르지 않다.

앞서 밝힌 대로 시편 1, 2편은 시편 전체의 서론 역할을 한다. 그리고 시편 1, 2편은 수미상관을 이루며 하나로 묶인다. 이때 수미상관의 근거로 제시되는 단어가 바로 "복 있다"로 번역되는 "아슈레이"(אַשְׁרֵי)였다. 다시 말해 시편 1:1과 2:12에 있는 "아슈레이"에 의해 두 시편이 하나의

문학적 단위가 된다는 것이다. 그런데 시편 2편의 마지막 구절은 다음과 같이 노래한다.

…여호와께 피하는 모든 사람은 다 복이 있도다(시 2:12b).

여기서 "피하다"라고 번역된 히브리어는 "하사"(חסה)이고, 그 명사형은 "마흐세"(מחסה)다.[11] 그런데 "마흐세"는 시편 90:1에서 "거처"라고 번역된 히브리어 명사 "마온"(מעון)과 의미가 같다.[12] 다시 말해 시편이 말하는 "복 있는 사람"은 여호와께 피하고(시 2편), 여호와를 피난처 삼는 자다(시 90편).

이처럼 시편 1, 2편에서 언급되었던 주제가 시편 제4권의 첫 시편인 90편에서 다시 선언된다. 이 선언에 따르면 하나님은 어떤 건물이나 지역에 종속되는 분이 아니시다. 어떤 장소에 가야만 하나님께 피할 수 있는 것이 아니라는 말이다. 오히려 "하나님 자신"이 우리의 거처와 피난처가 되신다. 따라서 이 메시지는 포로기 이후 예루살렘에 자리 잡은 공동체 구성원들에게 그들의 피난처는—비록 스룹바벨 성전이 재건되었지만—어떤 장소가 아니라 "하나님 자신"이라는 통찰력을 제공해주었을 것이다.

---

11 "피난처"(마흐세)는 시편에 47회 등장한다(시 2:12; 5:11; 7:1; 11:1; 14:6; 16:1; 17:7; 18:2, 30; 25:20; 28:8; 31:1-2, 4, 19; 34:8, 22; 36:7; 37:40; 43:2; 46:1; 52:7; 57:1; 59:16; 61:3-4; 62:7-8; 64:10; 71:1, 3, 7; 73:28; 91:2, 4, 9; 94:22; 104:18; 118:8-9; 141:8; 142:4-5; 143:9; 144:2).
12 *DCH* 5:389.

2) "모세"의 역할

이스라엘 역사에서 모세는 하나님이 맡겨주신 백성을 위해 중요한 역할을 감당했던 인물이다. 특별히 그는 이스라엘 백성이 하나님을 배신하고 율법을 저버렸을 때 그들을 위해 간절히 기도했던 인물이기도 하다. 출애굽기와 민수기의 기록을 살펴보면 이스라엘 백성은 하나님의 놀라운 기적—열 가지 재앙이나 홍해를 마른 땅처럼 건넌 사건 등이다—을 통해 구원받았다고 믿기 힘든 모습을 보인다. 그들은 기적의 경험을 무색하게 할 정도로 틈만 나면 하나님을 향해 불평하고 원망하며 지도자 모세를 향해 저주를 퍼부었다. 그들은 물이 없다거나(출 15:23-24), 배가 고프다고 불평했다(출 16:3). 또한 그들은 율법을 받으러 시내산에 오른 모세가 내려오지 않자 오래 버티지 못하고 금송아지를 만들었다. 그들은 "이스라엘아, 이는 너희를 애굽 땅에서 인도하여낸 너희의 신이로다"라고 외치며, 금송아지 앞에 제단을 쌓아 제사를 드리기까지 했다(출 32:1-6). 이런 모습은 하나님이 베푸신 기적을 경험했지만 여전히 믿음이 없는 이스라엘의 실체를 드러내 주었다.

하지만 이와 같은 배교의 모습을 보고도 모세는 하나님께 다음과 같이 기도했다.

> 11모세가 그의 하나님 여호와께 구하여 이르되 "여호와여, 어찌하여 그 큰 권능과 강한 손으로 애굽 땅에서 인도하여내신 주의 백성에게 진노하시나이까? 12어찌하여 애굽 사람들이 이르기를 '여호와가 자기의 백성을 산에서 죽이고 지면에서 진멸하려는 악한 의도로 인도해내었다'고 말하게 하시려 하나이까? **주의 맹렬한 노를 그치시고 뜻을 돌이키사 주**

의 백성에게 이 화를 내리지 마옵소서"(출 32:11-12).

여기서 "돌이키다"로 번역된 히브리어는 "슈브"(שוב)이고 "화를 내리지 않다"로 번역된 히브리어는 "나함"(נחם)이다. "슈브"는 "돌아서다"라는 뜻이고, "나함"은 "측은함을 갖다"라는 뜻이다. 결국 모세는 하나님께 "하나님, 화를 그치시고 이 백성을 불쌍히 여겨주십시오"라고 기도한 것이다. 성경은 하나님이 모세의 이 기도를 들으시고 뜻을 돌이키셨다고 말한다(출 32:14).[13]

흥미롭게도 시편 90편에서 모세는 그와 비슷한 기도를 다시 한번 드린다. 자신들의 죄악 때문에 하나님의 진노가 임했음을 먼저 언급한 후 곧이어 돌이켜주시기를 간구하는 것이다.

> 7 우리는 주의 노에 소멸되며
> 주의 분내심에 놀라나이다.
> 8 주께서 우리의 죄악을 주의 앞에 놓으시며
> 우리의 은밀한 죄를 주의 얼굴빛 가운데에 두셨사오니
> 9 우리의 모든 날이 주의 분노 중에 지나가며
> 우리의 평생이 순식간에 다하였나이다(시 90:7-9).

시편 90:8에 있는 "우리의 죄악"과 "우리의 은밀한 죄"가 정확히 무엇을 말하는지는 쉽게 드러나지 않는다. 이 시편 자체는 이에 관한 어떤 단서도 제공하지 않기 때문이다. 그러나 시편 89:30-32을 함께 읽으면

---

[13] DeClaissé-Walford, *Introduction to the Psalms*, 102-4.

"우리의 죄악"과 "우리의 은밀한 죄"가 무엇을 말하는지 알 수 있다. 즉 다윗의 후손들(다윗 가의 왕적 인물)이 여호와의 율법을 버리고 규례대로 행하지 않으며 율례를 깨뜨리고 계명을 지키지 않은 것이 바로 그 죄악이다. 따라서 시편 89:38-45을 고려할 때 시편 90편이 말하는 하나님의 진노 역시 이스라엘이 이방 나라에 패망한 사건을 가리킨다는 사실을 알 수 있다.

그리고 시편 90:13에서 시인은 "여호와여, 돌아오소서. 언제까지니이까? 주의 종들을 불쌍히 여기소서"라고 기도한다. 이때 사용되는 히브리어 동사가 바로 "슈브"와 "나함"이다. 흥미롭게도 구약성경에서 인간이 하나님께 돌이키시고 불쌍히 여겨달라고 촉구하는 내용은 출애굽기 32장과 시편 90편에만 등장한다.[14]

> 13여호와여, 돌아오소서. 언제까지니이까?
>   주의 종들을 불쌍히 여기소서.
> 14아침에 주의 인자하심이 우리를 만족하게 하사
>   우리를 일생 동안 즐겁고 기쁘게 하소서.
> 15우리를 괴롭게 하신 날수대로와
>   우리가 화를 당한 연수대로 우리를 기쁘게 하소서(시 90:13-15).

모세는 광야에서 배교한 이스라엘 백성들을 심판하겠다고 말씀하시는 하나님을 설득했다. 그런데 모세는 시편 89편이 묘사하는 대로 이스라엘의 죄로 인해 다윗 왕조가 끊어진 위기의 순간에 다시 등장한다. 그

---

[14] Ibid., 104; Gerald T. Sheppard, "Theology and the Book of Psalms," *Int* 46, 2(1992), 143-55.

리고 하나님께 더 이상 분노를 품지 마시고 돌이키사 우리를 불쌍히 여겨달라고 기도한다(시 90편). 시편 88편의 시인은 자신에게 닥친 위기(탄식) 상황을 여호와의 탓으로 돌렸지만, 시편 89편의 시인은 다윗 언약의 파기와 바벨론 유수가 여호와 때문이 아니라 "인간-왕"(다윗 가의 왕적 인물)의 잘못 때문임을 분명히 선언한다. 그리고 시편 90편의 모세는 하나님께 진노를 거둬달라고 간절히 기도한다.

3) 타르굼 시편 90편의 표제어

히브리어 성경을 아람어로 번역한 타르굼을 확인하면 이와 같은 이해가 좀 더 분명해진다. 타르굼 시편 90편에는 "그 백성이 광야에서 죄를 지었을 때, 선지자, 모세의 기도"라는 표제어가 있다.[15] 이를 통해 우리는 기원전 2세기경부터 히브리어 성경을 아람어로 번역했던 사람들이 시편 90편을 해석할 때 이스라엘 백성이 광야에서 죄를 지은 상황을 염두에 두었다는 사실을 알게 된다.

4) 시편 91편과 92편

앞서 밝혔듯이 시편 90편은 여호와가 언약 백성의 참된 거처(피난처)가 되신다는 고백으로 시작한다(시 90:1). 독자들은 이 고백을 진지하게 받아들여야 한다. 하나님의 성실하심과 인자하심이 의심될 때, 하나님이 우리에게서 얼굴을 돌리신 것 같다고 느껴질 때, 사면초가의 위기가 닥쳤을 때

---

15 Ibid.

우리는 우리의 참된 피난처가 하나님이시라는 것을 믿고 고백하며 그분께 마음을 내려놓아야 한다. 시편 91편의 시인도 같은 주제를 강조한다.

> 1 지존자의 은밀한 곳에 거주하며
> 　　전능자의 그늘 아래에 사는 자여,
> 2 나는 여호와를 향하여 말하기를
> 　　"그는 나의 피난처요, 나의 요새요,
> 　　내가 의뢰하는 하나님이라" 하니라(시 91:1-2).

시편 91:9-10에서도 시인은 다시 한번 여호와가 참된 "피난처"가 되신다고 노래한다.

> 9 네가 말하기를 "여호와는 나의 피난처시라" 하고
> 　　지존자를 너의 거처로 삼았으므로
> 10 화가 네게 미치지 못하며
> 　　재앙이 네 장막에 가까이 오지 못하리니(시 91:9-10).

한편 감사시로 분류되는 시편 92편은 다음과 같이 시작한다.

> 지존자여, 십현금과 비파와 수금으로 여호와께 감사하며
> 　　주의 이름을 찬양하며
> 아침마다 주의 인자하심을 알리며
> 　　밤마다 주의 성실하심을 베풂이 좋으니이다(시 92:1).

감사의 이유는 "주께서 행하신 일"인데(시 92:4-5), 이는 구체적으로 악인들에 대한 하나님의 심판과 연관된다(시 92:6-8, 9-11).

4여호와여, 주께서 행하신 일로 나를 기쁘게 하셨으니
　　주의 손이 행하신 일로 말미암아 내가 높이 외치리이다.
5여호와여, 주께서 행하신 일이 어찌 그리 크신지요?
　　주의 생각이 매우 깊으시나이다(시 92:4-5).

악인들은 풀같이 자라고
　　악을 행하는 자들은 다 흥왕할지라도
　　영원히 멸망하리이다(시 92:7).

여호와여, 주의 원수들은 패망하리이다.
　　정녕 주의 원수들은 패망하리니
　　죄악을 행하는 자들은 다 흩어지리이다(시 92:9).

　　시편 92편의 시인은 시편 90:16에서 모세가 기도했던 내용—"주께서 행하신 일을 주의 종들에게 나타내시며 주의 영광을 그들의 자손에게 나타내소서"—이 마침내 응답된 것에 감사하는 것처럼 보인다. 시인은 여호와가 악인과 의인에게 마땅히 보응하신다는 사실을 노래하면서(시 92:7-15), 의인은 "여호와의 집과 뜰에 거하는 자"임을 말한다("이는 여호와의 집에 심겼음이여, 우리 하나님의 뜰 안에서 번성하리로다"[시 92:13]).
　　이어지는 시편 93편은 처음부터 "여호와의 왕 되심"을 노래한다.

1여호와께서 다스리시니 스스로 권위를 입으셨도다.

여호와께서 능력의 옷을 입으시며 띠를 띠셨으므로

세계도 견고히 서서 흔들리지 아니하는도다.

2주의 보좌는 예로부터 견고히 섰으며

주는 영원부터 계셨나이다(시 93:1-2).

흥미롭게도 "여호와의 왕 되심"이라는 주제는 시편 94편에서도 등장하며 다음 단락에서 다룰 "여호와 말라크 시편"(시 93, 95-99편)과 연결된다.[16] 시편 94편도 92편처럼 의인과 악인에 관해 말한다. 하지만 여기서는 하나님이 반드시 악인을 심판하신다는 사실이 뚜렷하게 강조된다(시 94:8-11). 그리고 그런 강조 안에서 시인은 여호와가 자신의 피난처요 거처이심을 노래한다(시 94:22). 따라서 우리는 시편 90-99편이 여호와의 피난처(거처) 되심과 왕 되심의 주제로 맞물려 있음을 알 수 있다. 이런 구성을 시각화하면 다음과 같다.[17]

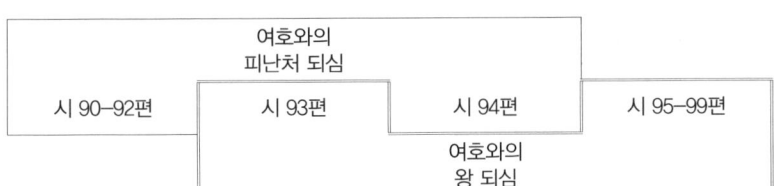

여호와의 피난처 되심과 왕 되심(시 90-99편)

---

16 Howard는 시편 94편이 시편 90-93편과 95편 이후의 시편들 사이에서 경첩 역할을 한다고 주장한다. Howard, "Psalm 94 among the Kingship-of-Yhwh Psalms," 667.

17 Creach, *Yahweh as Refuge and the Editing of the Hebrew Psalter*, 98.

4. 시편 제4권의 마지막: 시편 105, 106편

앞서 살펴보았듯이 시편 제4권은 하나님이 거처(피난처)가 되셨다는 모세의 기도로 시작한다. 이는 독자들의 시선을 다른 무엇보다 하나님께로 이끄는 선언이다. 흥미롭게도 시편 제4권의 마지막 시편인 105편과 106편도 모세와 직접 관련된 사건들을 이야기한다(시편 104편은 하나님의 창조와 섭리를 다룬다).[18] 두 시편은 아브라함 시대에서 시작해 가나안 정착 시기에 이르는 긴 역사를 기록한다는 점에서 공통점을 갖지만 강조점에서는 차이를 보인다.

시편 105편은 창세기 12장의 아브라함 이야기부터 가나안에 이르는 이야기까지를 굉장히 담담하게 기록한다. 여기서 이스라엘의 모습은 대체로 긍정적으로—이스라엘의 불순종에 관한 언급이 보이지 않는다—묘사된다. 시인은 언약을 시작하신 하나님(시 105:7-11)이 그 언약에 따라 놀라운 기적을 행하신 것을 언급하며 그의 신실하심을 강조한다(시 105:26-36). 출애굽 과정을 주도하고 광야의 삶을 인도하며 이스라엘이 가나안 땅에 이르게 하신 분은 하나님이시다(시 105:37-44). 시편 105편의 내용은 하나님이 언약에 얼마나 신실하신가에 초점이 맞추어진다. 시인은 시편 105편을 "이는 그들이 그의 율례를 지키고 그의 율법을 따르게 하려 하심이로다. 할렐루야"(시 105:45)라고 끝맺으면서 하나님이 그토록 언약에 신실하신 이유를 밝힌다. 즉 이스라엘이 하나님의 율법에 신실하게 순종할 수 있도록 자극하기 위함이다. 이스라엘이 율법을 잘 지키도록 교육하기 위해 하나님이 먼저 솔선수범하신 것이다.

---

[18] 시편 103편과 104편은 함께 묶어 읽을 수 있다. 각 시편이 "내 영혼아, 여호와를 송축하라"는 문구로 시작하고 끝을 맺기 때문이다(시 103:1, 22; 104:1, 35).

반면 시편 106편은 "할렐루야"로 시작해서 "할렐루야"로 끝나면서도 출애굽부터 시작해서 광야를 거쳐 가나안 땅에 이르기까지 이스라엘이 반복한 불신앙과 배교를 보여준다. 시인은 시편 105편이 언급하지 않았던 이스라엘 백성의 한계를 묘사하고, 그럼에도 불구하고 언약에 따라 그들을 구원하신 **하나님의 인자하심과 선하심**을 반복해서 강조한다(시 106:45). 시편 106편의 마지막 구절은 결론적으로 "여호와, 이스라엘의 하나님"을 영원히 찬양할 것을 명령한다(시 106:48).

구 분	시 105편	시 106편
내 용	아브라함~가나안 정착	출애굽~가나안 정착
이스라엘 백성에 대한 묘사	평이함	부정적임(이스라엘의 배교 강조)
하나님에 대한 묘사	언약에 신실하신 하나님 강조	언약에 신실하신 하나님 강조
마지막 구절	"이는 그들이 그의 율례를 지키고 그의 율법을 따르게 하려 하심이로다"(45절).	"여호와, 이스라엘의 하나님을 영원부터 영원까지 찬양할지어다. 모든 백성들아! '아멘' 할지어다. 할렐루야!"(48절)

시편 105편과 106편의 비교

1) 시편 105편

찬양시 혹은 역사시로 분류되는 시편 105편을 좀 더 자세히 살펴보자. 이 시편의 전체 구조는 크게 세 부분으로 나눌 수 있다.[19] "찬양으로의 초청", "하나님의 신실하심", "토라에 대한 순종의 요청"이 그것이다.

---

[19] DeClaissé-Walford, Jacobson, Tanner, *The Book of Psalms*, 783.

A(시 105:1-6)	찬양으로의 초청	
B(시 105:7-44)	하나님의 신실하심	a. 아브라함, 이삭, 야곱을 향한 하나님의 신실하심(7-15절)
		b. 요셉을 향한 하나님의 신실하심(16-23절)
		c. 애굽에 있는 백성들을 향한 하나님의 신실하심(24-36절)
		d. 광야와 약속의 땅에서 보이신 하나님의 신실하심(37-44절)
C(시 105:45)	토라에 대한 순종 요청	

시편 105편의 구조

이런 구조는 이 시편의 핵심이 "하나님의 신실하심"에 있음을 알게 해준다. 시편 105편의 시인은 이스라엘("아브라함의 후손 곧 택하신 야곱의 자손")에게 함께 찬양하자는 초청으로 노래를 시작한다.

1 여호와께 감사하고 그의 이름을 불러 아뢰며
　그가 하는 일을 만민 중에 알게 할지어다.
2 그에게 노래하며 그를 찬양하며
　그의 모든 기이한 일들을 말할지어다.
3 그의 거룩한 이름을 자랑하라.
　여호와를 구하는 자들은 마음이 즐거울지로다.
4 여호와와 그의 능력을 구할지어다.
　그의 얼굴을 항상 구할지어다.
5 그의 종 아브라함의 후손 곧 택하신 야곱의 자손 너희는
　그가 행하신 기적과 그의 이적과
　그의 입의 판단을 기억할지어다(시 105:1-5).

이스라엘을 초청하는 시인은 "그가 하는 일"(시 105:1), "그의 모든

기이한 일들"(시 105:2), 특별히 그가 "행하신 기적"(시 105:5)을 찬양하자고 제안한다. 찬양시에서는 통상 "찬양으로의 초청"에 이어 찬양의 이유가 제시된다. 이때 "왜냐하면"을 의미하는 접속사 "키"(כִּי)가 사용되는 경우가 많은데, 시편 105편의 경우는 이런 접속사가 사용되지 않아도 찬양의 이유가 제시되고 있다는 사실을 파악하는 데 별 어려움이 없다.

시편 105:7-44의 상당수 구절이 구체성을 띠는 내용으로 구성된다. 그 내용의 핵심은 여호와 하나님이 아브라함에게 가나안 땅을 주겠다고 했던 그 약속을 얼마나 신실하게 지켜오셨는가다. 시인은 여호와가 아브라함과 맺으신 언약을 다음과 같이 노래한다.

> 7 그는 여호와, 우리 하나님이시라.
> 그의 판단이 온 땅에 있도다.
> 8 그는 **그의 언약**
> 곧 천 대에 걸쳐 명령하신 말씀을 영원히 기억하셨으니
> 9 이것은 **아브라함과 맺은 언약**이고
> **이삭에게 하신 맹세**이며
> 10 **야곱에게 세우신 율례**
> 곧 이스라엘에게 하신 영원한 언약이라.
> 11 이르시기를 "**내가 가나안 땅을**
> **네게 주어 너희에게 할당된 소유가 되게 하리라**"
> 하셨도다(시 105:7-11).

시인이 보기에 모세 오경에 기록된 이스라엘의 역사는 여호와가 언약을 얼마나 신실하게 행하시는지를 보여주는 증거다. 그는 유목민이었

던 족장들이 이리저리 옮겨가며 생존한 이야기(시 105:12-13; 창 12-35장), 요셉이 애굽으로 내려가서 총리가 되기까지의 이야기(시 105:16-23), 이스라엘 후손들이 애굽에서 미움을 받다가(시 105:24-25) 모세와 아론을 통해 출애굽한 이야기(시 105:26-38), 애굽에 임한 열 가지 재앙 이야기(시 105:29-36), 만나와 메추라기 사건 및 반석에서 물이 나온 이야기(시 105:39-41), 그리고 마침내 언약대로 이스라엘 자손이 가나안 땅에 들어간 이야기(시 105:42-44)를 쉴 틈 없이 이어간다. 이 모든 이야기를 통해 시인은 여호와 하나님이 아브라함과 "땅"에 관한 언약을 맺으신 이후 그것을 성취하기까지 얼마나 신실하셨는가를 증명한다. 여기서 우리는 시편 105편의 주제가 "여호와의 신실하심"임을 확인하게 된다.

그러나 시편 105편의 시인은 단지 "여호와의 신실하심"만을 드러내는 것으로 만족하지 않는다. 그는 모든 이야기의 마지막에 "**이는 그들이 그의 율례를 지키고 그의 율법을 따르게 하려 하심이로다. 할렐루야!**"라고 노래한다(시 105:45). 여기서 "이는"으로 번역된 히브리어 "바아부르"(בַּעֲבוּר)는 접속사로 쓰이면서 앞에 전개된 내용(시 105:7-44)의 진정한 목적이 소개될 것을 예고한다. 즉 시편 105편의 마지막 구절은 하나님이 아브라함과 맺은 언약을 신실하게 지키신 진짜 목적이 이스라엘 백성도 여호와의 율법을 신실하게 지키게 하기 위함이었음을 분명하게 밝힌다.

2) 시편 106편: 할렐루야 시편

그렇다면 시편 106편에서는 어떤 이야기가 펼쳐질까? 시편 제4권의 마지막 시편인 106편은 "할렐루야"로 시작해서 "할렐루야"로 끝난다(시 106:1, 48). 그런데 그 가운데 부분은 모세의 삶과 밀접하게 연관된 이야기로 채워져 있다. 그 이야기들은 두 가지 요점을 전달한다. 첫째, 이스라엘의 반복된 배교의 역사다. 둘째, 하나님의 신실하심과 반복된 구원의 역사다. 앞서 시편 105편의 핵심도 여호와의 신실하심에 있었다는 데서 공통점이 드러난다. 그러나 이스라엘 백성에 관한 시편 105편과 106편의 묘사에는 분명한 차이점이 존재한다. 시편 105편은 이스라엘 백성을 중립적으로 담담하게 묘사한다면, 106편은 이스라엘 백성을 매우 부정적으로 묘사하기 때문이다.

시편 106편의 전체 구조는 다음과 같이 크게 세 부분으로 나눌 수 있다.[20]

A(시 106:1-5)	찬양으로의 초청	
B(시 106:6-47)	이스라엘의 배교와 하나님의 신실하심	a. 애굽에서 보인 이스라엘의 죄와 하나님의 신실하심(6-12절)
		b. 사막과 호렙에서 보였던 이스라엘의 죄와 하나님의 신실하심 (13-23절)
		c. 호렙에서 가나안 땅에 이르기까지 보였던 이스라엘의 죄와 하나님의 신실하심(24-33절)
		d. 가나안 땅에서 행한 이스라엘의 죄와 하나님의 신실하심(34-47절)
C(시 106:48)	결론적 찬양	

시편 106편의 구조

이런 구조에서 확인할 수 있듯이 시편 106편은 105편과 유사한 역사적 배경을 두고 있으면서도 다른 주제를 강조한다. 즉 이스라엘의 배교를 반복해서 보여주고, 그런데도 확인되는 하나님의 신실하심을 확연히 드러낸다. 시편 106편의 내용을 구체적으로 살펴보면 전체적으로 애굽과 출애굽 이후 광야에서, 그리고 가나안 땅에서 이스라엘이 보인 불신앙

---

[20] DeClaissé-Walford, Jacobson, Tanner, *The Book of Psalms*, 797.

과 배교를 다루는데, 특히 시편 106:13-43의 전개가 눈에 띈다.

① 시편 106:13-15: 욕심, 하나님을 시험함 → 영혼이 쇠약해짐
② 시편 106:16-18: 다단과 아비람의 질투 → 불심판
③ 시편 106:19-23: 우상숭배 → 송아지 형상
④ 시편 106:24-27: 불신앙과 불평 → 가데스 바네아에서의 불신앙
⑤ 시편 106:28-31: 우상숭배 → 브올 지역의 바알과 하나됨
⑥ 시편 106:32-33: 므리바 물 사건
⑦ 시편 106:34-43: 우상숭배와 가나안 땅 문화에로의 동화

이렇게 거듭되는 배교는 신실하신 하나님의 구원과 대조를 이룬다. 시인은 다음과 같이 하나님의 신실하심과 구원을 선언한다.

6우리가 우리의 조상들처럼 범죄하여
　사악을 행하며 악을 지었나이다.
7우리의 조상들이 애굽에 있을 때
　주의 기이한 일들을 깨닫지 못하며
　주의 크신 인자를 기억하지 아니하고
　바다 곧 홍해에서 거역하였나이다.
8그러나 여호와께서는 자기의 이름을 위하여 그들을 구원하셨으니
　그의 큰 권능을 만인이 알게 하려 하심이로다.
9이에 홍해를 꾸짖으시니 곧 마르니 그들을 인도하여
　바다 건너가기를 마치 광야를 지나감 같게 하사
10그들을 그 미워하는 자의 손에서 구원하시며
　그 원수의 손에서 구원하셨고
11그들의 대적들은 물로 덮으시매

그들 중에서 하나도 살아남지 못하였도다.

12 이에 그들이 그의 말씀을 믿고

그를 찬양하는 노래를 불렀도다(시 106:6-12).

이처럼 시편 제4권은 하나님께로부터 율법을 전달받은 모세의 시편 (시 90편)으로 시작해서 모세와 관계된 사건들을 열거하는 시편들(시 105-106편)로 마무리된다. 그 시작과 마무리만을 두고 생각해보면 시편 제4권은 자신의 언약 백성에게 대대로 "피난처"이셨던 여호와 하나님이 그 백성에게 얼마나 신실하셨는지를 확인시켜준다고 할 수 있다.

5. 시편 제4권의 가운데: "여호와 말라크" 시편(시 93-99편)

시편의 처음과 끝인 90-92편과 105-106편 사이를 메꾸고 있는, 즉 시편 제4권의 중심을 차지하는 시편들은 어떤 내용일까? 우선 우리는 시편 93-99편을 하나로 묶을 수 있다. 그 이유는 이 시편들이 "하나님이 이스라엘과 우주의 왕"이시라는 주제를 공유하기 때문이다.[21] 독자들은 이 단락에서 "하나님이 통치하신다"라는[22] 표현이나 그와 관련된 내용이 반복적으로 다루어지는 것을 보게 된다. "통치하다"로 번역되는 히브리어 동사 "말라크"(מָלַךְ)는 시편 전체에서 6회 등장하는데(시 47:8; 93:1; 96:10;

---

21 DeClaissé-Walford, Jacobson, Tanner, *The Book of Psalms*, 686.
22 "통치하다"의 시제(과거, 현재, 미래)를 어떻게 결정할 것인지, 그리고 그 의미론적 변화는 무엇인지에 관해 다음 자료들을 참고하라. Jacob Chinitz, "The Three Tenses in the Kingdom of God: God of Israel or of the World," *JBQ* 38(2010), 255; Paul N. Tarazi, "An Exegesis of Psalm 93," *SVTQ* 35(1991), 137-38.

97:1; 99:1; 146:10), 그중 4회가 시편 제4권의 "여호와 말라크 시편"에 해당한다.

물론 여호와를 왕으로 묘사하는 내용이 시편 93-99편에만 있는 것은 아니다. 시편 24:7-10, 47:2, 6-8, 48:1-2, 74:12도 여호와를 왕으로 묘사하며 찬양한다.

> 7 문들아, 너희 머리를 들지어다.
> 　　영원한 문들아, 들릴지어다.
> 　　**영광의 왕**이 들어가시리로다.
> 8 **영광의 왕**이 누구시냐?
> 　　강하고 능한 여호와시요,
> 　　전쟁에 능한 여호와시로다.
> 9 문들아, 너희 머리를 들지어다.
> 　　영원한 문들아, 들릴지어다.
> 　　**영광의 왕**이 들어가시리로다.
> 10 **영광의 왕**이 누구시냐?
> 　　만군의 여호와께서 곧 **영광의 왕**이시로다(시 24:7-10).

> 지존하신 여호와는 두려우시고
> 　　온 땅에 **큰 왕**이 되심이로다(시 47:2).

> 6 찬송하라. 하나님을 찬송하라.
> 　　찬송하라. **우리 왕**을 찬송하라.
> 7 하나님은 **온 땅의 왕**이심이라.

지혜의 시로 찬송할지어다.
8하나님이 못 백성을 **다스리시며**
하나님이 그의 거룩한 보좌에 앉으셨도다(시 47:6-8).

1여호와는 위대하시니 우리 하나님의 성,
거룩한 산에서 극진히 찬양받으시리로다.
2터가 높고 아름다워 온 세계가 즐거워함이여,
큰 왕의 성 곧 북방에 있는 시온산이 그러하도다(시 48:1-2).

하나님은 예로부터 나의 왕이시라.
사람에게 구원을 베푸셨나이다(시 74:12).

그러나 여호와를 왕으로 묘사하는 시편들이 시편 제4권의 현재 위치에 집중적으로 배치되었다는 사실은 부인하기 어렵다. 다음과 같은 구절들이 그런 특징을 잘 보여준다.

여호와께서 다스리시니 스스로 권위를 입으셨도다.
여호와께서 능력의 옷을 입으시며 띠를 띠셨으므로
세계도 견고히 서서 흔들리지 아니하는도다(시 93:1).

모든 나라 가운데서 이르기를 "**여호와께서 다스리시니**
세계가 굳게 서고 흔들리지 않으리라.
그가 만민을 공평하게 심판하시리라" 할지로다(시 96:10).

여호와께서 다스리시나니

땅은 즐거워하며 허다한 섬은 기뻐할지어다(시 97:1).

여호와께서 다스리시니

만민이 떨 것이요,

여호와께서 그룹 사이에 **좌정하시니**

땅이 흔들릴 것이로다(시 99:1).

1) 시편 93편

시편 93편은 왕이신 여호와가 과거부터 영원까지 보좌에 견고히 앉아 온 우주를 다스리신다는 점을 노래한다(시 93:1-2). 이 노래는 여호와가 많은 물소리와 바다의 큰 파도보다 높이 계신 분이라는 묘사를 통해 강조를 극대화한다(시 93:4). 이 시편의 구조는 다음과 같다.

> a. 여호와의 영광스러운 왕권(시 93:1-2)
>   b. 바다에 대한 여호와의 왕권(시 93:3-4)
> a′. 여호와의 영광스러운 왕권(시 93:5)

단락 a(시 93:1-2)와 a′(시 93:5)는 보좌에 앉아 계신 여호와의 왕권을 두 가지 주제 차원에서 노래한다. 첫째는 왕권의 "견고함"이고, 둘째는 왕권의 "영원성"이다. 먼저 여호와의 왕권은 견고하다. 시인은 여호와의 왕권이 견고하다는 것을 세계가 흔들리지 않고(시 93:1), 그의 보좌가 견고히 서 있는 모습을 통해 묘사한다(시 93:2).

> 1여호와께서 다스리시니 스스로 권위를 입으셨도다.
> 여호와께서 능력의 옷을 입으시며 띠를 띠셨으므로
> 세계도 견고히 서서 **흔들리지 아니하는도다**.
> 2주의 보좌는 예로부터 **견고히 섰으며**
> 주는 영원부터 계셨나이다(시 93:1-2).

"여호와 왕권"의 견고함은 시편 제3권의 마지막 시편(시 89편)에서 전개된 "인간 왕권"의 불안정성과 극명한 대조를 이룬다. "인간-왕"은 시온의 보좌에 앉아 여호와의 통치 행위를 대행했다(시 2, 45, 72편). 하지만 결국에는 율법을 저버리고 계명을 지키지 아니함으로써 보좌가 무너지고 왕권이 땅에 떨어지고 말았다(시 89:30-32, 38-45). 그러므로 견고하지 못한 그 "인간-왕"에게 우리의 소망과 믿음을 둘 수는 없다. 반대로 "하나님-왕"의 통치는 견고하고 흔들리지 않는다(참조. 시 96:10). 따라서 우리는 그를 신뢰하며 피난처로 삼아야 한다.

또한 여호와의 왕권은 영원하다(시 93:2). 오래전부터 지금까지, 지금부터 영원까지 그의 왕권은 변함이 없다. 그것이 여호와 왕권의 속성이고 여호와의 속성이다. 시편 제4권의 첫 시편인 90편은 "영원부터 영원까지 주는 하나님이시니이다"(시 90:2)라고 고백한다. 또한 이 시편은 영원하신 하나님과 덧없는 인간을 비교한다(시 90:2-6). 여호와는 영원하시지만 티끌로 돌아가는 인간은(시 90:3), 아침에 피었다가 저녁에 시들어버리는 풀과 같다(시 90:5-6). 오직 여호와만이 영원하시고 그의 왕권도 영원하다.

앞서 간략히 언급한 것처럼 여호와의 왕권의 견고함과 영원성을 노래한 시인은 이제 "높으신" 여호와의 왕권을 찬양한다(시 93:3-4). 단락 b에서 시인은 여호와를 바다와 비교하며 소개한다. "큰 물"은 소리를 높이며 거칠게 일렁인다(시 93:3). 하지만 높이 계신 여호와의 능력은 많은 물소리와 큰 파도보다 크다(시 93:4). 고대 근동에서 바다는 흔히 혼돈의 세력을 상징한다. 또한 "큰 물"(강)과 바다는 은유적으로 열방을 가리키기도 한다(시 89:9-10; 사 8:7-8; 렘 46:7-8).[23] 시편 93편의 시인은 바다와 여호와를 비교하며 여호와가 그런 존재들보다 높으신 분임을 분명히 한다. "여호와 말라크 시편" 모음집의 마지막 시편인 99편도 하나님-왕의 높으심을 선포한다. 시인은 여호와가 천사들(그룹) "위"에 계시고 모든 민족보다 높으신 분이라고 찬양한다(시 80:1; 97:9).

> 1여호와께서 다스리시니 만민이 떨 것이요,
> 　여호와께서 그룹 사이에 좌정하시니 땅이 흔들릴 것이로다.
> 2시온에 계시는 여호와는 위대하시고
> 　모든 민족보다 높으시도다(시 99:1-2).

2) 시편 95편

시편 95편의 시인은 여호와를 "반석"(시 95:1)과 "왕"(시 95:3)으로 묘사하면서 찬양한다. "반석"은 바로 앞 시편인 94편에서 사용되었던 은유이기도 하다("여호와는 나의 요새이시요, 나의 하나님은 내가 피할 **반석**이시라"[시 94:22]). 즉 시편 95편은 바로 그 은유를 이어받아 시상의 시작점으로 삼은 것이다(시 95:1).

그런데 시편 95편의 핵심 주제는 더 깊은 곳에 있다. 시편 95편의

---

[23] VanGemeren, *Psalms*, 708-9.

핵심 주제는 두 가지다. 첫째, "하나님-왕"이 창조자가 되신다는 것이다(시 95:3-5). 둘째, 이스라엘이 "하나님-왕"을 받아들이는 데 실패했다는 것이다(시 95:7-11). 이 두 주제는 네 부분으로 이루어진 시편 95편의 구조를 통해 선명하게 드러난다.

      a. 찬양으로의 초청(시 95:1-2)
        b. 창조자-왕이신 하나님께 찬양(시 95:3-5)
     a'. 예배로의 초청(시 95:6)
       b'. 왕이신 하나님과 그의 심판을 통한 교훈(시 95:7-11)

단락 a, a'는 시인이 여호와께 찬양하자고 독자들을 초청하는 내용을 담고 있다.

1 오라, 우리가 여호와께 노래하며
    우리의 구원의 반석을 향하여 즐거이 외치자.
2 우리가 감사함으로 그 앞에 나아가며
    시를 지어 즐거이 그를 노래하자(시 95:1-2).

오라, 우리가 굽혀 경배하며
    우리를 지으신 여호와 앞에 무릎을 꿇자(시 95:6).

이렇게 찬양으로 초청하는 이유가 단락 b와 b'에서 제시된다. 먼저 단락 b에서 시인은 여호와가 "크신 왕"이시고 "창조자"이시기 때문에 찬양을 드려야 한다고 말한다.

3여호와는 크신 하나님이시요,

　　모든 신들보다 크신 왕이시기 때문이로다.

4땅의 깊은 곳이 그의 손 안에 있으며

　　산들의 높은 곳도 그의 것이로다.

5바다도 그의 것이라. 그가 만드셨고

　　육지도 그의 손이 지으셨도다(시 95:3-5).

시인은 "하나님"과 "왕"이라는 단어 앞에 "크신"이란 단어를 사용한다. 이는 히브리어 "가돌"(גָּדוֹל)의 번역인데, 이 단어는 하나님이 존재와 능력을 포함한 모든 면에서 모든 신보다 "크시다"는 사실을 드러낸다. 또한 시인은 그렇게 크신 하나님이 곧 "왕"이시라고 선언한다. 하나님은 왕이시기 때문에 통치하신다. 그 통치 영역은 국지적이지 않고 우주적이다. 그의 통치는 창조세계 전체를 대상으로 하기 때문이다. 그래서 시인은 지리적인 모든 공간이 그의 통치 안에 있다고 노래한다(시 95:4-5). 즉 산들의 높은 곳, 바다, 육지, 땅의 깊은 곳이 모두 여호와의 통치가 미치는 영역이다.

	산들의 높은 곳(시 95:4)	
	⇧	
바다 (시 95:5)	⇦　여호와의 통치 영역　⇨	육지 (시 95:5)
	⇩	
	땅의 깊은 곳(시 95:4)	

여호와의 통치 영역

반면 단락 b′에서 시인은 이스라엘이 "하나님-왕"을 받아들이는 데 실패했다고 말한다.

8너희는 므리바에서와 같이 또 광야의 맛사에서 지냈던 날과 같이
너희 마음을 완악하게 하지 말지어다.
9그때에 너희 조상들이 내가 행한 일을 보고서도
나를 시험하고 조사하였도다.
10내가 사십 년 동안 그 세대로 말미암아 근심하여 이르기를
"그들은 마음이 미혹된 백성이라. 내 길을 알지 못한다" 하였도다.
11그러므로 내가 노하여 맹세하기를
"그들은 내 안식에 들어오지 못하리라" 하였도다(시 95:8-11).

시인은 이스라엘 백성이 출애굽한 이후 왕 되신 여호와를 받아들이지 못했다고 고발한다. 그들은 마음이 완악해서 왕 되신 여호와를 시험하며 미혹을 받았다. 시인은 그 모든 일이 출애굽 후 광야에서 발생했으며(출 17:1-7; 민 20:1-13; 27:14; 신 6:16; 9:22; 32:51; 33:8), 그 결과로 이스라엘 백성이 모두 광야에서 죽었다고 지적한다.

이런 메시지는 포로기 이후 예루살렘에 귀환한 공동체에게 어떻게 들렸을까? 그들은 우선 자신들이 바벨론에서 "구원의 반석"(시 95:1)이신 여호와의 도움을 받아 약속의 땅으로 돌아왔음을 인정해야 했을 것이다. 또한 애굽에서 구원을 받은 선조들이 여호와를 왕으로 섬기지 못해 광야에서 멸망한 어리석은 역사를 똑같이 반복해서는 안 된다는 경각심을 느꼈을 것이다. 그들은 선조들의 역사를 타산지석의 교훈으로 받아들여야 했다. 시인은 이처럼 이스라엘 백성이 "하나님-왕"께 완악하게 구는 대신 순종해야 하며, 그를 시험하는 대신 신뢰하고, 우상에게 미혹되는 대신 강하게 거절해야 한다는 메시지를 분명하게 전달한다.

이처럼 여호와의 왕 되심을 찬양하는 시편 95편은 하나님이 우주

의 창조자이심을 강조하며, 우상에 미혹되어 여호와의 왕 되심을 받아들이지 못한 광야의 이스라엘을 반면교사로 제시한다. 흥미롭게도 이 두 주제는 시편 96-99편의 문을 열면서도 이 시편들을 서로 연결한다. 특히 주제 차원에서 시편 95:3-5은 시편 96, 97편을 이끌고, 시편 95:7-11은 시편 98, 99편의 길을 닦는다. 그렇게 볼 수 있는 이유는 다음과 같다. 우선 시편 96편은 왕 되신 여호와를 창조자(시 96:5)로 소개—이는 시편 95:3-5과 연결된다—한 후 그가 "의"(צדק)와 "진실함"(אמונה)의 심판자시라고 노래한다(시 96:10-13). 그리고 거기에 이어 시편 97편도 왕 되신 여호와를 "의와 공평"의 심판자로 소개하기 때문이다(시 97:2, 8). 시편 98편 역시 왕 되신 여호와를 "의와 공평"의 심판자로 묘사하고(시 98:9), 시편 99편도 여호와가 정의와 공의를 행하는 분이시라고 말한다(시 99:4). 이처럼 네 편의 시편이 각각 조금씩 다른 내용을 다루면서도 왕이신 하나님이 "의와 공평의 재판관"이라는 주제를 공유한다. 이해를 돕기 위해 이런 내용을 시각화하면 다음과 같이 나타낼 수 있다.

	시 95:1-6		
	"하나님-왕": 창조자		
	시 95:7-11		
	광야의 교훈		
시 96편	시 97편	시 98편	시 99:1-5
	"하나님-왕": 의와 공의의 심판자 (시 96:10-13; 97:2, 8; 98:9; 99:1-5)		
	시 99:6-11		
	광야의 교훈		

시편 95-99편의 연관성

3) 하나님-왕과 인간-왕의 비교

시편 95편은 왕 되신 하나님이 "창조자"라고 선언한다. 이어서 시편 96-99편은 창조주 하나님이 "의와 공평의 심판자"라고 소개한다. 여기서 "의와 공평"이 하나님-왕이 앉으신 보좌의 기초로 드러난다(시 9:7; 89:14; 97:2). 하나님-왕이 시온에 한 왕을 세우셨을 때(시 2편), 그는 그 왕이 백성을 "의와 공평"으로 다스리기를 바라셨다(시 45:4; 72:1-2; 잠 16:12; 25:5). 그러나 하나님-왕이 주신 율법에 기초해서 의를 행하고 공평을 베풀어야 할 인간-왕(다윗 가의 왕적 인물)은 그 기대에 부응하지 못한다. 율법을 저버리고 계명을 지키지 않음으로써 하나님-왕이 위임하신 의와 공평을 수행하는 데 실패하고 심판(바벨론 유수)을 받고 만 것이다(시 89:30-32, 38-45). 이처럼 시편 제3권의 마지막 시편(시 89편)이 암울하게 기록하는 인간-왕의 실패와 시편 제4권의 "여호와 말라크 시편" 모음집이 찬양하는 하나님-왕의 모습은 날카롭게 대조를 이룬다.

6. 다윗의 재등장: 시편 101, 103편

앞서 살펴보았듯이 하나님-왕을 강조하는 주제는 이른바 "여호와 말라크 시편"(시 93-99편) 모음집에서 집중적으로 다루어진다. 그런데 우리는 그 뒤에 배치된 시편 101편과 103편에서 재등장하는 "다윗"의 이름을 보게 된다. 시편 86편의 표제어에 등장한 이후 나오지 않던 "다윗"이 시편 101편과 103의 표제어에 다시 등장한 것은 매우 흥미롭다. 하지만 그 표제어가 독자들을 다윗 시대의 사건이나 다윗이라는 인물에게로 인도

하는 것 같지는 않다. 오히려 내용 면에서는 독자들을 서서히 모세 시대로 인도하는 듯하다(시 103:7).

시편 101편은 "내가 인자와 정의를 노래하겠나이다. 여호와여, 내가 주께 찬양하리이다"(시 101:1)라고 시작한다. 하지만 이어지는 내용은 인간-왕의 이상적인 모습에 관련된다. 그래서 많은 학자가 이 시편의 내용이 왕의 대관식과 관계가 있다고 주장한다.[24] 시인은 "완전한 길"(시 101:2a, 6b)과 "완전한 마음"(시 101:2b)에 주목하고, "비천한 것"(시 101:3a)과 "배교자들의 행위"(시 101:3b)를 멀리하며, "사악한 마음"(시 101:4a)과 "악한 일"(시 101:4b)에서 떠나고, 비방과 교만을 용납하지 않겠다고 선언한다(시 101:5). 더 나아가 "거짓을 행하는 자"(시 101:7a)와 "거짓말하는 자"(시 101:7b)를 물리치겠다는 결심을 보여준다. 이런 자세나 실천은 궁극적으로 시인 자신뿐만 아니라 백성들에게도 유익을 끼친다. 따라서 시편 101편에 등장하는 왕의 도덕적 특성들은 인간-왕을 위한 모델로 제시될 수 있다.[25] 그리고 이런 특성들은 순례자가 성전에 들어서기 전 갖추어야 할 도덕적 특성들과 유사하다(시 15:2-5; 24:4-6). 또한 다윗이 솔로몬을 위해 기도했던 덕목들을 상기시키기도 한다(시 72:2-5, 12-14).

인간-왕의 모델을 제시하는 시편 101편이 왜 "여호와 말라크 시편" 직후에 배치된 것일까? 그리고 바벨론의 포로가 된 상태에서 탄식하며 시온의 회복을 간구하는 시편 102편은 왜 시편 101편에 이어 등장할까? 그리고 하나님의 인자하심이 그를 경외하는 자, 곧 "그의 언약을 지키고 그의 법도를 기억하여 행하는 자에게"(시 103:18) 있다고 말하는 시

---

[24] A. A. Anderson, *Psalms II*(London: Oliphant, 1972), 700; Mays, *Psalms*, 322; Claus Westermann, *The Living Psalms*(trans. J. R. Porter; Grand Rapids: William B. Eerdermans Publishing, 1989), 57.
[25] Howard, *The Structure of Psalms 93-100*, 181.

편 103편이 102편 뒤에 배치된 이유는 무엇일까?

내가 보기에 이런 배열은 포로기 이후의 공동체에 교훈을 주기 위한 목적에 부합한다. 즉 이런 구성은 시편 101편이 제시하는 덕목들을 여호와의 기름 부음을 받은 인간-왕들이 제대로 수행하지 못한 결과로 이스라엘 백성이 시편 102편에서처럼 바벨론에 끌려가 탄식 속에서 시온의 회복을 노래할 수밖에 없었다는 사실을 상기시킨다. 그리고 이어지는 시편 103편은 독자들을 모세 시대로 인도하면서 여호와의 용서하심은 그의 인자하심에 달렸고, 그 인자하심은 율법을 지키고 행하는 경건한 자들에게 임한다는 교훈을 제공한다.

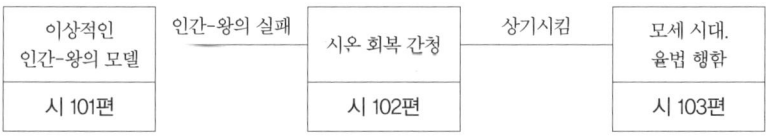

시편 101-103편의 배열

앞서 언급한 대로 시편 103편은 용서가 여호와의 인자하심에 달려 있고(시 103:8-11) 그 인자하심이 그를 경외하는 자들에게 크다고 노래한다(시 103:11, 17). 여기서 여호와를 경외하는 자들은 "곧 그의 언약을 지키고 그의 법도를 기억하여 행하는 자"(시 103:18)다. 시편 104편은 시편 103편처럼 "내 영혼아, 여호와를 송축하라"로 시작하고 끝나지만(시 103:1, 22; 104:1, 35), 여호와의 창조자 되심에 초점을 맞춘다. 또한 이어지는 시편 105편은 출애굽 이야기를, 106편은 광야의 이야기를 펼쳐낸다. 이런 흐름을 도식화하면 다음과 같다.

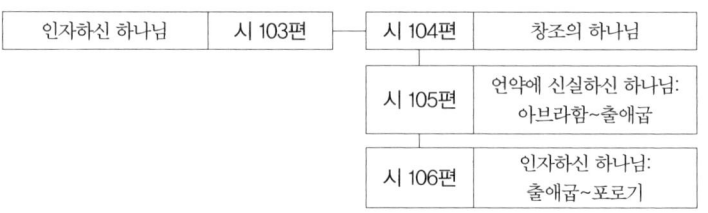

시편 103-106편의 배열

시편 103편이 여호와의 인자하심은 경건한 자, 곧 "그의 언약을 지키고 그의 법도를 기억하여 행하는 자"에게 크다고 노래했다면(시 103:11, 17-18), 105편은 여호와가 언약에 따라 이스라엘 백성에게 약속의 땅을 주셨고(시 105:7-11), "그들이 그[여호와]의 율례를 지키고 그[여호와]의 율법을 따르게 하려 하심"이 그 목적이라고 선언한다(시 105:45).

7. 결론

독자들은 지금까지 풀어놓은 시편 제4권의 해석을 어떻게 받아들일지 궁금하다. "모세와 관련된 내용이 시편에 이렇게도 많이 있었나?" 하며 의아해할지도 모르겠다. 어떤 사람은 시편 제1-3권과 제4권의 분위기가 전혀 다르다는 사실에 놀랐을 것이다. 하지만 흥미롭게도 시편은 전체적으로 이와 같은 흐름으로 전개된다.

앞서 살펴보았듯이 시편 제1-3권은 인간-왕의 실패를 다룬다. 특히 시편 제3권의 마지막 시편(시 89편)은 다윗 언약의 파기와 예루살렘 멸망을 언급하면서 인간-왕(다윗 가의 왕적 인물)에 대한 기대를 저버리게 한다. 시편은 인간-왕의 머리에 있던 왕관이 땅에 떨어지고 하나님의 성전이 훼파된 것은 인간의 잘못이지 하나님의 잘못이 아니라고 분명히 말한다. 포로기 이후 이스라엘 공동체는 그들의 조상들이 바벨론에 포로로 끌려간 이유가 하나님이 불의해서가 아니라 오히려 그들의 조상이 하나님의 율법을 저버렸기 때문임을 깊이 깨달아야 했다(시 78, 89편).

이에 반해 시편 제4권은 하나님께 전적으로 집중한다. 하나님은 대대에 이스라엘의 거처(피난처)가 되신다는 모세의 고백으로 시작해서(시 90편), 하나님-왕의 통치를 강조하는 시편이 이어진다(시 93-99편). 모세를 소환하는 시편들은 출애굽 때부터 가나안 땅에 정착하기까지 하나님이 어떻게 이스라엘 백성을 신실하게 인도하셨는지, 그에 반해 이스라엘 백성이 어떻게 여호와와 그의 율법을 저버렸는지를 상기시킨다. 그리고 이런 이야기들은 결론적으로 "하나님만이 언약 백성의 참된 왕이시다"라는 교훈을 제공한다(시 105-106편).

인간-왕(다윗 가의 왕적 인물)의 등장을 고대하던 포로기 이후 이스라엘 공동체는 시편을 통해 인간-왕에게서 시선을 돌려 하나님-왕만을 바라보고 그를 참된 안식처(피난처)로 받아들이라는 권고를 들어야 했다. 이런 교훈은 현대의 그리스도인들에게도 여전히 유효하다. 그리스도인들은 우리의 시선을 눈에 보이는 것에 두지 말아야 한다. 유명한 인물이나 시대 흐름에 우리의 마음을 빼앗기지도 말아야 한다. 오히려 일시적이고 가변적인 것들에서 관심을 돌려 영원하신 하나님-왕 여호와만을 바라보아야 할 것이다.

9장

시편
제5권(시 107-150편)의
이야기

위대하신 하나님-왕

우리는 지금까지 다섯 권으로 구성된 시편 중 제1-4권의 내용을 살펴보았다. 그중 시편 제1, 2권은 다윗 시대를 배경으로 "인간-왕"의 연약함과 율법의 중요성을 반복해서 이야기한다. 시편 제3권은 분열 왕국의 멸망과 다윗 언약의 파기가 "인간-왕"의 율법에 대한 불순종 때문이라는 주제를 전개한다. 이스라엘 백성이 바벨론에 포로로 끌려간 것은 하나님이 정의롭지 않거나 신실하지 않으셔서가 아니라 인간-왕(다윗 가의 왕적 인물)들이 신실하지 못하고 율법을 저버렸기 때문이다. 시편 제4권은 제1-3권에서 다룬 "인간-왕"의 실패에 대한 대안(代案)으로 "하나님-왕"을 드러낸다. 즉 "인간-왕"을 고대하거나 신뢰할 것이 아니라 "하나님-왕"을 신뢰하고 그를 도피처 삼아야 한다고 말하는 것이다. 그렇다면 시편의 제5권(시 107-150편)은 어떤 이야기를 들려줄까? 결론부터 말하자면 시편 제5권은 "하나님-왕의 위대하심"을 노래한다.

1. 시편 제5권의 구성적 특징

시편 제5권은 여러 측면에서 제1-4권과 다르다. 첫째, 시대 배경이 다르다. 즉 시편 제5권은 포로기 혹은 포로기 이후를 암시하는 시편들이 많다는 점에서 다른 네 권의 시대적 배경과 구분된다. 둘째, 장르에서의 차이다. 시편 제5권에는 다른 장르보다 찬양시가 많다. 셋째, 가장 크게 다른 점은 표제어의 분포다. 시편 제1-4권과는 달리 제5권에는 표제어가 없는 시편들이 매우 많다. 이 세 가지 특징을 하나씩 자세히 살펴보자.

1) 시대 배경

시편 제1-3권은 다윗과 연관된 시대를 배경으로 기록되었고 제4권은 모세 시대와 관련이 있다. 그런데 시편 제5권의 시대적 배경은 포로기와 포로기 이후라고 할 수 있다. 대표적으로 시편 137편은 이스라엘 백성이 바벨론에 포로로 있으면서 경험했던 것으로 보이는 탄식의 내용을 노래한다.

> 1 우리가 바벨론의 여러 강변 거기에 앉아서
> 　　시온을 기억하며 울었도다.
> 2 그중의 버드나무에
> 　　우리가 우리의 수금을 걸었나니
> 3 이는 우리를 사로잡은 자가 거기서 우리에게 노래를 청하며
> 　　우리를 황폐하게 한 자가 기쁨을 청하고
> 　　자기들을 위하여 시온의 노래 중
> 　　하나를 노래하라 함이로다(시 137:1-3).

또한 시편 126편은 포로 상태에서 회복된 상황을 묘사한다.

> 1 여호와께서 시온의 포로를 돌려보내실 때에
> 　　우리는 꿈꾸는 것 같았도다.

2 그때에 우리 입에는 웃음이 가득하고
우리 혀에는 찬양이 찼었도다.
그때에 뭇 나라 가운데에서 말하기를
"여호와께서 그들을 위하여 큰일을 행하셨다" 하였도다.
3 여호와께서 우리를 위하여 큰일을 행하셨으니
우리는 기쁘도다(시 126:1-3).

더 나아가 시편 제5권의 첫 번째 시편인 107편은 포로기 이후의 시대적 배경을 암시한다.

1 여호와께 감사하라.
그는 선하시며 그 인자하심이 영원함이로다.
2 여호와의 속량을 받은 자들은 이같이 말할지어다.
여호와께서 대적의 손에서 그들을 속량하사
3 동서남북 각 지방에서부터 모으셨도다(시 107:1-3).

여기서 "모으다"로 번역된 히브리어 동사 "카바츠"(קבץ)는 여호와 하나님이 포로로 사로잡혔던 이스라엘을 약속의 땅으로 돌아오게 하셨음을 말할 때 사용된다(사 43:5; 54:7; 56:8; 렘 31:8; 미 2:12; 4:6).[1]

내가 너와 함께 있으니 두려워하지 말라.
내가 동쪽에서 너의 자손을 오게 하며,

---

[1] *NIDOTTE* 3:860-61. 여호와 하나님이 동사 "카바츠"의 주어로 등장할 때, 이 동사는 이스라엘의 회복을 의미한다.

> 서쪽에서 너희를 **모으겠다**(사 43:5).

> 보라! 나는 그들을 북쪽 땅에서 인도하며
>   땅 끝에서부터 **모으리라**.
> 그들 중에는 맹인과 다리 저는 사람과
> 잉태한 여인과 해산하는 여인이 함께 있으며
>   큰 무리를 이루어 이곳으로 돌아오리라(렘 31:8).

> 야곱아, 내가 반드시 너희 무리를 다 모으며
>   내가 반드시 이스라엘의 남은 자를 **모으고**
> 그들을 한 처소에 두기를 보스라의 양 떼 같이 하며
>   초장의 양 떼 같이 하리니 사람들이 크게 떠들 것이며(미 2:12).

따라서 "카바츠"가 시편 107편에 등장하는 것은 독자들에게 다음 두 가지 사실을 암시한다. 첫째, 시편 제5권이 적어도 바벨론에서 예루살렘으로 귀환한 사건 이후에 최종적으로 완성되었을 것이라는 사실이다. 둘째, 시편 제5권은 바벨론 포로기 이후를 염두에 두고 읽으라는 해석 방향을 제시한다는 사실이다.[2] 독자들은 시편 제5권을 읽으면서—심지어 출애굽 사건과 관련된 내용을 읽고 묵상하면서도(시 114편)—그 내용이 포로기 이후 공동체에 어떤 의미였을지를 생각해야 한다.

---

[2] 김창대, 『한 권으로 꿰뚫는 시편』, 289.

2) 장르의 구분

총 44개의 시편으로 구성되는 시편 제5권에는 찬양시가 압도적으로 많다. 자세히 살펴보면 창조시가 1개(시 148편), 제왕시가 3개(시 110, 132, 144편), 지혜시가 7개(시 111, 112, 119, 127, 128, 133, 145편), 탄식시가 11개(시 108, 109, 120, 123, 126, 130, 137, 140-143편)다. 그리고 나머지 22개 시편이 모두 찬양시다. 여기서 우리는 시편 제1-4권보다 제5권의 찬양시 비율이 압도적으로 높다는 사실을 알 수 있다. 시편 제5권의 장르 분포를 시각화하면 다음과 같다.

장르	탄식시	찬양시	제왕시	지혜시	창조시
백분율	25%	50%	6.8%	15.9%	2.2%

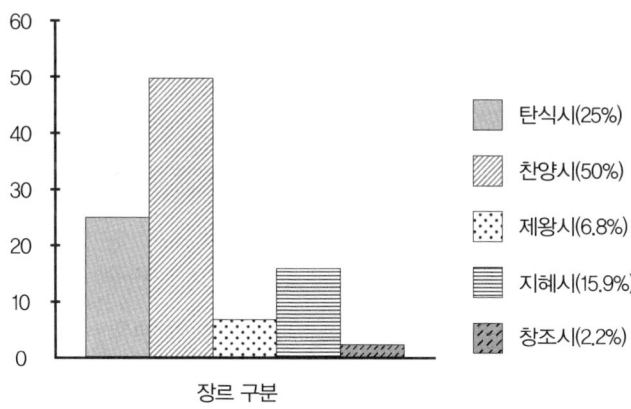

시편 제5권(시 107-150편)의 장르 구성

이 표는 이전의 구성에 비해 확실히 찬양시와 지혜시의 비율이 늘어났음을 보여준다. 지혜시는 시편 제1권에 4개(시 1, 19, 32, 37편), 제2권에

1개(시 49편), 제3권에 2개(시 73, 78편)였다. 그리고 시편 제4권에는 지혜시가 아예 등장하지 않았는데 제5권에서 갑자기 7개의 지혜시가 등장한 것은 우리의 이목을 끌기에 충분하다. 지혜시는 대체로 여호와를 경외하는 삶의 중요성, 율법과 계명의 중요성 및 그것을 지키는 삶의 중요성, 지혜로운 삶의 중요성 등을 교훈한다. 대표적인 지혜시로는 시편 112편과 128편이 있다.

1 할렐루야, 여호와를 경외하며
　　그의 계명을 크게 즐거워하는 자는 복이 있도다.
2 그의 후손이 땅에서 강성함이여,
　　정직한 자들의 후손에게 복이 있으리로다.
3 부와 재물이 그의 집에 있음이여,
　　그의 공의가 영구히 서 있으리로다(시 112:1-3).

1 여호와를 경외하며
　　그의 길을 걷는 자마다 복이 있도다.
2 네가 네 손이 수고한 대로 먹을 것이라.
　　네가 복되고 형통하리로다.
3 네 집 안방에 있는 네 아내는 결실한 포도나무 같으며
　　네 식탁에 둘러앉은 자식들은 어린 감람나무 같으리로다.
4 여호와를 경외하는 자는
　　이같이 복을 얻으리로다.
5 여호와께서 시온에서 네게 복을 주실지어다.
　　너는 평생에 예루살렘의 번영을 보며

6네 자식의 자식을 볼지어다.

이스라엘에게 평강이 있을지로다(시 128:1-6).

지혜시와 관련해 흥미로운 점은 시편 제5권의 시작 부분(시 107:43)과 끝부분(시 145:19-20)—할렐루야 시편(시 146-150편)을 제외했을 때의 끝이다—이 지혜를 강조한다는 사실이다. 윌슨은 이를 두고 "지혜 틀"(wisdom frame)이라고 해석했다.³ 시편 107편은 네 종류의 위기 상황에 있는 자들—광야 사막에서 길을 잃은 자(시 107:4-9), 죄수들(시 107:10-16), 병자들(시 107:17-22), 파선된 배의 선원들(시 107:23-32)—을 하나님이 어떻게 신실하게 구원하셨는가를 보여주면서 하나님의 인자하심을 깨닫는 것이 지혜라고 말한다("지혜 있는 자들은 이러한 일들을 지켜보고 여호와의 인자하심을 깨달으리로다"[시 107:43]). 시편 145편도 하나님의 왕권과 인자하심을 찬양하면서 하나님은 자신을 경외하는 자들을 구원하고 보호하신다고 말한다("그는 자기를 경외하는 자들의 소원을 이루시며 또 그들의 부르짖음을 들으사 구원하시리로다. 여호와께서 자기를 사랑하는 자들은 다 보호하시고 악인들은 다 멸하시리로다"[시 145:19-20]).

시편 107:43과 145:19-20로 형성된 시편 제5권의 "지혜 틀"

---

3   Wilson, "Shaping the Psalter," 79.

3) 표제어의 특징

시편 제5권의 표제어에는 두 가지 특징이 있다. 첫째, 총 44개의 시편 가운데 26개에만 표제어가 있다. 둘째, 다윗이 재등장한다. 시편 제1, 2권의 모든 표제어에 등장한 "다윗"은 제3권에서는 1회(시 86편), 제4권에서는 2회 등장한다(시 101, 103편). 즉 다윗은 제1, 2권의 표제어에 집중적으로 등장하다가 제3, 4권에서는 사라지다시피 한 이름이다. 그런데 다윗이 다시 등장한다. 시편 제5권에서 표제어가 있는 26개의 시편 중 13개에서 "다윗"의 이름을 볼 수 있다(시 108, 110, 122, 124, 131, 138-145편).

시편 제1-3권에 등장하는 인간-왕 다윗(다윗 가의 왕적 인물)은 시온에서 왕으로 세움을 받았지만(시 2, 72편), 결국 율법과 규례를 저버림으로써 실패한 모습이었다(시 89편). 하지만 그에 이어 시편 제4권은 인간-왕이 추구했어야 할 이상적인 왕의 모습을 묘사한다(시 101편). 그리고 시편 제5권에서는 이스라엘 공동체를 이끌면서 **여호와 하나님을 왕**(보호자와 공급자)**으로 찬양하는 인간-왕의 모습이 그려진다**. 즉 시편 제4권이 독자들을 모세 시대로 이끌어 하나님만이 그들의 진정한 왕이요 피난처라고 노래했다면, 제5권에서는 지상의 왕이었던 인간-왕(다윗 가의 왕적 인물)이 등장해 참된 왕이신 여호와 하나님을 찬양하는 것이다. 시편 전체의 결론 부분(시 146-150편)을 제외한 마지막 시편인 145편의 표제어는 "다윗의 찬송시"다. 시편 145편은 다음과 같이 시작한다.

왕이신 나의 하나님이여,

내가 주를 높이고 영원히 주의 이름을 송축하리이다(시 145:1).

여호와를 왕으로 찬양하는 인간-왕 다윗의 모습은 이스라엘의 참된 왕이 누구인지 분명하게 보여준다. 더욱이 시편 전체의 결론(시 146-150편)을 이끄는 시편 146편 역시 여호와의 통치, 혹은 "여호와의 왕 되심"을 선언하면서 마무리된다. 시편 146편의 시인은 유한한 인간이 아닌 여호와만을 의지하라고 다음과 같이 권면한다(참조. 시 107:12-13; 118:8-9).

> 시온아, 여호와는 영원히 다스리시고
> 　네 하나님은 대대로 통치하시리로다. 할렐루야!(시 146:10)

> 3귀인들을 의지하지 말며
> 　도울 힘이 없는 인생도 의지하지 말지니
> 4그의 호흡이 끊어지면 흙으로 돌아가서
> 　그날에 그의 생각이 소멸하리로다.
> 5야곱의 하나님을 자기의 도움을 삼으며
> 　여호와, 자기 하나님에게
> 　자기의 소망을 두는 자는 복이 있도다(시 146:3-5).

3. 시편 제5권의 전체 구조

시편 제5권의 구조 분석은 제1-4권에서처럼 단순하지가 않다. 시편 제1-4권과 달리 제5권에는 표제어가 규칙적으로 분포하지 않고 주제가 일목요연하게 정리되어 있지 않기 때문이다. 게다가 시편 제5권은 44개의 시편으로 구성되어 있어서 범위가 꽤 넓다. 그 결과 시편 학자들은 시편 제5권의 구조에 관해서 다양한 견해를 제시해왔다.[4] 독일 학자인 쳉어는 윌슨, 코흐(Klaus Koch), 크라츠(Reinhard G. Kratz)가 주장한 시편 제5권의 구조를 간략하게 설명하고 비평한 후 자신의 견해를 제시하기도 했다.[5] 여기서는 윌슨과 쳉어의 연구 결과를 짧게 살핀 후 그에 관한 내 입장을 밝히고자 한다.

먼저 윌슨에 따르면 결론 부분(시 146-150편)을 제외한 시편 제5권은 시편 107편과 145편으로 묶인다("지혜 프레임").[6] 세부적으로 "단락 1"(시 107-117편)과 "단락 3"(시 136-145편)은 각각 "다윗"을 중심으로 하는 그룹으로 묶이고, "단락 2"(시 118-135편)에서는 시편 118편과 135편이 안에 배치된 119편과 120-134편을 감싼다. 이 세 단락은 모두 "감사하라"(hôdû)로 시작하고(시 107, 118, 136편), 단락 1, 2는 "할렐루야" 시편으로 끝난다. 이처럼 윌슨이 제시한 시편 제5권의 구조를 종합하면 다음 그림과 같이 정리할 수 있다.[7]

다윗 프레임					
		토라			
시 107편	시 117편	시 118편	시 135편	시 136편	시 145편
지혜 프레임					
단락 1(시 107-117편)		단락 2(시 118-135편)		단락 3(시 136-145편)	
시 107편	시 108-110편	시 111-117편	시 118편	시 119편	시 120-134편	시 135편	시 136-137편	시 138-145편
감사하라 (hôdû)	다윗	할렐루야	감사하라 (hôdû)	토라	올라감	할렐루야	감사하라 (hôdû)	다윗
시 107:42-43		지혜 프레임						시 145:19-20

윌슨이 파악한 시편 제5권의 구조

---

4 Erich Zenger, "The Composition and Theology of the Fifth Book of Psalms, Psalms 107-145," *JSOT* 80(1998), 77-102.
5 Ibid., 82-101을 보라.
6 이 점은 앞서 이미 언급했으며, 이에 관해서는 시편 학자 대다수가 동의한다.
7 Zenger, "The Composition and Theology of the Fifth Book of Psalms, Psalms 107-145," 83.

그러나 윌슨이 파악한 시편 제5권의 구조에 문제가 없는 것은 아니다. 예를 들어 시편 135편의 위치가 논란을 불러일으킨다. 표제어가 없는 시편 135편은 동일하게 표제어가 없는 136-137편과 함께 묶이는 것이 오히려 자연스러울 수 있다.

젱어가 분석한 시편 제5권의 구조는 윌슨이 제시한 구조보다 단순하다. 젱어는 시편 제5권의 양 끝에 다윗 시편 모음집이 있고, 그 가운데에는 세 가지 주제-"출애굽기", "토라", "시온"-를 다루는 3개의 단락이 배치된다고 보았다. 젱어의 견해는 다음과 같이 시각화하여 정리할 수 있다.[8]

R A		A		R A
시 107, 108-10, 111-112편	시 113-118편	시 119편	시 120-136, 137편	시 138-144, 145편
다윗	출애굽기	토라	시온	다윗
(종말론적/메시아적)	(유월절)	(오순절)	(장막절)	

※ R-제왕시, A=이합체 시

시편 제5권의 배열에 관한 젱어의 분석

젱어는 시편 제5권의 양 끝에 배치된 시편 107편과 145편이 여호와의 우주적 통치와 구원하심이라는 주제를 공유한다고 보았는데 이는 충분히 공감할 수 있는 지적이다. 이에 관해서는 이후에 좀 더 자세하게 다룰 것이다. 시편 107편 직후에 배치된 첫 번째 다윗 모음집(시 108-110편)은 전쟁 용어가 포함되는 시편들로 구성된다. 여기서 하나님은 인간-왕을 위해 전쟁에 관여하겠다고 약속하신다. 시편 145편 직전에 배치된 두 번째 다윗 모음집(시 138-144편)도 전쟁과 관련-때론 명시적

---

8 Ibid., 98.

으로 때론 암시적으로—된다.⁹ 젱어는 나머지 시편 113-118편과 120-137편이 "여호와의 우주적 왕국이 어떻게, 그리고 어디서 시작하는가를 명시한다"고 보았고, 시편 제5권의 핵심은 시편 119편이라고 분석했다.¹⁰

젱어가 제시한 시편 제5권의 구조는 단순하면서도 이 시편들이 가지는 제의의 측면—이는 유월절, 오순절, 장막절과 연관된다—을 잘 드러낸다. 하지만 문제가 없는 것은 아니다. 무엇보다 복잡한 시편 제5권의 구조를 지나치게 단순화한 것이 가장 큰 단점이다. 지나친 단순화로 인해 어떤 시편은 어울리지 않는 단락에 포함된다. 예를 들어 밀러가 지적한 것처럼 시편 118편은 출애굽보다는 시온을 주제로 한다(시 118:19-20, 26).¹¹ 만일 시편 111-117편이 출애굽 주제를 다루고 118편은 시온 주제를 다룬다면 이 단락은 출애굽 주제에서 시온 주제로 움직인다고 볼 수 있다.

그렇다면 시편 제5권의 구조를 어떻게 분석해야 할까? 구조를 단순화하는 과정에서 부득불 작은 문제가 발생하기는 하지만,¹² 나는 다음 도표처럼 시편 제5권 전체가 대칭 구조를 이룬다고 본다. 이에 관해 간략하게 설명한 후 해당 단락들을 자세하게 살펴보자.

---

9   Ibid.
10 Ibid., 99.
11 Patrick D. Miller, "The End of the Psalter: A Response to Erich Zenger," *JSOT* 80(1998), 104.
12 나는 시편 137편을 두 번째 다윗 모음집(시 138-144편)과 함께 묶어놓았지만, 엄격한 의미에서는 구분되어야 한다.

시 107편	시 108-110편	시 111-118편		시 119편	시 120-136편		시 137-144편		시 145편
				왕·율법					
		111-117편	118편	율법	120-134편	135-136편	137	138-144편	
	다윗 모음집	출애굽	시온		시온	출애굽		다윗 모음집	
		구원과 축복의 하나님 여호와만 신뢰할 것			구원과 축복의 하나님 여호와만 신뢰할 것				
		구원 요청과 시온에서의 응답				시온에서의 응답과 구원 요청			

주 여호와의 우주적 통치와 구원하심(시 107:1-32; 145:1, 13)
지혜 모티프(시 107:42-43; 145:19-20)

시편 제5권의 구조에 관한 제안

먼저 시편 107편과 145편은 두 가지 차원에서 수미상관(*inclusio*) 구조를 형성한다. 즉 주 여호와의 우주적 통치와 구원하심(시 107:1-32; 145:1, 13)이라는 차원과, 지혜 모티프(시 107:42-43; 145:19-20)의 차원에서다. 그 안쪽으로 2개의 다윗 시편 모음집이 배열된다. 첫 번째 모음집(시 108-110편)에서는 시인이 여호와께 구원을 요청하고(시 108:6, 12; 109:21-31) 여호와가 시온에서 응답하신다면(시 110:2), 두 번째 모음집(시 138-144편)에서는 시인이 시온(성전)에서 응답하신 여호와께 감사를 드리고(시 138:3-7) 곧이어 구원과 보호를 요청한다(140:1, 6; 141:1; 142:6; 143:1, 7, 12; 144:6-7, 10-11).

첫 번째 다윗 모음집		두 번째 다윗 모음집	
시 108-110편		시 138-144편	
시 108-109편	시 110편	시 138편	시 139-144편
구원 요청	시온에서의 응답	시온(성전)에서의 응답	구원 요청

첫 번째와 두 번째 다윗 시편 모음집에서 확인되는 패턴

양쪽에 자리한 다윗 모음집 안쪽으로 시편 111-118편과 120-136편의 단락이 배열되어 있다. 이 두 단락은 "출애굽의 하나님"과 "시온의 하나님"을 주제로 다룬다. "출애굽의 하나님"이란 출애굽 사건을 배경으로 위기 가운데 빠졌던 자신의 백성을 구원하신 하나님을 가리킨다. 반면 "시온의 하나님"이란 자신이 구원한 백성을 시온에서 축복하시는 하나님을 가리킨다. 여기서 특히 시편 111-117편(할렐루야 시편)은 위기에 처한 자신의 백성을 구원하시는 하나님의 능력에 초점을 맞춘다(시 113:7-9; 114:1-2; 115:3-11, 12-13; 116:4-8). 또한 시편 118편은 하나님의 도우심으로 전쟁에서 승리한 왕을 암시하고(시 118:5-18),[13] 시온(성전)에서 그들을 축복하시는 하나님께 집중한다(시 118:26).[14] 시편 111-118편에는 여러 주제가 혼재하지만 그중에서도 인간을 신뢰하지 말고 여호와 하나님만 신뢰하라는 교훈이 강조된다(시 112:7; 115:9-11; 118:8-9).

시편 120-136편도 위기에 처한 자신의 백성을 구원하시는 하나님의 능력에 초점을 맞춘다. 시편 120-134편(성전으로 올라가는 노래들)은 "시온"(예루살렘)에서 여호와의 영원하신 복이 흘러나온다고 노래하면서 여호와가 없는 삶의 헛됨을 강조한다(시 127편). 또한 이어지는 시편 135, 136편은 출애굽 모티프를 활용하면서 여호와의 능력(구원)을 의지하라고 노래한다(시 135:4, 9-14; 136:10-26). 이 단락도 시편 111-118편처럼 여호와만을 신뢰하라고 강조한다. 그리고 시편 제5권의 중심에는 율법의 탁월성을 노래하는 시편 119편이 자리를 지킨다.

지금까지 살펴본 대로 시편 제5권은 분명히 제1-4권보다 다소 복잡한 구조로 되어 있다. 그럼에도 독자들은 내가 제시한 분석을 통해 시편 제5권에 관한 대략적인 그림을 그려볼 수 있을 것이다. 정리하면 시편 제5권은 지혜 프레임(시 107:43과 145:19-20)에 둘러싸여 있고, 정중

---

[13] 시편 118편과 119편의 관계에 관해서는 이후에 다시 설명할 것이다.
[14] Miller, "The End of the Psalter," 104.

앙에는 "율법"을 강조하는 시편 119편이 전략적으로 배치되어 있다. 시편 119편을 중심으로 양쪽에는 "왕"과 관련된 내용이 자리를 잡는다(시 118:5-18; 120-134편, 특히 132편). 그중 시편 118편은 하나님의 도움으로 전쟁에서 승리한 "인간-왕"을 소개하고, 132편은 여호와가 시온(예루살렘)에 임하셔서 "인간-왕"을 세우신다고 노래한다.

사실 이와 같은 패턴(왕-율법-왕)은 시편 제1권의 18-21편에서도 발견할 수 있다(왕[18편]-율법[19편]-왕[20-21편]). 즉 시편 제1권과 제5권의 중심에는 율법과 왕에 관한 시편이 전략적으로 배치되어 있는 것이다. 이는 시편 전체가 "율법"과 "왕"이라는 주제를 얼마나 중요하게 다루는지를 잘 보여준다.

4. 시편 제5권의 시작: 시편 107편

이제부터는 시편 제5권의 시작과 끝, 그리고 중심에 있는 시편들을 좀 더 자세하게 살펴보면서 제5권의 핵심에 가까이 다가가 보자. 시편 제5권의 첫 번째 시편은 107편이다. 이 시편의 첫째 절은 "여호와께 감사하라"는 명령으로 시작한다.

>1여호와께 감사하라.
>   그는 선하시며 그 인자하심이 영원함이로다.
>2여호와의 속량을 받은 자들은 이같이 말할지어다.
>   "여호와께서 대적의 손에서 그들을 속량하사
>3동서남북 각 지방에서부터 모으셨도다"(시 107:1-3).

시인은 여호와께 감사해야 할 이유로 그의 "선하심"과 "인자하심"을 언급하고, 그 구체적인 내용으로는 여호와가 자신의 백성을 대적의 손에서 속량하셨음을 말한다. 여기서 여호와의 백성은 "여호와의 속량을 받은 자들"이라고 일컬어진다. 이 표현은 그들이 고통의 땅 바벨론에서 시온(예루살렘)으로 귀환한 자들임을 알려준다. "동서남북 각 지방에서부터 모으셨도다"(시 107:3)라는 표현도 그런 해석을 뒷받침해준다. 다시 말해 시편 107편은 바벨론의 포로로 잡힌 상태에서 시온(예루살렘)으로 돌아온 자들에게 여호와께 감사하며 찬양하라고 명하는 것이다. 이런 점에서 이 시편은 앞선 106편에서 예루살렘으로 돌아가게 해달라고 기도한 것에 대한 응답으로 이해될 수 있다.[15] 시편 106편의 공동체는 여호와께 예루살렘으로 돌아가 거룩하신 이름을 감사하며 찬양할 수 있게 해달라고 기도했다.

> 그들을 이방 나라의 손에 넘기시매
>> 그들을 미워하는 자들이 그들을 다스렸도다(시 106:41).
>
> 44그러나 여호와께서 그들의 부르짖음을 들으실 때에
>> 그들의 고통을 돌보시며
> 45그들을 위하여 그의 언약을 기억하시고
>> 그 크신 인자하심을 따라 뜻을 돌이키사
> 46그들을 사로잡은 모든 자에게서
>> 긍휼히 여김을 받게 하셨도다.

---

[15] Wilson, *The Editing of the Hebrew Psalter*, 220. 시편 106편과 107편의 정경적 관계에 관해서 Kim, "The Strategic Arrangement of Royal Psalms in Books IV-V," 144-45을 보라.

47여호와, 우리 하나님이여!

우리를 구원하사 여러 나라로부터 모으시고

우리가 주의 거룩하신 이름을 감사하며

주의 영예를 찬양하게 하소서(시 106:44-47).

시 106편	시 107편
시온(예루살렘)으로 귀환 요청	시온(예루살렘)으로 귀환하게 하신 것에 대한 감사

시편 106편(요청)과 107편(응답)

시편 106편의 요청에 대한 응답으로 이해되는 시편 107편의 구조는 크게 네 부분으로 나눌 수 있다. 거기에는 위기 상황에서 구원함을 받는 네 부류의 사람들이 등장한다. 그들은 광야 사막에서 길을 잃은 자(시 107:4-9), 죄수들(시 107:10-16), 병자들(시 107:17-22), 파선된 배의 선원들(시 107:23-32)이다. 시인은 네 부류의 사람들이 경험한 구원을 예시로 제시하며 "하나님의 인자하심을 깨닫는 것이 지혜"라는 핵심 메시지를 전달한다(시 107:43).

    a. 여호와의 인자하심에 감사하라(시 107:1-3)
       b. 감사의 이유: 네 종류의 고난 가운데서 속량함을 받은 자들(시 107:4-32)
       b'. 찬양의 이유: 상황을 변화시키시는 하나님(시 107:33-42)
    a'. 여호와의 인자하심을 깨달으라(시 107:43)

누가 감사해야 하는가? 하나님께 구속함을 받고, 원수의 손에서 속량함을 받으며, 동서남북 사방에서 하나님이 다시 모으신 바로 그들이 하나님께 감사하고 찬양해야 한다. 이는 네 가지 고난 속에서 하나님의 구원을 경험한 자들이 하나님을 찬양해야 하는 것과 마찬가지다. 네 가지 고난에 빠진 사람들의 이야기를 전하는 시편 107:4-32을 간략하게 요약하면 다음과 같다.

구 분	광야 사막길에서 구원[16]	감옥에서 구원	질병에서 구원	풍랑에서 구원
고난 묘사	시 107:4-5	시 107:10-12 (죄의 결과)	시 107:17-18 (죄의 결과)	시 107:23-27
간 청	시 107:6	시 107:13	시 107:19	시 107:28
구원 묘사	시 107:7	시 107:14	시 107:19-20	시 107:29
감사 찬양	시 107:8-9	시 107:15-16	시 107:21-22	시 107:30-32

네 가지 종류의 고난과 구원

이 표에서 확인할 수 있듯이 고난 속에 주어지는 하나님의 도움(구원)에는 일정한 패턴이 존재한다. 즉 "고난 묘사→간청→구원 묘사→찬양"의 패턴이다. 고난(위기 상황) 속에 빠진 사람이 하나님께 구원을 요청하면 하나님은 그들을 구원하신다. 그리고 구원을 경험한 자들은 하나님께 감사하며 찬양을 올려드린다. 네 종류의 사람들 모두에게서 똑같은 패턴이 반복될수록 그들에게 여호와의 인자하심을 찬양하라고 초청하는 시인의 목소리는 높아진다(시 107:8-9, 15-16, 19-20, 30-32).

> 8여호와의 인자하심과 인생에게 행하신 기적으로 말미암아
> 　　그를 찬송할지로다.
> 9그가 사모하는 영혼에게 만족을 주시며
> 　　주린 영혼에게 좋은 것으로 채워주심이로다(시 107:8-9).

---

[16] 광야 40년 세월을 암시함.

"고난 묘사→간청→구원 묘사→찬양"의 패턴이 반복되는 시편 107편을 끝까지 주의 깊게 읽은 독자라면 흥미로운 점을 하나 발견할 것이다. 그것은 시편 107편이 최초에는 1-32절로 이루어졌을 것이라는 사실이다. 그 근거는 시편 107:1-32에서 완벽하게 반복되던 패턴이 이어지는 107:33-42에서 흩어져 버리기 때문이다. 즉 시편 107:33-42의 내용과 문학적 구성이 앞부분과 분리된다는 것이다.

그럼에도 시편 107:33-42의 핵심 주제 역시 어떤 상황도 뒤집으실 수 있는 하나님의 주권을 찬양해야 한다는 것이다. 신앙의 세계는 이성의 세계인 동시에 신비의 세계다. 신앙생활을 하면서 이성적이고 합리적인 측면을 무시하거나 꺼리면 그만큼 위험한 독선도 없을 것이다. 하지만 하나님의 능력이 그의 주권에 따라 초자연적으로 임할 수 있다는 신비적·영적 측면을 무시하면 그것만큼 무미건조한 관념 체계도 없을 것이다. 물론 신앙인들은 일확천금을 노리며 하나님을 섬기는 자들이 아니다. 하지만 신앙인은 어떤 상황도 뒤집으실 수 있는 하나님의 능력과 주권을 찬양하는 자들이어야 한다.

시 107:33-35 (물/땅)	강→광야, 샘→마른 땅(33절) [주민의 악으로 인해] 옥토→염전(34절) 광야→못, 마른 땅→샘(35절)
시 107:36-38	광야를 바꾸어 많은 사람이 살 수 있는 곳으로 바꾸심
시 107:39-40	그러나 압박과 재난과 우환으로 고통 가운데 처할 수 있음
시 107:41-42	격려

시편 107:33-42의 내용

시편 107편은 하나님이 네 가지 극한 위기 상황에 빠진 사람들을 건지듯이 자기 백성들을 신실하게 구원하셨기 때문에 하나님의 인자하심과 주권을 찬양하라고 초청한다. 동시에 시편 107편은 지혜 있는 자란 그렇게 역사하신 하나님의 인자하심을 깨닫는 사람이라면서 독자들을 권면한다.

> 지혜 있는 자들은 이러한 일들을 지켜보고
> 여호와의 인자하심을 깨달으리로다(시 107:43).

바벨론에서 예루살렘으로 돌아온 귀환자들—포로기 이후 공동체—이 깨달아야 할 것 중 하나가 바로 언약 백성을 구원하시는 여호와의 선하심과 신실하심이었다. 하나님은 죄 가운데 빠졌을지라도 간절히 구원을 요청하는 자들의 부르짖음을 들으시고 구원을 베푸는 분이시다.

앞서 시편 제4권의 마지막 시편(시 106편)은 역사적 경험(출애굽과 광야 생활)을 통해 여호와의 인자하심을 확증해주었다. 시편 106편의 시인은 이스라엘의 조상들을 애굽에서 건지신 이가 바로 여호와라는 사실을 강조한다(시 106:1-2, 6-39). 하지만 이스라엘 백성은 여호와의 인자하심에도 불구하고 우상과 배교의 죄악을 반복하면서 또다시 대적의 손(바벨론)에 넘겨지고(시 106:40-41), 그 상황에서 여호와께 구원(회복)을 간청하게 된다(시 106:44-47). 이어지는 시편 107편은 여호와가 그들의 부르짖음을 들으시고 또다시 구원을 베푸셨다고 찬양한다(시 107:1-3). 출애굽과 광야 사건을 언급했던 시편 106편의 시인과는 달리, 107편의 시인은 네 가지 종류의 위기 상황—"광야 사막길", "감옥", "질병", "풍랑"—에서 하나님이 어떻게 구원을 베푸시는지를 보여주며 그와 같은 여호와의 신실하심을 깨달으라고 촉구한다.

바벨론의 포로 상태에서 풀려난 이스라엘 백성은 시온(예루살렘)으로 돌아왔다. 하지만 그들은 여전히 "대적의 손"에 속박되어 있었다. 가나안 전체가 바사(페르시아)의 통치 아래 있었기에 그들은 계속해서 여호와의 신실하심을 되새김질해야 했다. 시편 107편에서 다음과 같이 반복되는 묘사는 그런 그들의 상황을 드러내 주는 듯하다.

> 6 이에 그들이 근심 중에 여호와께 부르짖으매
> 그들의 고통에서 건지시고…
> 13 이에 그들이 그 환난 중에 여호와께 부르짖으매
> 그들의 고통에서 구원하시되…
> 19 이에 그들이 그들의 고통 때문에 여호와께 부르짖으매
> 그가 그들의 고통에서 그들을 구원하시되…
> 28 이에 그들이 그들의 고통 때문에 여호와께 부르짖으매
> 그가 그들의 고통에서 그들을 인도하여내시고(시 107:6-28).

이는 현대 그리스도인들의 마음에도 똑같이 울려 퍼져야 할 교훈이 아닌가 싶다. 우리는 죄 가운데서든, 질병 가운데서든, 재정적 위기 가운데서든, 어떤 위기 가운데서든 여호와께 부르짖으면 그가 들으시고 구원을 베풀어주실 것이라는 사실을 굳게 붙잡아야 한다.

5. 시편 제5권의 마지막: 시편 145편

시편 전체의 결론인 시편 146-150편을 제외하면, 시편 145편이 제5권의 마지막 시편이 된다. 월슨이 언급했듯이 시편 145편은 시편 전체의 절정이라고 할 수 있다. 앞서 짧게 살펴보았지만 시편 145편은 시편 1편

및 107편과 수미상관을 이루고, 제5권에 포함된 두 번째 다윗 시편 모음집(시 140-144편)의 탄원에 대한 응답 역할도 한다. 또한 뒤에 이어지는 시편 146-150편은 시편 145:21의 구체화라고 할 수 있다.[17]

시편 1편과 145편의 수미상관 구조에 관해서는 시편 제1권을 다룰 때 이미 자세히 다루었다. 시편 107편과 145편의 수미상관 구조에 관해서도 앞서 간략히 설명했다. 기본적으로 두 시편은 지혜 모티프에 의해 수미상관 구조를 이룬다. 그러나 시편 107편과 145편은 언어와 주제 차원에서도 대응점을 가진다.[18]

시편 107편	시편 145편
• 여호와께 감사하라(1, 8, 32절) • 여호와의 인자하심(1, 8, 31절) • 인생을 향한 주의 기적(8, 15절) • 높은 자를 낮추시고, 가난한 자를 구원하심(39-41절) • 주린 자를 채워주심(9, 36절) • 영혼을 만족시키심(9절) • 부르짖는 자에게 응답하심(6, 13절) • 악인은 입을 닫게 될 것임(42절)	• 여호와를 송축하라(1, 10, 21절) • 여호와의 인자하심(8, 17절) • 인생을 향한 주의 영광(12절) • 넘어진 자와 비굴한 자를 높여주심(14절) • 양식을 주심(15절) • 소원을 만족시키심(16절) • 부르짖는 자를 들으심(18, 19절) • 악인의 멸망(20절)

시편 107편과 145편의 수미상관(언어와 주제 차원)

앞서 밝힌 대로 시편 145편은 시편 140-144편에 대한 응답으로 이해할 수 있다. 또한 시편 146-150편은 시편 145:21의 구체적 묘사라고 할 수 있다. 시편 140-144편은 악인들로부터 구원해달라는 탄식의

---

17 Wilson, *The Editing of the Hebrew Psalter*, 225; Zenger, "The Composition and Theology of the Fifth Book of Psalms, Psalms 107-145," 88-89; Miller, "The End of the Psalter," 105-7.

18 Zenger, "The Composition and Theology of the Fifth Book of Psalms, Psalms 107-145," 88-89; 강소라, "시편 145편: 시편에서의 위치와 기능", 「구약논집」 4(2008), 30-32. 본문의 표는 김창대, 『한 권으로 꿰뚫는 시편』, 349을 참고했다.

내용으로 차 있다(시 140:1, 6; 141:1, 8-10; 142:6-7; 143:1, 7, 9, 12; 144:6-7, 10-11). 이때 시인은 여호와를 "피난처"와 "바위"로 고백한다(시 141:8; 142:5; 143:9; 144:1-2). 이런 탄식에 대해 시편 145편은 일종의 응답으로서 여호와가 행하신 놀라운 구원의 행위를 송축하고 선포한다. 이와 같은 관계를 다음과 같이 시각화할 수 있다.

다윗 모음집							시 145편
시 140편	시 141편	시 142편	시 143편	시 144편			
탄식 상황에서 여호와께 구원을 요청함						←	구원의 행위를 통한 여호와의 응답

시편 140-145편의 전략적 배열

반면 시편 145편은 이어지는 146-150편을 이끄는 역할을 한다고도 볼 수 있다. 시편 145편은 "내 입이 여호와의 영예를 말하며 모든 육체가 그의 거룩하신 이름을 영원히 송축할지로다"(시 145:21)라고 끝나는데, 그 송축의 내용이 시편 146-150편에서 구체적으로 전개되기 때문이다.[19]

시 145:21	"내 입이 여호와의 영예를 말하며 모든 육체가 그의 거룩하신 이름을 영원히 송축할지로다"	▷	할렐루야 시편	시 146편
				시 147편
				시 148편
				시 149편
				시 150편

시편 145:21과 시편 146-150편의 관계

이처럼 시편 145편은 시편 1편 및 107편과 수미상관 구조를 형성

---

19 Wilson, *The Editing of the Hebrew Psalter*, 225.

하고, 동시에 바로 앞에 배열된 시편 140-144편과도 연결되며, 뒤따르는 146-150편을 이끈다. 그렇다면 시편 145편의 핵심 메시지는 무엇일까? 시편 145편의 표제어는 "다윗의 찬송시"인데 그 내용은 **하나님-왕의 위대하심과 그의 통치의 영원성**에 초점을 맞춘다. 시편 제3권 마지막 부분(시 89편)에서 실패한 모습으로 사라지다시피 했던 인간-왕 다윗은 제5권의 마지막 부분에 재등장해서 하나님이 "왕"이시라고 선포한다("왕이신 나의 하나님이여…"[시 145:1]). 인간-왕 다윗의 손가락은 철저하게 하나님-왕을 가리키며 독자들의 시선을 그분께 고정시킨다. 반면 인간-왕의 회복에 관해서는 어떤 언급도 하지 않는다. 오히려 시편 144:3-4은 인간의 연약함과 인생의 덧없음을 노래한다.

> 3여호와여, 사람이 무엇이기에 주께서 그를 알아주시며
> 인생이 무엇이기에 그를 생각하시나이까?
> 4사람은 헛것 같고
> 그의 날은 지나가는 그림자 같으니이다(시 144:3-4).

지금까지 살펴본 내용을 토대로 시편 145편의 구조를 다음과 같이 확정할 수 있다.[20]

> a. 여호와의 왕 되심을 송축하라(시 145:1-3)
>   b. 언약에 신실하신 여호와를 찬양하라(시 145:4-9)
> a'. 여호와의 왕 되심을 송축하라(시 145:10-13)
>   b'. 여호와의 신실하심을 송축하라(시 145:14-21)

---

20 VanGemeren, *Psalms*, 987; Brueggemann, Bellinger, *Psalms*, 603.

시편 145편에서 인간-왕(다윗)은 자신의 입을 통해 "왕이신 나의 하나님"을 찾으며 그의 나라가 위대하다고 선언한다(시 145:1-3, 11-13). 이는 이 시편의 주제가 "하나님-왕의 위대하심"과 "하나님-왕의 통치의 영원성"에 있음을 알게 해준다.

1왕이신 나의 하나님이여, 내가 주를 높이고
　　영원히 주의 이름을 송축하리이다.
2내가 날마다 주를 송축하며
　　영원히 주의 이름을 송축하리이다.
3여호와는 위대하시니 크게 찬양할 것이라.
　　그의 위대하심을 측량하지 못하리로다(시 145:1-3).

11그들이 주의 나라(מַלְכוּת)의 영광을 말하며
　　주의 업적을 일러서
12주의 업적과 주의 나라(מַלְכוּת)의 위엄 있는 영광을
　　인생들에게 알게 하리이다.
13주의 나라(מַלְכוּת)는 영원한 나라이니
　　주의 통치(מֶמְשָׁלָה)는 대대에 이르리이다(시 145:11-13).

인간-왕 다윗이 하나님을 왕으로 선포하고 하나님 나라와 통치의 영원성을 노래하는 방식은 매우 치밀하다. 이 시편은 이합체 시로서 "하나님 나라"를 노래하는 구절들의 첫 히브리어 알파벳이 "카프"(시 145:11)와 "라메드"(시 145:12)와 "멤"(시 145:13)이다. 그런데 이 세 자음의 순서를 뒤집어 모으면 "왕"이라는 뜻의 "멜레크"(מֶלֶךְ)가 된다. 그만큼

이 시편은 왕으로서의 하나님께 집중한다고 볼 수 있다.[21]

시편 145편은 이렇듯 하나님의 왕 되심을 노래하지만, 마지막에는 특이하게 지혜 모티프가 등장한다. 시편 145:19-20을 보자.

> 19 그는 자기를 **경외하는 자들**의 소원을 이루시며
> 　또 그들의 부르짖음을 들으사 구원하시리로다.
> 20 여호와께서 **자기를 사랑하는 자들**은 다 **보호**하시고
> 　**악인들**은 다 **멸하시리로다**(시 145:19-20).

여기서 주목해야 할 부분은 "경외하는 자들"과 "악인들"의 정체가 아니라 여호와가 그들을 어떻게 다루시는가다. 여호와는 의인과 악인에 대해 종말론적인 "보호"와 "심판"이라는 선명한 보응을 내리신다. 이는 시편 1편이 말하는 의인과 악인에 대한 여호와의 보응과 일치한다(시 1:1-6). 시편의 독자들이 분명히 기억해야 할 것은 **영원한 하나님 나라는 의인과 악인이 구분되는 나라**라는 사실이다(시 145:13). 마태복음 25:31-46에서 예수님이 말씀하신 양과 염소의 비유는 이 주제를 명확하게 드러낸다.

> 그들[악인들]은 영벌에, 의인들은 영생에 들어가리라(마 25:46).

---

[21] DeClaissé-Walford, *Introduction to the Psalms*, 126.

6. 시편 제5권의 가운데: 시편 111-118, 119, 120-134편

앞서 우리가 살펴본 시편 제5권의 시작(시 107편)과 마지막(시 145편) 부분은 자기 백성을 구원하시는 **"하나님-왕"은 신실하시다**라는 메시지를 분명하게 전달한다. 그렇다면 시편 107편과 145편 사이에 놓인 시편들은 어떤 메시지를 전달할까? 해당하는 시편을 모두 살필 수는 없지만 그중에서 중심을 차지하는 시편 111-118편과 120-134편, 그리고 119편을 통해 시편 제5권의 핵심에 접근해보자.

1) 시편 111-118편

먼저 시편 111-118편의 배열과 중심 메시지를 확인해보자. 앞서 언급했듯이 이 단락에는 몇 가지 주제가 혼재한다. 하지만 그중에서도 **인간을 의지하지 말고 여호와만 의지하라**는 주제가 두드러진다(시 112:7; 115:9-11; 118:8-9). 이 단락의 마지막 시편인 118편에서 시인은 고관들을 신뢰하는 행위를 비판한다.

> 8여호와께 피하는 것이
>> 사람을 신뢰하는 것보다 나으며
>
> 9여호와께 피하는 것이
>> 고관들을 신뢰하는 것보다 낫도다(시 118:8-9).

크게 보면 시편 111-118편은 111-112편과 113-118편("애굽 할렐루야 시편"[Egyptian Hallel Psalms])으로 나뉜다. 그러나 메시지를 정확하게 살피기 위해서는 시편 111-112편, 113-115편, 116-118편의 세 단락으로 나눌 수도 있다.

시 111편	시 112편	시 113편	시 114편	시 115편	시 116편	시 117편	시 118편
할렐루야 시편 모음							
이합체 시편		애굽 할렐루야 시편					
할렐루야!(시 111:1; 112:1; 113:1, 9)				할렐루야!(시 115:18; 116:19; 117:1-2)			
여호와의 구원	여호와만 의지할 것 (7절)	여호와의 구원		여호와만 의지할 것 (3-8, 9-11절)	여호와의 구원		여호와만 의지할 것 (8-9절)

시편 111-118편의 전략적 배열

(1) 시편 111-112편

이 두 시편은 서로 긴밀하게 연결된다. 두 시편 모두 각 절이 히브리어 알파벳으로 시작하는 이합체 시편이고 "할렐루야"로 시작하며(시 111:1; 112:1), 지혜 모티프를 담고 있다(시 111:5, 10; 112:1). 시편 111편은 여호와의 놀라운 행위를 강조한다. 시인은 "여호와께서 행하시는 일들이 크시오니"(시 111:2), "그의 행하시는 일이 존귀하고 엄위하며"(시 111:3), "그가 행하시는 일의 능력을 그들에게 알리셨도다"(시 111:6)라고 말한다. 그가 말하는 여호와의 놀라운 행위란 구체적으로 자기를 경외하는 자들에게 양식을 주고 언약을 세우며(시 111:5), 구원(구속)을 제공하는 일이다(시 111:9). 반면 시편 112편은 구속함을 받은 자들(언약 공동체)이 어떻게 여호와께 반응해야 하는가를 노래한다.[22] 구속함을 받은 자들은 여호와를 경외하고 율법(계명)을 즐거워하며(시 112:1), 은혜를 베풀고 정의를 행하면서(시 112:5, 9) 여호와만을 신뢰해야 한다(시 112:7).

---

22 시편 112편과 1편의 관계에 관해서는 VanGemeren, *Psalms*, 824을 보라.

그는 흉한 소문을 두려워하지 아니함이여

여호와를 의뢰하고(בָּטֻחַ) 그의 마음을 굳게 정하였도다(시 112:7).

이처럼 시편 111편이 여호와의 놀라운 구원 행위에 관해 노래한다면, 시편 112편은 그 구원의 대상인 언약 공동체가 마땅히 보여야 할 반응과 자세를 노래한다.

시 111편		시 112편
여호와의 놀라운 (구원) 행위	⇐	언약 공동체가 보여야 할 바람직한 반응: "여호와를 의지하라"

시편 111편과 112편과의 관계

(2) 시편 113-115편

시편 113, 114편은 둘 다 서술적 찬양시다.[23] 시편 113편은 "할렐루야"로 시작해서 "할렐루야"로 끝난다(시 113:1, 9). 그 안에 담긴 내용의 핵심은 여호와의 우주적 통치(시 113:3)와 여호와가 자신의 언약 백성에게 쏟으시는 관심이다(시 113:6-9). 여호와는 "해 돋는 데에서부터 해 지는 데에까지"(시 113:3), 모든 나라보다 높으시고 하늘보다 높은 곳에 좌정하여 다스리시니 그와 같은 분이 없으시다(시 113:4-5). 즉 여호와는 만물 위에 계신 "통치자"이시다. 그러나 그는 높은 곳에만 계시지 않고 자신을 스스로 낮추시어(시 113:6) "가난한 자", "궁핍한 자", "임신하지 못하던 여자"로 대표되는 사회적 약자들에게 특별한 관심을 두고 직접 구원하신다(시 113:7-9). 이것이 여호와 하나님의 속성이다. 반면 시편 114편은 여호와의 이런

---

[23] VanGemeren, *Psalms*, 831.

속성이 출애굽 사건에서 어떻게 구체적으로 드러났는지를 노래한다. 시인은 출애굽 사건, 홍해와 요단강을 마른 땅처럼 건넌 기적, 반석에서 물을 공급하신 사건 등이 여호와의 도우심으로 일어났다는 것을 밝히고(시 113:3-8), 그분이 유다(이스라엘)의 "통치자" 되심을 찬양한다(시 113:2).

시편 113, 114편이 찬양한 여호와의 구원하심과 통치자 되심을 근거 삼아 시편 115편은 언약 백성에게 "여호와를 의지하라"고 권고한다(시 115:9-11).

9이스라엘아, **여호와를 의지하라**(בְּטַח).

그는 너희의 도움이시요, 너희의 방패시로다.

10아론의 집이여, **여호와를 의지하라**(בִּטְחוּ).

그는 너희의 도움이시요, 너희의 방패시로다.

11여호와를 경외하는 자들아, **너희는 여호와를 의지하여라**(בִּטְחוּ).

그는 너희의 도움이시요, 너희의 방패시로다(시 115:9-11).

시 113편	시 114편		시 115편
출애굽을 통한 여호와의 놀라운 구원		←	언약 공동체가 보여야 할 바람직한 반응: "여호와를 의지하라"

시편 113-114편과 115편과의 관계

(3) 시편 116-118편

시편 116편은 여호와의 구원자이심을 노래한다. 시인은 위기 상황—"사망의 줄이 나를 두르고 스올의 고통이 내게 있으므로 내가 환난과 슬픔을 만났을 때…"(시 116:3)—에서 구원해주실 것을 간구한다(시 116:1-2). 감사하게도 여호와는 이와 같은 시인의 기도를 들으시고 그를 구원하신다(시 116:4-6, 8-11, 15-16).

> 4내가 여호와의 이름으로 기도하기를
> "여호와여, 주께 구하오니 내 영혼을 건지소서" 하였도다.
> 5여호와는 은혜로우시며 의로우시며
> 우리 하나님은 긍휼이 많으시도다.
> 6여호와께서는 순진한 자를 지키시나니
> 내가 어려울 때에 나를 구원하셨도다.…
> 8주께서 내 영혼을 사망에서, 내 눈을 눈물에서,
> 내 발을 넘어짐에서 건지셨나이다.
> 16여호와여, 나는 진실로 주의 종이요, 주의 여종의 아들 곧 주의 종이라.
> 주께서 나의 결박을 푸셨나이다(시 116:4-16).

시편 116편은 여호와를 "구원의 하나님"으로 노래한다. 반면 시편 117편은 여호와를 "모든 나라들의 하나님"으로 높여드린다. 구원에 대한 감사 찬양을 드릴 의무는 언약 백성에만 국한되는 것이 아니다. 세상의 모든 나라와 백성도 거기에 동참해야 한다(시 117:1-2). 따라서 시편 118편의 시인은 그와 같은 구원을 베푸시는 여호와 하나님의 선하심과 인자하심을 노래하며 언약 백성은 마땅히 그를 신뢰해야 한다고 소리를 높인다. 특별히 시편 118:5-18은 여호와의 도우심으로 승리한 왕을 내세워 시상을 전개한다.

> 10뭇 나라가 나를 에워쌌으니
> 내가 여호와의 이름으로 그들을 끊으리로다.

11 그들이 나를 에워싸고 에워쌌으니

　　내가 여호와의 이름으로 그들을 끊으리로다.

12 그들이 벌들처럼 나를 에워쌌으나 가시덤불의 불 같이 타 없어졌나니

　　내가 여호와의 이름으로 그들을 끊으리로다.

13 너는 나를 밀쳐 넘어뜨리려 하였으나

　　여호와께서는 나를 도우셨도다(시 118:10-13).

여호와의 도우심으로 말미암아 승리한 왕의 이야기는 사람을 신뢰하지 말고 여호와를 신뢰하라는 시인의 권고에 힘을 실어준다.

8 여호와께 피하는 것이

　　사람을 신뢰하는 것보다 나으며

9 여호와께 피하는 것이

　　고관들을 신뢰하는 것보다 낫도다(시 118:8-9).

시 116, 117편		시 118편
구원 요청과 여호와의 구원	⇐	언약 공동체가 보여야 할 바람직한 반응: "여호와를 의지하라"

시편 116, 117편과 118편과의 관계

지금까지 살펴보았듯이 시편 111-118편은 출애굽 사건을 언급하며 여호와의 구원하심을 노래한다. 그 사건을 통해 여호와의 선하심과 인자하심이 드러나고 그의 성품이 확인되었기 때문이다. 그렇다면 그의 구원(구속)을 경험한 자들이 마땅히 가져야 할 자세는 여호와를 찬양하고 그를 신뢰하며 도피처로 삼는 것이다(시 118:8-9).

이런 메시지는 포로기 이후 이스라엘 공동체에게 그들의 신앙이 나아가야 할 방향을 제시해주었다. 그들은 "인간-왕"에게 의지하는 일이 어리석다는 사실을 역사적 경험을 통해 철저하게 깨달았다(시 89편). 그들은 기원전 586년 남유다의 멸망을, 자신들의 조상들이 율법을 버리고 규례를 행하지 않음으로써 초래한 끔찍한 그 사건을 선명하게 기억했다. 그런 그들이 또 다른 인간-왕을 바라고 의지한다는 것은 단지 불행한 역사를 되풀이하는 것에 지나지 않는다. 그래서 그들은 오히려 "하나님-왕"만을 의지해야 한다는 결론에 이르게 된다. 종말론적인 차원에서 접근한다면 그들은 이전에 있었던 "인간-왕"(땅의 왕)과는 전혀 다른 "인간-왕"(메시아)을 바라보아야 한다.

2) 시편 120-134편

시편 120-134편에는 "성전으로 올라가는 노래"라는 표제어가 있다. 이 단락은 "위대한 할렐 시편"(Great Hallel Psalms: 시 120-136편)의 핵심이기도 하다. 이 모음집의 주제어는 "시온"으로서, 구체적으로는 여호와의 복이 그의 영원한 거처인 시온에서 주어진다는 메시지를 전달한다.

젱어는 오프레(P. Auffret)의 글을 인용하면서 이 모음집(시 120-134편)의 구조를 간략하게 분석했다. 그는 이 모음집을 다섯 개의 시편들로 구성된 세 부분으로 나눌 수 있고, 그 하위 단락의 중앙에 자리한 시편이 각각 "예루살렘"(시 122편), "시온"(시 127편), "다윗"(시 132편)에 초점을 맞춘다고 분석했다.[24]

---

[24] Zenger, "The Composition and Theology of the Fifth Book of Psalms, Psalms 107-145," 92; P. Auffret, *La sagesse a bati sa maison: Etudes des structures litteraires dans l'Ancien Testament et*

A					B					C				
120	121	122	123	124	125	126	127	128	129	130	131	132	133	134
		예루살렘					성전					다윗		

시편 122, 127, 132편의 전략적 배치(젱어의 분석)

이 도표에서 확인할 수 있듯이 젱어의 분석은 깔끔하고 설득력이 있어 보인다. 하지만 세 가지 정도는 바로잡아야 한다. 첫째, 단락 B(시 125-129편)의 중심 시편인 시편 127편의 핵심은 "성전"이 아니라 "헛되다"다. 시인은 하나님의 도움 없이는 인간의 수고가 "헛되다"는 사실을 강조한다(시 127:1-2a).

> 1여호와께서 집을 세우지 아니하시면
> 세우는 자의 수고가 헛되며,
> 여호와께서 성을 지키지 아니하시면
> 파수꾼의 깨어 있음이 헛되도다.
> 2너희가 일찍 일어나고 늦게 누우며
> 수고의 떡을 먹음이 헛되도다…(시 127:1-2).

여기에 등장하는 "집"이나 "성"은 "성전"의 의미를 내포하지 않는다. 오히려 "집"과 "성"은 "보호처"를 상징한다. 즉 자신을 보호하기 위해 "집"을 짓고 "성"을 지키는 일은 중요하지만 하나님이 그 일에 함께하시지 않으면 소용이 없다는 것이다.

---

specialement dans les Psaumes(OBO, 40; Freiburg: Universitätsverlag; Göttingen: Vandenhoeck & Ruprecht, 1992), 441-531.

둘째, 단락 C(시 130-134편)의 중심 시편인 132편의 핵심은 "다윗"이 아니라 "시온"이다. 시편 132편의 시인이 다윗 언약에 관해서 언급하는 것은 사실이지만(시 132:10-11, 17), 시편 전체의 내용을 살펴보면 "여호와의 시온 선택"에 초점을 맞춘다는 것을 알 수 있다.

> 13여호와께서 시온을 선택하시고
> 　자기 거처를 삼고자 하여
> 14이르시기를 "이는 내가 영원히 쉴 곳이라.
> 　내가 여기 거주할 것은 이를 원하였음이로다"(시 132:13-14).

셋째, "예루살렘"과 "시온"은 유의어로 간주해야 한다는 점이다(왕하 19:21; 사 2:3; 4:3-4; 31:9; 37:22; 43:4; 52:2; 62:1; 64:10; 미 3:10, 12; 4:2, 8; 습 3:14; 암 1:2; 욜 3:16; 슥 8:3; 9:9; 시 51:18; 76:2; 102:21; 128:5; 135:21; 애 2:10, 13). "예루살렘"과 "시온"은 같은 대상을 가리키는 다른 표현일 뿐이다. 예를 들어 시편 102:21에서는 이 두 단어가 평행법 안에서 동의어로 사용된다는 사실을 확인할 수 있다("여호와의 이름을 시온에서/그 영예를 예루살렘에서 선포하게 하려 하심이라"[시 102:21]). 따라서 시편 120-134편(성전으로 올라가는 노래)에 관한 젱어의 분석은 약간 수정되어야 한다.

나는 시편 120-134편이 전체적으로 "시온"에 관해서 노래한다고 본다. 시편 120-134편 중 핵심 시편은 시편 127편으로서 "하나님 없는 삶의 헛됨"을 이야기한다. 그리고 시편 127편의 앞뒤에는 시온(예루살렘)에 좌정하사 복을 주시는 여호와 하나님을 강조하는 시편이 배치되어 있다.

시 120편: 환난-거짓 비난과 음모-가운데서 구원자 되시는 하나님(1절)

시 121편: 도움의 근원되시고(1-2절), 보호자가 되시는, 천지를 지으신 하나님 (3-8절)

시 122편: 심판의 보좌(다윗의 보좌)이며(5절), 하나님의 집(9절)인 예루살렘(시온)을 사랑하는 자의 복됨(6절)

시 123편: 하늘에 계신 은혜의 하나님(1, 3절)

시 124편: 도움의 근원되시고, 천지를 지으신 하나님(8절)

시 125편: 자신의 백성(여호와를 의지하는 자)을 보호하시는 하나님(1-2절): 시온처럼 견고할 것임(1절)

시 126편: 시온의 포로를 회복하시는 하나님(1-6절)

시 127편: **하나님 중심의 삶(1-2절): 하나님 없는 삶의 덧없음 강조[지혜시]**

시 128편: 하나님을 경외하는 자들에게 시온에서 복을 주시는 하나님(1-6절) [지혜시]

시 129편: 시온을 미워하는 자는 수치를 당함(5절)

시 130편: 인자와 사유(용서)의 하나님

시 131편: 영원히 여호와만 바라보겠다는 시인의 신뢰 고백(3절)

시 132편: 시온을 선택하여 그곳에 거하시는 여호와(13-14절): 다윗 언약 언급

시 133편: 시온에서 영생의 복을 주시는 여호와(1-3절)

시 134편: 시온에서 복을 주시는 여호와(1-3절)

결론적으로 시편 120-134편은 여호와의 복이 그의 영원한 거처인 "시온"(=예루살렘)에서 흘러나온다는 것과 "여호와가 없는 삶"은 덧없다는 사실을 분명하게 가르친다. 여기서 독자들은 여호와 하나님만을 의지해야 한다는 교훈을 명쾌하게 깨닫게 된다(시 121:1; 123:1; 124:1-3; 124:8; 125:1; 126:1; 128:1-2; 130:5, 7; 131:3).

그렇다면 시편 119편을 중심으로 좌우에 배열된 시편들(시 111-118, 120-134편)은 공통적으로 **구원과 축복이 여호와께 있음을 인식하고 여**

호와만 바라보고 의지할 것을 강조한다고 할 수 있다. 여기서 반대로 인간은 아무리 유력하더라도 우리의 믿음을 둘 존재 자체가 되지 못한다는 사실도 선명하게 드러난다.

3) 시편 119편

시편 119편은 각 구절이 히브리어 알파벳 순서에 따라 시작하는 거대한 이합체 시편이다. 그런데 특이한 점은 나머지 이합체 시편들과 달리 히브리어 알파벳 하나에 8개 구절이 배당된다는 점이다. 히브리어 알파벳이 22개이므로 시편 119편의 절은 176(22x8)개가 된다. 이런 이합체 양식은 해당 시편을 암기하는 데 도움을 줄 뿐만 아니라 그 시가 전달하는 메시지의 온전성 혹은 완전성을 강조하는 기능을 한다.[25] 즉 이합체 양식을 치밀하게 사용하며 율법을 주제로 삼는 시편 119편은 "율법의 완전성"을 강조한다고 말할 수 있다.

시편 119편의 시인은 율법의 완전성을 강조하기 위해서 이합체 양식을 활용할 뿐만 아니라 각 8개의 구절들 속에서 율법(토라)의 동의어로 여겨지는 단어―"증거", "판단", "율례", "말씀"(다바르), "계명", "법도", "말씀"(이므라)―를 적어도 6개는 사용한다. 다시 말해 각각 8개 구절로 형성된 22개의 단락이 모두 "토라"의 유의어들로 가득 차 있는 것이다.

---

25 이합체 시편의 기능에 관해서는 웬함, 『토라로서의 시편』, 123-24을 보라. 좀 더 전문적인 설명을 위해서는 Wilfred G. E. Watson, *Classical Hebrew Poetry: A Guide to Its Techniques*, JSOTSup 26(Sheffield: JSOT, 1984), 192-200.

구 분	1	2	3	4	5	6	7
번 역	증거	판단	율례	말씀	계명	법도	말씀
히브리어	עֵדָה (에다)	מִשְׁפָּט (미슈파트)	חֹק (호크)	דָּבָר (다바르)	מִצְוָה (미츠바)	פִּקּוּד (피쿠드)	אִמְרָה (이므라)

시편 119편에 사용된 토라의 유의어들

예를 들어 시편 119:33-40을 보면 8개의 구절이 모두 히브리어 알파벳 "헤"(ה)로 시작하고, 토라의 유의어 6개―"증거", "판단", "율례", "계명", "법도", "말씀"(이므라)―가 활용되는 것을 확인할 수 있다. 여기서 사용된 단어들을 각기 다른 단어로 해석하는 것은 사실상 무의미하며 모두 토라의 대용어(代用語)라고 이해하는 것이 자연스럽다.[26]

33여호와여, 주의 **율례들**[호크]의 도를 내게 가르치소서.
　　내가 끝까지 지키리이다.
34나로 하여금 깨닫게 하여주소서.
　　내가 주의 **법**[토라]을 준행하며 전심으로 지키리이다.
35나로 하여금 주의 **계명들**[미츠바]의 길로 행하게 하소서.
　　내가 이를 즐거워함이니이다.
36내 마음을 주의 **증거들**[에다]에게 향하게 하시고
　　탐욕으로 향하지 말게 하소서.
37내 눈을 돌이켜 허탄한 것을 보지 말게 하시고
　　주의 길에서 나를 살아나게 하소서.
38주를 경외하게 하는 **주의 말씀**[이므라]을
　　주의 종에게 세우소서.

---

26 웬함, 『토라로서의 시편』, 119, 128-31.

39내가 두려워하는 비방을 내게서 떠나게 하소서.

주의 **규례들**[미슈파트]은 선하심이니이다.

40내가 주의 **법도들**[피쿠드]을 사모하였사오니

주의 의로 나를 살아나게 하소서(시 119:33-40).

이처럼 "토라의 완전성"을 강조하는 시편 119편이 시편 제5권의 중심에 놓여 있다.[27] 물리적인 위치로는 정중앙이 아니지만 그 중요성과 기능 면에서 시편 제5권의 핵심이라고 해도 과언이 아니다. 앞서도 언급했듯이 시편 제5권의 구조를 분석하기란 쉽지 않은 작업이다. 학자마다 견해가 다르고 견해마다 장단점을 가지고 있기 때문이다. 그럼에도 시편 119편이 시편 제5권의 중심이라는 주장에는 대다수 시편 학자가 이견이 없다.[28]

여기서 내가 던지는 질문은 두 가지다. 첫째, 이처럼 176절로 구성된 장황한 시편이 전달하는 핵심 메시지는 무엇일까? 둘째, 시편 119편을 이 자리에 놓은 저자(최종 편집자)의 의도는 무엇일까? 먼저 첫째 질문부터 살펴보자. 시편 119편은 토라의 완전성을 말하는 것일까, 아니면 토라 묵상의 중요성을 가르치는 것일까? 그것도 아니라면 토라를 행하는 삶의 중요성을 말하는 것일까? 시편 119편을 처음부터 끝까지 자세히 읽은 독자는 토라와 관련된 내용이 반복되지만 일관된 줄거리가 없다고 느꼈을 가능성이 크다. 브루그만은 시편 119편의 이런 특성을 인정하면서 칼뱅의 말을 인용한다.

---

27 Wilson, "The Shape and Shaping of the Psalter," 79; Miller, "Deuteronomy and Psalms," 11.
28 Wilson, *The Editing of the Hebrew Psalter*, 223; "The Shaping the Psalter," 79; Zenger, "The Composition and Theology of the Fifth Book of Psalms, Psalms 107-45," 88.

이 시편[시 119편]은 다양한 주제를 다루고 있기에 전체 내용에 대한 대략적 개요를 제공하기가 쉽지 않다. 시인은 한 주제에서 다른 주제로 빈번하게 넘어가고, 어떤 특정한 주제를 지속해서 연구하지도 않는다.[29]

그럼에도 시편 119편이 독자들에게 인간인 자신을 신뢰하지 말고 율법(토라)의 교훈에 귀를 기울이며 그것을 준행하는 삶을 살라고 가르친다(토라 경건)는 점은 분명하다. 이합체 양식을 통해 율법의 완전성을 드러낼 뿐만 아니라 그 내용을 통해서도 율법에 대한 순종을 촉구하는 것이다. 여기서 율법은 인간과 하나님 사이에서 가교로—하나님 편에서는 그의 선하심과 인자하심을 드러내는 방편으로, 인간 편에서는 그의 충성을 여호와께 보여드리는 방편으로—기능한다.

앞서 언급했듯이 시편 119편은 율법(토라)과 관련된 여러 주제를 다루기에 내용에 따른 개요를 확정하기가 쉽지 않다. 하지만 나는 "율법을 행하는 것의 중요성과 율법 묵상의 즐거움"이 시편 119편의 핵심이라고 제안한다. 그 근거를 살펴보자.

첫째, 시편 119편에서 율법(토라) 및 그 유의어들과 연결되어 사용되는 동사 가운데 가장 많이 등장하는 것이 "지키다"를 의미하는 "샤마르"(שָׁמַר)이기 때문이다. "샤마르"는 시편 119편의 21개 절에 등장하며(시 119:4-5, 8-9, 17, 34, 44, 55, 57, 60, 63, 67, 88, 101, 106, 134, 136, 146, 158, 167-168; 참조. 시 19:11), "지키다"를 의미하는 동의어 "나차르"(נָצַר)[4개 절])와 "걷다"로 번역되지만 "행하다"를 의미하는 "할라크"(הָלַךְ)[3개 절])까지 합하면 총 25개 절이 율법을 지키는 것과 연관된다. 이는 다른 동사들

---

29 John Calvin, *Commentary on the Psalms*, vol. 4(Grand Rapids: Baker, 1979), 398. Brueggemann, Bellinger, *Psalms*, 519에서 재인용.

에 비해 월등히 높은 빈도다.[30] 더욱이 "샤마르"와 "나차르"와 "할라크"는 시편 119편이 시작되는 첫 번째 단락(시 119:1-8)에 집중적으로 등장하면서 율법을 묵상하는 것을 넘어 실제 삶에서 "율법을 지키고 준행하는 것의 중요성"을 강조하는 분위기를 형성한다. 따라서 시편 1편은 율법 묵상의 중요성을 강조한다면, 119편은 율법을 준행하는 것의 중요성을 강조한다고 말할 수 있다.

1 행위가 온전하여 여호와의 율법을 따라
  행하는 자들은 복이 있음이여,
2 여호와의 증거들을 **지키고**
  전심으로 여호와를 구하는 자는 복이 있도다.
3 참으로 그들은 불의를 **행하지** 아니하고
  주의 도를 **행하는도다**.
4 주께서 명령하사
  주의 법도를 잘 **지키게 하셨나이다**.
5 내 길을 굳게 정하사
  주의 율례를 **지키게 하소서**.
6 내가 주의 모든 계명에 주의할 때에는
  부끄럽지 아니하리이다.
7 내가 주의 의로운 판단을 배울 때에는
  정직한 마음으로 주께 감사하리이다.
8 내가 주의 율례들을 **지키오리니**

---

30 웬함, 『토라로서의 시편』, 126을 참조하라.

나를 아주 버리지 마옵소서(시 119:1-8).

둘째, 율법 묵상의 즐거움을 의미하는 동사들의 사용이 두드러지기 때문이다. 율법(토라) 및 그 유의어들과 함께 사용되는 다음 동사 4개는 모두 율법을 즐거워하거나 기뻐한다는 의미가 있다.

- "수스"(שוש): 시편 119:14, 162(2회)
- "샤아"(שעע): 시편 119:16, 47, 70(3회)
- "하페츠"(חפץ): 시편 119:35(1회)
- "사마흐"(שמח): 시편 119:74(1회)

여기에 더해 "즐거움" 혹은 "기쁨"을 뜻하는 명사 "샤아슈임"(שעשעים)도 시편 119편에 5회 등장한다(시 119:24, 77, 92, 143, 174). 이 단어가 구약성경에 단 7회만 등장한다는 점에 비추어 보면 시편 119편의 논조를 짐작하게 된다(참조. 사 5:7; 잠 8:31).

여호와여, 내가 주의 구원을 사모하였사오며
　　주의 율법을 즐거워하나이다(시 119:174).

지금부터는 두 번째 질문, 즉 시편 119편을 이 자리에 놓은 저자(최종 편집자)의 의도가 무엇인지 살펴보자. 베스터만은 시편 1편과 119편이 동일한 장르와 주제를 공유한다는 사실을 근거로 시편이 한때 시편 1편과 119편에 의해 조형되어 있었고, 별도로 형성되어 있던 다른 모음집—예를 들어 시편 120-134편("성전으로 올라가는 노래")—이 나중에 첨부되었을 것이라고 주장한다.[31] 그러나 내가 볼 때 시편 1, 2편 및 18-19편이 각각 "율법-왕" 주제를 전개하는 것처럼 시편 119편의 정경적 위치는 시편 118편과 함께 "왕-율법" 주제를 환기하는 기능을 하는 곳에 정해졌을 가능성이 있다. 다시 말해 시편 제5권의 중앙에 "왕-율법" 주제를 배치함으로써 시편 제1-3권이 선명하게 제시해온 "율법-왕" 주제를 다시 한번 강조하는 것이다.

따라서 왕의 승리를 노래하는 시편 118편과 율법의 완전성을 노래하는 시편 119편은 함께 읽어야 한다. 앞서 나는 시편 118편을 "할렐루야 시편 모음집"(시편 111-118편)에 포함시켰다. 그때 밝힌 대로 시편 118편은 분명히 시편 116편의 시인이 노래한 "여호와의 구원"에 대해 언약 백성이 보여야 할 마땅한 반응—여호와만을 의지할 것—을 강조한다. 그러나 시편 118편이 여호와의 도움으로 인한 "왕의 승리"를 노래한다는 점도 주목해야 한다(시 118:5-18). 시편 118:10-14을 살펴보자.

> 10 뭇 나라가 나를 에워쌌으니
>   내가 여호와의 이름으로 그들을 끊으리로다.
> 11 그들이 나를 에워싸고 에워쌌으니
>   내가 여호와의 이름으로 그들을 끊으리로다.
> 12 그들이 벌들처럼 나를 에워쌌으나 가시덤불의 불같이 타 없어졌나니
>   내가 여호와의 이름으로 그들을 끊으리로다.
> 13 너는 나를 밀쳐 넘어뜨리려 하였으나

---

[31] Westermann, *Praise and Lament in the Psalms*, 253; James D. Nogalski, "From Psalm to Psalms to Psalter," *An Introduction to Wisdom Literature and the Psalms: Festscherift Marvin E. Tate*(eds. H. W. Ballard, W. D. Tucker; Macon: Mercer University Press, 2000), 51-53.

>   여호와께서는 나를 도우셨도다.
> 14여호와는 나의 능력과 찬송이시요,
>   또 나의 구원이 되셨도다(시 118:10-14).

이 구절들은 "하나님-왕"의 도움으로 인한 "인간-왕"의 승리(구원)를 노래한다. 즉 "인간-왕"의 승리를 노래하는 시편 118편에 이어서 곧바로 율법의 완전성과 율법 행함의 중요성을 노래하는 시편 119편이 펼쳐진다. 시편 1, 2편과 18, 19편에서 전개되었던 "왕-율법" 주제가 소환된 것이다. 그랜트는 자신의 저서 *The King as Exemplar: The Function of Deuteronomy's Kingship Law in the Shaping of the Book of Psalms*에서 이 주제를 심도 있게 다룬다.[32] 그녀는 이 두 시편이 매우 의도적으로 배열되었으며, 시편의 신명기적 왕권 신학의 절정과 종말론적 왕의 대표적 기능을 보여준다고 주장한다.[33] 다시 말해 시편의 마지막 제5권의 핵심 부분에 "왕-율법" 주제를 다루는 시편 118, 119편을 배치함으로써 제1, 2편에서 제기했던 "왕의 토라 묵상"을 재차 강조하고자 했다는 것이다.

"율법 묵상의 중요성"을 강조하는 시편 1편과 시온에 세움을 받은 왕을 노래하는 시편 2편이 시편 전체의 서론에 자리한다. 그리고 시편 제1권의 중앙에는 여호와의 도움을 통해 승리한 왕을 노래하는 시편 18편과 20, 21편이 그 사이에서 율법의 능력을 강조하는 시편 19편과 함께 나란히 배열된다. 이와 마찬가지로 시편 제5권의 중앙에는 왕의 승리를 노래하는 시편 118편과 율법의 완전성을 찬양하는 시편 119편이 전략

---

32 Grant, *The King as Exemplar*, 121-88, 240-44.
33 Ibid., 122.

적으로 배치되어 있다.

7. 결론

시편 제5권은 시온에 좌정하여 만물과 세상을 다스리시는 "하나님-왕"의 위대하심을 노래한다. 시편 제1권부터 시작된 "왕" 주제가 인간-왕에서 하나님-왕으로 완전히 옮겨지고, 온 우주의 왕 되신 하나님이 뚜렷이 강조된다. 시편 제1권에서 시작된 또 다른 주제인 "율법" 역시 제5권에서 계속 강조된다. 시편 제5권은 하나님의 도움으로 전쟁에서 승리하는 인간-왕들에 대한 노래 이후에 율법을 강조하는 시편 119편을 배치함으로써 "인간-왕"과 "율법"을 다시 한번 결부하고 있다.

바벨론에서 돌아온 예루살렘 공동체는 시편 제5권의 시편들을 읽으면서 무슨 생각을 했을까? 예루살렘 공동체는 무엇보다 언약 백성에게 보이신 하나님의 인자하심을 깊이 묵상했을 것이다. 인간의 불의에도 불구하고 하나님의 인자하심은 흔들리지 않는다. 그들은 이 사실을 확인하면서 세상의 그 무엇보다 흔들림 없는 여호와만을 의지해야겠다고 다짐했을 것이다.

10장

시편의 결론

(시 146-150편)

여호와를 찬양하라!

지금까지 우리는 시편 제1권부터 제5권(시 107-145편)까지를 살펴보면서 시편 전체의 이야기가 "율법"과 "왕"이라는 두 가지 주제를 기반으로 전개된다는 사실을 확인할 수 있었다. 물론 개별 시편이 전달하는 메시지나 의미도 매우 중요하다. 하지만 형형색색의 퍼즐 조각이 다 모여 멋지고 웅장한 그림을 만들어내듯이 150개의 시편이 씨줄과 날줄이 되어 만들어내는 하나의 큰 그림—실패한 "인간-왕"을 바라보지 말고 참된 피난처가 되시는 "하나님-왕"만 의지하라는 메시지—을 확인하고 음미하는 것도 중요하다. 그것이 150개의 시편이 최종적으로 말하는 메시지이기 때문이다. 완성된 하나의 그림으로서 시편은 실패할 수밖에 없는 인간을 의지하는 것이 얼마나 어리석은 일인지를 고발하고, 바위처럼 흔들리지 않는 여호와 하나님만을 왕으로 온전히 섬기라고 촉구한다. 이런 메시지는 포로기 이후 이스라엘 공동체가 다윗 언약에 기초한 인간-왕(다윗 가의 왕적 인물)에 대한 기대를 내려놓고 영원한 거처이자 왕이신 여호와 하나님을 바라보게 했을 것이다.

> 3귀인들을 의지하지 말며
>   도울 힘이 없는 인생도 의지하지 말지니
> 4그의 호흡이 끊어지면 흙으로 돌아가서
>   그날에 그의 생각이 소멸하리로다.

5 야곱의 하나님을 자기의 도움으로 삼으며

여호와, 자기 하나님에게

자기의 소망을 두는 자는 복이 있도다(시 146:3-5).

우리는 이제 "시편의 결론"이라 불리는 지점에 도착했다. 긴 여정을 마치는 지점에 다다랐기에 잠시 쉬며 아픈 무릎이라도 주무르고 싶겠지만 아쉽게도 그럴 수 없다. 왜냐하면 "시편의 결론"은 단순히 여운을 주는 잔향이 아니라 작품의 클라이맥스(climax)요, 피날레(finale)로서 모든 악기가 동원되어 제일 큰 소리를 내는 부분이기 때문이다. 따라서 우리는 장거리 달리기 선수가 지칠 대로 지쳤음에도 결승선을 향해 전력 질주하는 것처럼, 시편의 마지막 부분에서 "하나님-왕"의 존재를 확인하고 그분께 찬양을 올려드려야 할 이유를 발견하는 데 전심을 다해야 한다.

내가 아는 한 모든 시편 학자가 시편 146-150편이 시편 전체의 결론이라는 견해에 동의한다. 탄식시(시 3편)로 시작—서론(시 1, 2편)은 예외에 둔다—해서 결론 부분에 이르러 찬양시로 마무리되는 시편의 구조는 매우 흥미롭다. 베스터만이 지적했듯이 시편 전체에서 탄식시는 전반부에, 찬양시는 대체로 후반부에 배열되는데[1] 그런 흐름이 의미하는 바가 적지 않다. 왜냐하면 찬양은 구원에 대한 신앙적 반응이기 때문이다.[2]

탄식에서 찬양으로 이어지는 시편의 흐름은 탄식할 만한 상황에 직면했던 포로기 이후 언약 백성에게 탄식에만 머물지 말고 여호와 하나님의 구원을 묵상하며 찬양의 자리로 나아가라는 메시지를 던져주었을 것

---

1 Westermann, *Praise and Lament in the Psalms*, 257-58.
2 Patrick D. Miller, "In Praise and Thanksgiving," *ThTo* 45(1988), 180-81.

으로 보인다. 밀러는 "하나님을 향한 찬양이 믿음의 마지막 표현"이라고 말한다.[3] 그에 따르면 "그것[찬양]이 우리 인생의 목적, 즉 우리의 삶 전체가 지향해야 할 목적이다. 성경과 웨스트민스터 소요리문답, 바흐의 작품들과 헨델의 메시아 역시 그러하다. 시편에 담겨 있는 이스라엘의 노래와 기도들은 모두 찬양에서 그들의 최종적인 절정에 이르게 된다."[4]

그렇다면 찬양시 모음집인 시편 146-150편은 우리에게 어떤 이야기를 들려줄까? "할렐루야"로 시작하고 끝나면서 "여호와를 찬양하라"고 초청하는 것이 이 시편들이 전하려는 메시지의 전부일까? 그렇게 간단하지는 않아 보인다. 이 질문에 답하기 위해 시편 146-150편의 전체 구조와 메시지를 분석하는 데 집중해보자.

1. 시편 146-150편의 특징과 구조

시편 146-150편의 구조에는 두 가지 주목할 만한 특징이 있다. 이 특징들은 시편의 최종 편집자들이 마지막 결론 부분까지 얼마나 치밀하게 시편들을 배열했는지 확인하게 해준다. 첫 번째 특징은 수미상관에 관한 것이고, 두 번째 특징은 시편 145편과의 연결 고리에 관련된다.

---

[3] Ibid., 188.
[4] Ibid.

1) "할렐루야"에 의한 수미상관 구조

시편 146-150편은 모두 "할렐루야"로 시작해서 "할렐루야"로 끝난다. "할렐루야 시편"은 다른 곳에도 있지만(시 104-106, 111-117, 135편), 모음집에 속한 모든 시편이 "할렐루야"에 의해 수미상관 구조를 갖추는 경우는 시편 146-150편뿐이다.

또한 시편의 결론 중의 결론인 150편은 더욱 흥미로운 특징을 드러낸다. 총 6절로 구성되는 시편 150편은 수미상관 구조를 갖추고 있을 뿐만 아니라 각 절에 "할렐루야"가 적어도 2회씩 등장하여 총 15회나 사용된다. 개역개정 성경은 시편 150편의 히브리어 "할렐루야"(הַלְלוּ־יָהּ)를 처음과 마지막에만 "할렐루야"로 번역하고 나머지는 모두 "찬양하다"로 번역해서 그 특징이 잘 드러나지 않는다. 하지만 히브리어 본문을 살펴보면 6개 절이 "할렐루야"로 시작해서 "할렐루야"로 마무리된다는 사실을 분명히 확인할 수 있다. 간단히 말해 시편 150편은 "할렐루야의 꽃"이다.

	시 146편	시 147편	시 148편	시 149편	시 150편
수미상관 (inclusio)	1절 할렐루야	1절 할렐루야	1절 할렐루야	1절 할렐루야	1절 할렐루야(3회) 2절 할렐루야(2회) 3절 할렐루야(2회) 4절 할렐루야(2회) 5절 할렐루야(2회)
	10절 할렐루야	20절 할렐루야	14절 할렐루야	9절 할렐루야	6절 할렐루야(1회)

시편 146-150편에서 확인되는 수미상관 구조

2) 시편 145:21과 시편 146-150편

앞서 시편 145편을 다루면서 언급했듯이 시편 146-150편은 시편 145:21의 내용을 구체적으로 확장한 내용으로 구성된다고 볼 수 있다.[5] 시편 145:21에서 시인은 "내 입이 여호와의 영예를 말하며, **모든 육체가 그의 거룩하신 이름을 영원히 송축할지로다**"라고 노래하는데, 시편 146-150편에서 시인은 실제로 여호와의 영예를 말하며 그의 이름을 송축한다. 이에 관해 윌슨은 시편 146편에는 비록 표제어가 없지만 시편 145:21의 내용을 이어받은 "다윗의 고백"으로 보아야 한다고 주장했다.[6] 그 핵심 메시지 역시 시편 제5권의 첫 번째 할렐루야 모음집에서 거듭 교훈했던 내용과 같다. 곧 "인간을 의지하지 말고 여호와만을 의지하라"는 것이다(시 112:7; 115:9-11; 118:8-9).

> 3 귀인들을 의지하지 말며
> 　도울 힘이 없는 인생도 의지하지 말지니
> 4 그의 호흡이 끊어지면 흙으로 돌아가서
> 　그 날에 그의 생각이 소멸하리로다.
> 5 야곱의 하나님을 자기의 도움으로 삼으며
> 　여호와, 자기 하나님에게
> 　자기의 소망을 두는 자는 복이 있도다(시 146:3-5).

---

[5] Wilson, *The Editing of the Hebrew Psalter*, 189-94, 226-27; "The Use of Royal Psalms at the 'Seams' of the Hebrew Psalter," 87.
[6] Gerald Wilson, *The Editing of the Hebrew Psalter*, 226-27. 시편 145편의 표제어는 "다윗의 찬송시"다.

⁸여호와께 피하는 것이

　사람을 신뢰하는 것보다 나으며

⁹여호와께 피하는 것이

　고관들을 신뢰하는 것보다 낫도다(시 118:8-9).

시편 145:21과 146-150편의 관계를 도식화하면 다음과 같이 나타낼 수 있다.

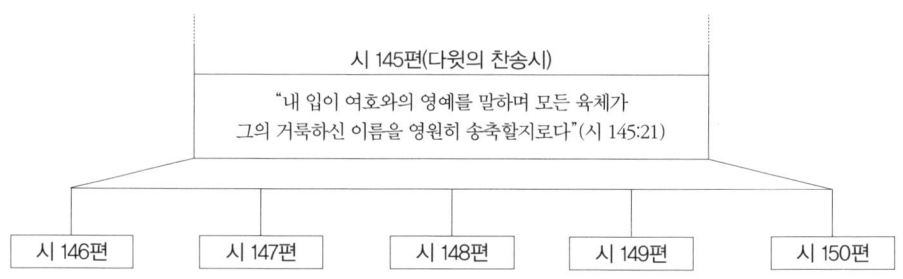

시편 145:21과 146-150편의 관계

2. 시편 146-150편의 찬양 주체와 내용

시편 146-150편의 찬양을 드리는 주체와 그 내용은 독자들의 시선을 사로잡는다. 왜냐하면 시편 146-150편에는 다른 어떤 시편들보다 다양한 존재들이 찬양의 주체로 등장하고, 앞서 시편 전체에서 다루어온 메시지가 강한 어조로 통합되어 나타나기 때문이다.

1) 찬양의 주체 확대

앞서 언급했듯이 시편 146-150편은 모두 "할렐루야"로 시작해서 "할렐루야"로 끝나며 독자들을 찬양의 자리로 초청한다. 그런데 이 시편들은 매우 주도면밀하게 배열되어 찬양의 주체가 점차 확대되는 양상을 띤다. 즉 찬양의 주체가 개인(시 146편)에서 공동체(시 147편)로, 또다시 모든 창조물(시 148편)―영적인 존재를 포함한 여호와의 모든 창조물―에서 "호흡이 있는 자들"(시 150:6)로 확대된다. 이를 뒤집어 말하면 하나님-왕을 찬양하는 데 있어 그 주체에는 제한이 없다고 할 수 있다. 개인을 포함한 모든 공동체, 기식이 있는 모든 생물을 포함한 모든 창조물이 여호와 하나님을 찬양하는 주체가 되어야 한다. 특별히 시편 148편은 세상의 모든 영역이 하나님을 찬양하는 주체가 된다는 사실을 분명하게 노래한다. 다음 구절들을 주의 깊게 살펴보자.

> 1 할렐루야! 내 **영혼아**, 여호와를 찬양하라.
> 2 **나의** 생전에 여호와를 찬양하며
> **나의** 평생에 **내** 하나님을 찬송하리로다(시 146:1-2).

> 1 할렐루야! **우리** 하나님을 찬양하는 일이 선함이여,
> 찬송하는 일이 아름답고 마땅하도다.
> 2 여호와께서 예루살렘을 세우시며
> 이스라엘의 흩어진 자들을 모으시며
> 3 상심한 자들을 고치시며
> 그들의 상처를 싸매시는도다.

> 4 그가 별들의 수효를 세시고
> 　　그것들을 다 이름대로 부르시는도다.
> 5 **우리** 주는 위대하시며 능력이 많으시며
> 　　그의 지혜가 무궁하시도다(시 147:1-5).

> 1 할렐루야! 하늘에서 여호와를 찬양하며
> 　　높은 데서 그를 찬양할지어다.
> 2 **그의 모든 천사여**, 찬양하며
> 　　**모든 군대여**, 그를 찬양할지어다.
> 3 **해와 달아**, 그를 찬양하며
> 　　**밝은 별들아**, 다 그를 찬양할지어다.
> 4 **하늘의 하늘도** 그를 찬양하며
> 　　**하늘 위에 있는 물들도** 그를 찬양할지어다.
> 5 그것들이 여호와의 이름을 찬양함은
> 　　그가 명령하시므로 지음을 받았음이로다(시 148:1-5; 참조. 시 148:7-12).

> **호흡이 있는 자마다**
> 　　여호와를 찬양할지어다. 할렐루야!(시 150:6)

이뿐만 아니라 시편 146-150편에는 찬양의 주체와 관련해 눈여겨 보아야 할 표현이 있다. 바로 "시온"과 "예루살렘"이다. 여기서 "시온"과 "예루살렘"은 장소를 가리키는 것이 아니라 포로로 잡혀 있던 바벨론에서 예루살렘으로 귀환한 자들(예루살렘 공동체)을 지칭한다. 시편 146편의 시인은 "시온아, 여호와는 영원히 다스리시고 네 하나님은 대대로 통치하시리로다"(시 146:10)라고 말하며 시온에게 찬양할 것을 명한다. 시편 147:12은 "예루살렘아, 여호와를 찬송할지어다. 시온아, 네 하나님을 찬양할지어다"라고 노래한다. 여기서 "예루살렘"과 "시온"은 의미론적으로 동의어이며, 바벨론에서 예루살렘으로 귀환한 자들을 가리킨다. 이는 여호와가 "예루살렘을 세우시며 이스라엘의 흩어진 자들을" 모으신다고 말하는 시편 147:2에서 더욱 확실해진다. 또한 시편 149:2은 "이스라엘은 자기를 지으신 이로 말미암아 즐거워하며 시온의 주민은 그들의 왕으로 말미암아 즐거워할지어다"라고 찬양한다. 이로써 우리는 시편 146-150편에서 찬양의 주체가 창조물 전체로 확대되지만, 그 안에는 "포로에서 회복된 성도들"이 주축을 이루고 있음을 알게 된다.

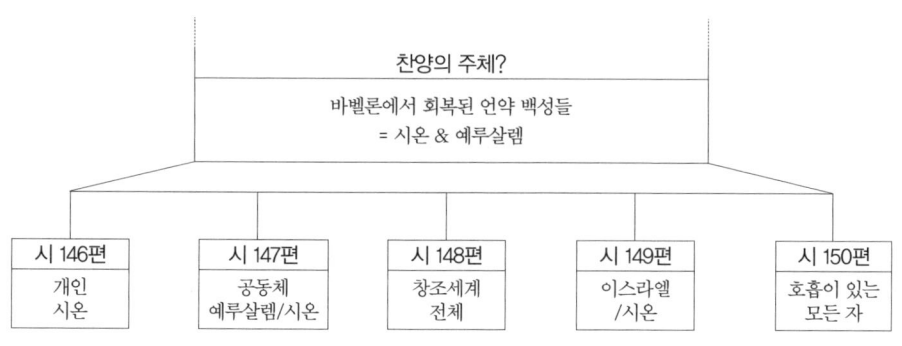

시편 146-150편에 묘사된 찬양의 주체들

2) 찬양 내용

시편 146-150편의 장르는 찬양시다. 찬양시는 시인이 하나님께 직접 드리는 것이 아니라 시인이 자기 자신이나 공동체, 더 나아가 창조물에게 하나님을 찬양하자고 청하는 노래다. 예를 들어 시편 146:1에서 시인은

"내 영혼아, 여호와를 찬양하라"고 말하면서 자기 자신에게 여호와를 찬양하라고 명령한다. 또한 시편 147:12은 "예루살렘아, 여호와를 찬송할지어다. 시온아, 네 하나님을 찬양할지어다" 하면서 예루살렘으로 귀환한 공동체를 찬양으로 초청한다. 심지어 시편 148:2 — "그의 모든 천사여, 찬양하며, 모든 군대여, 그를 찬양할지어다" — 은 천상의 존재들에게조차 여호와를 찬양하라고 명령한다. 다시 말해 찬양시는 시인이 하나님께 직접 드리는 노래가 아니라 자신을 포함한 제3자 — 창조세계와 인간 공동체도 포함된다 — 를 찬양으로 초청하는 노래다.

한편 찬양의 내용을 살펴보면 "하나님이 하신 일"과 "하나님의 성품"이 거론된다는 사실을 알 수 있다. 따라서 찬양시는 일종의 간증으로 이해되기도 한다. 독자들은 이 지점에서 의아해할 수 있다. 그러나 찬양시는 "간증"이다. 시인은 다양한 소재를 사용해 독자들에게 "하나님이 하신 일"과 "하나님의 성품"을 소개하면서 하나님을 찬양하자고 독려한다. 독자들은 시인의 간증을 통해 모든 시선을 모아 하나님을 바라보게 된다. 이것이 바로 시편 146-150편의 목적이다.

그렇다면 시편 146-150편의 내용은 무엇일까? 시인은 무엇을 간증하려고 할까? 세 가지 주제를 추려보면 여호와가 왕 되신다는 것과 구원자 되신다는 것, 그리고 여호와만을 의지하라는 교훈을 확인할 수 있다.

(1) 여호와를 "왕"으로 찬양

앞서 살펴보았듯이 시편 145:1에서 시인은 "왕이신 나의 하나님이여, 내가 주를 높이고 영원히 주의 이름을 송축하리이다"라고 노래한다. 시편 제5권 본론의 마지막 시편에서 하나님을 "왕"이라고 선언한 것이다. 그런데 시편의 결론을 이루는 할렐루야 시편 모음집에서도 시인은 여호와가 "왕"이시라고 노래한다(시 149:1-2).

> 시 149:1   a 할렐루야! 새 노래로 여호와께 노래하며
>   b 성도의 모임 가운데에서 찬양할지어다.
> 시 149:2   a 이스라엘은 **자기를 지으신 이**로 말미암아 즐거워하며
>   b 시온의 주민은 **그들의 왕**으로 말미암아 즐거워할지어다.

시편 149:1-2의 구성

여기서 시편 149:2a의 "자기를 지으신 이"(창조자)는 의심의 여지 없이 앞 절에서 언급한 "여호와"다. 동시에 "자기를 지으신 이"(=창조자 여호와)는 2b의 "그들의 왕"과 의미론적으로 평행을 이룬다. 즉 "그들의 왕"은 인간 왕이 아니라 2a의 창조자 여호와를 가리킨다. 다시 말해 시편 149:2에서 시인은 창조자이신 여호와 하나님을 이스라엘의 왕으로 선언하며 찬양하자고 초청하는 것이다. 이와 비슷하게 시편 146:10도 여호와를 통치자로 소개한다.

> 시온아, 여호와는 영원히 다스리시고
>   네 하나님은 대대로 통치하시리로다(시 146:10).

이 구절에 해당하는 히브리어 본문을 직역하면 "여호와는 영원히 다스리신다/시온아, 네 하나님이 대대로"다. 히브리어 평행법의 특징을 고려하면 "네 하나님이"와 "대대로" 사이에는 "다스리신다"가 생략되었다고 보아야 한다. 즉 이 구절은 원래 "여호와는 영원히 다스리신다/시온아, 네 하나님이 대대로 다스리신다"다. 여기서 "다스리다"로 번역된 히브리어 동사 "말라크"(מלך)는 여호와 하나님이 통치하시는 "왕"임을 분명

히 선언하는 표현이다.

우리는 시편의 결론 지점에서 여호와의 "왕" 되심이 다시 한번 강조된다는 점에 주목해야 한다. 시편 제1-3권이 인간-왕의 실패를 이야기한다면 제4권은 여호와의 왕 되심을 선언하고 제5권의 마지막 부분도 여호와 하나님의 왕 되심을 천명한다. 포로기 이후의 예루살렘 공동체는 아마도 여호와가 그들의 참된 왕이시라는 사실을 찬양하면서 그들의 신앙을 다졌을 것이다.

(2) 여호와의 구원자 되심을 찬양

시인은 여호와를 "구원자"로 소개하면서 찬양을 촉구한다. 시편 147:2-3은 "여호와께서 예루살렘을 세우시며 이스라엘의 흩어진 자들을 모으시며 상심한 자들을 고치시며 그들의 상처를 싸매시는도다"라고 노래한다. 앞서 설명했듯이 "흩어진 자들을 모으다"라는 표현은 바벨론에서 예루살렘 땅으로 구원(회복)하신다는 의미를 내포한다. 이에 더해 시편 149:4은 "여호와께서는 자기 백성을 기뻐하시며 겸손한 자를 구원으로 아름답게 하심이로다"라고 고백한다.

(3) 연약한 인간 대신 여호와를 의지하라

여호와의 왕 되심과 구원자 되심을 거듭하여 강조하는 시인은 독자들에게 여호와만 의지하라고 요청한다. 시편 제4권도 여호와 하나님의 왕 되심을 강조하고, 이어지는 시편 제5권(시 107-145편)은 여호와만 의지할 것을 노래했었는데, 마지막 결론 부분에서도 이런 구성이 반복된다. 이런 특성을 잘 보여주는 시편 146:3-5, 147:10-11을 살펴보자.

3귀인들을 의지하지 말며

　　도울 힘이 없는 인생도 의지하지 말지니

4그의 호흡이 끊어지면 흙으로 돌아가서

　　그날에 그의 생각이 소멸하리로다.

5야곱의 하나님을 자기의 도움으로 삼으며

　　여호와, 자기 하나님에게

　　자기의 소망을 두는 자는 복이 있도다(시 146:3-5).

10여호와는 말의 힘이 세다 하여 기뻐하지 아니하시며

　　사람의 다리가 억세다 하여 기뻐하지 아니하시고

11여호와는 자기를 경외하는 자들과

　　그의 인자하심을 바라는 자들을 기뻐하시는도다(시 147:10-11).

고난과 위기에 맞닥뜨린 인생은 생존을 위해 무엇이든지 붙잡으려 한다. 마른 지푸라기라도 거머쥐고, 가시덩굴을 꽉 잡고도 아픈 줄 모른다. 시편 1-150편의 이야기에 귀를 기울이면 그렇게 가련한 인생의 탄식 소리가 들려온다. 고난과 위기에 처한 수많은 시인이 등장해 아우성친다. 하지만 곧이어 그들의 생존 수단이 소개되는데, 그것은 단순하면서도 확실한 수단, 즉 여호와 하나님 한 분이시다. 여호와 하나님만이 나의, 그리고 우리의 왕이시기 때문이다. 우리의 찬양을 받으시기에 합당하신 한 분 하나님께 찬양을 올려드리자.

1할렐루야! 새 노래로 여호와께 노래하며

　　성도의 모임 가운데에서 찬양할지어다.

> 2이스라엘은 자기를 지으신 이로 말미암아 즐거워하며
>
> > 시온의 주민은 그들의 왕으로 말미암아 즐거워할지어다(149:1-2).
>
> 1할렐루야! 그의 성소에서 하나님을 찬양하며
>
> > 그의 권능의 궁창에서 그를 찬양할지어다.
>
> 2그의 능하신 행동을 찬양하며
>
> > 그의 지극히 위대하심을 따라 찬양할지어다.
>
> 3나팔 소리로 찬양하며
>
> > 비파와 수금으로 찬양할지어다.
>
> 4소고 치며 춤추어 찬양하며
>
> > 현악과 퉁소로 찬양할지어다.
>
> 5큰 소리 나는 제금으로 찬양하며
>
> > 높은 소리 나는 제금으로 찬양할지어다.
>
> 6호흡이 있는 자마다
>
> > 여호와를 찬양할지어다. 할렐루야!(시 150:1-6)

3. 결론

지금까지 살펴본 대로 시편 146-150편은 시편 전체의 주제를 극적으로 통합하며 시편의 긴 이야기를 마무리 짓는다. 여호와 하나님을 찬양할 것을 명령하는 "할렐루야"로 특징지어지는 이 시편들은 일종의 간증으로서 "하나님이 하신 일"과 "하나님의 성품"을 소개하며 찬양을 독려한다. 이때 찬양의 주체는 개인과 공동체를 넘어 모든 창조물로 확대된다. 그리

고 결국에는 "호흡이 있는 자들" 모두가 찬양의 주체로 호명된다. 여호와 하나님을 찬양해야 하는 이유는 그분이야말로 예루살렘과 온 세계를 다스리시는 진정한 왕이시며, 겸손한 자를 고난과 위기에서 건져내는 구원자이시기 때문이다. 우리는 시인의 요청에 따라 인간-왕을 비롯한 다른 무엇보다 여호와 하나님만을 바라며 그를 의지해야 한다.

나가는 말

우리는 드디어 길고 긴 시편 탐구의 여정을 무사히 마쳤다. 때로는 숲을 조망하듯이, 때로는 나무를 들여다보듯이 시편 전체를 살펴보았는데 쉽지만은 않았으리라 짐작해본다. 42.195미터의 긴 거리를 완주한 마라톤 선수들에게 기록과 관계없는 응원을 보내듯이 이 지점까지 온 독자 모두에게 뜨거운 박수를 아낌없이 보내주고 싶다. 중간중간에 책을 덮고 싶은 유혹도 있었을 것이고, 때론 이해하기 어려운 내용 때문에 애먹은 순간들도 있었을 텐데 잘 견디면서 마지막 결승선을 통과했으니 박수를 받아 마땅하다. 글쓴이로서는 더욱 고맙고 고마울 따름이다.

그런데 나는 이 책을 다 읽은 독자에게 한 가지 질문을 던지고 싶다. 누군가 시편에 관한 이 책을 읽고서 무엇을 얻었는지 묻는다면 어떤 대답을 할 것인가? 친구나 동료가 관심을 가지고 물어온다면 한마디로 무엇이라고 답하겠는가? 선뜻 답이 떠오르지 않을 수도 있고, 한 문장으로 말하기가 힘들 수도 있을 듯하다. 시간이 허락한다면 눈을 지그시 감고서 지금까지 살펴본 내용을 천천히 반추해보길 바란다. 그러면 적어도 두 가지는 확실하게 떠오를 것이다.

첫째, 시편을 이루는 150개의 시가 무작위로 배열된 것이 아니라는 사실이다. 물론 각 시편은 나름의 탄생 배경과 역사를 가지고 있다. 하지만 그 150개의 시편은 하나님의 놀라운 섭리 가운데 편집자들의 꼼꼼한 작업을 통해 신학적 메시지를 잘 전달할 수 있게끔 치밀하게 배열되었다. 이 사실을 기억하는 사람은 앞으로 시편을 읽을 때 좀 더 시야를 넓힐 수 있게 될 것이다.

둘째, 시편이 집중하는 신학적 메시지가 있다는 사실이다. 그 신학적 메시지란 실패할 수밖에 없는 "인간-왕"(다윗 가의 왕적 인물)을 의지하지 말고 신실하신 "하나님-왕" 여호와만을 의지하라는 것이다. 하나님에 의해 시온에서 왕으로 세움을 받은 "인간-왕"은 그분의 뜻을 따라 "공의"와 "정의"를 구현하고 율법과 규례를 준행해야 했지만 실패하고 말았다. 반면 "하나님-왕" 여호와는 언약에 신실하며, 위기에 빠진 자신의 백성을 위해 구원을 베푸는 분이시다. 그러니 누구를 의지해야 하겠는가? 덧없는 "인간-왕"인가, 아니면 신실하시고 영원하신 "하나님-왕" 여호와인가? 이런 주제 의식을 가지고 시편을 읽을 수 있다는 것이 이 책을 통해 얻게 될 또 다른 유익일 듯하다.

시편은 포로기 이후 예루살렘으로 돌아온 이스라엘 공동체에게 위로와 도전을 동시에 주었다. 그들은 척박한 환경 속에서 구원자와 피난처가 되시는 하나님, 자신의 백성과 맺은 약속을 신실하게 지키시는 하나님으로 인해 큰 위로를 받았다. 또한 계속되는 위기 상황에서도 하나님이 온 세계를 다스리는 왕이심을 확인하며 새로운 소망을 품을 수 있었다. 반면 인간(다윗 가의 왕적 인물)에 대한 미련을 버리지 못했던 그들은 "인간-왕"의 실패를 곱씹으며 그들이 진정 바라보아야 할 왕이 누구인지를 고민해보아야 했다. 그들은 이스라엘의 역사 속에서 거듭된 불순종의 이야기를 가슴 아프게 곱씹으며 "하나님-왕" 여호와만을 바라보고 의지하라는 도전을 가슴 깊이 받아들였을 것이다.

시편은 21세기 현대를 살아가는 우리에게도 동일한 음성을 들려준다. 당신은 누구를 의지하고, 누구를 피난처 삼고 있는가?

귀인들을 의지하지 말며
　도울 힘이 없는 인생도 의지하지 말지니
그의 호흡이 끊어지면 흙으로 돌아가서
　그날에 그의 생각이 소멸하리로다.
야곱의 하나님을 자기의 도움으로 삼으며
　여호와, 자기 하나님에게
　자기의 소망을 두는 자는 복이 있도다(시 146:3-5).

참고 문헌

강소라. "시편 145편: 시편에서의 위치와 기능". 「구약논집」 4(2008): 23-42.

김성수. "시편의 복음과 상황". 「성경과 신학」 59(2011): 1-36.

_____. "문맥으로 시편 25-33편 읽기". 「구약논단」 19(2013): 68-98.

김정우. 『히브리 시학』. 서울: 기혼, 2013.

김진규. "구약수사비평의 새로운 연구방향 모색". 「구약논단」 21(2015): 167-208.

_____. "시편 최종형태의 맥락에서 본 시편 2편의 메시지". 「성경과 신학」 80(2016). 1-35.

_____. "전략적 배열의 관점에서 본 시편 110편 1절의 메시지". 「한국기독교신학논총」 103(2017): 37-61.

_____. "시편의 문맥적 이해의 복음주의적 성경해석에의 기여". 「성경과 신학」 62(2012): 194-98.

김창대. "주위 문맥에서 본 시 46편의 시온 신학". 「구약논단」 15(2009): 63-82.

_____. "탄식적 상황에서 하나님의 응답: 시편 2권과 3권의 배열구조에 대한 연구". 「성경과 신학」 66(2013): 1-33.

_____. 『한 권으로 꿰뚫는 시편: 성도의 탄식과 하나님의 응답』. 서울: IVP, 2015.

방정열. "시편의 제 I-III 권에 등장하는 토브의 의미론적 뉘앙스: 의미장 분석을 중심으로". 「구약논집」 11(2016): 88-118.

_____. "시편과 신명기의 상호텍스트성 연구: 시편 1-2편과 89편을 중심으로". 「한국개혁신학」 53(2017): 122-50.

_____. "시편 제1-3권의 정경 형성 단계에 대한 고찰". 「한국기독교신학논총」 103(2017): 63-90.

_____. "시편 표제어 유무(有無)에 대한 정경적 해석의 가능성".「한국기독교신학논총」 106(2017): 11-37.

이은애. "시편 93-100편의 야훼-왕 찬양시의 구조와 역할".「구약논단」 15(2009): 67-86.

하경택. "시편 82편의 해석과 적용: 하나님이여, 이 땅을 심판하소서".「구약논단」 15(2009): 49-66.

뷔르트봐인, 에른스트.『성서본문 비평입문』. 방석종 옮김. 서울: 대한성서공회, 2007.

브라운, 윌리엄 P.『시편』. 하경택 옮김. 서울: 대한기독교서회, 2015.

브로츠만, 엘리스 R.『구약 본문 비평의 이론과 실제』. 이창배 옮김. 서울: 기독교문서선교회, 2013.

비일, 그레고리 K.『성전신학: 하나님의 임재와 선교적 사명』. 강성열 옮김. 새물결플러스: 서울, 2014.

오스번, 그랜트 R.『해석학적 나선형으로 풀어가는 성경해석학 총론』. 임요한 옮김. 서울: 부흥과개혁사, 2017.

제이콥슨, 롤프 A., 칼 N. 제이콥슨.『시편으로의 초대』. 류호준, 방정열 옮김. 서울: 대서, 2014.

트리블, 필리스.『수사비평: 역사·방법론·요나서』. 유연희 옮김. 서울: 한국기독교연구소, 2007.

티슬턴, 앤서니 C.『성경해석학 개론: 철학적·신학적 해석학의 역사와 의의』. 김동규 옮김. 서울: 새물결플러스, 2009.

헤이즈, 존 H., 칼 R. 홀러데이.『성경주해 핸드북』. 임요한 옮김. 서울: 기독교문서선교회, 2014.

Anderson, A. A. *The Book of Psalms*. Grand Rapids: Eerdmans, 1972.

_____. *Psalms II*. London: Oliphant, 1972.

André, Gunnel. "'Walk,' 'Stand,' and 'Sit' in Psalm I 1-2." *VT* 32(1982): 327.

Alter, Robert B. *The Art of Biblical Poetry*. New York: Basic Books, 1985.

Auffret, P. *La sagesse a bati sa maison: Etudes des structures litteraires dans l'Ancien Testament et specialement dans les Psaumes*. OBO 40; Freiburg: Universitätsverlag; Göttingen: Vandenhoeck & Ruprecht, 1992.

Bail, Ulrike. "O God, Hear my Prayer: Psalm 55 and Violence against Women." In *A Feminist Companion to Wisdom and the Psalms*. Edited by Athalya Brenner-idan and Carle R. Fontaine; Sheffield: Sheffield Academic Press, 1998: 242-63.

Bang, Jeung Yeoul. "A Linguistic and Literary Analysis of טוב in Books I-III of the Psalter: Probing the Psalter's Ethical Dimension and the Zion Tradition." Ph. D. diss., Trinity Evangelical Divinity School, 2015.

Barton, John. *Reading the Old Testament: Method in Biblical Study*. Louisville; Westminster John Knox Press, 1996.

Beckwith, Roger T. "The Early History of the Psalter." *TynBul* 46(1995): 1-27.

Bellinger, W. H. *Psalms: Reading and Studying the Book of Praises*. Peabody, Mass.: Hendrickson, 1990.

Berlin, Adele. *The Dynamics of Biblical Parallelism*. Bloomington: Indiana University, 1985.

Boadt, Lawrence. "The Use of 'Panel' in the Structure of Psalms 73-78," *CBQ* 66(2004): 533-50.

Brenner, Athalya. "Introduction." In *A Feminist Companion to Wisdom and the Psalms*. Edited by Athalya Brenner-idan and Carle R. Fontaine; Sheffield: Sheffield Academic Press, 1998: 11-23.

Brennan, Joseph. "Psalms 1-8: Some Hidden Harmonies." *BTB* 10(1980): 25-29.

_____. "Some Hidden Harmonies in the Fifth Book of Psalms." In *Essays in Honor of Joseph P. Brennan*. Edited by Robert F. McNamara; Rochester, NY: Saint Bernard's Seminary, 1977: 126-58.

Braude, William G. *The Midrash on Psalms*. Vol. 1. New Haven: Yale University Press, 1959.

Bremer, Johannes. "The Theology of the Poor in the Psalter." In *The Psalter as Witness: Theology, Poetry, and Genre*. Edited by W. Dennis Tucker, Jr. and W. H. Bellinger, Jr.; Waco, Texas: Baylor University Press, 2017: 101-16.

Brettler, Marc Zvi. "Women and Psalms: Toward an Understanding of the Role of Women's Prayer in the Israelite Cult." In *Gender and Law in the Hebrew Bible and the Ancient Near East*. Edited by Tikva Frymer-Kensky and Victor H. Matthews; Sheffield: Sheffield Academic Press, 2009: 25-56.

Brown, William P. "'Here Comes the Sun!' The Metaphorical Theology of Psalms 15-24." In *The Composition of the Book of Psalms*. ed. Erich Zenger; BETL 238; Leuven: Peeters, 2010: 259-77.

_____. *Seeing the Psalms: A Theology of Metaphor*. Louisville: Westminster John Knox, 2002.

Brueggemann, Walter. "Bounded by Obedience and Praise: The Psalms as Canon." *JSOT* 50(1991): 63-92.

_____. *The Message of the Psalms: A Theological Commentary*. Minneapolis: Augsburg, 1984.

_____. *The Psalms and the Life of Faith*. Edited by P. D. Miller; Minneapolis: Augsburg Press, 1995.

Brueggemann, Walter, William H. Bellinger, *Psalms*. New York: Cambridge University, 2013.

Buber, Martin. "Redemption" in *On the Bible*. Edited by Nahum N. Glatzer; New York: Schocken, 1982.

Bullock, Hassel C. *Encountering the Book of Psalms: A Literary and Theological Introduction*. Grand Rapids: Baker Academic, 2001.

Burnettet, Joel S. Ed. *Diachronic and Synchronic: Reading the Psalms in Real Time: Proceedings of the Baylor Symposium on the Book of Psalms*. New York: T & T Clark, 2007.

_____. "Forty-Two Songs for Elohim: An Ancient near Eastern Organizing Principle in the Shaping of the Elohistic Psalter." *JSOT* 31(2006): 81-101.

Callway, Mary C. "Canonical Criticism." In *To Each Its Own Meaning: An Introduction to Biblical Criticism and Their Application*. Edited by S. L. McKenzie and S. R. Haynes; Louisville: John Knox, 1999.

Calvin, John. *Commentary on the Psalms*. Vol. 4. Grand Rapids: Baker, 1979.

Campbell, Anthony. "Psalm 78: A Contribution to the Theology of Tenth Century Israel." *CBQ*

41(1979): 51-79.

Childs, Brevard S. *Introduction to the Old Testament as Scripture*. Philadelphia: Fortress, 1979.

_____. "Psalm 8 in the Context of the Christian Canon." *Int* 23(1969): 23-31.

_____. *Biblical Theology in Crisis*. Philadelphia: Westminster Press, 1970.

_____. "Psalm Titles and Midrashic Exegesis." *Journal of Semitic Studies* 16(1971): 137-50.

_____. "Reflections on the Modern Study of the Psalms." In *Magnalia Dei: The Mighty Acts of God*. Edited by F. M. Cross et al. Garden City: Doubleday, 1976: 377-88.

_____. "Canonical Shape of the Prophetic Literature." *Int* 32(1978): 46-55.

_____. *Old Testament Theology in a Canonical Context*. Philadelphia: Fortress Press, 1986.

_____. *Biblical Theology of the Old and New: Theological Reflection on the Christian Bible*. Minneapolis: Fortress Press, 1993.

Chinitz, Jacob. "The Three Tenses in the Kingdom of God: God of Israel or of the World." *JBQ* 38(2010): 255-60.

Clements, Ronald E. "Interpreting the Psalms." In *One Hundred Years of Old Testament Interpretation*. Philadelphia: Westminster, 1976: 285-317.

Cole, Robert L. "An Integrated Reading of Psalms 1 and 2." *JSOT* 98(2002): 75-88.

_____. *The Shape and Message of Book III(Psalms 73-89)*. Sheffield: Sheffield Academic Press, 2000.

_____. *Psalms 1-2: Gateway to the Psalter*. Sheffield: Sheffield Phoenix, 2013.

_____. "Psalms 1-2: The Psalter's Introduction." In *The Psalms: Language for All Seasons of the Soul*. Edited by A. J. Schmutzer and D. M. Howard; Chicago: Moody Press, 2013.

Collins, Terence. *Line-Forms in Hebrew Poetry: A Grammatical Approach to the Stylistic Study of the Hebrew Prophets*. Rome: Biblical Institute, 1978.

Creach, Jerome F. D. *Yahweh as Refuge and the Editing of the Hebrew Psalter*. JSOTSup 217. Sheffield: Sheffield Academic, 1996.

Craigie, Peter C. *The Book of Deuteronomy*. NICOT; Grand Rapids: William B. Eerdmans, 1976.

_____. *Psalms 1-50*. WBC 19; Grand Rapids: Zondervan, 1983.

Creach, Jerome F. D. *Yahweh as Refuge and the Editing of the Hebrew Psalter*. Sheffield: Sheffield Academic Press, 1996.

Cross, F. M. and D. N. Freedman. "A Royal Song of Thanksgiving: II Samuel 22 = Psalm 18." *JBL* 72(1953): 15-34.

Crutchfield, John C. "The Redactional Agenda of the Book of Psalms." *HUCA* 74(2003): 21-47.

Davison, Lisa W. "My Soul is Like the Weaned Child that is Like with Me: The Psalms and the Feminine Voice." *HBT* 23(2001): 155-67.

DeClaissé-Walford, Nancy L. "Femine Imagery and Theology in the Psalter: Psalms 90-91, and 92." In *The Psalter as Witness: Theology, Poetry, and Genre*. Edited by W. Dennis Tucker, Jr. and W. H. Bellinger, Jr.; Waco: Baylor University Press, 2017: 15-25.

_____. "The Canonical Shape of the Psalms." In *An introduction to wisdom literature and the Psalms*. Edited by M. E. Tate et al.; Macon: Mercer University, 2000.

_____. "An Intertextual Reading of Psalms 22, 23, and 24." In *Book of Psalms: Composition and Reception*. Edited by P. W. Flint and P. D. Miller; Leiden: Brill, 2005: 139-52.

_____. *Introduction to the Psalms: A Song from Ancient Israel*. Saint Louis: Chalice, 2004.

_____. "The Meta-Narrative of the Psalter." In *The Oxford Handbook of the Psalms*. Edited by W. P. Brown; Oxford: University, 2014: 363-76.

_____. *Reading from the Beginning: The Shaping of the Hebrew Psalter*. Macon, GA: Mercer University, 1997.

_____. *The Shape and Shaping of the Book of Psalms*. Atlanta: SBL, 2014.

_____. "The Theology of the Imprecatory Psalms." In *Soundings in the Theology of Psalms: Perspectives and Methods in Contemporary Scholarship*. Edited by R. A. Jacobson; Minneapolis: Fortress, 2011: 77-92.

_____. *Reading from the Beginning: The Shaping of the Hebrew Psalter*. Macon, GA: Mercer University, 1997.

Delitzsch, Franz. "De Psalmorum indole partim jehovica partim elohimica." In *Symbolae ad Psalmos Illustrandos Isagogicae*. Leipzig: Carolum Tauchnitium, 1846: 1-32.

Eagleton, Terry. *Literary Theory: An Introduction*. Minneapolis: Univ. of Minnesota press, 1983.

_____. *The Johns Hopkins Guide to Literary Theory and Criticism*. Edited by Michael Groden and Martin Kreiswirth; Baltimore: Johns Hopkins Univ. Press, 1994.

Eaton, John. *The Psalms: A Historical and Spiritual Commentary with an Introduction and New Translation*. London; New York: T & T Clark, 2003.

_____. "The Psalms in Israelite Worship." In Tradition and Interpretation: Essays by Members of the Society for Old Testament Study. Edited by G. W. Anderson; Oxford: Clarendon, 1979: 238-73.

Ewald, Heinrich. *Die Dichter des Alten Bundes Erklärt. Ersten theiles, erste hälfte: Allgemeines über die Hebräische dichtkunst und über das Psalmenbuch*. Göttingen: Vandenhoeck & Ruprecht, 1866: 1;242-46.

Farmer, Kathleen. *The Women's Bible Commentary*. Edited by Sharon H. Ringe and Carol Newsom; Louisville: Westminster, 1992.

Fewell, Donna N. "Reading the Bible Ideologically: Feminism Criticism." In *To Each Its Own Meaning: An Introduction to Biblical Criticism and Their Application*. Edited by S. L. McKenzie and S. R. Haynes; Louisville: John Knox, 1999: 268-80.

Flint, Peter W. *The Dead Sea Scrolls*. Abingdon Press: Nashville, 2013.

Fokkelman, J. *Major Poems of the Hebrew Bible at the Interface of Prosody and Structural Analysis*. Assen: Van Gorcum, 2000.

Gerbrandt, Gerald E. *Kingship According to the Deuteronomistic History*. SBLDS 87; Atlanta: Scholar Press, 1986.

Gerstenberger, Erhard S. *Psalms Part 1 with an Introduction to Cultic Poetry*. FOTL 14; Grand Rapids: Eerdmans, 1988.

_____. "The Psalms: Genres, Life Situations, and Theologies-Towards a Hermeneutics of Social Stratification." In *Diachronic and Synchronic: Reading the Psalms in Real Time: Proceedings of the Baylor Symposium on the Book of Psalms*. Edited by J. S. Burnett et al.;

New York: T & T Clark, 2007: 81-92.

_____. *Psalms, Part 2; Lamentations*. FOTL 15; Grand Rapids: Eerdmans, 2001.

Gese, Hartmut. "Die Entstehung der Büchereinteilung des Psalters." In *Wort, Lied und Gottesspruch: Festschrift für Joseph Ziegler*. Edited by Joseph Ziegler and Josef Schreiner; Echter Verlag: Katholisches Bibelwerk, 1972: 7-64.

Gillingham, Susan E. "The Zion Tradition and the Editing of the Hebrew Psalter," in *Temple and Worship in Biblical Israel*. Edited by John Day. London: T & T Clark, 2005: 308-41.

_____. "Psalm 8 through the Looking Glass: Reception History of a Multi-Faceted Psalm." In *Diachronic and Synchronic: Reading the Psalms in Real Time. Proceedings of the Baylor Symposium on the Book of Psalms*, Edited by Joel S. Burnett, et al. New York: T & T Clark International, 2007: 167-96.

Goldingay, John E. *Psalms 1-41*. Baker Commentary on the Old Testament Wisdom and Psalms; Grand Rapids: Baker Academic, 2006.

Grant, Jamie A. "The Psalms and the King." In *Interpreting the Psalms: Issues and Approaches*. Edited by D. Firth and P. S. Johnson; Downers Grove, IL: IVP Academic, 2005: 101-18.

_____. *The King as Exemplar: The Function of Deuteronomy's Kingship Law in the Shaping of the Book of Psalms*. Atlanta: SBL, 2004.

Goulder, Michael D. *The Psalms of the Sons of Korah*. JSOTSup 20; Sheffield: JOST, 1982.

_____. *The Psalms of Asaph and the Pentateuch: Studies in the Psalter, III*. Sheffield: Sheffield Academic, 1996.

Gunkel, Hermann. *Introduction to Psalms: The Genres of the Religious Lyric of Israel*. Macon, GA: Mercer University Press, 1998.

Harman, Allan M. "The Exodus and the Sinai Covenant in the Book of Psalms." *RTR* 73(2014): 3.

Heidegger, Martin. *Being and Time*. Translated by John Macquarrie and Edward Robinson; New York: Harper & Row, 1962.

Hoffmeier, James K. and Dennis R. Magary. *Do Historical Matters to Faith?: A Critical Appraisal of Modern and Postmodern Approaches to Scripture*. Wheaton: Crossway, 2012.

Hossfeld, Frank-Lothar and Erich Zenger. *Die Psalmen, Psalm 1-50*. Wurzburg: Echter Verlag, 1993.

_____. "The So-Called Elohistic Psalter: A New Solution for an Old Problem." In *A God So Near: Essays on Old Testament Theology in Honor of Patrick D. Miller*. Edited by Brent A. Strawn and Nancy R. Bowen; Winona Lake: Eisenbrauns, 2003: 35-51.

_____. *Psalms 2: a Commentary on Psalms 51-100*. Edited by Klaus Baltzer. Translated by Linda M. Maloney; Minneapolis, MN: Fortress Press, 2005.

Howard, David M. "Recent Trends in Psalms Study." In *The Face of Old Testament Studies: A Survey of Contemporary Approaches*. Edited by D. W. Baker and B. T. Arnold; Grand Rapids: Baker, 1999: 329-68.

_____. "A Contextual Reading of Psalms 90-94." In *The Shape and Shaping of the Psalter*. JSOTSup 159; Edited by J. C. McCann; Sheffield: JSOT Press, 1993: 108-23.

_____. "Editorial Activity in the Psalter: A State-of-Field Survey." In *The Shape and Shaping of the Psalter*. JSOTSup 159; Edited by J. C. McCann; Sheffield: JSOT Press, 1993: 52-70.

_____. *The Structure of Psalms 93-100*. Biblical and Judaic Studies 5; Winona Lake: Eisenbrauns, 1997.

_____. "Psalm 94 among the Kingship-of-Yhwh Psalms." *CBQ* 61(1999): 667-85.

_____. "The Psalms and Current Study." In *Interpreting the Psalms: Issues and Approaches*. Edited by D. Firth and P. S. Johnston; Downers Grove, Ill: IVP Academic Apollos, 2005: 23-40.

Joffe, Laura. "The Elohistic Psalter: What, How and Why?" *SJOT* 15(2001): 142-66.

_____. "The Answer to the Meaning of Life, the Universe and the Elohistic Psalter." *JSOT* 27(2002): 223-35.

Jones, Christine B. "The Message of the Asaphite Collection and Its Role in the Psalter." In *The Shape and Shaping of the Book of Psalms*. Edited by N. L. DeClaissé-Walford; Atlanta: SBL, 2014: 71-85.

Kaiser, Walter. "The Message of Book III: Psalms 73-89." *BSac* 174(2017): 131-40.

Kang, Sora. "Happiness Manifested in Book I of the Psalter." *Scripture and interpretation* 3(2009): 33-47.

Katanacho, Yohanna. "Investigating the Purposeful Placement of Psalm 86." Ph. D. diss., Trinity Evangelical Divinity School, 2007.

Keegan, Terence J. *Interpreting the Bible: A Popular Introduction to Biblical Hermeneutics*. New York: Paulist, 1985.

Kidner, F. Derek. *Psalms 1-72: An Introduction and Commentary*. TOTC 15; Downers Grove: IVP, 1973.

_____. *Psalms 73-150: A Commentary on Books III-V of the Psalms*, TOTC 16; London: Inter-Varsity Press, 1975.

Kim, Jinkyu. "Psalm 110 in its Literary and Generic Contexts: An Eschatological Interpretation." Ph.D. diss. Westminster Theological Seminary, 2003.

_____. "The Strategic Arrangement of Royal Psalms in Books IV-V." *WTJ* 70(2008): 143-57.

Klein, Ralph W. *Israel in Exile: A Theological Interpretation*. Philadelphia: Fortress, 1979.

Kraus, Hans-Joachim. *Psalms 1-59: A Continental Commentary*. Translated by H. C. Oswald; Minneapolis: Fortress, 1993.

_____. *Psalms 60-150: A Continental Commentary*. Translated by H. C. Oswald; Minneapolis: Fortress, 1993.

_____. *Theology of the Psalms*. Translated by K. Crim; Minneapolis: Fortress, 1992.

Kugel, James L. *The Idea of Biblical Poetry: Parallelism and Its History*. New Haven: Yale University Press, 1981.

Kuntz, J. Kenneth. "Psalm 18: A Rhetorical-Critical Analysis." *JSOT* 26(1983): 3-31.

LeFebvre, Michael. "Torah-Meditation and the Psalms: The Invitation of Psalm 1." In *Interpreting the Psalms*. Edited by D. Firth and P. S. Johnson; Downers Grove: IVP Academic, 2005: 213-25.

Lemche, Niels Peter. *The Old Testament between Theology and History: A Critical Survey*. Louisville: Westminster John Knox Press, 2008.

LeMon, Joel M. "Saying Amen to Violent Psalms: Patterns of Prayer, Belief, and Action in the Psalter." In *Soundings in the Theology of Psalms: Perspectives and Methods in Contemporary Scholarship*. Edited by Rolf A. Jacobson; Minneapolis: Fortress, 2011: 93-109.

Levenson, Jon D. "The Jerusalem Temple in Devotional and Visionary Experience." In *Jewish Spirituality: From the Bible through the Middle Ages*. Edited by Arthur Green; London: Routledge and Kegan Paul, 1986.

_____. *Sinai and Zion: An Entry into the Jewish Bible*. San Francisco: Harper & Row, 1985.

Lewis, C. S. *Reflections on the Psalms*. New York: Harcourt, 1958.

Longman III, Tremper. "Literary Approaches to Old Testament." In *The Face of Old Testament Studies: A Survey of Contemporary Approaches*. Edited by David W. Baker and Bill T. Arnold; Grand Rapids: Baker Books, 1999: 97-115.

Lundbom, Jack R. *Jeremiah: A Study in Ancient Hebrew Rhetoric*. Winona Lake: Eisenbrauns, 1997.

Luria, B. Z. "Psalms from Ephraim." *Beth Mikra* 23(1978): 151-60.

Mays, James L. *Psalms*. Louisville: John Knox, 1994.

_____. "The Place of the Torah-Psalms in the Psalter." *JBL* 106(1987): 3-12.

_____. *The Lord Reigns: A Theological Handbook to the Psalms*. Louisville, Ky.: Westminster John Knox Press, 1994.

_____. "What is a Human Being? Reflections on Psalm 8." *ThTo* 50(1994): 511-20.

McCann, J. Clinton. *A Theological Introduction to the Book of Psalms: The Psalms as Torah*. Nashville: Abingdon, 1993.

_____. "Psalm 73: A Microcosm of Old Testament Theology." In *The Listening Heart: Essays in Wisdom and the Psalms in Honor of Roland E. Murphy*. Edited by K. G. Hoglund and R. E. Murphy; Sheffield, England: JSOT, 1987: 117-55.

_____. "Books I-III and the Editorial Purpose of the Hebrew Psalter." In *The Shape and Shaping of the Psalter*. Edited by J. C. McCann; Sheffield: JSOT Press, 1993: 93-107.

_____. *The Shape and Shaping of the Psalter*. Sheffield: JSOT Press, 1993.

_____. "The Shape of Book I of the Psalter and the Shape of Human Happiness." In *The Book of Psalms: Composition and Reception*. Edited by P. W. Flint et al.; Leiden: Brill, 2005: 340-48.

_____. "The Single Most Important Text in the Entire Bible: Toward a Theology of the Psalms." In *Sounding in the Theology of Psalms: Perspectives and Methods in Contemporary Scholarship*. Edited by R. Jacobson; Minneapolis: Fortress, 2011.

McDonald, Lee Martin. *The Biblical Canon: Its Origin, Transmission, and Authority*. Peabody: Hendrickson Publishers, 2007.

McFall, Leslie. "The Evidence for a Logical Arrangement of the Psalter." *WTJ* 62(2000): 223-56.

McKnight, Edgar V. "Reader-Response Criticism." In *To Each Its Own Meaning: An Introduction to Biblical Criticism and Their Application*. Edited by S. L. McKenzie and S. R. Haynes; Louisville: John Knox, 1999: 230-52.

Millard, Matthias. "Zum Problem des elohistischen Psalters: Überlegungen zum Gebrauch von Yahweh und Elohim im Psalter." In *Der Psalter in Judentum und Christentum*. Edited by E. Zenger; Freiburg: Herder, 1998: 75.

Miller, Patrick D. "The Beginning of the Psalter." In *The Shape and Shaping of the Psalter*. Edited by J. C. McCann; Sheffield: JSOT Press, 1993: 83-92.

_____. *Interpreting the Psalms*. Philadelphia: Fortress, 1986.

_____. "In Praise and Thanksgiving." *ThTo* 45(1988): 180-88.

_____. "Kingship, Torah Obedience and Prayer: The Theology of Psalms 15-24." In *Neue Wege der Psalmenforshung*. Edited by K. Seybold and E. Zenger Freiburg: Herder, 1994: 127-42.

_____. "Deuteronomy and Psalms: Evoking a Biblical Conversation." *JBL* 118(1998): 3-18.

_____. "The End of the Psalter: A Response to Erich Zenger." *JSOT* 80(1998): 103-110.

Mitchell, David C. *The Message of the Psalter: An Eschatological Programme in the Book of Psalms*. JSOTSup 252; Sheffield: Sheffield Academic Press, 1997.

Moore, S. *Poststructuralism and the New Testament*. Minneapolis: Fortress, 1994.

Morgan, Donn F. *Between Text and Community: The "Writing" in Canonical Interpretation*. Minneapolis: Fortress Press, 1990.

Mowinckel, Sigmund. *The Psalms in Israel's Worship*. Vol 2. Translated by D. R. Ap-Thomas; Oxford: Blackwell, 1962.

Muilenburg, James. "Form Criticism and Beyond." *JBL* 88(1969): 1-18.

Mulder, J. S. M. *Studies on Psalm 45*. Oss: Offsetdrukkrij Witsiers, 1972.

Ndoga, Sampson S. "Revisiting the Theocratic Agenda of Book 4 of the Psalter for Interpretive Premise." In *The Shape and Shaping of the Book of Psalms: The Current State of Scholarship*. Edited by Nancy L. DeClaissé-Walford: Atlanta: SBL, 2014: 147-59.

Nogalski, James D. "From Psalm to Psalms to Psalter." In *An Introduction to Wisdom Literature and the Psalms: Festscherift Marvin E. Tate*. Edited by H. W. Ballard and W. D. Tucker. Macon: Mercer University Press, 2000: 37-54.

O'Connor, Michael P. *Hebrew Verse Structure*. Winona Lake: Eisenbrauns, 1980.

Perdue, Leo G. *The Collapse of History: Reconstructing Old Testament Theology*. Minneapolis: Fortress, 1994.

Prinsloo, G. T. M. "Polarity as Dominant Textual Strategy in Psalm 8." *OTE* 8(1995): 370-87.

Rief, Stefan C. "Ibn Ezra on Psalm I 1-2," *VT* 34(1984): 232-36.

Robertson, O. Palmer. *The Flow of the Psalms: Discovering Their Structure and Theology*. Philadelphia: P & R, 2015.

Rösel, Christoph. *Die messianische Redaktion des Psalter. Studien zu Enstehun und Theologie der Sammlung Psalm 2-89*. Stuttgart: Calwer, 1999.

Ross, Allen P. *A Commentary on the Psalms: Volume 1(1–41)*. Grand Rapids: Kregel, 2011.

_____. *A Commentary on the Psalms: Volume 2(42-89)*. Grand Rapids: Kregel, 2013.

Sakenfeld, Katharine Doob. "Feminist Uses of Biblical Materials." In *Feminist Interpretation of the Bible*. Edited by Letty M. Russell; Philadelphia: Westminster, 1985: 55-64.

Salters, Robert B. "Psalm 82, 1 and the Septuagint." *ZAW* 103(1991) 225-39.

Sanders, James A. *Canon and Community: A Guide to Canonical Criticism.* Guides to Biblical Scholarship Old Testament Series; Philadelphia: Fortress, 1984.

_____. *Dead Sea Scroll.* Ithaca, N.Y.: Cornell University Press, 1967.

_____. *From Sacred Story to Sacred Text.* Philadelphia: Fortress Press, 1987.

Sanders, Paul. "Five Books of Psalms." In *The Composition of the Book of Psalms.* Edited by Erich Zenger. Leuven: Uitgeverij Peeters, 2010: 677-87.

Sarna, Nahum M. *On the Book of Psalms: Exploring the Prayers of Ancient Israel.* New York: Schocken, 1993.

Seitz, Christopher R. *The Goodly Fellowship of the Prophets: The Achievement of Association in Canon Formation.* Grand Rapids: Baker Academic, 2009.

Seybold, Klaus. *Introducing the Psalms.* Translated by R. Greme Dunphy; Edinburgh: T & T Clark, 1990.

Sheppard, Gerald T. *Wisdom as a Hermeneutical Construct: A Study in the Sapientializing of the Old Testament.* Berlin: de Gruyter, 1980.

_____. "Theology and the Book of Psalms." *Int* 46(1992): 143-55.

Smith, Kevin G. and William R. Domeris. "The Arrangement of Psalm 3-8." *OTE* 23(2010): 367-77.

Sonnet, Jean-Pierre. *The Book Within the Book: Writing in Deuteronomy. BibInt* 14; Leiden: Brill, 1997.

Süssenbach, Claudia, *Der elohistische Psalter.* Tübingen: Mohr Siebeck, 2005.

Swanson, Dwight D. "Qumran and the Psalms." In *Interpreting the Psalms.* Edited by David Firth and Philip S. Johnston; Downers Grove: IVP Academic, 2005: 247-61.

Swete, H. B. *Introduction to the Old Testament in Greek.* Eugene: Wipf and Stock, 1989.

Tanner, Beth LaNeel. *The Book of Psalms through the Lens of Intertextuality.* New York: Peter Long, 2001.

_____. "Hearing the Cries Unspoken: An Intertextuaal-Feminist Reading of Psalm 109." In *A*

Feminist Companion to Wisdom and the Psalms. Edited by Athalya Brenner-idan and Carle R. Fontaine; Sheffield: Sheffield Academic Press, 1998: 283-301.

_____. *The Psalms for Today*. Louisville: John Knox Press, 2008.

Tarazi, Paul N. "An Exegesis of Psalm 93." *SVTQ* 35(1991): 137-48.

Tate, Marvin E. "An Exposition of Psalm 8." *PRSt* 28(2001): 343-59.

_____. *Psalms 51-100*. WBC 20; Grand Rapids: Zondervan, 1990.

Tate, W. Randolph. *Biblical Interpretation: An Integrated Approach*. Peabody: Hendrickson Publisher, 2008.

Taylor, J. Glen. "Psalms 1 and 2: A Gateway into the Psalter and Messianic Images of Restoration for David's Dynasty." In *Interpreting the Psalms for Teaching and Preaching*. Edited by Hebert W. Bateman IV and D. Brent Sandy; Danvers, MA: Chalice Press, 2010.

Tigay, Jeffrey H. *Deuteronomy*. Philadelphia: Jewish Publication Society, 1996.

Tov, Emanuel. *Textual Criticism of the Hebrew Bible*. Minneapolis: Fortress Press, 1992 & 2001.

Tucker, Gene M. *From Criticism of the Old Testament*. Philadelphia: Fortress, 1982.

Ulrich, Eugene C. *The Dead Sea Scrolls and the Origins of the Bible*. Grand Rapids, Mich.: Eerdmans, 1999.

VanGemeren, Willem A. *Psalms*. Edited by T. Longman and D. E. Garland; Grand Rapids: Zondervan, 2008.

Vanhoozer, Kevin J. *Is There a Meaning in This Text? The Bible*. Grand Rapids: Zondervan, 1998.

Viviano, Pauline A. "Source Criticism." In *To Each Its Own Meaning: An Introduction to Biblical Criticisms and Their Application*. Edited by Steven L. Mckenzie and Stephen R. Haynes; Louisville: Westminster John Knox Press, 1999: 35-57.

Viviano, B. T. "Eight Beatitudes at Qumran and in Matthew? A New Publication from Cave Four." *SEÅ* 58(1993): 71-84.

Wallace, Robert E. "The Narrative Effect of Psalms 84-89." *Journal of Hebrew Scripture* 11(2011): 2-15.

Waltke, Bruce K. and James M. Houston, *The Psalms as Christian Worship: A Historical Commentary*. Grand Rapids: William B. Eerdmans, 2010.

Waltke, Bruce K. and Michael P. O'Connor. *An Introduction to Biblical Hebrew Syntax*. Winona Lake; Eisenbrauns, 1990.

Wardlaw, Terrance R. *Elohim within the Psalms: Petitioning the Creator to Order Chaos in Oral-Derived Literature*. Formerly JSOTSup 602; New York: Bloomsbury T & T Clark, 2016.

Watson, Wilfred G. E. *Classical Hebrew Poetry: A Guide to Its Techniques*. JSOTSup 26; Sheffield: JSOT Press, 1984.

Weiser, A. *The Psalms*. Translated by H. Hartwell; Philadelphia: Westminster Press, 1962.

Wenham, Gordon J. *Psalm as Torah: Reading Biblical Song Ethically*. Grand Rapids: Baker Academic, 2012.

West, Rebecca. *The Young Rebecca*. Edited by J. Marcus. London: Macmillan, 1982.

Westermann, Claus. *Praise and Lament in the Psalms*. Translated by K. R. Crim and R. N. Souten; Atlanta: John Knox, 1981.

_____. *Praise and Lament in the Psalms*. Atlanta: John Knox, 1981.

_____. *The Living Psalms*. Translated by J. R. Porter; Grand Rapids: William B. Eerdermans Publishing, 1989.

Willgren, David. "Psalm 72:20: A Frozen Colophon?" *JBL* 135(2016): 49-60.

Willis, John T. "Psalm 1: An Entity." *ZAW* 91(1979): 381-401.

Wilson, Gerald H. "King, Messiah, and the Reign of God: Revisiting the Royal Psalms and the Shape of the Psalter." VTSup 99(2004): 391-406.

_____. "Evidence of Editorial Division in the Hebrew Psalter." *VT* 34(1984): 337-52.

_____. *The Editing of the Hebrew Psalter*. SBLDS 76; Chico, CA: Scholars, 1985.

_____. "The Use of 'Untitled' Psalms in the Hebrew Psalter." *ZAW* 97(1985): 404-13.

_____. "The Use of Royal Psalms at the 'Seams' of the Hebrew Psalter." *JSOT* 35(1986): 85-94.

_____. "The Shape of the Book of Psalms." *Int* 46(1992): 129-42.

_____. "Shaping the Psalter: A Consideration of Editorial Linkage in the Book of Psalms." In *Shape and Shaping of the Psalter*. Edited by J. C. McCann; Sheffield: JSOT Press, 1993: 72-82.

_____. "Understanding the Purposeful Arrangement of Psalms in the Psalter: Pitfalls and Promise." In *The Shape and Shaping of the Psalter*. Edited by J. Clinton McCann; Sheffield: JSOT Press, 1993: 42-51.

_____. *Psalms*. NIVAC 1; Zondervan: Grand Rapids, 2002.

_____. "The Structure of the Psalter." In *Interpreting the Psalms*. Edited by D. Firth and P. S. Johnson; Downers Grove, IL: IVP Academic, 2005: 229-46.

Zenger, Erich. "Was wird anders bei kanonischer Psalmenauslegung?" In *Ein Gott Eine Offenbarung. Beiträge zur biblischen Exegese, Theologie und Spiritualität*. Edited by Friedrich V. Reiterer; Würzburg: Echter, 1991: 397-413.

_____. "The Composition and Theology of the Fifth Book of Psalms, Psalms 107-145." *JSOT* 80(1998): 77-102.

새로운 시편 연구
실패한 인간-왕에서 신실하신 하나님-왕을 향하여

Copyright ⓒ 방정열 2018

1쇄 발행 2018년 12월 15일
3쇄 발행 2022년 9월 20일

지은이 방정열
펴낸이 김요한
펴낸곳 새물결플러스

편 집 왕희광 정인철 노재현 정혜인 이형일 나유영 노동래
디자인 박인미 황진주
마케팅 박성민 이원혁
총 무 김명화 이성순
영 상 최정호 곽상원
아카데미 차상희

홈페이지 www.holywaveplus.com
이메일 hwpbooks@hwpbooks.com
출판등록 2008년 8월 21일 제2008-24호
주 소 (우) 04118 서울시 마포구 마포대로19길 33
전 화 02) 2652-3161
팩 스 02) 2652-3191

ISBN 979-11-6129-084-3 93230

책값은 뒤표지에 있습니다.